BPM 설계 및 구현

BPM Design and Implementation Guide

조지운 지음

UUP.

BPM 설계 및 구현

BPM Design and Implementation Guide

2011년 03월 08일 초판 2쇄 인쇄
2011년 03월 11일 초판 2쇄 발행
2008년 11월 7일 초판 발행

지은이 | 조지운
발행인 | 이 철
발행처 | UUP (울산대학교출판부)

출판등록 | 제 370-1996-000001호(1996.3.13)
홈페이지 | http://uup.ulsan.ac.kr
주소 | 680-749 울산광역시 남구 대학로 102(무거동) 울산대학교 출판부
전화 | (052) 259-2488
팩스 | (052) 277-3011

값 15,000원

ISBN 978-89-7868-976-2 93530

이 도서의 국립중앙도서관 출판시도서목록(CIP)은 e-CIP 홈페이지(http://www.nl.go.kr/ecip)에서 이용하실 수 있습니다. (CIP제어번호: CIP2008003249)

머리글

IT(Information Technology) 투자의 효용성에 관한 연구는 수 없이 진행되어 왔으나, 기업의 주요 의사결정자들은 IT 투자의 결과물 및 효과에 대하여 여전히 크게 만족하지 못하고 있는 실정이다. 이러한 상황을 니콜라스 G. 카(Nicholas G. Carr)는 2003년 '하바드 비즈니스 리뷰(HBR)'에 기고한 'It Doesn't Matter'을 통해 역설하여 많은 반향과 논쟁을 일으켰다. 저자는 이러한 논쟁의 근본적인 원인은 'Business Process와 IT간의 Gap' 이라고 생각한다. 지금까지의 IT 관련 투자에서 간과되었던 주요한 요소들 중의 하나가 IT 투자의 최종적인 목적은 업무 프로세스의 개선에 있다는 사실이다. 즉 IT 자체가 목적이 아니고 IT를 통해 보다 효율적으로 업무가 이루어지고 또한 이 업무들을 관리할 수 있어야 한다. 더불어 업무 프로세스의 효율을 증가시킬 수 있도록 지속적인 업무 프로세스의 개선을 지원해야 한다.

이러한 Gap을 해결하기 위해 최근 BPM(Business Process Management)을 중심으로 한 '업무 프로세스 혁신 기반의 경영 패러다임'이 여러 기업으로부터 좋은 평가를 받고 있다. BPM은 BPR(Business Process Reengineering)과 기존 정보 시스템의 성과 및 투자 효과에 대한 한계를 극복함과 동시에 업무 프로세스 자동화, 통합, 최적화를 통해 기업의 Agility를 확보하고 나아가 체계적인 프로세스 통제 및 효과 측정을 기반으로 업무의 관리 효율을 극대화하고자 하는 경영혁신 툴이다.

오케스트라가 아름다운 클래식을 연주하기 위해서는 연주자, 악기, 악보, 그리고 지휘자가 필요하다. 최고의 오케스트라가 되기 위해서는 어느 한 요소도 중요하지 않은 것이 없으나 특히 연주 전체를 이끄는 지휘자의 역할은 매우 중요하다. 효율적인 기업의 업무 진행을 위해서도 오케스트라와 같은 구성요소가 반드시 필요하다. 즉 연주자에 해당되는 사람(구성원), 악기에 해당되는 IT 시스템, 악보에 해당되는 업무 프로세스, 그리고 지휘자의 역할을 할 무엇인가가 필요하다. 지금까지 기업들이 업무 프로세스 혁신이나 IT 개선을 위해 사람, 업무 프로세스, IT 시스템 등 개별 요소에 많은 투자와 노력을 했지만 진작 기업의 전체 업무를 관리 및 통솔 할 수 있는 즉 오케스트라의 지휘자에 해당되는 무엇이 없다는 사실에는 집중하지 못 하였다. 저자는 그 무엇이 바로 BPM이라고 생각한다. 또한 21세기 산업은 역동적이고 무한 경쟁의 시기임으로 기업들이 지속적인 경쟁우위를 점하기 위해서는 실시간 기업관리(RTE, Real-Time Enterprise)의 기반이 되는 BPM의 구축이 필수적이다.

현재 몇몇 BPM 관련 서적들이 나와 있으나 대부분의 책들이 경영컨설턴트들에 의해 번역 출간되었고 주로 포괄적인 개념들 위주로 구성이 되어있어 보다 구체적인 BPM의 내용을 알고자 하는 독자들에게는 크게 도움이 되지 못하고 있다. 저자도 강의를 듣는 학생들이나 기업의 BPM 프로젝트 참여자들에게 BPM과 관련해 마땅히 권할 만한 책이 없어 이 책을 출간하게 되었다.

이 책에서는 BPM의 일반적이고 개념적인 내용들뿐만 아니라 업무 프로세스 모델링 및 BPM 구축 방법론 등을 포함하여 실제 BPM을 적용코자 하는 독자들에게 실무적인 관점에서 도움이 되도록 구성하였다. 또한 제시된 방법론을 토대로 실제 BPM pilot 시스템의 구축 과정도 상세히 제공하고 있다. BPM은 실시간 기업관리(RTE)의 구현을 위한 중요한 기반임으로 독자의 이해를 위해 RTE에 관한 내용도 포함하였다.

이 책이 출간될 수 있도록 자료 수집 및 정리에 많은 도움을 준 Process & System 연구실의 정동규(박사과정) 및 이 승신(석사과정)에게 특별히 감사를 전한다. 그리고 BizFlow를 기증해 준 HandySoft사와 BizMaster의 자료들을 제공해 준 TmaxSoft사에도 감사를 드린다. 아무쪼록 이 책이 BPM에 관심이 있는 독자들에게 의미 있고 도움이 되기를 바란다.

2008년 10월

울산대학교 조 지운

목차

4_ 비즈니스 프로세스 모델링 _ 123

5_ 비즈니스 프로세스 관리 Pilot 시스템 구축 _ 161

1 비즈니스 프로세스 관리의 개요

1.1_ BPM 출현배경

1.1.1 제 3의 물결: 비즈니스 프로세스 모델의 발전

21세기 산업의 특징은 역동적으로 변화하는 경영환경일 것이다. 이러한 경영환경에서 기업들이 지속적인 경쟁우위를 유지하기 위한 방안으로 Peter Drucker 교수는 그의 저서 '21세기 기업경영의 과제(Management Challenges for the 21st Century)'에서 미래의 기업이 추구해야 할 두 가지 과제를 제시하고 있다. 첫째는 사업과 관련된 경제 환경, 시장, 경쟁사들에 대한 신속한 정보 획득을 위한 체계화된 시스템의 구축이고, 둘째는 여러 가지 별개로 이루어지던 업무들 즉 구매관리, 물류관리, 품질관리, 그리고 원가관리들을 하나의 업무 분석 체계로 통합하는 것이다.

이와 같은 미래 기업이 달성해야 할 목표를 위해서 최근 선진기업들은 정보시스템을 분석, 설계, 구현하는 방법에 있어서 보다 근본적이고 혁신적인 사고로 접근하고 있다. 즉 정보시스템은 업무 프로세스의 효율을 높이기 위한 도구(tool)이며 정보시스템의 구축은 종국적으로 업무 프로세스의 개선에 초점을 맞추어야 한다는 것이다. 이러한 정보시스템과 비즈니스 프로세스 자체에 대한 근본적인 인식의 전환을 통해 종단간(end-to-end) 전체 비즈니스 프로세스 관리에 있어서 동적이면서 지속적인 개선이 가능하도록 하는 기반이 되고 있다.

또한 이러한 패러다임이 BPR(Business Process Reengineering)과 기존 정보 시스템의 성과 및 투자효과에 대한 한계를 극복함과 동시에 업무 프로세스 자동화, 통합, 최적화를 통해 기업의 민첩성(agility)을 확보하고 나아가 체계적인 프로세스 통제 및 효과 측정을 통해 업무의 관리 효율을 극대화하고 있다. 많은 기업들의 노력과 시도를 통해 이러한 비즈니스 프로세스 경영은 현재 이른바 제3의 물결로 불리는 BPM(Business Process Management)으로까지 발전하였다.

(1) 제1의 물결

1920년대에 시작하여 1980년대 Fredrick Taylor의 경영이론에 의해 절정에 이른다. 이때의 업무 프로세스는 자동화되지 않는 상태이며, 수작업에 의한 업무 프랙티스(Work Practice) 안에 암묵적으로 존재했다. 실제 업무 프로세스의 수행은 업무 매뉴얼과 약간의 자동화 루틴에 의해 수행되었고 가장 큰 변화는 전체 메인 프레임 컴퓨터에서 데이터가 독립적으로 떨어져 나오면서 DBMS의 개념이 생겨나, 데이터와 실제 IT 시스템에서의 연산이 독립적으로 관리되기 시작했다는 점이다.

(2) 제2의 물결

프로세스가 경영의 전면에 드러나기 시작한 때는 1990년대 Hammer와 Champy가 주창한 BPR(Business Process Reengineering) 방법론이 제시되면서 이다. 결과적으로 변화들은 '혁신' 이라는 이름하에 매우 근본적이고 Big Bang 접근 방법에 의하여 이루어졌다. Hammer와 Champy(1993)는 그들의 저서 '리엔지니어링 기업혁명'에서 리엔지니어링의 핵심용어를 4가지로 구분하였으며, 그 중 하나인 '업무 프로세스'란 용어를 '하나 이상의 입력(input)을 받아들여 고객에게 가치 있는 결과(output)를 산출하는 행동들의 집합'으로 정의하였다. 그리고 대부분의 기업들은 프로세스 자체 보다는 과업, 직무, 사람, 구조 등 단위 항목에 얽매여 전체 업무 프로세스를 놓치고 있다고 비판하였다. 따라서 이를 위해 정보기술에 대한 인식 전환의 필요성을 주장하였으며, 성공적인 리엔지니어링을 위한 핵심적 기반 기술(essential enabler)로서 IT(Information Technology)의 활용을 강조하였다. 이후 비즈니스 프로세스라는 용어가 사용되었으며 경영혁신의 수단으로 기업의 프로세스를 수동으로 재설계하여 프로세스 개선에 따른 효과를 추구하였다. 이 시기의 프로세스 수행은 ERP로 대표되는 각종 대형 패키지가 주종을 이루었고 이는 Big Bang 접근 방법으로부터의 필연적인 결과였으며, 이러한 패키지 도입을 통한 One-time-optimization이 추구되었다. ERP(전사적 자원관리: Enterprise Resource Planning)의 경우, 솔루션 패키지 내에 선진 업무 프로세스가 내장되었고 이를 통해 프로세스 통제를 구현하려 하였다. 하지만 단발적인 수작업 리엔지니어링(Reengineering) 활동을 거쳐 하나의 틀 안에 프로세스를 고정시키게 되는 결과를 가져오게 됨으로써 결과적으로 프로세스의 개선을 위한 변경을 원천적으로 어렵게 만들었다.

비슷한 시기에 Thomas Davenport와 James Short(1990)는 Michael Hammer의 BPR과 유사한 개념으로서 업무 프로세스 재설계(BPR: Business Process Redesign)를 제시하였으며, 과거 산업공학의 한 기법인 흐름분석이 공장업무에 국한되어 사용되었으나 사무업무에서도 프로세스를 대상으로 훌륭하게 적용될 수 있다고 주장하였다. 이들은 BPR을 '기업 내 또는 기업 간 워크플로우(Workflow)와 프로세스를 분석하고 설계하는 것'으로 정의하였다. 그러나 예를 들어 ERP에 문서관리를 위해 워크플로우를 추가하더라도 결국은 또 다른 프로세스 참가자의 역할을 추가할 뿐이며 프로세스의 관리와 통제를 지원하는 효과는 미미하다. 즉, 기업의 비즈니스 프로세스의 변화에 능동적으로 대응하는데 매우 어려운 한계를 가지고 있었다.

(3) 제3의 물결 : BPM

Howard Smith와 Peter Finger(2004)는 BPM(Business Process Management)을 제 3의 물결(Third Wave)이라고 지칭하였으며, 기업의 전체 종단간(end-to-end) 프로세스는 동적이면서 확장과 수축 그리고 지속적인 변화가 일어나기 때문에 이러한 비즈니스 프로세스를 관리할 필요성을 주창하였다. 이러한 관점에서 비즈니스 프로세스를 고정된 틀 안에서 꺼내어 변화의 중심에서 맞서도록 하였다. 비즈니스 프로세스가 모든 IT 시스템과 업무 자동화의 중심이자 초점이 되도록 하고 비즈니스 프로세스를 지속적으로 관리하는 소위 '비즈니스 프로세스 관리 이론'이 등장하였다. 90년대의 Big Bang 접근 방식에서 벗어나 다시 연속적인 변화 추구의 속성을 가지게 되었고, 변화 자체가 하나의 라이프 사이클을 가지고 일어나게 되었다. 그리고 IT 시스템은 최적화를 실시 한 후, 이에 대한 피드백을 주기적으로 다시 최적화 과정에 반영하는 Closed-Loop 형태로 구축된다. 또한 IT 기술에 있어서는 BPMS(Business Process Management System)와 프로세스 공유(Sharing Processes)가 큰 화두로 떠올랐다. 가치사슬 전체를 모니터링하며 지속적으로 개선하고 최적화하는 관리 능력은 환경변화에 즉각적으로 대응할 수 있도록 하여 종국적으로 비즈니스 프로세스 경영의 민첩성을 향상시킨다. 민첩성과 적응성은 제 3의 물결인 비즈니스 프로세스 관리를 대표하는 특징이다. 문제는 그런 목표를 어떻게 달성하는데 있다. 따라서 제 3의 물결이라 불리는 비즈니스 프로세스 관리는 업무의 비효율성을 제거함으로써 혁신적인 성과향상을 꾀하는 BPR(Business Process Reengineering)이 발전한 것이라 볼 수 있으며 BPR의 실행력 차원에서 발견된 약점들을 보완하여 보다 실행력을 높이는 경영혁신 tool로서 등장하였다고 볼 수 있겠다. 그림 1은 비즈니스 프로세스 경영의 변화를 설명하고 있다.

	First Wave 1980's	Second Wave 1990's	Third Wave 2000's
Nature of Change	**TQM Continuous Incremental**	**BPR / Big Bang Disruptive Radical**	**BPM Continuous Lifecycle**
Operation	Job Manual **Little Automation**	ERP and PKG's **One-time optimization**	Process focus of IT **Closed loop optimization**
Application	DBMS **Sharing data**	Distributed computing **Sharing functions**	BPMS (Business Process Mgmt. Systems) **Sharing Processes**

그림 1 비즈니스 프로세스 경영의 변화

관련 연구에 따르면 비즈니스 프로세스 경영에 대한 명확한 구분은 변화의 정도이다. Michael Hammer와 Thomas Davenport는 비즈니스 프로세스 경영을 프로세스 혁신(Process Innovation)관점에서의 급진적인 변화로 지칭하고 있으나, 제3의 물결인 BPM은 프로세스 개선(Process Improvement) 관점에서 프로세스의 지속적인 개선 즉, CPI(Continuous Process Improvement)을 의미한다. BPM으로 확장된 프로세스 혁신과 개선의 차이를 표 1에서 정리하였다.

표 1 BPM으로 확장된 프로세스 개선과 혁신 비교(source: 프로세스 경영과 정보기술의 미래(시그마인사이트), 2004)

비교항목	프로세스 개선	프로세스 혁신	BPM
변화수준	점진적	급진적	전체 라이프사이클
AS-IS와 TO-BE의 해석	현재 프로세스, 개선된 신규 버전	과거 프로세스, 새로운 프로세스	BPM 기능 없음 BPM 기능 있음
시작점	존재하는 프로세스	오점이 없는 깨끗한 상태	새로운 또는 기존 프로세스
변화의 빈도	일회성 또는 지속적	일회성의 주기적인 변화	일회성, 주기적, 지속적 또는 진화적
요구시간	단기	장기	실시간
추진방식	상향식	하향식	하향식 및 상향식
프로세스 개수	동시다발적, 여러 프로세스에 걸침	1회에 한 개씩	동시다발적, 다수의 많은 프로세스에 걸침
전형적인 범위	좁다, 기능내부	넓다, 다수 기능에 걸침	전사적 프로세스 경영
시감범위	과거, 현재	미래	과거, 현재, 미래
위험수준	보통	높음	낮음
중요수단	통계적 관리	정보기술	프로세스 기술
도구	오프라인	-	온라인
참가자	산업전문가	비즈니스 전문가	프로세스 엔지니어 및 모든 구성원
직업	프랙티스	프로세스	프로세스와 프랙티스
실행방법	문화적	문화적, 구조적	수학적 기반 및 프로세스 기술 표준

기술적인 측면에서의 BPM의 출현 배경은 워크플로우와 EAI(Enterprise Application Interface)의 발전에서 살펴볼 수 있다. 워크플로우의 개념이 처음으로 등장한 것은 1980년대 초였으며 이때에는 사무자동화(Office Automation)로 많이 표현되었다. 1980년대 말과 1990년대 초에는 워크플로우의 개념이 정립되면서 초기 제품이 등장하기 시작하였으며, 1990년대 중반에 본격적인 제품이 등장하였다. 90년대 대표적인 소프트웨어인 ERP 패키지 내에 내장된 워크플로우는 조직 내 사람과 사람 사이의 업무 흐름을 자동화하는 모습으로 바뀌게 되었고, 시스템에 의해 통제받게 되었다.

EAI는 15년 전에 '통합' 기술이라는 관점에서 진화하였다. EAI 제품들은 초기에 데이터의 전송, 기초적인 프로세스 자동화 등의 기능들을 제공하였으며, 최근 4~5년 동안 BPI(Business Process Integration) 개념이 추가되어 기초 프로세스 모델링, 관련 당사자(Partner) 관리, B2B Connectivity 및 Vertical Industry 템플릿 등의 기능을 포함하고 있다. 최근 EAI의 주요 특징은 기업 내는 물론 기업 간 어플리케이션과 비즈니스 프로세스의 통합, IT Infrastructure에 대한 어댑터 제공, 시스템(어플리케이션) 간 정보의 교환과 통합 등이다.

이러한 흐름 속에서 오늘날의 BPM 솔루션들은 EAI 및 BPI 기능들 위에 인간 중심적인 워크플로우, 포탈, 룰엔진(Rules Engines) 기술 및 웹 서비스를 지원하는 기능들을 포함하게 되었다. 표 2에서는 기술적 관점의 BPM 진화 과정을 설명하고 있다.

표 2 기술적 관점에서의 BPM의 진화

IT 환경	1950년대 초창기	1980년대 데이터 독립성	1990년대 시스템 자동화	2000년대 시스템 통합	향후 RTE 환경
솔루션	없음	DBMS	워크플로우	EAI	BPM
시스템의 변화	- 업무로직 - 프로세스 - 조직 - 사람 - Data	- 업무로직 - 프로세스 - 조직 - 사람	업무로직	업무로직	업무로직
		Data → DBMS*	프로세스, 조직 → WFM	WFM** → EAI	WFM + EAI → BPM
특징 및 효과	- 단순 업무 - 소규모	- 데이터 투명성 - 대형시스템	- 자동화 - 신속성 - 투명성	- 시스템통합 - 통제용이	- 성과측정 반영 - 고객욕구 충족 - 경쟁우위 실현

* DBMS : Database Management System ** WFM : Workflow Management

1.1.2 비즈니스와 IT 환경의 변화

통계 자료에 의하면 통상 업무를 처리하기 위해 소요되는 전체 시간 중에 단지 10%만이 업무 자체에 소요되고 나머지 90%의 시간은 업무 간의 연계와 전이에 소요된다고 한다. 이전에 기업들이 추진하였던 데이터 처리 자동화를 통한 업무 처리 능력의 향상은 이미 한계에 도달했으며 이제는 업무 프로세스의 생산성 향상을 통해서만 비즈니스 효율이 극대화될 수 있는 시대라고 할 수 있다. 이러한 기업환경의 변화는 기업이 변화에 보다 민첩하고 유연하게 대응하기 위한 방법들을 필요로 하게 되었다. 이것이 비즈니스 프로세스 관리의 근본적인 출현 배경이다. 더불어 비즈니스 프로세스 관리의 출현 배경은 크게 외부 환경변화, 비즈니스 요구, 비즈니스 요구와 IT 사이의 갭(gap), 프로세스 경영 기술의 발전, IT 기술의 발전 등으로 나누어 볼 수 있다.

■ 첫째, 외부 환경의 변화이다.

기업을 둘러싼 경영환경의 주요 변화는 고객 중심, 경쟁 심화, 시장 변화의 가속, 기업 간 협업의 가속화 등으로 정리 할 수 있다. 먼저, 시장과 경제의 주도권이 이미 생산자에서 소비자에게로 넘어가고 있으며, 이제 고객은 왕이 아니라 무자비한 독재자로 변했다. 이제는 고객이 요구하는 양질의 제품을 만들어 내는 것 뿐만 아니라 '고객이 원하는 것을 언제, 어디서, 어떻게 만족스럽게 제공할 것인가'를 찾아내고 실행하는 것이 마케팅의 중요한 관건이 되었다. 또한 기업들은 시간과 공간을 뛰어 넘는 무한 경쟁의 시대에서 살아남아야 한다. 더불어 최근의 시장은 세계화(globalization)와 상품화(commoditization)의 가속화로 인해 '제품 자체'에서 '제품과 관련된 서비스'에 초점을 맞추고 있다. 그리고 최근 시장 경제의 변화들 중의 하나는 산업화 경제 시대에서 네트워크 경제로 넘어가고 있다는 것이다. 기업들이 제품과 서비스를 조합하여 종합적인 해법을 제공하기 위해서는 완전한 가치사슬을 새롭게 개발하고 개척해야 한다.

■ 둘째, 비즈니스 요구이다.

시장 상황의 변화와 경쟁 심화에 따라 이제 기업은 경쟁력을 확보하고 변화에 따른 신속한 적응력을 키워나가는 것이 절대적으로 필요한 상황이다. CEO 입장에서 보면, 변화에 잘 적응하는 기업을 만드는 것이 매우 중요한 요소로 인식되고 있다. IBM에서 2004년 전 세계 주요 경제/산업 분야의 CEO 456명을 대상으로 실시한 설문조사 결과(2004년 글로벌 CEO연구)에 따르면 '새로운 성장을 위해, 향후 5년 안에 기업을 보다 대응력 있도록 변화시켜야 한다'고 대답한 CEO가 90% 이상이었다. 그러나 '변화하는 경영상황에 자신의 기업이 잘 대응하고 있다'고 대답한 CEO는 단 13%에 불과했다. 이는 많은 CEO들이 '변화에 잘 적응하는 기업을 만드는 것이 당면 과제'임을 잘 인식하고 있지만, 기업의 민첩성과 유연성을 확보하는 데는 실패하고 있음을 보여준다.

■ 셋째, 비즈니스 요구와 IT 사이의 갭(gap)

기업의 생존 전략으로 민첩성(agility)이 주요 이슈로 부각됨에도 불구하고, 기존의 IT는 오히려 비즈니스 요구에 따른 민첩성 확보에 걸림돌이 되고 있다. 이런 상황이 발생하게 된 가장 큰 원인은, 기존의 IT 하부구조가 비즈니스 요구를 적시에 수용할 수 있을 만큼의 능력을 갖고 있지 않다는 것이다. 이러한 비즈니스와 IT 사이의 갭을 최소화하고 나아가 완전히 제거하려는 것이 BPM이 지향하는 기능 중의 하나이다.

▪ 넷째, 프로세스 경영 기술의 발전이다.

프로세스 관리 기술은 1980년대 말부터 급격하게 발전하였다. 1980년대 말, 미국을 중심으로 적용되었던 BPR/PI는 프로세스의 중요성을 인식시키고, 우월한 프로세스 관리를 통한 경쟁력 확보라는 명제를 던져 주었다. 하지만 그것은 너무나 많은 수작업과 큰 고통이 수반되는 것으로 판명되었다. 이후 ERP로 대표되는 패키지 소프트웨어(Package Software)가 등장하여 기업의 프로세스를 확립하고 데이터 중심으로 자원을 관리하는데 기여를 하였으나, 한 번 구축된 시스템 내부의 프로세스를 변경하기는 매우 어렵다는 단점을 가지고 있었다.

1990년도 말부터 널리 사용되기 시작한 워크플로우(Workflow) 시스템은 IT 기술을 활용한 프로세스 관리의 수준을 한 차원 높였다. 워크플로우 시스템의 가장 주요한 특징 중의 하나는 기존의 패키지 소프트웨어에 내장되어 있는 프로세스를 애플리케이션으로부터 분리하여 관리하고자 하는 노력이었다. 이후 유연한 프로세스 처리와 업무 수행결과에 대한 분석을 위해 기업의 프로세스를 도식화하고 관리 할 수 있는 프로세스 매핑 도구가 출현하였다. 현재는 BPM이 BPR/PI가 목표로 하였으나 실패한 프로세스 중심의 경영을 실현시키는 방법으로 새롭게 각광을 받고 있다.

▪ 다섯째, IT 기술의 발전이다.

BPM의 기능들은 특별히 새로운 IT 기술에 의존하는 것이 아니라 충분히 성숙되고 그 효과가 입증된 기존 기술의 조합을 통하여 구현된다. BPM 기술의 핵심 구성 요소는 프로세스 매핑 기술, 워크플로우 관리 기술, 기업 어플리케이션 통합 기술(Enterprise Application Integration : EAI), 웹 서비스(Web service) 기술 등을 포함한다. 그 중, 프로세스 매핑 기술, 워크플로우 관리 기술, EAI 기술 등은 이미 성숙단계에 있고 웹 서비스 기술은 마이크로소프트, IBM 등 대형 소프트웨어 공급업체들의 지원으로 초기 확산 단계에 있다.

1.2_ IT 발전 단계

1.2.1 표준 IT 모델

이 책에서 다루게 될 BPM의 이론과 기술들을 기반으로 실제 BPM이 업무에 적용될 수 있도록 하기위해 BPMS(Business Process Management System)의 구축이 필요하다. BPMS 역시 하나의 정보 시스템이며 성공적인 BPMS의 구축을 위해서는 다른 기존 정보시스템과의 연계가 절대적으로 필요함으로 현재 기업에서 사용 중인 주요 정보 시스템들을 본 chapter에서 정리해 본다.

주요 기업들의 정보화는 그림 2와 같이 크게 내부 통합, 외부와의 협업, 업무 진행의 동기화를 중심축으로 고객의 관점인 Demand Chain 측면의 Customer Value 극대화, 협력업체의 관점인 Supply Chain 측면의 Partner Collaboration 확대, 의사결정권을 갖는 경영 측면의 Intelligent Management 강화, IT 측면의 IT 인프라 확충 등의 방향으로 추진되고 있다.

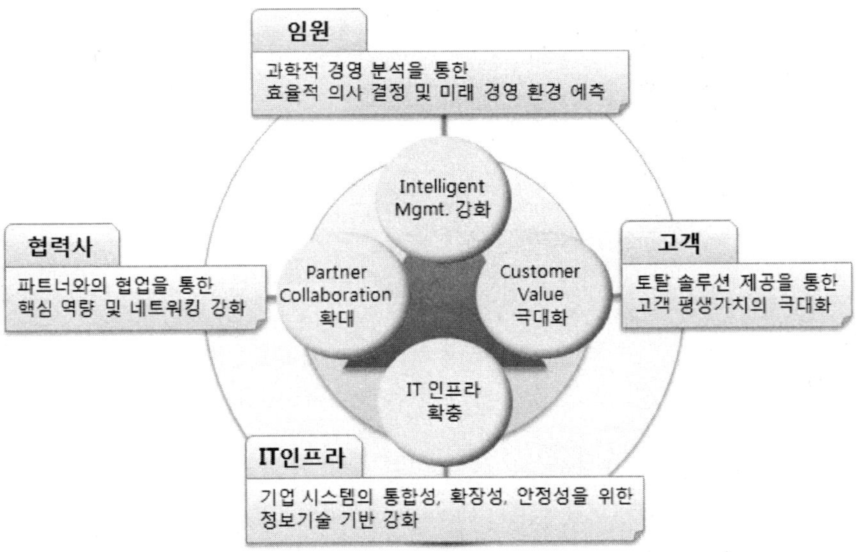

그림 2 주요기업의 정보화 추진 방향

그리고 일반적으로 IT 인프라를 기반으로 하여 기업의 주요 업무 프로세스(개발, 구매, 생산, 영업, 마케팅 등) 수행에 필요한 기능들을 지원하는 정보시스템 영역인 EIS, CRM, PLM, SCM, MES, KM, 그리고 업무 프로세스와 해당 업무 프로세스 수행과 관련된 정보시스템들을 연계시키는 BPM 등으로 기업의 표준 IT 모델을 정의할 수 있으며 그림 3에 그 내용이 나타나 있다. 본 IT 표준 모델이 기업의 정보화 추진에 절대적인 원칙은 물론 아니지만 대부분의 기업들이 이 모델과 거의 유사한 틀에서 정보화를 현재 진행하고 있다.

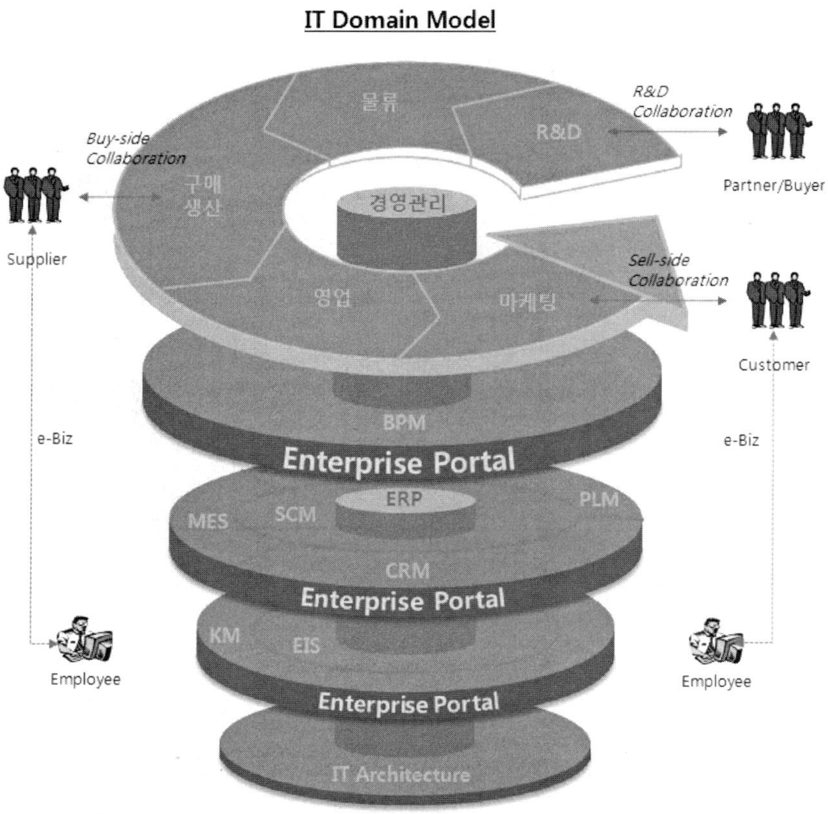

그림 3
IT 표준 모델

즉, IT 표준화 모델은 IT Architecture의 기반 하에 기업 데이터를 통합 관리/지원하는 ERP 시스템을 중심으로 EIS, CRM, PLM, SCM, MES, KM 등의 주요 정보시스템들로 구성되어 있으며, 이러한 IT 시스템들이 R&D, 물류, 구매, 생산, 영업, 마케팅과 같은 기업의 주요 업무 프로세스들을 지원하는 구조를 가지고 있다. 그리고 본 교제의 핵심 내용인 BPM을 통해 기존의 IT 시스템들이 단순히 단위 업무의 수행을 지원하는 단계를 넘어 업무 프로세스들과 유기적으로 연계되어 관리되어진다. 즉 기존에는 담당자가 업무 처리를 위해 해당 IT 시스템의 특정 화면으로 찾아 갔지만 이제는 BPM을 통해 해당 업무가 담당자에게 필요한 특정화면과 함께 찾아오는 개념으로 전환되어진다. 이를 통해 기업 내부의 원활한 업무처리 뿐만 아니라 기업 외부의 공급업체 및 고객들과의 협업 기반의 e-biz 지원까지 가능해진다.

BPM은 chapter 1.3부터 보다 자세히 설명되어진다. 본 chapter에서는 BPM 이외의 주요 IT 시스템들에 대해 정리한다.

■ ERP(Enterprise Resource Planning) : 전사적 자원관리시스템

기업 전체의 자원들을 효율적으로 관리하는 시스템이다. 즉 ERP는 기업 내부에서 업무 처리로 발생되는 모든 데이터를 하나의 데이터베이스에서 표준화된 형태로 관리함으로써 실시간적인 업무 현황 파악 등 업무 처리의 효율성을 제고시킨다. 주요 기관에서 다양하게 언급한 ERP의 정의들을 살펴보면 다음과 같다.

"기업 내의 업무 기능들이 조화롭게 동작할 수 있도록 설계된 어플리케이션들의 집합으로 차세대 업무 시스템이다." (Gartner, 1955)

"생산, 자재, 영업, 인사, 회계 등 기업 전 부분에 관련된 인력, 자금 등의 각종 경영자원을 하나의 체계로 통합적으로 재구축함으로써 생산성을 극대화한 기업 리엔지니어링이다." (The Weekly Economist, 1996)

"최신 IT 기술을 이용하여 수주에서 출하까지의 공급체계와 관리회계, 재무회계, 인사관리를 포함한 기업의 업무를 지원하는 종합 정보시스템이다." (APICS, 1996)

따라서 ERP의 최종목표는 기업의 자원인 인력(man), 자본(money), 자재(material), 기계(machine)를 통합적으로 관리하여 시너지 효과를 창출하고 궁극적으로 고객의 만족을 달성하는데 있다. 그림 4는 ERP 분야의 주요 제품들을 나타내고 있다. 이들 중 SAP, Oracle, 그리고 BAAN이 Leader Group을 형성하고 있다. 이들 Leader Group들의 특징과 장점은 다음 표 3과 같다.

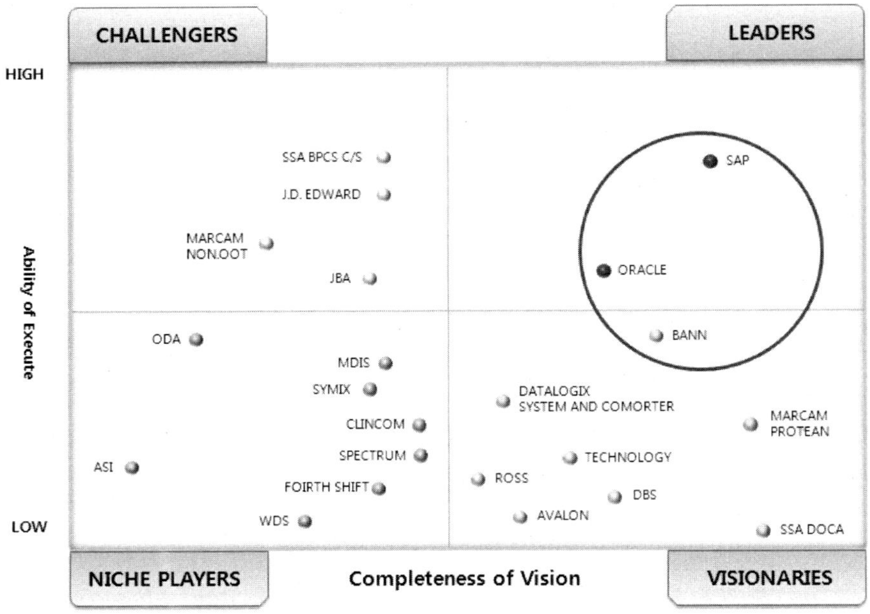

source: GARTNER GROUP, 2004

그림 4 ERP 제품의 Map

표 3 ERP Leader Group들의 특징과 장점

제 품	특 징 & 장 점
SAP	· 견고하고 풍부한 기능과 전 산업에 걸친 지원 · 전 세계적인 지원 · 많은 사용자와 회사의 건실성
Oracle	· Well integrated, 풍부한 기능과 전 산업부문 지원 · One-Stop Services(DB, Tool, Application, Consulting) · Partnership-based
BAAN	· Marketing focused on vertical markets · 설계생산(ETO: Engineering To Order), 조립생산(ATO: Assembly To Order) 환경에 적합 · 좋은 확장성

이들 제품 중 세계적으로 가장 많이 적용되고 있는 SAP사 R3의 내용을 살펴보면 그림 5에서 보는 바와 같이 기업의 거의 모든 업무를 지원하고 있다.

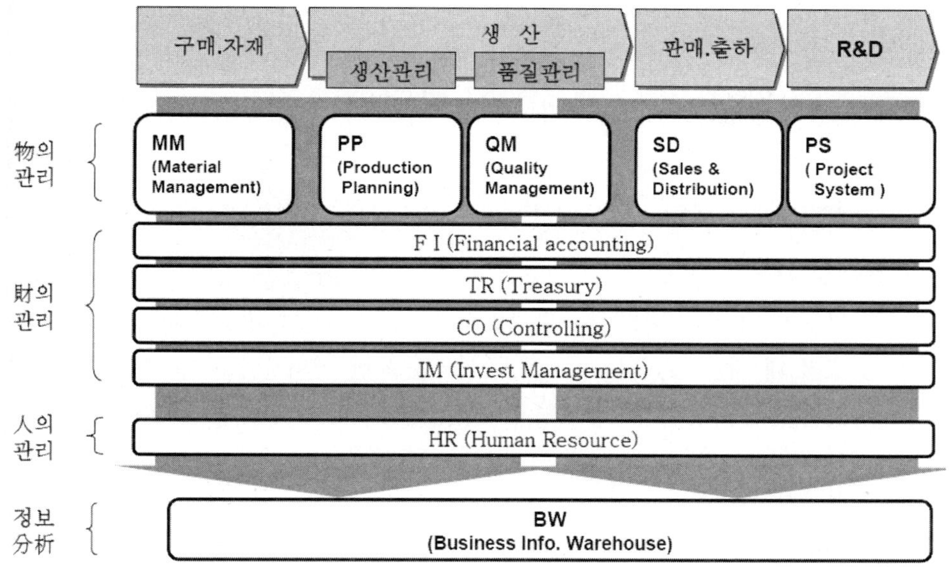

그림 5 SAP R3의 주요 기능

■ EIS(Executive Information System) : 중역정보시스템

EIS의 개념은 1980년대 초반 미국 매사추세츠공과대학의 Rockart와 Treacy(1982)의 논문에서 처음으로 소개되었다. Frolick(1983)은 EIS란 '최고경영자가 경영의 관리적 계획, 감독 그리고 분석을 증진할 수 있도록 정보를 제공하기 위해 설계된 데이터 지향 시스템(data-oriented system)'으로 정의하고 있다. Turban과 Schaeffer(1987)는 '중간매개자의 지원 없이 최고 중역의 필요에 맞도록 구체적으로 설계된 컴퓨터 기반의 시스템'이라 했으며, Paller와 Laska(1990)는 '최고경영자들을 위한 컴퓨터 기반의 정보 전달 및 통제 시스템'이라고 정의하고 있다.

Watson, Rainer, Koh(1991)는 EIS를 '중역들의 정보 욕구를 충족시켜 주기 위한 컴퓨터를 바탕으로 한 시스템으로 적절한 정보에 신속한 접근을 가능하게 해준다. 그리고 그래픽 지원과 예외사항 보고, 그리고 전체 현황분석에서 필요시 상세 정보를 파악할 수 있게 하는 드릴다운(drill-down) 기능을 가진 사용자 중심의 시스템이며, 온라인 정보 서비스와 전자우편과의 연결을 쉽게 해주는 시스템'이라고 규정하고 있다.

즉, 중역정보시스템은 중역 혹은 최고경영자들에게 조직의 성공적인 경영을 위하여 필요로 하는 조직 내부 혹은 조직 외부의 정보를 효과적으로 제공할 수 있는 정보시스템이라고 할 수 있다. 또한 중역정보시스템은 요구되는 정보의 질, 사용자 인터페이스, 정보 기술적 능력 등에서 다른 정보시스템과 구별되는 특징을 갖고 있다.

EIS는 의사결정지원시스템(DSS: Decision Support System)과 달리 경영자들이 당면한 문제들에 초점을 맞추어 이를 해결하는데 필요한 정보의 제공을 위해 개발된다. 예를 들어 현재 기업의 운영현황은 어떠한가? 어떤 사업에 주력해야만 하는가? 경쟁사들은 무엇을 어떻게 하고 있는가? 필요한 자금을 얻기 위해 어떤 방법이 가장 적절한가? 등과 같은 문제들에 해답을 얻어내기 위해 EIS가 활용된다. 그러므로 EIS는 다음과 같은 몇 가지 특성을 가지고 있다.

- 별도의 데이터베이스 운영
- 조직 내 각종 데이터베이스들의 연계를 통한 경영자의 의사결정 활동 지원
- 편리한 사용자 인터페이스(터치스크린, 터치패드, GUI, 다양한 형식의 출력기능의 제공)
- 분석적 모델링 기능
- What-If 분석을 통한 계획수립과 예측의 지원
- 외부 데이터베이스와 연결
- 주가, 환율, 각종 경제지표, 각종 산업지표 등의 제공

더불어 경영자가 EIS를 사용하여 얻을 수 있는 효과는 다음과 같다.

- 조직의 효과적 통제: 효과적인 EIS는 최고경영자들이 그들의 목적과 조직성과를 실제로 보아 가면서 확인할 수 있도록 도와준다.
- 시간의 절약: 경영자가 원하는 정보를 신속하게 얻을 수 있도록 해준다.
- 의사소통의 증대: 조직 내에서 의사소통을 원활히 해줄 뿐만 아니라 조직외부와의 의사소통도 원활히 해준다.
- 협조체계의 형성: EIS에 포함된 데이터와 그 역할들을 정의해 줌으로써 중역들이 비즈니스상의 우선순위를 명확히 이해할 수 있게 도와준다. 그리고 EIS 데이터를 기업의 관련 구성원들이 공유함으로써 업무 진행에 있어서 상호간의 협조체계 형성에 기여한다.
- 불확실성의 감소: 효과적인 EIS는 경영자들이 어떠한 정보가 필요한지 확실히 알 수 없을 때 이를 이용하여 보다 정확한 의사결정을 할 수 있도록 도와준다.

중역정보시스템의 아키텍처는 그림 6과 같다.

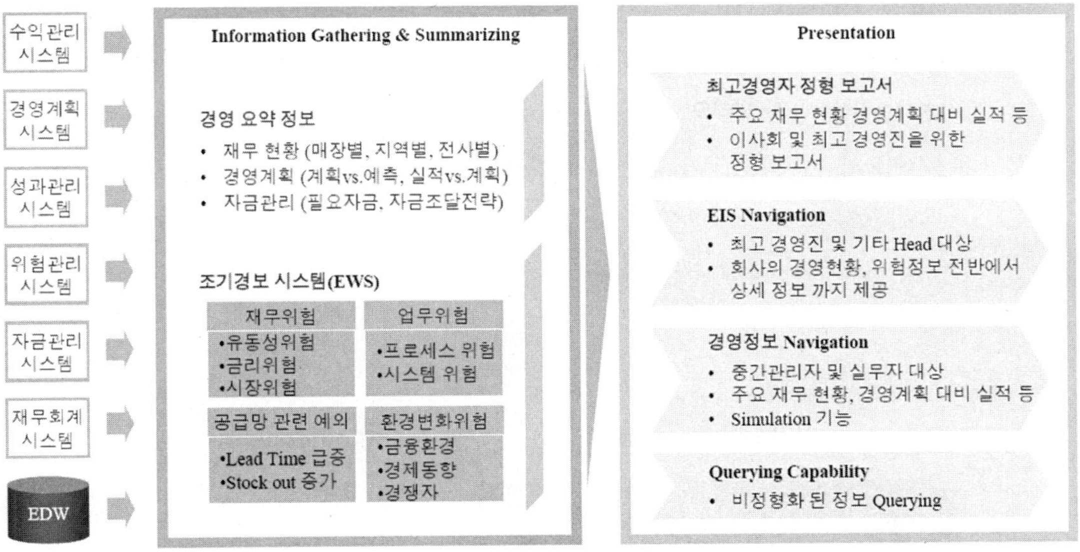

그림 6 중역정보시스템의 아키텍처

■ CRM(Customer Relationship Management) : 고객관계 관리시스템

주요 기관에서 언급한 CRM의 다양한 정의를 살펴보면 다음과 같다.

"CRM은 신규 고객의 획득, 기존 고객의 유지 및 고객의 수익성을 증대시키기 위하여, 지속적인 커뮤니케이션을 통해 고객 행동을 이해하고, 영향을 주기위한 광범위한 접근 방법이다." (Garter Group, 2001)

"전사적인 관점에서 통합된 마케팅, 영업 및 고객 서비스 전략을 통해서 개별 고객의 평생가치를 극대화하는 것이다." (Robinson, 2000)

"고객에 대한 정확한 이해를 통하여, 고객 개개인이 원하는 상품과 서비스를 제공하고, 개별 고객과의 긴밀한 관계를 유지하며, 고객의 요구에 즉시 반응할 수 있는 전략 도구이다." (Kamber, 2001)

이러한 정의들에 의하면 CRM은 기업이 고객의 거래정보를 포함하여 모든 고객접점에서 얻어지는 접촉정보들을 통합적으로 분석 및 관리하고, 이를 영업과 마케팅 활동에 전략적으로 활용함으로써, 고객의 이탈을 방지하고, 개별 고객의 평생가치 즉 기업 수익 기여도를 극대화하고자 하는 모든 경영활동을 지원하는 시스템이라고 할 수 있다.

그림 7은 CRM의 Framework을 도식화 한 것으로 CRM의 Framework을 크게 Strategy, Process & Organization, IT Infra, Outsourcing 부분으로 나누고, 각각의 관련 component를 설명하고 있다.

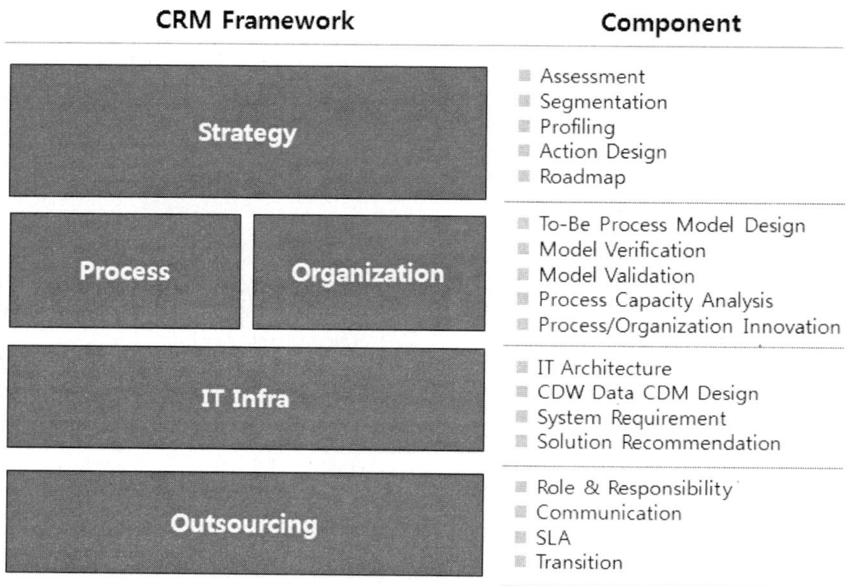

그림 7 CRM의 Framework

그림 8에서는 CRM의 주요 기능들을 크게 Marketing Management, Sales Management, Customer Service Management 등의 세 가지 영역으로 구분하여 설명하고 있다.

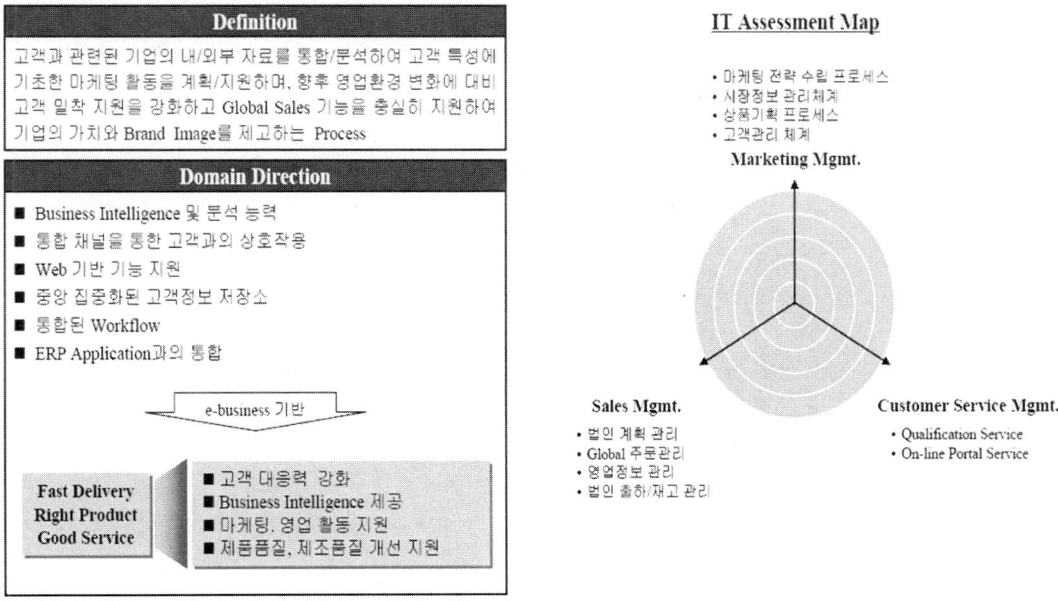

그림 8 CRM의 주요 기능

■ PLM(Product Lifecycle Management) : 제품수명주기 관리시스템

주요 기관에서 언급한 PLM의 정의를 살펴보면 다음과 같다.

> "제품의 초기 concept 단계에서부터 시장 철수 단계에 이르기까지 기업의 제품관련 지적 자산을 생성하고 관리하는 전략적 방법론이다. PLM은 기업의 제품 개발 프로세스와 제품과 관련된 정보의 활용능력을 향상시켜 보다 나은 의사결정을 가능하게 하며 고객에게 더 큰 가치를 제공하게 한다." (IBM)

즉, PLM은 제품의 전체 수명주기 동안에 생성되는 각종 제품 관련 정보를 통합된 환경 하에 체계적으로 관리하고, 관리된 정보를 내부의 다양한 관련 부서 및 외부 협력업체, 고객 등에 제공함으로써 기업 업무 전 단계에서의 협업(collaboration) 활동을 지원하여, 제품의 개발 기간을 단축하고 제품 품질을 향상시켜 기업의 제품 경쟁력 제고를 돕는 전략적 솔루션이라고 정의할 수 있다.

PLM의 일반적인 아키텍처를 그림 9에서 설명하고 있고 세부 기능들은 다음과 같다.

- Product Data & Document Management Tools: 제품/반제품/부품/원자재 등 각종 Part의 기본 정보 관리 기능, 제품의 구성을 나타내는 BOM(Bill of Material) 정보 관리 기능, 고객이 선택할 수 있는 옵션(option)의 정의 및 옵션의 사용 조건 관리 기능, 제품 관련 각종 도면 및 기술문서의 관리 및 공유 기능, 설계 변경(ECR/ECO) 프로세스 및 이력 정보 관리 기능, 업무 프로세스를 관리하기 위한 워크플로우 기능 등을 제공한다.
- Concept Development Tools: CRM과 연계하여 고객 및 시장의 요구 사항을 관리하고, 이를 충족시키기 위한 다양한 제품 concept을 정의하고 시뮬레이션을 수행하여 정확하고 신속한 제품 개발 의사결정을 지원하는 기능을 제공한다.
- Core Design Tools: 제품 설계를 자동화하는 CAD/CAM/CAE/CASE Tool 및 생산 공정의 설계 및 검증을 위한 Virtual Manufacturing Tool을 제공한다.
- Program Management Tools: 제품 개발 프로젝트의 수행 계획을 수립하고, 진행 현황의 모니터링 및 성과 분석 기능이 제공되며, 단위 프로젝트의 관리뿐만 아니라 여러 개발 프로젝트간의 일정 및 자원을 종합적으로 관리하는 기능을 제공한다.
- Product & Lifecycle Data Management Tools: 제품 정보와 함께 생산 공정 및 부품 공급사에 대한 관리 기능을 제공하며, 판매 이후의 지원을 위한 서비스 정보를 관리하는 기능을 제공한다.
- Integration & Collaboration Infrastructure: 제품 정보의 공유를 통한 협업을 지원하기 위하여 세계 표준에 근거한 미들웨어(middleware)를 제공하여 ERP, SCM, CRM, SRM 및 기간계(legacy) 시스템과의 통합(integration) 기능을 제공한다.
- Portal/Role Based User Interfaces: 사용자의 권한에 따라 특화된 사용자 환경을 구성할 수 있는 기능을 제공한다.
- Data Warehouse & Federated Database Infrastructure: PLM 솔루션의 Infrastructure로서 Data Warehouse 및 분산 DB 환경을 제공한다.

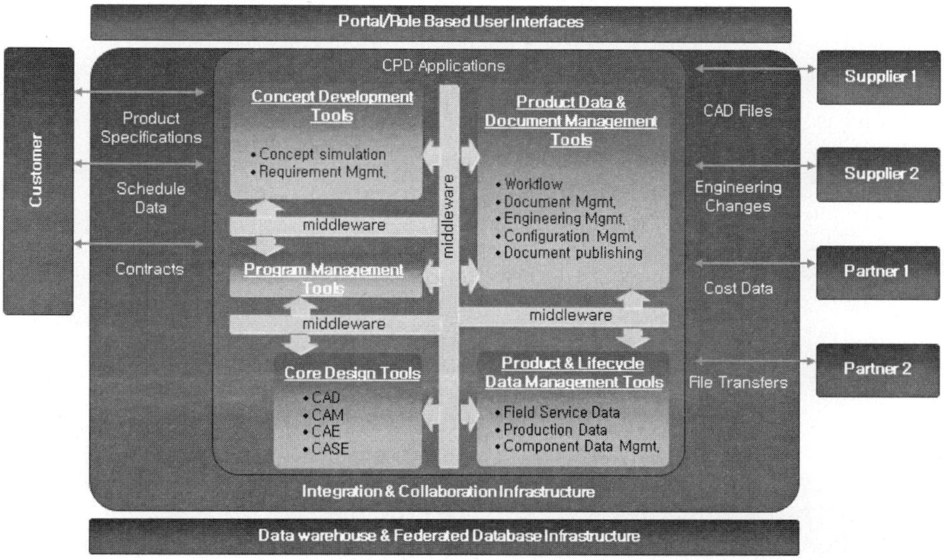

source: IBM BCS(IE Magazine Forum)

그림 9 PLM의 일반적인 아키텍처

그림 10에서는 PLM의 주요 기능들을 크게 통합 제품개발 정보 관리, R&D 정보 관리, 제품개발 지식 관리, Customer/Suppler와 Collaboration, 그리고 프로젝트 관리 등 5개의 영역으로 구분하여 설명하고 있다.

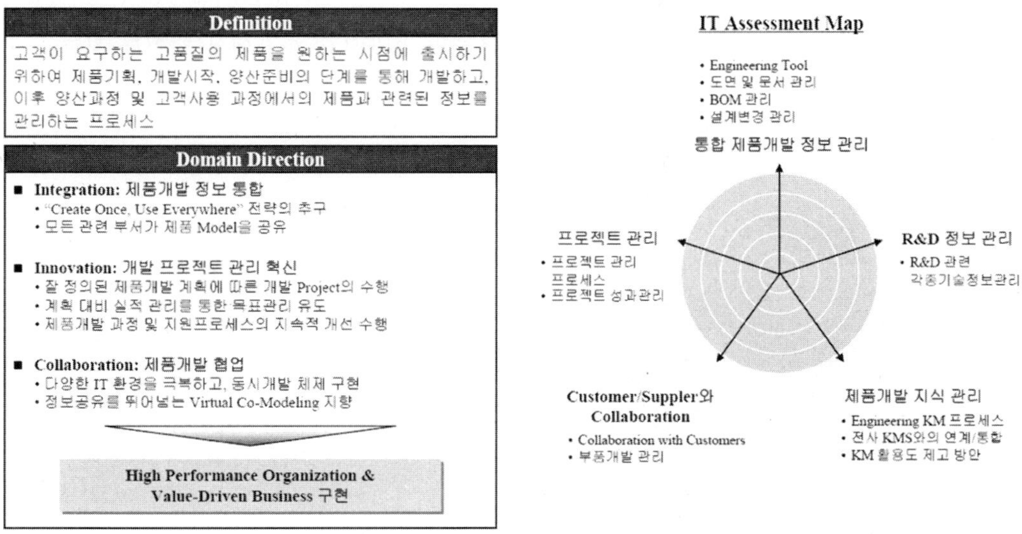

그림 10 PLM의 주요 기능

■ SCM(Supply Chain Management) : 공급망 관리시스템

SCM의 일반적인 정의는 '공급자(supplier)로부터 내부의 제품개발(development)/구매(purchase)/조달(procurement)/생산(manufacturing)/물류(distribution)/정보 관리(재고, 생산계획, 불량률, 유통계획, 주문 등) 그리고 고객(customer)에 이르는 공급사슬 전반의 최적화를 통하여 수요자가 주문한 제품을 원하는 시간과 장소에서 제공 받을 수 있도록 공급망 전체의 관리를 지원하는 체계 및 시스템'이다.

그림 11은 SCM의 개념을 도식화한 것이다.

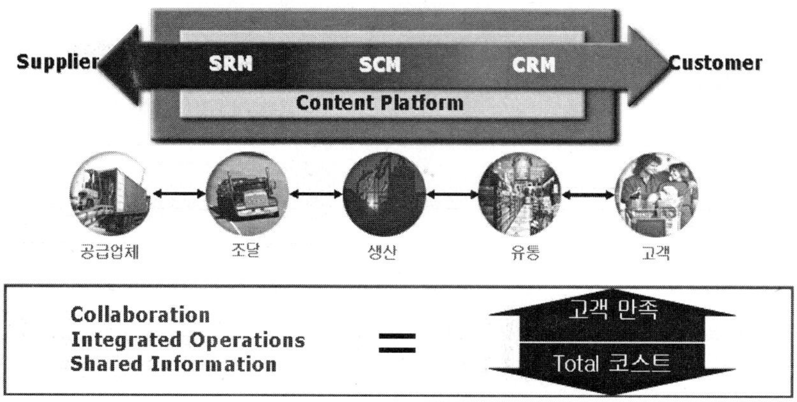

그림 11 SCM의 개념

일반적으로 SCM의 주요 모듈은 크게 SCP, DF, TP, DP, 그리고 FP 등 5가지로 나눌 수 있다. 그림 12는 SCM의 주요 모듈들을 나타내고 표 4에서는 이들 모듈들에 대한 기능을 설명한다.

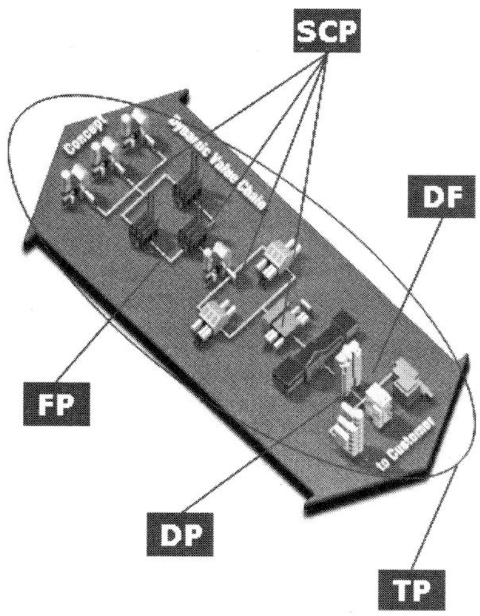

그림 12 SCM의 주요 모듈

표 4 ERP 제품의 Map SCM 모듈별 기능

구 분	내 용
Demand Planning(DP)	영업 계층구조와 제품 계층구조를 고려하여, 고객의 수요를 예측, 자동 취합, 할당하며, 기업 내의 다양한 조직들과 정보를 공유하여 실시간으로 동기화된 계획 수립을 가능하도록 함
Supply Chain Planning(SCP)	공급망의 모든 제약을 동시에 고려하여 글로벌 생산 능력 계획, Product Mix, 장기간 주요자재 계획, Master 생산 공급계획 및 유통계획을 수립
Factory Planning(FP)	공장 단위에서 모든 제약 요소를 고려하여 생산능력 계획을 수립하고 이에 따르는 구매, 영업, 자재(창고) 등의 모든 업무 영역에서의 동기화를 가능케 함
Transportation Planning(TP)	공급망의 모든 운송 제약 요소를 고려하여 각 단위 사업장간의 운송 능력을 계획하고 관리 가능하도록 함
Demand Fulfillment(DF)	판매조직 및 영업사원에게 전략적으로 판매목표를 할당하고, 고객 주문에 대해 제품별/고객별 전략에 따라 정확하고 신뢰할 수 있는 실시간 납기 회신을 제공 함

그림 13에서는 SCM의 주요 기능을 Supply Chain Planning(Plan), Planning과 Execution 통합, Demand Fulfillment(Deliver), 생산 대응력(Make), 구매 및 자재 대응력(Source) 등 5개의 영역으로 나누어 설명하고 있다.

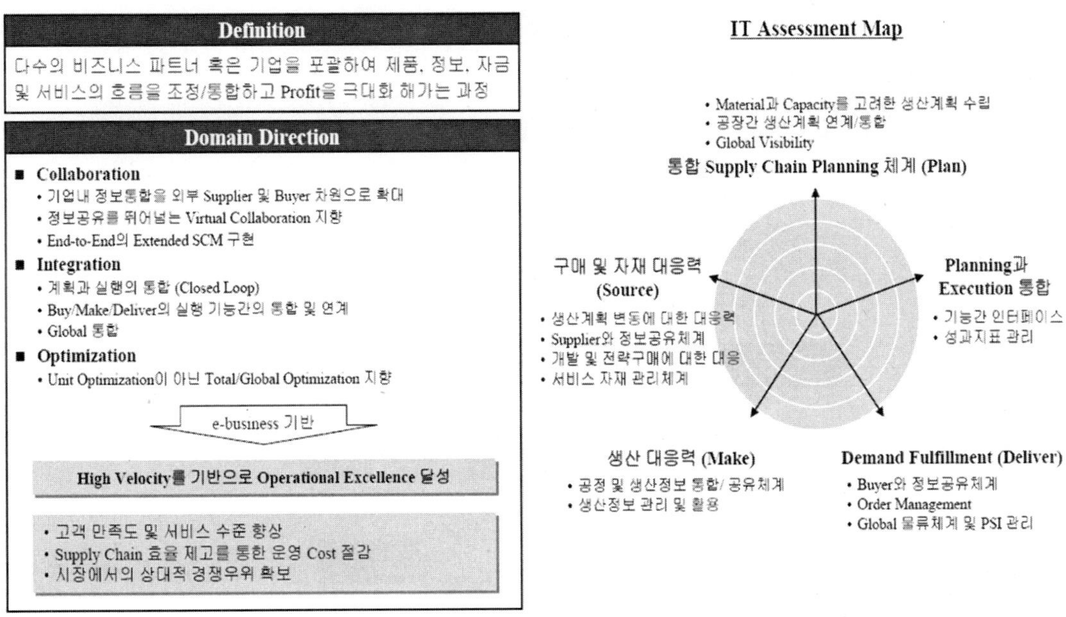

그림 13 SCM의 주요 기능

■ MES(Manufacturing Execution System) : 제조실행 시스템

MES는 Shop Floor 환경의 실시간 생산현황 파악, 공정제어, 물류 및 작업이력 추적, 설비상태 파악, 품질관리 등에 초점을 맞춘 현장 중심의 시스템이다. 그리고 MES는 제조 과정에 투입되는 모든 생산요소(material, machine, man, method)에 대한 계획 및 편성을 관리하고, 제조 과정에서 발생하는 생산정보를 실시간으로 취합하며, 또한 표준 생산규격 준수를 위한 흐름제어 및 설비제어를 자동으로 처리할 수 있도록 지원하는 일종의 통합정보시스템이다.

MES의 핵심요소는 공정진행 monitoring 및 control, 설비 monitoring 및 control, 품질 tracking 및 control, 생산 실적정보 집계, 재공품 관리, 자재투입 관리, 인력관리, 그리고 설비관리 등을 포함한다.

그림 14는 MES와 연관된 시스템 계층 구조를 나타낸 것으로 MES는 하부의 자재 및 제품 WMS(Warehouse Management System)와 POP(Point of Production) 시스템을 통제하며 이들로부터 데이터를 수집하고, 상부의 기간계 시스템들(ERP/SCM 등)과 연동하여 전체 정보 연계의 주요 거점 역할을 담당한다.

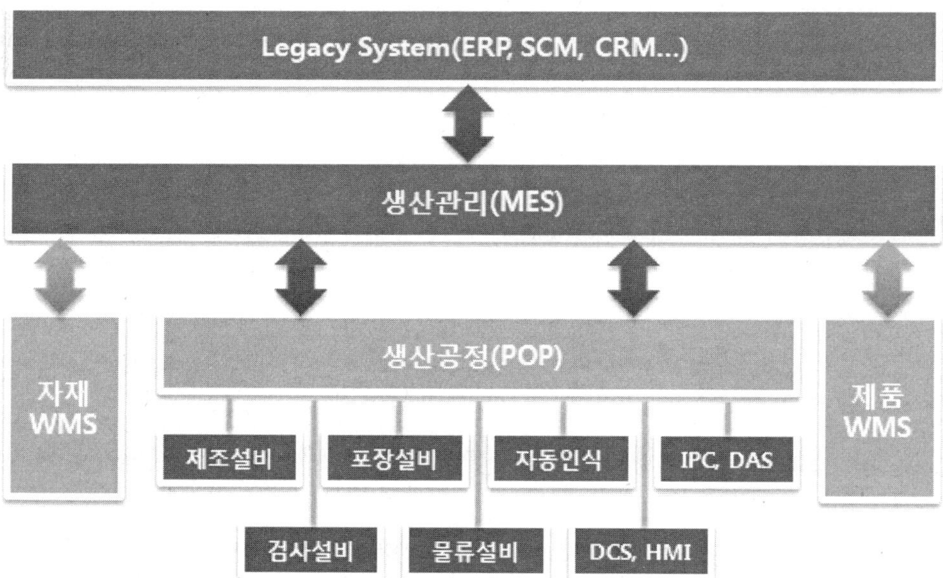

그림 14 MES와 연관된 시스템 계층 구조

그림 15는 MES의 업무 flow를 도식화한 예이다. 실시간 자료 집계 분석을 통해 실적·공수 데이터를 수집하고 상위 ERP 시스템에 기준 정보를 제공한다. ERP 시스템은

이를 바탕으로 생산계획을 수립하고 MES는 이를 받아 작업지시를 내리고 모니터링 기능을 수행한다.

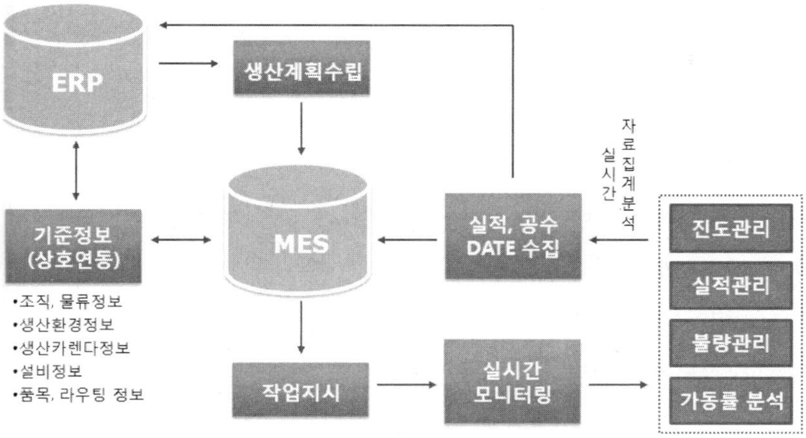

그림 15 MES의 업무 flow

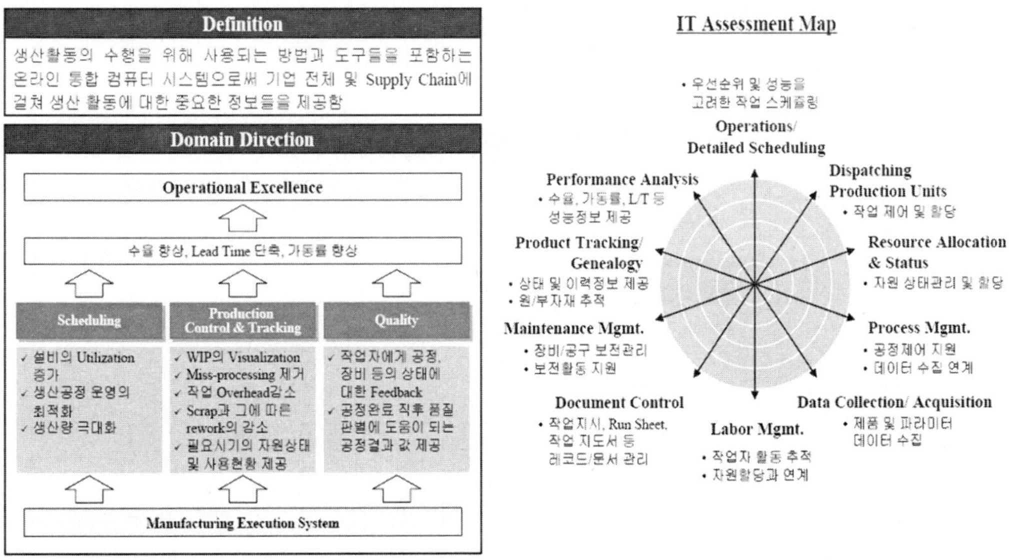

그림 16 MES의 주요 기능

그림 16은 MES의 주요 기능을 Operations/Detailed Scheduling, Dispatching Production Units, Resource Allocation & Status, Process Mgmt., Data Collection/ Acquisition, Labor Mgmt., Document Control, Maintenance Mgmt., Product Tracking/ Genealogy, Performance Analysis 등 10개의 영역으로 구분하여 설명하고 있다.

■ KM(Knowledge Management) : 지식관리시스템

일반적으로 지식경영이란 조직 내에 존재하는 다양한 조직의 총체적 지식 자본을 정보 기술을 활용하여 추출하고, 조직 내에서 공유하며, 공유한 지식을 활용해서 기업의 당면한 문제를 해결하여, 기업 경쟁력을 제고시키며, 이를 통해 종국적으로 기업의 가치를 향상시키는 경영 전략이다.

지식관리는 이러한 지식경영 전략을 구체적으로 구현하는 개념이다. 즉 지식관리란 조직 내에 존재하는 명시적 지식(데이터베이스, 문서, 업무절차, 정책 및 사규 등)과 구성원들이 체득하고 있는 묵시적 지식(경험과 노하우 등으로부터 얻은 지식) 등을 분류·통합해 조직이 신속하고 정확하게 의사결정을 할 수 있도록 지원하는 일종의 지식 저장 및 흐름 관리를 말한다. 따라서 지식관리시스템은 관련 프로세스, 조직구조, 응용시스템, 기술 등의 집합체로 구성되어진 기업의 전사적인 지식관리 체계이다.

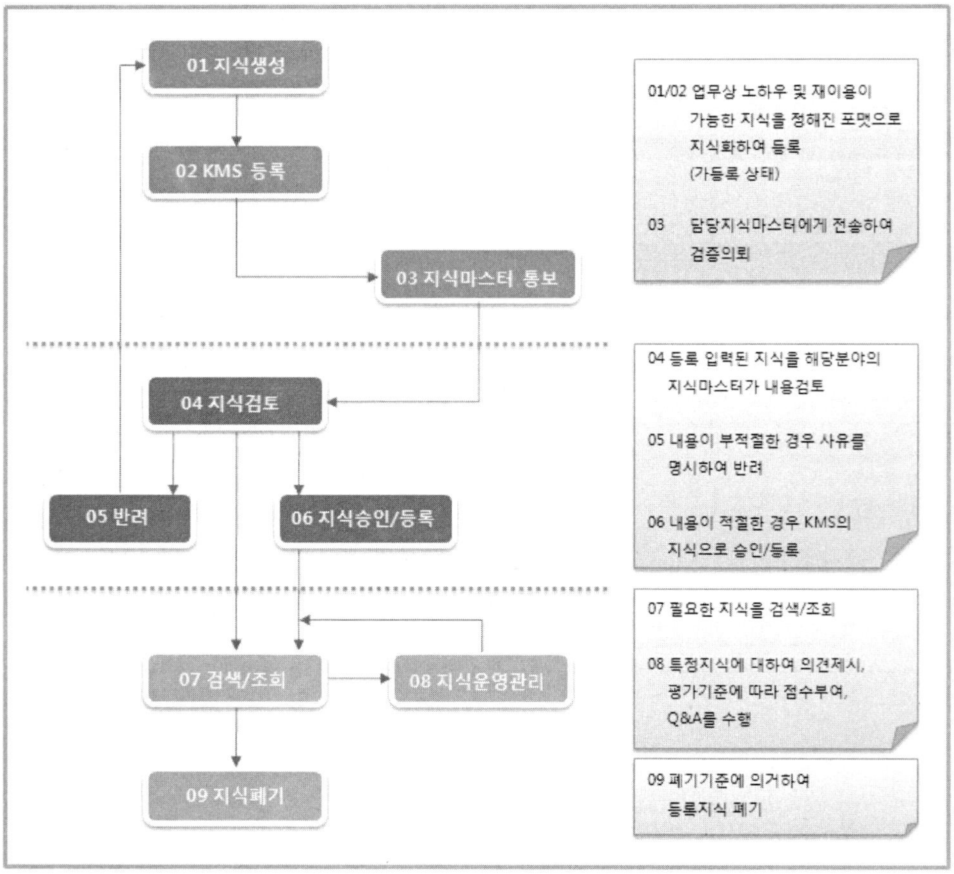

그림 17 KM의 운영 프로세스

그림 17은 지식관리의 일반적인 운영 프로세스를 도식화한 것이다. 업무상 노하우 및 재이용이 가능한 내부 지식을 생성하고 지식관리시스템에 등록하여 지식승인 및 등록 과정을 거쳐 일반 업무에 활용하고 일정 기간 이후 폐기하는 지식의 life-cycle을 보여준다.

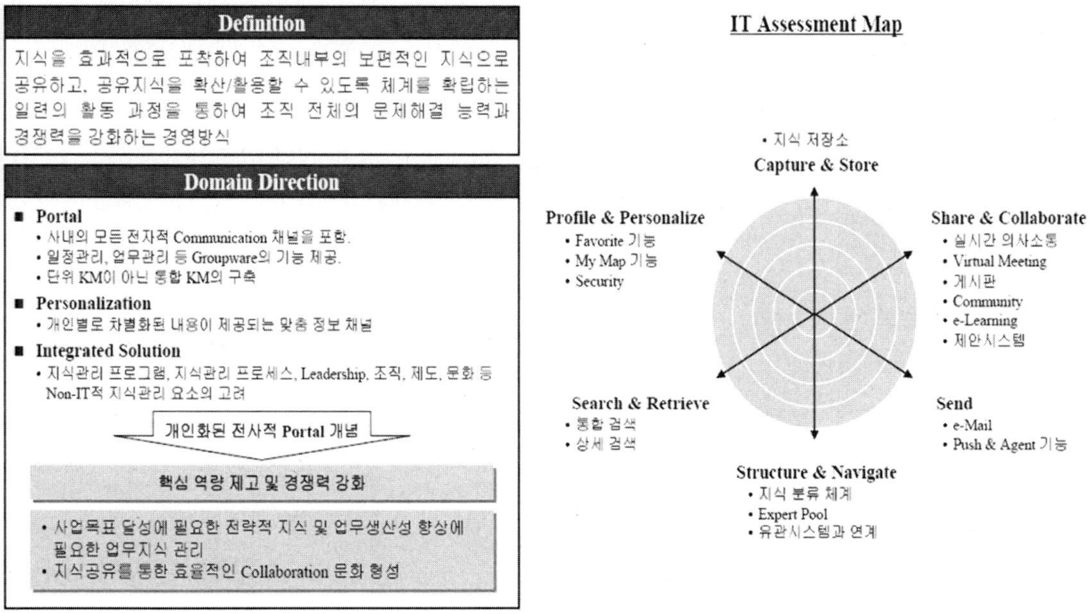

그림 18 KM의 주요 기능

그림 18은 KM의 주요 기능을 크게 Share & Collaborate, Send, Structure & Navigate, Search & Retrieve, Profile & Personalize, Capture & Store 등 6개의 영역으로 구분하여 설명하고 있다.

미래의 기업환경

현재까지 소개되어진 각종 기술 및 자료들을 토대로 미래(향후 5년 정도)의 환경변화를 예측해보면, 일단 무선이 안 되는 디바이스(device)와 카메라 없는 셀폰(cell phone)은 거의 찾기 힘들 것이다. 또한 컴퓨팅 인프라스트럭처(computing infrastructure)와 스토리지(storage)는 더욱 자동화 될 것이며, RFID(Radio Frequency Identification)는 소매상점으로까지 널리 퍼질 것이다. 무선 디지털 미디어 센터는 가정의 표준 폼(form)이 될 것이고, 실시간 분석과 대량 데이터 관리는 비즈니스 어플리케이션의 핵심이 될 것이다.

그리고 미래의 기업환경에서는 광대역 무선(Broadband Wireless), 저전력 모바일 디바이스, 실시간 인프라스트럭처(RTI: Real-Time Infrastructure), 서비스기반 아키텍처(Service-Oriented Architecture) 등이 차세대 IT의 핵심이슈가 될 것이며 비즈니스 프로세스 최적화(Business Process Optimizing)에 대한 기업들의 관심이 집중될 것이다. 더불어 향후 기업들은 현재 자신들이 보유한 기술이외에 특히 기업 내부 및 외부와의 협업(collaboration) 정도 및 방법에 의해 평가 받게 될 것이다.

결과적으로 향후 기업들은 비즈니스 확장 및 경쟁력 강화를 위해 필연적으로 'Real-Time Enterprise'와 'Business Process Fusion' 등의 2가지 방향에 초점을 맞추어 IT 투자를 확대해 나갈 것이다(SERI 2003). 즉 트랜잭션 프로세싱(Transaction Processing)이 현재까지 ERP, SCM 등 기간 어플리케이션에서 핵심 역할을 수행하였으나, 향후에는 Business Process Fusion이 모든 어플리케이션에 핵심요소가 될 것이다.

■ 정보화 환경의 변화

정보화 환경은 70년대를 기점으로 크게 발전해 오고 있다. 70년대에는 'Automation', 즉 컴퓨터를 이용한 단위 업무의 자동화 관점에서 CAD(Computer Aided Design), MRP-I(Material Requirements Planning) 등을 중심으로 정보화 발전의 틀을 마련했다. 80년대에는 'Process Excellence', 즉 관련 업무와의 연계라는 관점에서 CAM(Computer Aided Manufacturing), MRP-II(Manufacturing Resource Planning), 기업내부의 Intranet 등이 관심을 받았으며 Object-oriented가 주요 추세였다. 90년대에는 데이터의 통합, 즉 기업 내 모든 업무의 통합을 의미하는 'Integration'을 기반으로 특히 ERP가 각광을 받았으며 End user oriented 개념이 통용되었다. 2000년대에 이르러 Collaboration과 Synchronization이 핵심 키워드로 자리매김하면서 기업 내부 통합의 연장선상에서 기업 외부(협력업체 및 고객)와의 업무연계에 초점을 맞춘 Extended-ERP, Synchronized Networking, Downsizing, Multimedia, Mobile과 같은 정보화 기술이 각광을 받고 있다. 그렇다면 다음 단계의 정보화 환경 변화는 어떠할까? 아마도 최근 각광받고 있는 Ubiquitous를 기반으로 BPMS, RFID(Radio Frequency Identification) applications 등의 기술을 활용한 RTE(Real-Time Enterprise) 환경이 그 해답이라고 본다.

앞으로 이 책에서 다르게 될 주요 내용인 BPM은 RTE 환경 구축의 핵심 요소이며 정보화 환경 변화의 중요한 모멘텀이다. 그리고 BPM이 이러한 정보화 발전단계에서 차지하는 역할과 위치를 정확히 알 필요가 있다. 이러한 과정을 통해 BPM의 중요성을 인식하게 될 것이다. 그림 19에서는 전체적인 정보화 환경의 변화를 잘 설명해주고 있다.

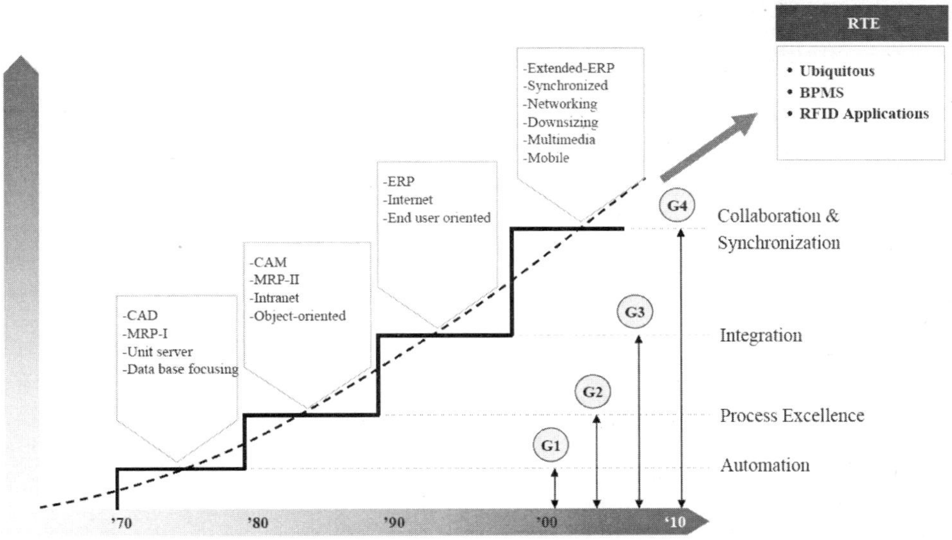

그림 19 정보화 환경의 변화

1.2.2 RTE의 등장

오늘날 기업이 직면하고 있는 현실세계는 기업들 간의 M&A, 제휴 등을 통해 글로벌 경쟁이 치열해지고 있고, 정보기술 중심의 급속한 기술발달로 경영환경이 급변하고 있으며, 시장에서의 고객파워는 점점 강화되고 있을 뿐만 아니라 그 요구사항들도 다양해지고 있다. 이러한 경영환경 속에서 기업들은 얼마나 신속하게 환경변화를 인지하고 고객의 요구사항에 민첩하게 대응 할 수 있느냐가 바로 기업 경쟁력 강화의 요체로 인식되고 있다.

이전 chapter의 정보화 환경 변화에서 설명된 것 같이 기업들은 경쟁력 강화를 위해 IT 분야에 대해 지속적인 관심과 투자를 아끼지 않았었다. 초창기에는 회계 및 임금처리 등 단순 과제성 기능 업무처리를 위해 IT 투자를 했으나, 점차 전사 차원의 기능적 통합단계를 거쳐 ERP, CRM, SCM 등과 같은 프로세스와 데이터 통합 중심의 시스템 구현에 IT 투자를 집중해 오고 있다. 최근에는 e-biz 개념의 도입과 함께 타 기업과의 비즈니스 프로세스 연계 및 확장을 시도하고 있다.

그러나 최적의 정보 시스템을 구현했다 하더라도 시스템으로부터 얻어낸 핵심정보가 신속하게 관련 프로세스의 업무 처리나 의사결정에 반영되지 못 한다면 아무런 의미가 없다. 이러한 현실적인 인식을 바탕으로 정보기술의 전략적 가치라는 측면에서 Gartner

Group(2002년)은 공식적으로 '실시간 기업(RTE)'이라는 개념을 사용하기 시작하였다.

즉, 기업은 새로운 경제 paradigm과 경쟁 환경에 대응하기 위해 경영 이벤트의 조기 감지와 신속한 대응이 가능한 비즈니스 프로세스의 구현 및 이를 지원할 수 있는 IT 역량을 갖추는 것이 불가피하며, 이를 위해 실시간 기업으로의 전환이 필요하다는 것이다. 그림 20은 이러한 RTE의 필요성에 대해 설명하고 있다.

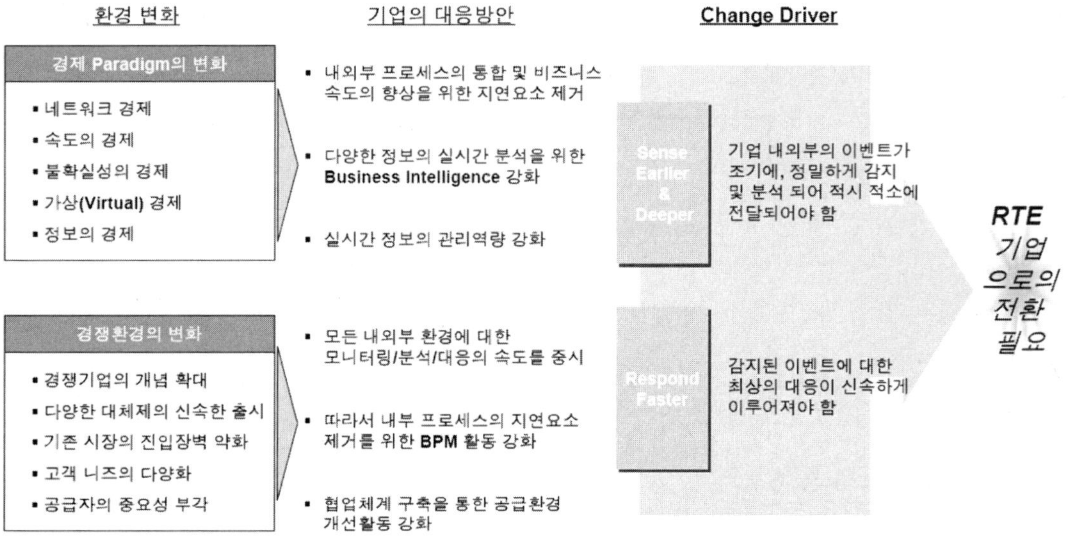

그림 19 RTE의 필요성

Gartner Group은 전통적 기업과 실시간 기업을 표 5와 같이 비교하여 설명하였다.

표 5 전통적인 기업 vs 실시간 기업(source: Gartner Group, 2003)

	Traditional Enterprise	Real-time Enterprise
Business Strategy	Strategic plans guide actions	Aspirations guide shorter term sense-and-respond actions
Competitive Posture	Lagging, focused on outcomes	Leading, focused on inputs
Management Style	Consensus oriented	Entrepreneurial
Operational Focus	Continuous monitoring to achieve quality	Quality is assumed, focus is on exceptional trends and events
IT Systems	Database-centric, passive, demand-driven	Information-centric, active, event-driven

Gartner Group은 '실시간 기업이란 최신 정보를 이용하여, 경영 및 실무 상의 핵심 비즈니스 프로세스에서 발생하는 지연요소를 혁신적이고 지속적으로 제거함으로써, 경쟁력을 극대화한 기업을 말한다. 그리고 내부 업무처리는 물론 장기적으로 외부 파트너 및 고객사와 관련된 업무까지 실시간에 가깝게 처리하도록 함으로써 경영환경 변화에 능동적으로 대응하는 것을 IT 전략의 최우선과제로 삼는 기업을 의미한다.' 라고 정의하였다. Giga Information Group은 실시간 기업을 하나의 문제를 해결하기 위한 또 다른 하나의 기술이 아니라 핵심 비즈니스의 경쟁력을 향상시키고자 하는 개념으로, '핵심 비즈니스 프로세스의 관리 및 실행 시 발생하는 지연들을 제거하고 최신의 정보를 사용하여 경쟁하는 기업'으로 정의하였다. 그리고 실시간 기업의 구현이 기업들이 지금껏 추구해왔던 e-biz와 전혀 무관한 새로운 것을 추구하고자 하는 것이 아니라, 계속해서 변화하는 하나의 목표로서 새로운 기술의 도입을 통하여 끊임없이 프로세스를 효율적으로 개선해나가고자 하는 것이라 하였다.

이상의 논의를 종합해 보면, 실시간 기업이란 기업 내외부의 최신정보를 기초로 핵심 프로세스의 관리 및 실행에서 지체 현상을 지속적으로 제거함으로써 경쟁역량을 극대화한 기업으로 정의할 수 있다. 실시간 기업의 개념적인 목표 지향점은 경영환경의 변화나 고객의 요구사항 등과 같은 이벤트들을 조기에 감지하고 빠르고 정확한 의사결정을 통해 이들에 대해 능동적으로 대응할 수 있도록 하자는 것이다. 따라서 이러한 실시간 기업의 개념적 목표를 달성하기 위해 서비스와 가치를 창출하는 핵심 프로세스를 대상으로 지속적인 혁신과 개선이 필요함을 암시하고 있다.

보다 자세한 실시간 기업에 대한 내용과 국내외 도입 사례들은 '7장 RTE 소개'에서 다루고 있다.

1.3_ BPM 개념 및 특성

1.3.1 BPM의 정의

BPM(Business Process Management)은 기업의 비즈니스 프로세스를 분석, 최적화 및 재설계하기 위해 등장한 새로운 개념 및 관련 기술을 일컫는 말이다. 이는 90년대의 워크플로우 및 BPR 기술과 비슷한 특성을 가지고 있지만 새로운 IT의 목표, 비즈니스 프로세스의 가치, 그리고 새로운 기술적 구조에 기반을 두었으며 종국적으로 기업 비즈니스 프로세스의 유기적인 통합 및 관리 역량을 높이는데 그 목적이 있다. 그럼, 비즈니스 프로세스를 관리한다는 것은 무슨 의미일까? 실제로 비즈니스 프로세스의 관리는 명시적이지는 않지만 현재도 기업 내에서 계속 이루어지고 있다. 예를 들어, 어느 기업이 컨설팅회사와 함께 BPR 프로젝트를 수행한다고 가정하자. 이것은 현행 비즈니스 프로세스의 성과를 분석(analysis)하고 프로세스를 최적화(optimization)하기 위하여 재설계(redesign)하는 과정을 의미한다. 이런 프로세스의 분석, 최적화 및 재설계와 같은 과정이 바로 BPM의 핵심 요소인 것이다. 지금까지 ERP, CRM, SCM, EAI, 그리고 워크플로우 등 수많은 프로세스 솔루션들이 개발되고 기업에서 활용되었다. 이런 솔루션들을 통해 업무 능률이 향상된 것은 사실이지만 실제 업무 프로세스의 지속적인 개선이라는 측면에서는 이런 솔루션들이 도리어 기업의 발목을 잡고 있다. 즉 이런 솔루션들은 비즈니스 프로세스 관리를 통한 지속적인 개선보다는 어플리케이션 수준에서의 업무 수행을 위한 필요 기능에 초점을 두었기 때문이다. 이런 점에서 비즈니스 프로세스를 설계/정의하고, 실행하고, 모니터링/분석하고, 그리고 최적화할 수 있는 비즈니스 역량인 BPM의 등장은 프로세스가 고객, 비즈니스 파트너, 공급자에게까지 확대되고 있는 비즈니스 환경 하에서 어쩌면 당연한 결과라고 할 수 있다.

D. Jack. Elzinga et al.(1995)는 BPM을 '제품/서비스의 질적 향상을 위해 프로세스를 분석, 개선, 통제, 관리하는 체계적이고 구조적인 접근 방법'이라고 했으며, Zairi, M(1997)은 '생산, 마케팅, 커뮤니케이션 등 기업 활동의 주요 요소에 대한 근본적인 활동을 분석하고 끊임없이 개선해가는 구조적인 접근 방법'이라고 규정했다. 또한, M. Weske et al.(2004)에 따르면 BPM은 '사람, 조직, 어플리케이션, 문서 그리고 다른 정보 소스와 연관된 운영 프로세스를 설계, 실행, 통제 그리고 분석하기 위한 방법론, 기술, 그리고 소프트웨어'라고 정의하였다. 또한 BPMS(비즈니스 프로세스 관리시스템: Business Process Management System)에 대해서는 '비즈니스 프로세스를 수행하고 관리할 수 있도록 가시적으로 설계된 프로세스에 의해 구현되는 고유의 소프트웨어 시스템'으로 규정하였다. 더불어 이 연구에서는 기존의 워크플로우와 BPM의 주요 차이점을 프로세스의 진단기능 여부로 구분하였다. 워크플로우는 프로세스에 대해 단순 편집기능을 제공할 뿐, 프로세스에 대한 이상 진단이나 시뮬레이션 기능 등이 부족함을 지적하고 있다. BPM과 비교했을 때, 워크플로우 시스템의 가장 큰 단점은 단순하며, 예측 가능한 프로세스에만 적용이 가능하다는 것이다. 즉, 다이나믹하게 변화하고 복잡한 프로세스에는 적용이 어렵다는 것이다. 표 6에서는 워크플로우와 BPM의 기능적 차이를 설

명하고 있다.

표 6 워크플로우와 BPM의 기능적 비교

구분	워크플로우	BPM
프로세스 진단 (Process Diagnosis)	×	○
프로세스 설계 (Process Design)	○	○
시스템 구성 (System Configuration)	○	○
프로세스 실행 (Process Enactment)	○	○
프로세스 관찰 (Process Monitering)	×	○

H. Smith & P. Fingar(2003)는 BPM을 '기업의 생산성을 제고하기 위해 업무절차를 체계적으로 설계, 관리, 개선하는 활동을 지원하는 관리 방법론 또는 이를 지원하는 소프트웨어 시스템'으로 정의하였으며, 이를 위해서 TQM, 6시그마, 비즈니스 엔지니어링 등의 경영이론과 EAI, SOA, Workflow, XML, Web Service 등 최근 기술의 융합이 필요하다고 하였다. 김광명 et al.(2003)은 BPM을 '기업 내외부의 업무 프로세스를 가시화하고 업무규칙, 업무수행과 관련된 사람들, 그리고 시스템을 프로세스에 맞게 실행시키고 통제하며, 전체 업무 프로세스를 효율적으로 관리하고 최적화할 수 있도록 지원하는 시스템'이라고 정의하고 있다. 또한, 보다 광의의 관점에서는 기업의 생산성을 제고하기 위해 업무 프로세스를 체계적으로 설계, 관리, 개선하는 활동을 지원하는 총체적인 방법론이라고 보는 시각도 있다. 최진호 et al.(2005)는 기업의 업무 프로세스를 효율적으로 재설계하고 시스템적인 지원을 통해 프로세스를 자동화, 통합, 최적화함으로써 업무 프로세스를 체계적으로 관리할 필요가 있으며, 또한 지속적 개선을 통해 기업의 생산성 및 가치를 향상시켜야 한다고 하였다.

EAI 솔루션의 주요 벤더인 팁코(Tibco)는 BPM 기술을 '비즈니스 프로세스를 효과적으로 추적하고 통합 조정할 수 있는 어플리케이션의 프레임워크'로 간주하고 있으며, 국내의 BPM 전문기업인 핸디소프트는 BPM을 '기업 내외의 업무 프로세스를 가시화하고 업무의 수행과 관련된 사람 및 시스템을 프로세스에 맞게 실행/통제하며, 전체 업무 프로세스를 효율적으로 관리하고 최적화할 수 있도록 지원하는 기술'로 바라보고 있다.

그림 21은 핸디소프트의 BPM에 대한 정의를 설명하고 있다.

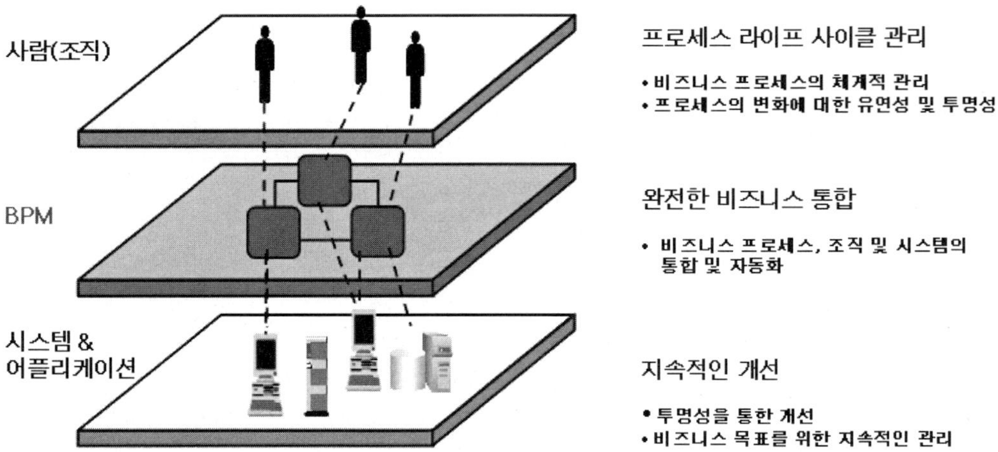

그림 21 BPM의 정의 (핸디소프트, 2003)

Aberdeen Group은 BPM이란 '복잡하고 다이내믹하며 기업의 방화벽(firewall)을 뛰어넘어 조직 내/외부, 그리고 조직 밖의 파트너 및 고객과의 사이에 합의된 비즈니스 프로세스들에 관한 실체'라고 하였다. 또한 Gartner의 David McCoy는 2003년 ITxpo 심포지움에서 BPM이란 '사람과 어플리케이션 레벨의 상호 작용을 포함하고, 프로세스 관리(예: 프로세스 분석, 규정, 실행, 모니터링 등)를 위해 제공하는 일련의 서비스와 도구'로 규정하였고, 최근에 발표된 보고서에서 BPM의 중요한 요구 기능 중 하나로 BPA(Business Process Analysis)를 꼽았다.

이상과 같은 기존의 연구들과 보고 자료들을 종합하여 보면 BPM은 80년대 BPR의 개념과 90년대의 워크플로우 기술을 기반으로 2000년대의 ERP 사상을 덧붙여 총체적인 프로세스 관리를 수행하는 방법론 및 기술로 볼 수 있다. 표 7에서는 다양한 BPM의 정의를 정리하였다[11].

표 7 BPM의 정의

연구자 (기관)	BPM의 정의
M.Weske (2004)	사람, 조직, 어플리케이션, 문서 그리고 다른 정보 소스와 연관된 운영 프로세스를 설계, 실행, 통제 그리고 분석하기 위한 방법론, 기술 그리고 소프트웨어
D. Jack. Elzinga (1995)	제품과 서비스의 품질을 향상시킬 목적으로 프로세스의 분석, 개선, 통제 및 관리를 수행하는 체계적이고 구조적인 접근방법
김광명 (2003)	기업 내외부의 업무 프로세스를 가시화하고, 업무규칙, 업무수행과 관련된 사람들, 시스템을 프로세스에 맞게 실행시키고 통제하며, 전체 업무 프로세스를 효율적으로 관리하고 최적화할 수 있도록 지원하는 것
H. Smith (2003)	기업의 생산성을 제고하기 위해 업무절차를 체계적으로 설계, 관리, 개선하는 활동을 지원하는 관리 방법론 또는 이를 지원하는 소프트웨어 시스템
Tibco	비즈니스 프로세스를 효과적으로 추적하고 통합 조정할 수 있게 하는 어플리케이션의 프레임워크
핸디소프트	기업 내외의 업무 프로세스를 가시화하고, 업무의 수행과 관련된 사람 및 시스템을 프로세스에 맞게 실행/통제하며, 전체 업무 프로세스를 효율적으로 관리하고 최적화할 수 있도록 지원하는 기술
Aberdeen Group	조직 안과 밖 모두에서 사람 및 시스템과 상호 작용하는 비즈니스 프로세스의 관리와 이에 대한 계속적인 이해를 돕는 변화된 경영 관리법이자 시스템 방법론
Gartner	사람과 어플리케이션 레벨의 상호 작용을 포함하고, 프로세스 관리(예: 프로세스 분석, 규정, 실행, 모니터링 등)를 위해 제공하는 일련의 서비스와 도구
OVUM	조직 내부 또는 전체에 걸쳐 사람과 시스템 간에 상호 작용하는 비즈니스 프로세스를 도출(identification)하여 이해(comprehension)하고, 관리(management)하는 것
Delphi Group	프로세스 기반의 어플리케이션 구축을 위해 새로이 등장하는 소프트웨어 레이어(Layer)
CSC (Computer Science Corporation)	목표 프로세스를 발견, 설계, 적용, 실행, 상호작용, 운영, 최적화, 분석하는 종합적인 역량. 즉, 프로세스의 전 라이프사이클을 완벽하게 통제(Control)하는 것
LG CNS	기업 내/외부 리소스들 간의 프로세스를 자동화하고 최적화하며 통합하기 위한 지속적 활동

1.3.2 BPM의 특성

'비즈니스 프로세스의 변경 및 혁신'은, 마이크 해머가 주창한 BPR의 관점에서는 소위 'Big Bang' 적인 관점이 우세하다고 볼 수 있다. '혁신' 이라는 단어에는, 약간은 과격하다는 사전적 의미인, 기존의 체계를 새로운 경영 환경에 맞도록 뒤집어 버린다는 의미가 내포되어 있으며, 1990년대 말부터 2000년대 초까지 POSCO를 비롯한 많은 기업체들이 'Big Bang' 방식을 사용하여 BPR을 수행하였다. 그러나 시대가 점점 복잡해

지면서 이러한 관점에서의 '혁신'은 현실적으로 여러 가지 제약들로 인해 더 이상 수용되기 어려웠으며, 결국 '변화' 그 자체가 반영되도록 비즈니스 프로세스를 설계하고, 이를 지원하는 IT 시스템을 구축하는 것이 더 효율적인 방안이 되었다. 그림 22는 세 가지 유형의 IT 시스템의 특성을 이해하기 위해 세 가지 유형의 렌치(Wrench)를 이용하여 설명하고 있다[64].

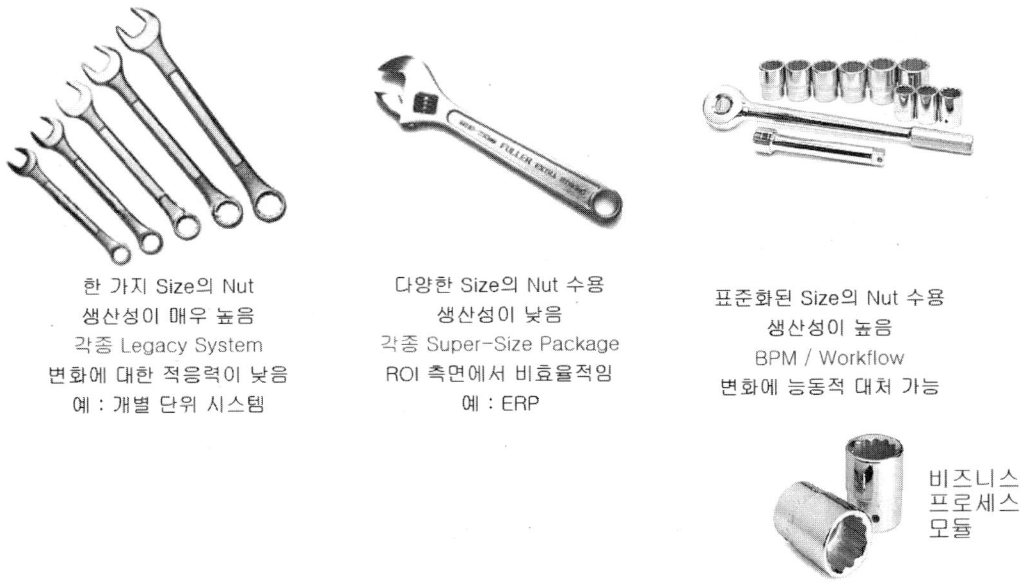

그림 22 세 가지 유형의 IT 시스템

첫 번째 렌치는 정해진 사이즈의 너트(nut)만을 조일 수 있고, 다른 사이즈의 너트를 수용하기 위해서는 렌치 자체를 바꾸어 잡아야 하나, 생산성 측면에서는 매우 뛰어나다. 이를 IT 시스템으로 생각해 보면, 주어진 요구를 정확히 만족시키는 각종 legacy system들이라고 볼 수 있을 것이다. 두 번째 렌치는 모든 사이즈의 너트를 유연하게 수용할 수 있는 반면, 가격이 비싸고 생산성 측면에서 아무래도 첫 번째 유형의 렌치보다는 떨어지게 되는데, 이를 IT 시스템으로 생각해 본다면, 많은 라이브러리와 best practice process들의 집합체로 구성되어 있는 대형 솔루션 패키지들(예: ERP)로 생각할 수 있다. 이러한 논리를 생산공학 분야로 확장한다면, 첫 번째 렌치는 DMS(Dedicated Manufacturing System, 종속 생산 시스템)이라고 볼 수 있으며, 두 번째 렌치는 FMS(Flexible Manufacturing System, 유연 생산 시스템)이라고 할 수 있다.

현재 기업 내의 다양하고 많은 IT 시스템들이 서로간의 별다른 의사소통이나 밀접한 이해관계가 없는 부서들에 의하여 각자 추진되어 구축되었다. 이 사실은 많은 비즈니스 프로세스들과 데이터들이 각 시스템들 간에 산재하여 있고 어떠한 프로세스는 시스템에 따라 서로 다른 형태로 정의되어 있는 경우도 자주 발생하고 있음을 의미한다. 예를 들어, 어떤 제조 회사의 연구 개발 부서에서 설계상의 변경 관리를 위한 IT 시스템을 구축하였다고 할 때, 새로 변경된 제품의 부품들에 대한 구매와 생산 데이터를 가진 다른 시스템과 연동되어 정보가 처리되지 않는다면, 결과적으로 구매부서는 새로 구매하는 부품들에 대하여 회사가 너무 많은 비용을 지불하고 있지 않은가에 대해 알 수 있는 방법이 없게 된다. 구매부서가 제대로 일을 하고 있다면, 이러한 상황을 좌시하지는 않을 것이고, 결국 시스템과 별도로 이러한 비용 지불의 정당성을 확인하기 위한 off-line 상의 비즈니스 프로세스가 디자인되고 실행되어야만 한다.

이러한 총체적인 문제점을 해결하기 위한 패러다임으로 등장한 것이 BPM이고, 이를 렌치에 비유하여 해석하면 그림 22의 세 번째 유형의 렌치, 즉 표준화된 사이즈의 렌치 모듈들 (즉 비즈니스 프로세스 모듈)을 따로 관리하고, 이의 근본이 되는 렌치 본체(기업이 현재 사용 중인 IT Infra)는 그대로 유지하며, 이들의 체계적인 연결을 위해 렌치 모듈과 렌치 본체의 인터페이스를 디자인 하는 형태라고 할 수 있다.

BPM은 이해 당사자의 영역에 따라 - 예를 들어 어플리케이션 서버 사업자, 워크플로우(Workflow) 공급업자, BPO 사업자, 프로세스 모델러 개발업자 등 - 다르게 이해될 수밖에 없으나, 패러다임으로서의 BPM은 앞에서 살펴본 세 번째 렌치의 모습을 구현하기 위해 IT 업체들이 나아가야 할 방향으로서의 의미가 강하다.

이러한 환경에서 IT architecture 또한 비즈니스 프로세스를 중심으로 패러다임을 변경시킬 수밖에 없다. 그림 23은 IT architecture 패러다임의 변화를 도식적으로 설명하고 있다. 현재까지의 IT architecture가 솔루션 및 패키지와 같은 application이 중심에 있고, 이를 기준으로 이것이 수행하는 workflow와 procedure, 그리고 필요한 데이터를 가지고 설명되었다면, 앞으로의 IT architecture는 business process를 먼저 정의하고, 이를 중심으로 이를 수행하는 사람들, 이용하는 IT 시스템들, 그리고 그 사이를 연결시켜주는 각종 정보들로 구성될 것이다.

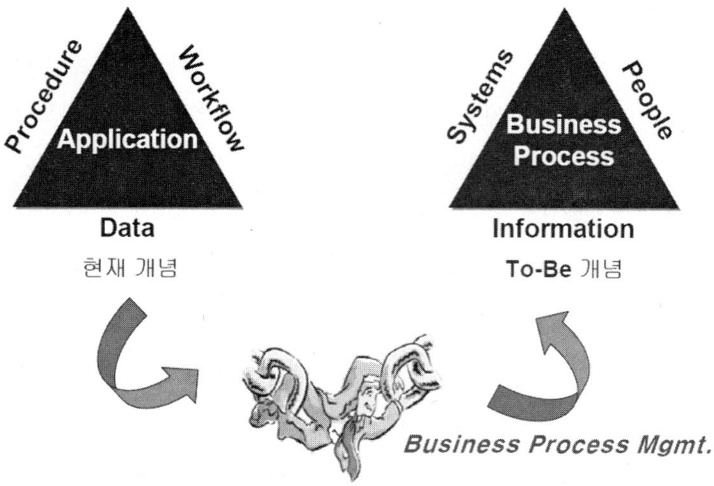

그림 23 IT architecture 패러다임의 변화

결국 구현된 모습은 비슷할 것 같다고 생각할 수 있으나, application을 중심으로 이 application이 필요한 일들에 대해 생각하는 것과, business process를 중심으로, 이를 위한 system을 구현하는 것은 근본적으로 다른 approach이다. 또 한 가지, 간과하기 어려운 점은 'People', 즉 사람이 최근에 주된 factor로 떠올랐다는 점이다. 각종 application들이 사람을 배제한 업무 자동화를 목적으로 많이 구축되었으나, 결국 앞으로 변화에 신속히 적응하기 위해서는 인력 구조적 측면에서의 변화가 매우 중요한 요소 중의 하나가 될 것임은 자명한 일이고, 이를 수용하기 위해서는 business process 중심의 IT architecture 구성 이외에는 대안이 없다고 할 수 있다.

1.3.3 기대효과

BPM은 다양한 관점에서 도입 효과를 기대할 수 있다. 크게 업무 실행의 자동화 측면, 업무 자원의 통합관리 측면, 그리고 전사적 업무 개선 측면에서 기대효과를 정의할 수 있다.

첫째로, 업무 실행의 자동화 측면에서는 업무 담당자에게 업무가 찾아오는 업무 방식(Push Service) 및 업무 현황의 지속적 관리를 통해 업무 performance의 향상을 기대할 수 있다.

BPM 도입 이전에는 업무 프로세스에 대한 시스템적인 관리가 되지 않아 업무 단절이 발생하고, 모니터링 기능의 부족으로 인해 업무의 진행현황 파악이 어려운 경우가 많이 발생하였다. 업무 담당자는 내가 해야 할 업무가 무엇인지, 다음 작업자는 누구인지도 파악하기 어려운 경우가 존재한다. 또한 연속적인 업무의 수행이 어렵고 업무 현황이 실시간적으로 파악되지 않아 업무지연 및 비효율이 자주 발생하였다. BPM은 단계별 업무 프로세스의 유기적 연계를 통한 개인별 업무 자동 할당 및 실시간 업무 모니터링 기능을 활용하여 이러한 문제점들을 해결한다.

둘째로, 업무 자원의 통합관리 측면에서는 업무처리에 필요한 각종 자료 및 지식들, 그리고 업무 담당자 정보가 통합 관리되어 효율적으로 업무에 활용될 수 있다.

BPM 도입 이전에는 업무 수행을 위해 필요한 지식 및 정보의 조회, 가공, 그리고 저장 프로세스가 분리되어 있었다. 즉 프로세스와 콘텐츠가 분리되어 있음으로 해당 업무에 대한 지식의 접근 용이성이 떨어지게 된다. 이로 인해 지식관리시스템의 활용도가 낮아지는 중대한 요인으로 작용하였다. 따라서 BPM은 프로세스의 단위 업무별로 담당자와 필요한 정보가 모두 통합되어 관리됨으로 이러한 문제점들을 해결한다. 즉, 업무 담당자에게 업무가 할당되면 관련 지식 및 정보가 함께 전달되게 된다. 이는 곧 업무 담당자의 업무 숙련도의 편차가 낮아지는 것을 의미한다.

셋째로, 전사적 업무 개선 측면에서는 책임 권한 소재의 명확화 및 지속적이고 효율적인 업무 개선 활동을 가능하게 한다.

BPM 도입 이전의 업무 개선 활동은 개별 업무 중심의 단편적인 업무 개선이었고 또한 개선 결과의 실행 주체가 명확하지 않았다. 업무의 전후관계가 불명확한 경우에는 PI(Process Innovation)를 실시하더라도 여전히 후행 업무의 적용주체가 불분명하고 개선 효과 또한 기업의 일부 프로세스에 국한될 수밖에 없다. BPM의 구축은 전사 업무 표준 분류체계를 정의하는 것으로 시작되며 프로세스별 owner를 선정하고 업무 개선 활동을 수행하여 그 성과를 분석하는 과정을 거친다. 이는 책임 권한 소재를 명확하게 하고, 지속적이고 효율적인 업무 개선활동을 가능하게 한다. 그림 24는 이상과 같은 BPM의 도입효과를 설명하고 있다.

이 밖에도 BPM은 부서간의 효과적인 업무 협업을 통해 최대의 성과를 낼 수 있도록 전사적인 관점에서 프로세스를 관리한다. 프로세스 관리는 프로세스 표준화를 통해 조직의 정체성을 공유하는 도구로 활용 가능하며, 조직 내 커뮤니케이션 활성화에 많은 도움이 된다. 또한 프로세스 성과관리 및 지속적인 개선을 통한 기업 경쟁력 확보가 가능하다. 그림 25는 특정 프로세스의 성과관리를 위해 해당 프로세스의 KPI(성과지표 : Key Performance Indicator)를 부서별 및 업무별로 측정하고 분석하는 과정의 예시이다.

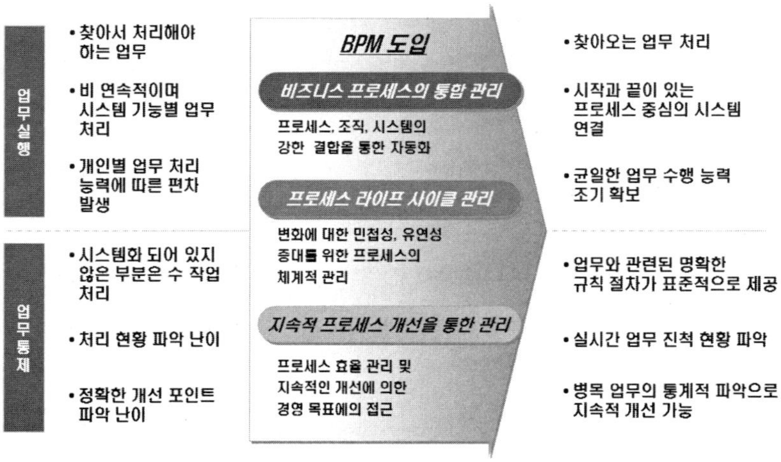

그림 24 BPM 도입 효과

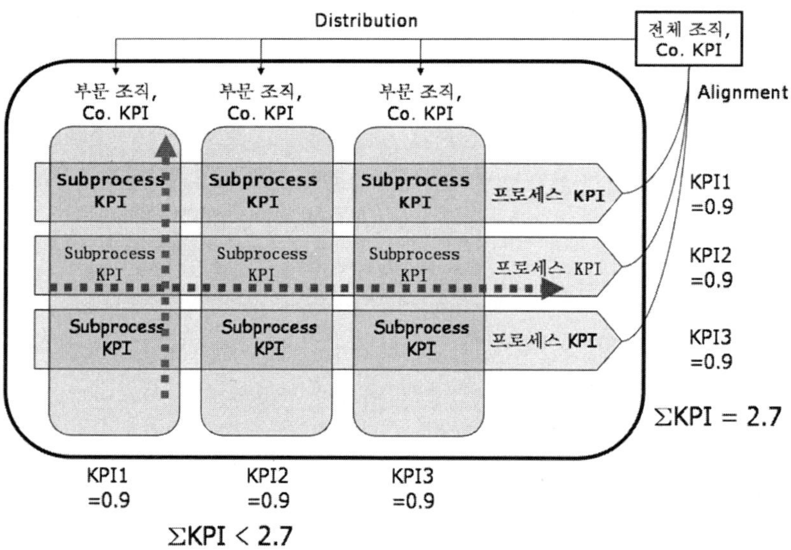

그림 25 횡적 프로세스에 대한 성과관리

1.4_ BPM의 주요 기능

Gartner사는 BPM의 주요 기능을 비즈니스 프로세스 관리를 위해 제공되는 모든 서비스 및 도구를 총괄하는 개념으로 정의하면서, 크게 프로세스 분석, 정의, 실행, 모니터링, 그리고 관리 등을 포함한 비즈니스 프로세스의 라이프사이클을 제시하였다. 이를 위한 실행 아키텍처로 BPM과 더불어, 비즈니스 프로세스 자동화(BPA, Business Process Automation), 비즈니스 룰 엔진(BRE, Business Process Rule Engine), 어플리케이션 통합과 비즈니스 활동 감시(BAM, Business Activity Monitoring)를 비롯한 관련 지원 기술이 포함되어야 한다고 제시하였다. 이 외에도 여러 기관(CSC Research, BMPI.org 등) 등에서 BPM의 기능들에 대해 정의하였고 본 chapter에서는 주요 기관에서 언급한 BPM의 공통적인 기능들에 대해 소개한다.

1.4.1 사용자 업무환경

BPM은 BPM 기반의 포탈(portal)이라고 불리는 사용자 업무환경을 제공한다. 사용자가 Login을 하면 본인이 처리해야 할 업무 목록이 제공되고 이를 통해 개인별 맞춤 업무 처리가 가능하게 된다. 또한, 사용자가 한 단위 업무를 완료하게 되면 자동적으로 다음 작업자에게 다음 업무가 할당된다. 기타 기능으로는 부재를 설정하고 업무를 위임하는 기능과 파일을 첨부하고 사용자 간에 의견을 교환할 수 있는 다양한 업무 편의를 제공한다.

그림 26은 다양한 기능을 제공하는 사용자 업무환경, 즉 포탈의 예이다.

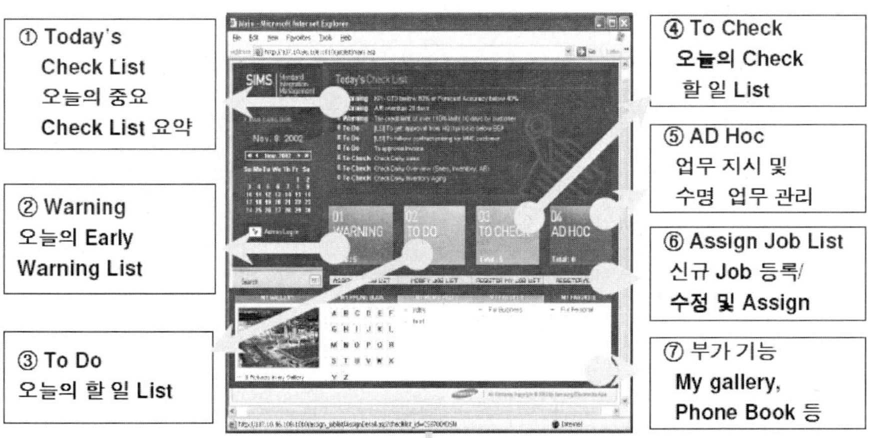

그림 26 사용자 업무환경 예시

이 예에서 표현된 포탈의 주요 내용은 다음과 같다.

① Today's Check List: 오늘 처리해야 할 주요 업무들의 전체 list를 요약해서 보여 준다.
② Warning: 본인의 early warning list를 보여 준다. 즉, 나의 업무들 중 지연된 업무가 있거나 성과지표에 문제가 발생할 가능성이 있는 경우 이를 보여주는 기능이다.
③ To Do: 오늘 처리해야 할 업무 list를 보여준다. 이를 통해 처리해야 할 업무목록을 확인하고 해당 업무를 선택하면, 업무처리기를 통해 신속히 그 업무를 처리할 수 있도록 관련 시스템과 자료를 자동으로 제공하는 기능을 포함한다.
④ To Check: 오늘 check 해야 할 업무 list로 관리자의 경우 간단하게 check 해야 할 업무들을 한눈에 파악하고 처리할 수 있도록 지원한다.
⑤ Ad Hoc: 업무 지시 및 수명 업무 관리를 위한 기능이다. To Do 업무와는 별개로 기존에 정의되어 있지 않거나 간혹 발생하는 업무를 업무 지시자가 쉽게 업무 지시하고, 이러한 Ad Hoc 업무를 할당받은 담당자는 쉽게 업무 처리가 가능하도록 지원하는 기능이다.
⑥ Assign Job List: 신규 job의 등록/수정 및 assign하는 기능이다.
⑦ 부가기능: My gallery, Phone Book 등의 업무 지원 기능이다.

1.4.2 프로세스 모델링

프로세스 모델링은 업무 프로세스를 보다 상세하게 정의하는 과정을 의미한다. 이를 위하여 비즈니스 프로세스를 세분화하고, 개선점들을 반영하여 실행 가능한 형태의 모델로 프로세스를 정의하게 된다. 프로세스의 정의는 프로세스의 실행과 분석을 위해 필요한 모든 정보들로 구성된다. 즉 프로세스를 구성하는 단위 업무들, 해당 단위 업무를 수행하기 위한 규칙, 각 단위 업무를 수행하는 조직 및 역할, 업무 처리를 위한 자원과 작업 도구, 해당 프로세스에 대한 성과지표 등을 포함한다. 이는 기업의 프로세스 처리에 필요한 핵심 지식과 정보를 축적(process repository)하는 것으로, 기업의 프로세스 자산 확보를 의미한다.

일반적으로 프로세스 모델링을 위해 지원되는 tool의 기능은 크게 자원 흐름맵(Role

& Responsibility Matrix), Role 기반의 인증/권한 관리, Hierarchical Process Map 지원, 표준 프로세스 기호 및 속성 설정, 프로세스 모델 life-cycle 지원, 그리고 프로세스 조회 및 검색 등이 있다.

이러한 프로세스 모델링 도구는 비즈니스 프로세스 전문가가 IT 전문가의 도움 없이도 프로세스 흐름을 도출하여 모델링하고 프로세스에 대한 분석을 수행할 수 있도록 지원해 주는 그래픽 사용자 환경(GUI: Graphic User Interface)을 제공한다. 드래그 앤 드롭 방식으로 비전문가도 손쉽게 프로세스 모델링 작업을 수행할 수 있으며, 비즈니스 프로세스 자동화를 위한 다양한 프리빌트(pre-built) 액티비티(activity) 및 데이터와 어플리케이션의 통합을 위한 연계성을 제공한다.

그림 27은 프로세스 모델링 tool을 이용하여 drag & drop 방식으로 쉽게 프로세스를 표현하고 그 속성을 정의하는 예를 보여준다.

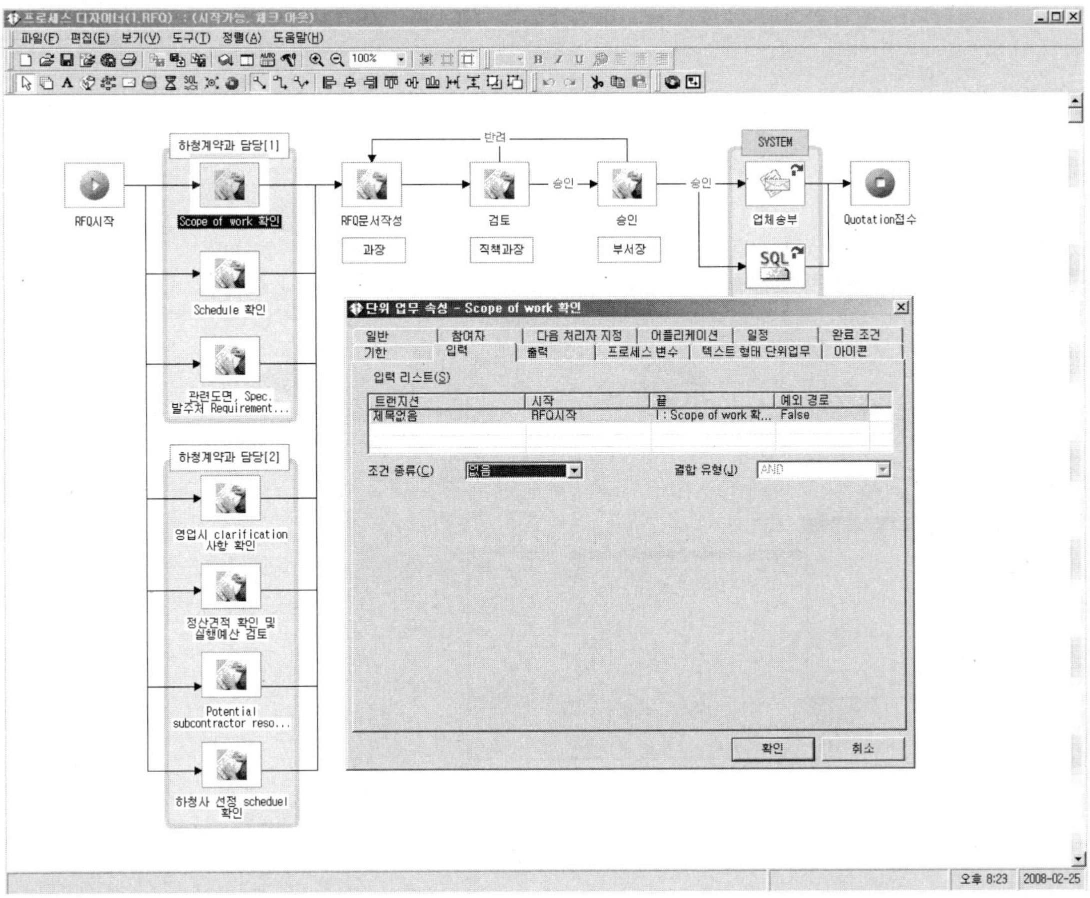

그림 27 프로세스 모델링 예시

1.4.3 프로세스 모니터링

BPM을 통해 사전에 정의되어진 실행 프로세스가 정의된 내용과 같이 진행되도록 관리할 수 있으며, 또한 해당 프로세스의 성과지표(KPI)를 모니터링하고 분석하여 그 현황을 파악할 수 있다. 필요 시 프로세스 전체 혹은 단계별 업무 수행이 완료되어야 할 시점, 그리고 업무 처리 과정의 규칙 등을 통제할 수 있다. 더불어 업무의 진행 현황을 실시간으로 모니터링 할 수 있으며, 처리되어진 업무 내역을 통해 업무 처리에서 발생한 지연 및 누락에 대한 원인을 추적해볼 수도 있다. 이는 업무를 수행하는 관점뿐만 아니라 프로세스를 관리한다는 측면에서 모두 의미가 있는 것이다.

또한 프로세스 실행 중 다양한 형태의 모니터링을 가능하게 하는 비즈니스 활동 모니터링(BAM: Business Activity Monitoring) 기능이 있으며, 프로세스 활동 모니터링에서는 사용자가 대쉬보드(dashboard) 또는 콕피트(cockpit)의 형태로 해당 프로세스의 진행 상태 및 성과지표를 파악하고, 실행 중에 발생하는 문제에 대한 통제를 수행하는 기능이 있다.

그림 28은 대쉬보드의 예시로 해당 프로세스에 대한 단위업무의 진행 현황 및 관련 통계 데이터를 포함한 가시성이 높은 다양한 정보를 제공해주는 내용이다.

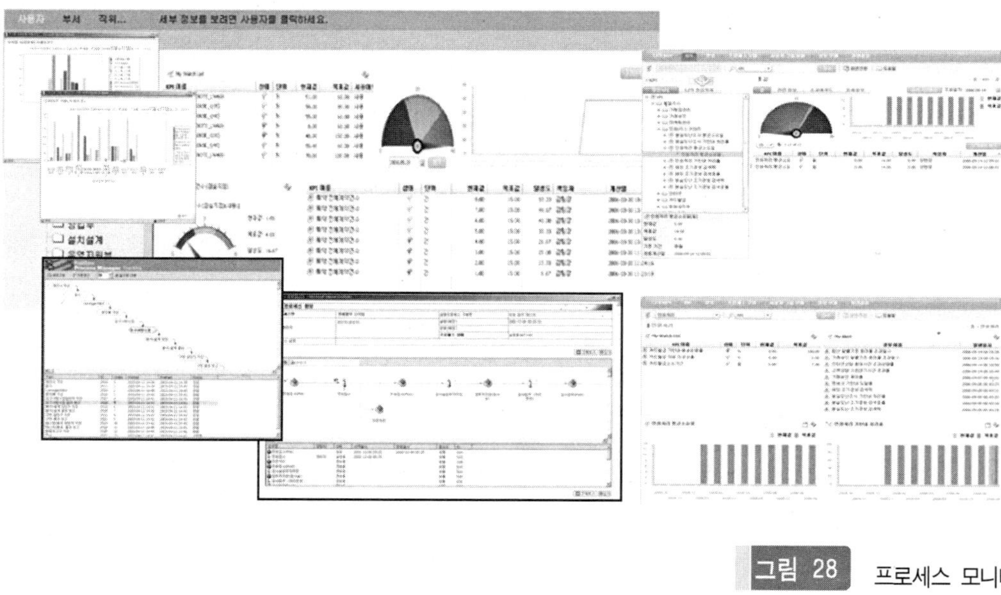

그림 28 프로세스 모니터링 예시

1.4.4 조기경보 체제

조기경보 체제(Early Warning)는 각 업무 프로세스 진행 중에 실시간으로 모니터링 되는 KPI의 값이 사전에 정의되어 있는 문제발생 가능한 범위에 들어오는 경우, 정해진 룰(rule)에 의해 해당 관리자에게 alerting, e-mail, SMS와 같은 다양한 형태의 메시지를 발송하여 적절한 조치를 조속히 수행하도록 돕는다. 조기경보 체제는 문제발생을 통보하는 것이 목적이 아니라 문제발생을 사전에 예방하도록 지원하는 기능을 한다. 또한 특정 단위 업무가 정해진 시간 내에 처리되지 않을 경우에도 조속한 업무 처리를 종용하는 메시지를 발송한다.

그림 29는 조기경보 체제의 예시로 자재 담당자의 업무 포탈에 warning 메시지가 뜨고 담당자가 이를 확인하여 신속한 조치를 취할 수 있도록 지원하는 내용이다.

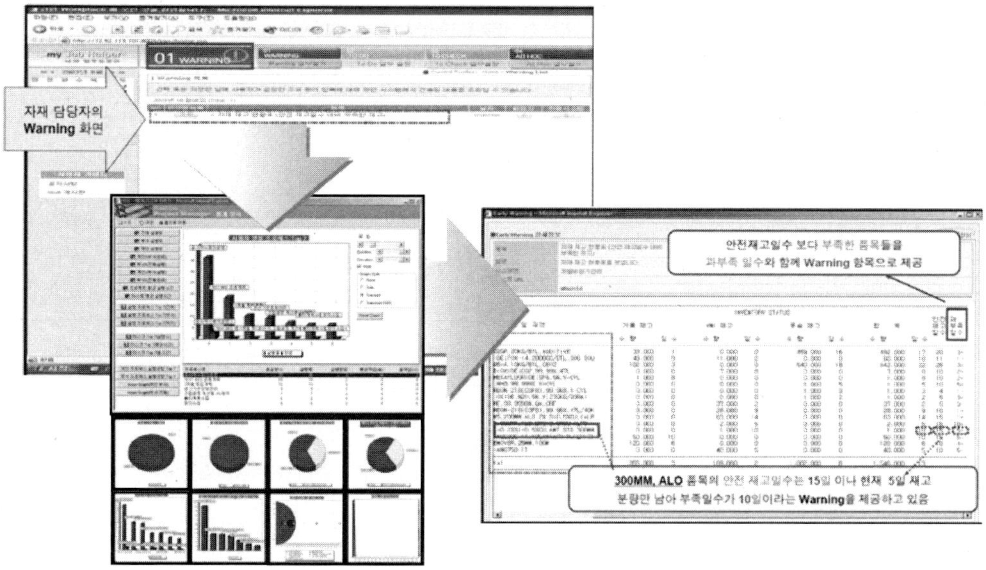

그림 29 조기경보 체제 예시

1.4.5 프로세스 성과관리

프로세스가 실행되는 과정 중 발생한 정보들을 활용하면 다양한 관점의 지표 분석이 가능하다. 예를 들어 자원(조직)과 비용, 시간 등과 같은 프로세스 실행 관점에서의 지표값의 측정 및 분석이 가능하며, 오류 및 클레임 발생률과 같은 비즈니스 관점에서의 KPI의 측정 및 분석도 지원한다. 이러한 기능은 기업의 현재 프로세스 수준을 판단하는데 절대적으로 기여한다. 측정된 결과는 프로세스를 분석하거나 개선하기 위한 중요한 입력 자료로 활용된다.

체계적인 프로세스 성과관리를 위해서는 업무 성과를 각 부서별로 분산되게 관리하던 것을 프로세스 전체적인 관점에서 통합하여 관리하여야 한다. 즉 프로세스 성과관리 측면에서는 종적인 부서별 성과보다는 횡적인 프로세스 중심의 성과관리를 통해 명확한 관리가 가능하게 된다. 프로세스 성과관리의 절차는 그림 30과 같다.

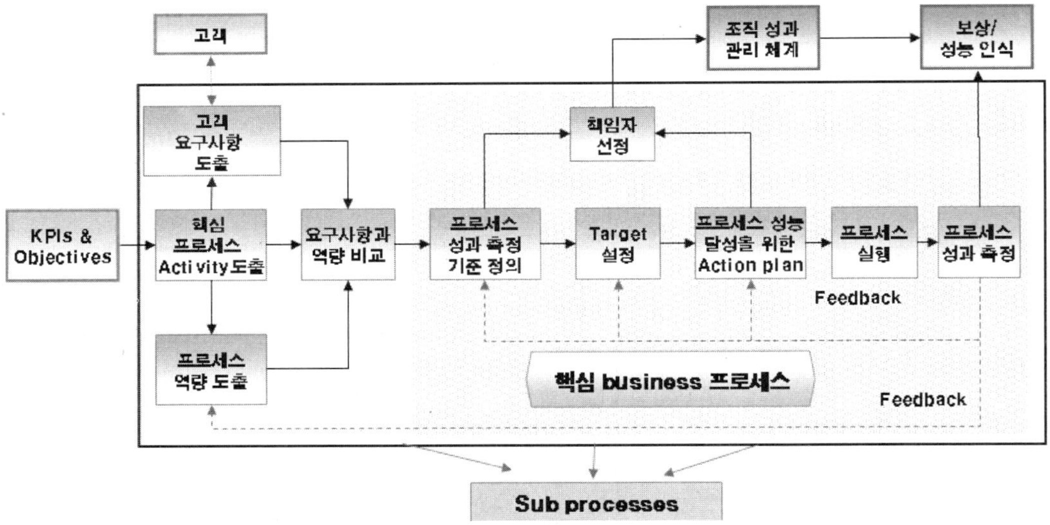

그림 30 프로세스 성과 관리의 절차 (source: D. Sinclair, 1995)

여기서는 프로세스 성과 측정 결과를 이전 단계인 프로세스 역량 도출, 프로세스 성과 측정 기준 정의, Target 설정, 프로세스 성능 달성을 위한 Action Plan 등에 feedback함으로써 지속적으로 프로세스의 성과관리가 이루어지도록 하는 것이 중요하다.

그림 31은 실시간 업무 성과관리의 예시로 조직별, 개인별로 기 정의된 성과지표와 현재 자신이 달성한 수준과의 비교 & 확인을 통해 자신의 업무 성과를 쉽게 관리하는 내용이다. 또한, 관리자의 경우 자신의 관리 범위 내에 있는 사원들의 업무 성과를 한 눈에 파악할 수 있다.

1.4.6 프로세스 관리

프로세스 관리 기능은 크게 두 가지 측면으로 나누어 볼 수 있다. 프로세스를 실행하고 운영하는 측면과 프로세스를 자산화하는 측면이 그것이다.

■ 프로세스 실행과 운영

검증되고 정의된 프로세스는 BPM내에서 하나의 프로세스 모형으로 관리되고 또한 실질적으로 실행된다. BPM은 프로세스가 정의된 업무 흐름과 규칙에 맞게 수행되도록 관리하고 업무 수행을 위해 요구되는 정보들이 적절하게 제공되도록 사람과 사람, 사람과 시스템, 시스템과 시스템들을 지휘(orchestration) 한다. 이것은 조직 구성원과 시스템들이 정의된 프로세스에 맞게 업무를 처리할 수 있도록 BPM이 지원함을 의미한다.

■ 프로세스 자산화

프로세스 자산이란 '경영활동의 수행을 위해 생성되고 업무에 활용되는 정형 또는 비정형의 프로세스 관련 산출물'을 의미한다. Database에서 data가 관리되듯이 이러한 프로세스 자산은 프로세스 레파지토리에서 관리되며 다양한 정보시스템들에 의해 활용된다. 또한 일단 자산화 된 프로세스들은 PI 및 업무 처리결과에 따라 지속적으로 수정 및 보완되어진다.

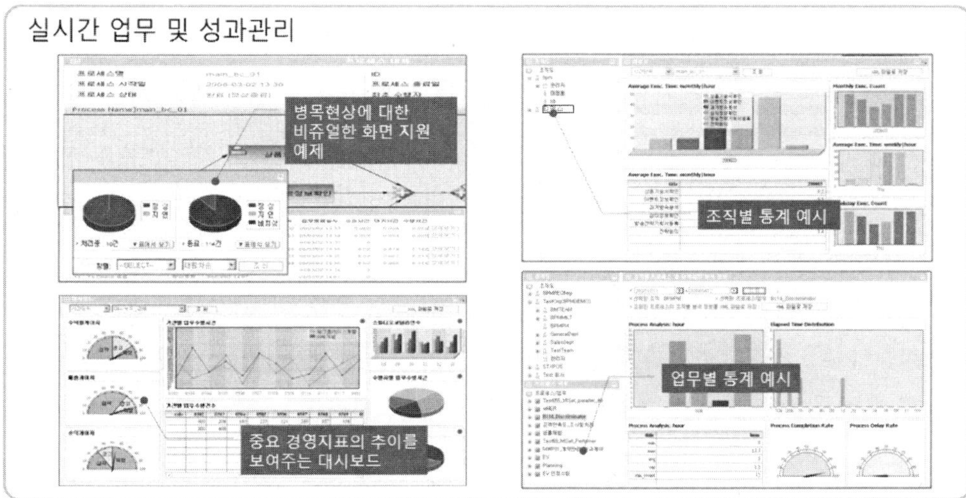

그림 31 실시간 업무 성과 관리 예시

그림 32는 이러한 프로세스 자산화가 이루어지고 활용되는 모습을 도식화 한 것이다.

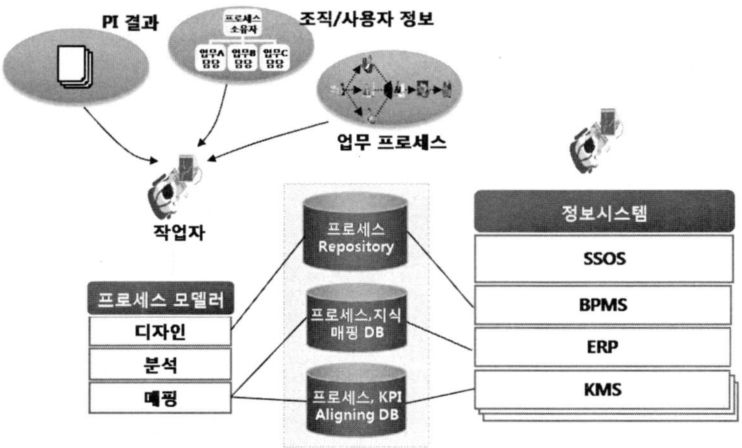

그림 32 프로세스 자산화

1.4.7 프로세스 개선

프로세스 분석 및 개선을 위해서는 보다 구체적인 목표수준(KPI)을 정하고, 현재 프로세스의 수준 평가를 포함한 관련된 다양한 정보를 수집해야 한다. 또한 좋은 성과를 얻고 있는 사내·외 및 동종 업계의 유사 프로세스와 관련된 정보와 데이터를 수집하여 다양한 관점에서 분석한다. 그리고 목표수준을 만족하는 보다 효율적인 프로세스로 개선하기 위하여 시뮬레이션 작업을 병행하는 것도 좋은 접근법이다. 시뮬레이션 분석으로부터 도출된 여러 가지 대안에 대하여 프로세스 구성요소의 속성값들을 변경하고 재차 시뮬레이션 해봄으로써 최적의 대안을 찾을 수 있다.

최적화 관점에서 정의된 프로세스는 이론적으로 설계된 프로세스 모형이기 때문에 실제로 실행하기 전에 시뮬레이션과 같은 tool을 통해 그 프로세스 모형에 대한 사전 검증이 필요하다. 프로세스 모형 자체에 대한 검증 메커니즘은 그래프 이론 등을 바탕으로 제시되어 있으나, 프로세스의 실행은 사람, 시스템, 업무 등 복잡한 변수를 포함하기 때문에 가상으로 프로세스를 실행시켜 문제점을 도출하고 분석할 수 있는 시뮬레이션 방법은 매우 적합한 검증 방법이다. 이렇게 검증된 결과를 바탕으로 프로세스를 최적화한다면 BPM의 효과를 극대화할 수 있는 장점이 있다. 프로세스를 둘러싼 여러 조건이 계속 변하기 때문에 사실 최적화된 프로세스는 존재하지 않는다. 따라서 지속적으로 프로세스를 개선시키려는 노력이 병행되어야 하며 이러한 노력을 통해 제대로 된

BPM의 효과를 얻을 수 있다.

그림 33은 프로세스 개선을 위한 Process Life-Cycle을 설명하고 있다. Process Life-Cycle은 크게 설계, 실행, 측정 및 모니터링, 분석, 그리고 개선 등의 과정으로 구성되며 연속적으로 반복되게 이루어져야 한다.

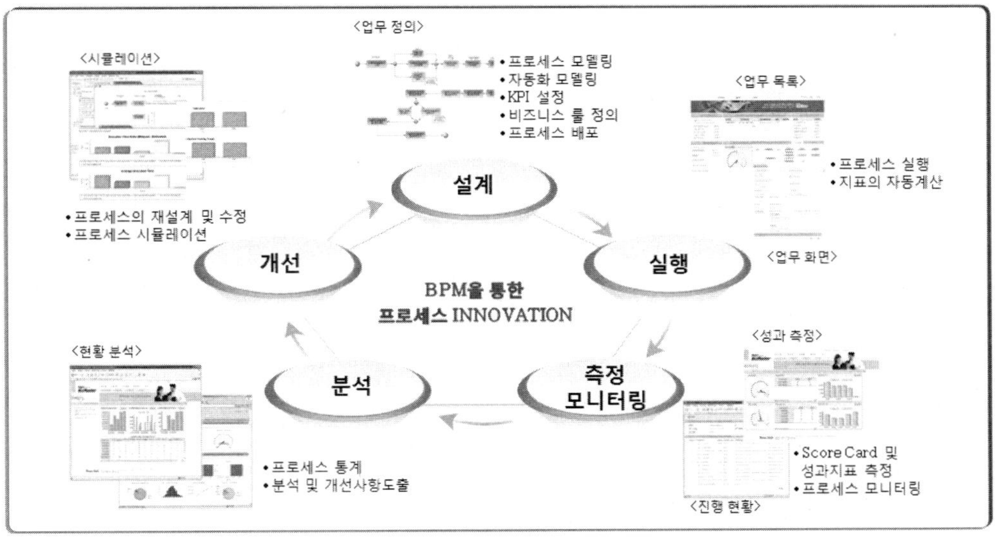

그림 33 Process Life-Cycle (source: TmaxSoft)

- 설계는 프로세스 자체에 대한 지식과 정보를 축적하는 과정이며 프로세스 모델링, 정의, 시뮬레이션, 및 재설계 과정을 의미한다. 설계의 결과는 프로세스 레파지토리에 저장되고 이것이 기업 프로세스 자산화의 밑거름이 된다.
- 실행은 새로운 프로세스가 모든 참여자 - 사람, 어플리케이션, 혹은 다른 연관 프로세스 - 에 의해 수행되는 것을 의미한다. 업무가 실제 정의된 프로세스를 따라 수행되도록 제어하고 업무 수행 중에 요구되는 정보를 적절하게 제공하거나 필요로 하는 데이터의 기록을 수행한다.
- 측정 및 모니터링을 통해 새롭게 정의된 프로세스가 정의된 대로 수행되도록 하거나 혹은 프로세스 성과를 일정수준에 맞추기 위해 필요한 통제를 가할 수 있다. 또한 진행되는 업무 현황을 실시간으로 모니터링 할 수 있으며 수행되어진 기록을 통해 이력을 추적해 볼 수도 있다.
- 분석 및 개선은 프로세스 성과를 측정하고 분석하여 개선 방향과 전략을 고

안하는 것을 의미한다. 구체적인 성과목표를 정하고 보다 나은 프로세스로 개선하기 위해 관련 정보의 수집이 필요하다. 분석을 통한 여러 대안에 대해 프로세스 구성요소를 변경하고 시뮬레이션을 해봄으로써 최적을 대안을 도출할 수 있다.

1.5_ BPM 아키텍처

BPM 어플리케이션은 1.4장에서 설명되었던 주요 기능들을 위한 구성요소를 포함하여 다양하게 설계 될 수 있다. 그림 34는 BPM 어플리케이션의 일반적인 프레임워크를 보여주고 있다. BAM 기능을 포함하여 크게 6개의 구성요소로 이루어진다.

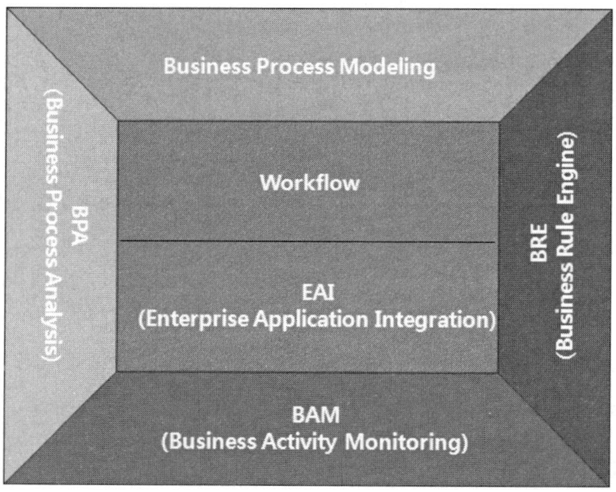

그림 34 BPM 어플리케이션의 프레임워크[28]

1) BAM(Business Activity Monitoring)은 비즈니스 이벤트가 발생할 경우, 이와 관련된 데이터를 실시간으로 수집하고 분석해 적절한 대응을 취하도록 지원한다. 최근 기업들은 프로세스의 개선효과를 지속시키기 위해 KPI를 도출하고 이를 모니터링하려 하고 있다. 이러한 것들이 바로 BAM의 영역이다.
2) BPA(Business Process Analysis)는 프로세스 실행 결과를 분석하는 역할을 담당한다.
3) EAI(Enterprise Application Integration)는 업무를 수행하는데 있어서 관계

되는 타 업무 및 관련 시스템들 간의 연동 및 통제를 관장한다. 최근에 업무가 타 업무와 서로 연결되고 업무와 시스템이 엮이는 등 프로세스와 시스템 연계의 필요성이 부각되면서 WebService 및 SOA라는 기술의 중요성이 점차 강조되고 있다.

4) Workflow는 사전에 정의된 대로 업무가 자동적으로 진행되도록 지원하는 역할을 담당하며, 특정 단위 업무가 해당 담당자에게 할당되고 그 업무가 완료되면 다음 담당자에게 그 다음 단위업무가 할당된다.
5) Business Process Modeling은 프로세스 분석가들이 업무 프로세스를 쉽게 정의하도록 지원하며 하위 프로세스로 구조화하는 단계부터 시작한다. 그리고 Business Process Modeling은 BPM 구현에 있어서 매우 중요하며 4장에서 보다 상세하게 설명되고 있다.
6) BRE(Business Rule Engine)는 프로세스 규칙의 효율적인 처리와 관리를 위해 사용자에게 편리한 환경을 제공해 주는 툴이다. 즉 기업의 구성원이 업무를 수행 할 때 근거가 되는 법령, 법규, 조직 내규, 그리고 해당 단위 업무에 대한 내용과 최소 행동까지를 포함하는 제반 업무규칙들을 '비지니스 룰'이라 하는데, 이러한 룰의 관리 효율성을 위해 개발된 툴이다.

일반적으로 BPM은 비즈니스 프로세스 오토메이션(Business Process Automation)과 프로세스 룰 엔진(Process Rule Engine)을 포함하는 프로세스 서버 상에서 운영된다. 또한 다양한 정보(프로세스, 규칙, 참여자 등)로 구성된 프로세스의 기술(description)은 레파지토리에 분리 저장되며 프로세스 레파지토리는 BPM 엔진으로부터 요구(query)가 들어올 때마다 정의된 프로세스와 관련된 정보를 제공하는 역할을 한다. 그리고 레파지토리는 프로세스가 설계되고 적용되며 관리될 수 있는 환경을 제공하게 된다. 실행 환경에서 프로세스 데이터는 영속적으로 저장되고 Process-Aware 어플리케이션에 프로세스 질의어 형태로 제공된다. 따라서 BPM 플랫폼을 채택함으로써 기업은 프로세스 자산을 마치 DBMS에서 데이터를 다루는 것처럼 프로세스를 다룰 수 있는 것이다. BPM 어플리케이션 아키텍처의 예시는 그림 35와 같다.

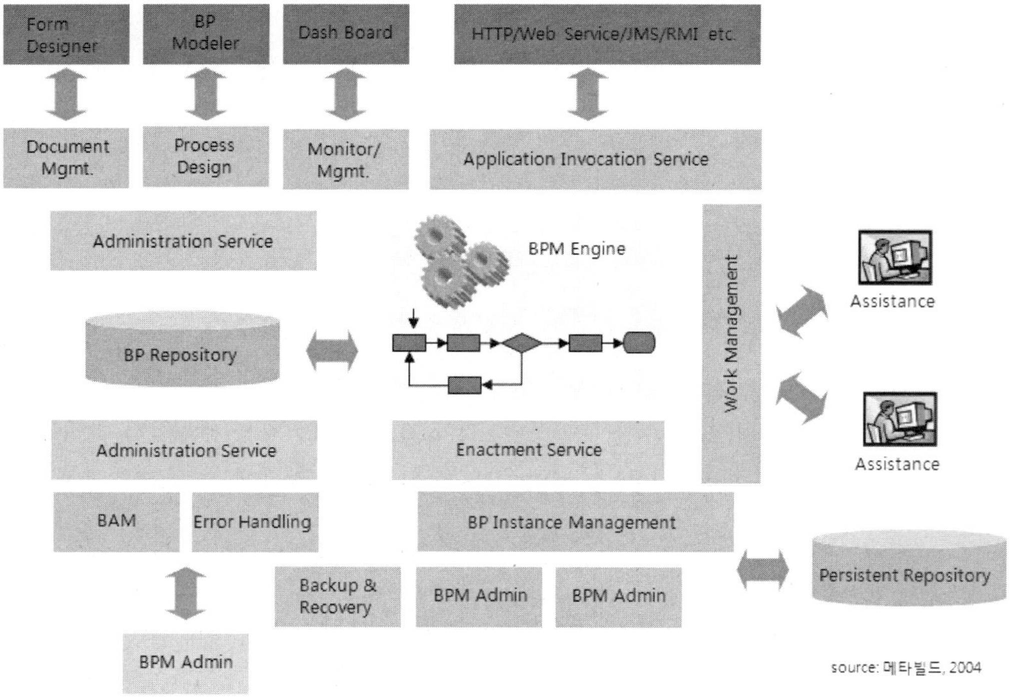

그림 35 BPM 어플리케이션의 아키텍처

일반적으로 BPMS(Business Process Management System) 개발 방법론을 지원하기 위하여 BPMS는 외부 엔티티에 대하여 high-level 추상화를 제공해야 한다. 또한 프로세스 모델링, 적용, 그리고 관리는 back-office 시스템이나 B2B collaboration 프로토콜과 독립적이어야 할 것이다. 이것을 제공하기 위하여 다음의 Integration tier, Automation tier 및 Collaboration tier의 3-tier 아키텍처가 제안된다.(source: Business Process Management: The Third Wave)

- Integration tier는 back-office 시스템, enterprise middleware 및 패키지 어플리케이션과의 통합을 책임진다. 이것은 주요 데이터베이스, 디렉토리 서버, 메시지 기반 미들웨어, 트랜잭션 모니터, 어플리케이션 서버, 패키지 어플리케이션에 대하여 스키마 기반의 매핑 프레임워크와 미리 개발된 커넥터 등을 제공한다.
- Automation tier는 비즈니스 프로세스와 규칙들의 신뢰성 있는 실행에 대하여 책임이 있다. 그것은 분산 기술 및 concurrent 컴퓨팅 기술을 기반으

로 하여 메시지 큐, 트랜잭션 매니저, 컴포넌트 컨테이너, 규칙 엔진, 프로세스 Virtual Engine(Server) 등의 기술 컴포넌트를 가진다.

- Collaboration tier는 XML 메시징 엔진을 기반으로 표준 B2B Collaboration 프로토콜의 지원을 책임진다. 그림 36은 상위개념의 BPMS 3-tier 아키텍처를 설명하고 있다.

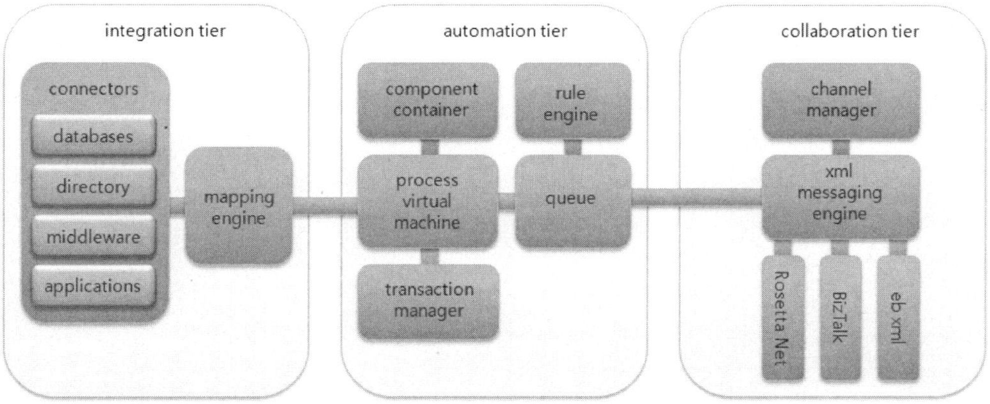

그림 36 상위개념의 BPMS 3-tier 기술 아키텍처

BPMS는 비즈니스 프로세스를 위한 실행 엔진일 뿐만 아니라 프로세스 모델링, 적용, 관리를 위한 완전한 플랫폼이다. 이 환경은 비즈니스 분석가를 목표로 하고 분산 collaborative 개발을 지원하지만 소프트웨어 개발자에 의해 사용되는 기존의 IDE (Integrated Development Environments)와의 상호 운용성 및 기존 enterprise software repository와의 연동 또한 보장해야 한다.

2

비즈니스 프로세스 관리의 표준화

2.1_ BPM의 표준화 배경

BPM을 기술적인 구체성을 가지고 정의할 때, 가장 핵심이 되는 BPM의 특성은 '어플리케이션으로부터 비즈니스 프로세스의 분리'라고 할 수 있다. 즉, 과거 데이터베이스가 어플리케이션으로부터 데이터를 독립시켰던 과정과 마찬가지로, BPM은 오늘날 어플리케이션으로부터 비즈니스 프로세스를 분리시킴으로써, 비즈니스 프로세스의 정의, 구현, 분석, 개선, 관리, 자동화 등을 용이하게 한다. 즉 BPM을 통해서 비즈니스 프로세스의 즉각적인 인지와 지속적인 관리 및 개선이 가능해지고, 궁극적으로 넓은 의미의 비즈니스 프로세스 관리의 목표를 달성해 갈 수 있는 것이다. 굳이 데이터베이스 관리 시스템의 예를 들지 않더라도, 이제 시장 진입단계에 있는 BPM이 과거 데이터베이스 관리 분야와 같은 성공을 이루어내기 위해서는 비즈니스 프로세스의 정의, 실행, 관리 등 핵심 BPM 성공요소들에 대한 표준화가 필수 불가결한 요소일 것이다.

현재 BPM 관련 표준은 그 접근방식과 지원영역에 따라 다양하게 제시되고 있다. 이와 유사한 표준화 노력들은 이미 90년대부터 워크플로우 및 BPR의 우산 아래에서 시작되었으며, 최근에는 좀 더 확장된 패러다임 하에서 새로이 개발되어지고 있다. 현재 BPM 관련 표준을 만들어 가고 있는 국제적인 단체(기업, 표준화 기구 등)들은 10여 개가 넘고, 표준안들은 그 몇 배가 넘는다. 따라서 현재는 유사한 특성을 가지는 표준들이 서로 경쟁하고 있고 그 표준안들도 완결된 형태라기보다는 지속적으로 발전하고 있는 상황이라고 할 수 있다.

하지만, BPM의 도입이 본격화되고 있는 현 시점에서 BPM 관련 표준들은 BPM을 도입하고자 하는 기업들과 BPM 연구자들에게는 관심의 주제가 될 수밖에 없다. 즉, 향후 정보시스템 간의 연계는 BPM을 중심으로 이루어진다고 전망해 볼 때, 기업 내부의 정보시스템 통합과 기업 간 전자거래의 활성화를 위하여 BPM 관련 표준의 역할은 매우 크기 때문이다. BPM 시스템과 관련된 다양한 표준들과 이들 표준화를 이끌고 있는 표준단체들의 활동을 살펴봄으로써 BPM 관련 표준에 대한 이해를 돕고자 한다.

2.2_ BPM 표준기구

BPM과 밀접한 관계를 가지고 있는 대표적인 기관들과 그들의 표준화 노력을 정리하면 다음과 같다[source: 18].

2.2.1 WfMC

워크플로우 관리시스템 개발에 주도적인 역할을 하고 있는 기관은 WfMC(Workflow Management Coalition)이다.

WfMC는 1993년 8월에 설립된 워크플로우 관련 개발 업체들의 비영리 기관으로서 워크플로우 관련 기술들과 이슈들에 대한 표준 제정 및 연구 활동을 수행하고 있다. WfMC는 워크플로우 제품의 표준화를 통하여 워크플로우 시스템 간의 연동성을 실현하기 위해서, 워크플로우 관련 용어, API(Application Programming Interface), 프로토콜(Protocol) 및 포맷(Format)에 대한 정의를 제공하고 있다. WfMC에는 대부분의 워크플로우 업체들이 참여하고 있으며 일반 사용자 및 분석가들도 가입되어 있다. 그림 37

과 같이 WfMC의 홈페이지를 통해 워크플로우와 관련된 다양한 정보를 얻을 수 있다.

그림 37 www.wfmc.org

일반적으로 워크플로우 시스템을 구성하는 여러 컴포넌트(component)는 분산되어 있는 이기종 시스템인 경우가 대부분이다. 이러한 워크플로우 시스템의 구조적인 난립을 막고, 서로 다른 워크플로우 제품들을 표준화하기 위해서 WfMC에서는 워크플로우 참조모델(WRM, Workflow Reference Model)을 제안하였다. 워크플로우 참조모델은 그림 38에 나타난 바와 같이, 다섯 개의 컴포넌트와, 이들 다섯 개 컴포넌트와 워크플로우 엔진 사이의 인터페이스를 명세하고 있다.

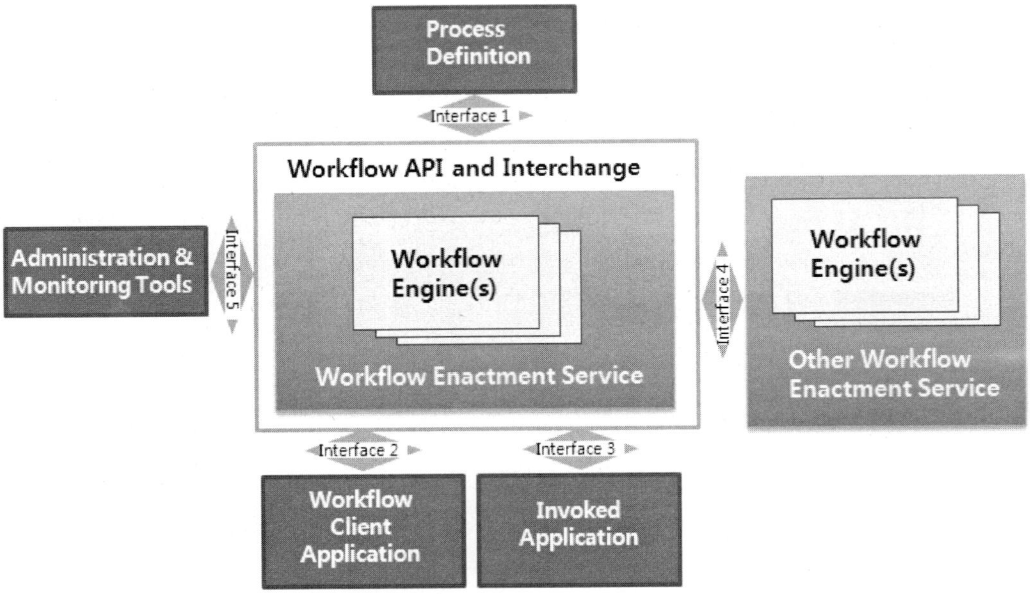

그림 38 워크플로우 참조모델 (source: wfmc.org)

워크플로우 참조모델의 컴포넌트는 다음과 같다.

■ 워크플로우 엔진(Workflow Engine)

워크플로우 컴포넌트 가운데 핵심모듈로서 중앙 서버에 위치하며 각 워크플로우 관리시스템은 하나 이상의 엔진을 가진다. 엔진은 정의된 프로세스를 해석하여 시작시키며, 시작된 프로세스가 올바로 수행이 될 수 있도록 제어 관리한다.

■ 프로세스 정의 도구(Process Definition Tools)

프로세스 정의도구는 프로세스 모델을 설계할 수 있는 그래픽 사용자 환경을 제공하고 이를 컴퓨터가 해석 가능한 형태로 만들어 저장한다. 제품에 따라서는 설계된 프로세스를 검증하는 기능과 다양한 프로세스 정의 언어로 저장해주는 기능도 포함한다.

■ 워크플로우 클라이언트(Workflow Client)

프로세스를 이루고 있는 단위업무를 사용자가 수행할 수 있도록 사용자 인터페이스를 제공해 준다. 사용자는 워크플로우 클라이언트가 제공하는 사용자 인터페이스를 통해 자신에게 할당된 업무를 확인하고 이를 완료, 실행중지/재개, 반려 등의 작업들을 수행하며, 할당된 자원에 대하여 어플리케이션을 호출하여 가공하기도 한다.

■ 피호출 응용 프로그램(Invoked Application)

단위업무의 수행을 위해 엔진에 의하여 호출, 실행되는 프로그램 모듈이며, 대개 입력을 받아 출력의 형태로 변환해준다.

■ 관리 및 모니터링 도구(Administration & Monitoring Tools)

프로세스를 관리, 감독할 수 있는 사용자 환경을 제공한다. 제품에 따라서는 프로세스와 관련된 정보를 통계적 수치 형태로 사용자에게 제공하여 프로세스에 대한 전반적인 관리가 용이하도록 돕는다.

또한 워크플로우 참조모델은 이들 컴포넌트들에 대하여 워크플로우 시스템이 제공하는 서비스를 다음 5개의 기능적인 인터페이스로 정의하였다.

■ 인터페이스 1

프로세스 정의의 교환에 대한 엔진과 프로세스 정의도구 간의 인터페이스 표준이다. 인터페이스 1에는 프로세스를 정의하기 위한 공통의 메타 모델과 프로세스 정의 언어, 그리고 프로세스 정의를 다루기 위한 API들이 포함되어 있다. 워크플로우 엔진은 인터페이스 1에 정의된 방식에 의하여 프로세스 정의를 주고받을 수 있다.

■ 인터페이스 2 & 3

엔진과 워크플로우 클라이언트 및 피호출 응용프로그램간의 인터페이스에 대한 표준으로 워크플로우 엔진과 어플리케이션들이 일관된 방식으로 상호작용할 수 있도록 지원한다. 인터페이스 2 & 3에 정의된 인터페이스는 워크플로우 정의 관련 정보 획득, 프로세스 컨트롤 기능, 단위업무 컨트롤 기능, 단위업무 상태 관리 기능, 업무목록 처리 기능 등과 관련된 API를 포함하고 있다.

■ 인터페이스 4

서로 다른 워크플로우 엔진 간의 상호 운용성을 위한 인터페이스 표준으로 워크플로우 시스템들 간에 프로세스의 관련 정보를 주고받으면서 프로세스를 연계하기 위한 표준과 API들의 집합이다. 인터페이스 4는 워크플로우 시스템 간의 상호작용을 다루고 있기 때문에 워크플로우 벤더들은 필수적으로 이 표준을 이해하여야 한다.

■ 인터페이스 5

관리/감독 도구와 엔진 간의 인터페이스 표준으로 관리 및 모니터링 도구를 이용하여 워크플로우 엔진의 상태를 관찰하기 위한 상세정보들과, 워크플로우 활성화 및 실행 과정에서 발생하는 많은 종류의 이벤트에 대한 사항을 명세한다. 이를 위하여 관리대상

정보의 종류와 발생 시점 및 형식을 정의한다.

또한 WfMC에서 제안하고 있는 BPM 관련 주요 표준 모델은 다음과 같다.

- Workflow Reference Model
  워크플로우 시스템 구조에 관한 참조 모델(워크플로우 참조모델 참조)
- XML Process Definition Language(XPDL)
  워크플로우 프로세스 교환을 위한 XML 형태의 워크플로우 정의 언어
- Wf-XML
  워크플로우 상호운용성에 사용되는 논리적인 메시지 순서와 내용을 정의함

2.2.2 BPMI

BPMI(Business Process Management Initiative)는 전자상거래의 비즈니스 프로세스 관리를 위한 전문기관으로 2000년 6월에 설립되어 Fujitsu, HP, IBM, SUN 등 XML 및 e-MarketPlace 솔루션 분야의 핵심기술과 사업수행 능력을 갖춘 80여개의 세계적인 정보통신 기업들이 가입돼 있는 단체로서, 전체 비즈니스 프로세스의 수명주기(비즈니스 프로세스의 설계에서부터 구축, 실행, 유지관리, 최적화 과정 등을 포함)를 지원할 수 있는 표준 개발에 힘쓰고 있다. 이를 위하여 기존의 표준기관들(OASIS, OMG, WfMC 등)과 협력하고 있으며, 적절한 표준을 찾지 못한 경우에는 직접 개발하는 전략을 취하고 있다. 그림 39는 BPMI의 홈페이지이며 이를 통해 BPM과 관련된 다양한 정보를 얻을 수 있다.

BPMI의 대표적인 표준화 내용은 다음과 같으며 2.3장에서 보다 구체적으로 설명하고 있다.

- BPML(Business Process Modeling Language)
  비즈니스 프로세스를 모델링하기 위한 메타언어로서, 2003년 11월에 1.0 버전이 발표되었다.

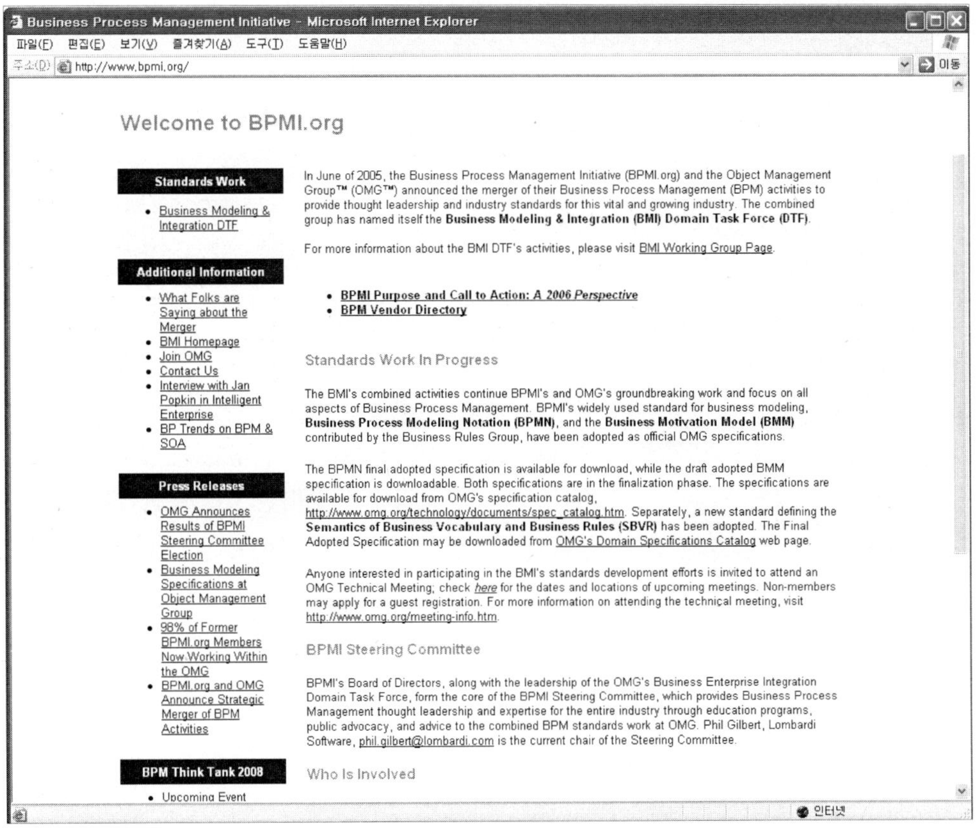

그림 39 www.bpmi.org

■ BPMN(Business Process Modeling Notation)

비즈니스 프로세스 다이어그램(BPD)에서 비즈니스 프로세스를 표현하기 위한 그래픽 표기법으로서, 2004년 5월에 1.0 버전이 발표되었다.

■ BPQL(Business Process Query Language)

BPQL을 통해 BPML로 설계된 프로세스를 실제로 운영하는데 필요한 인터페이스를 제공해준다. BPMI에서는 현재 BPML과 BPMN에 대한 표준은 발표하였지만 실제로 비즈니스 프로세스를 운용하기 위한 서비스 인터페이스 규약인 BPQL의 표준은 아직 발표하지 않았다. 현재 이를 위해 WfMC와 협력하고 있다.

그림 40은 BPMI에서 정의하는 표준 BPM의 스택 구조를 보여준다.

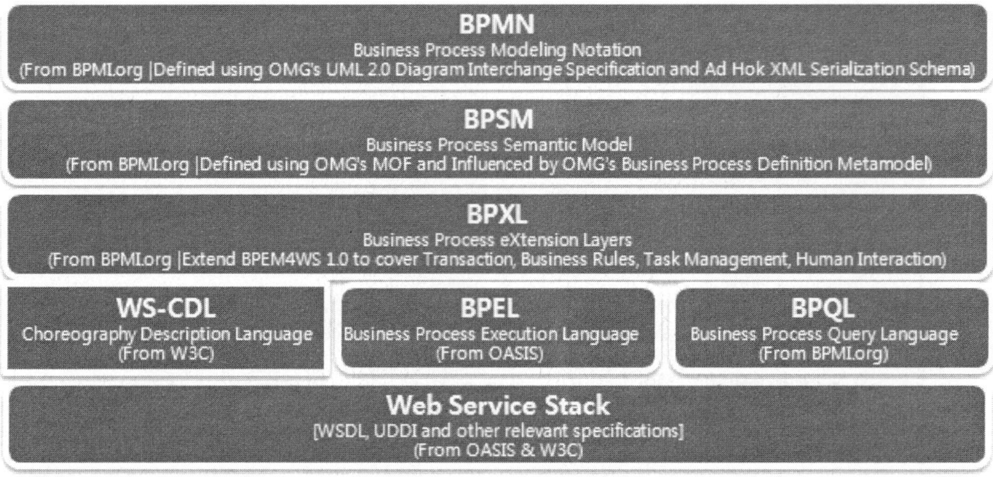

그림 40 BPMI의 표준 스택구조 (source: BPMI.org)

2.2.3 OMG

OMG(Object Management Group)는 1989년 4월, HP와 SUN 등을 포함한 11개 업체에 의해 발족된 비영리단체로서 표준화된 객체 기술의 소개를 촉진함으로써 컴포넌트 기반의 소프트웨어 시장을 활성화하기 위해 구성되었다. 현재 800여개 업체들의 컨소시엄 형태로 운영되고 있으며, 컴퓨터 사용자들에게 시스템 통합 시 발생하는 문제를 해결할 수 있도록 개방적이며 벤더에 중립적으로 상호운용이 가능한 명세를 제공한다. OMG의 대표적인 표준화 노력으로 UML(Unified Modeling Language)과 CORBA(Common Object Request Broker Architecture)에 관련된 표준들이 있고, 근래에 BEI(Business Enterprise Integration) Domain Task Force를 중심으로 해서 다수의 비즈니스 프로세스 관련 표준에 대한 RFI(Request for Information) 및 RFP(Request for Proposal)를 공표해 놓은 상태이다. 여기에는 BPDM(Business Process Definition Metamodel), BRM(Business Rules Management), BSBR(Business Semantics of Business Rules), OSM(Organization Structure Metamodel)과 PRR(Production Rules Representation) 등이 포함되어 있다. 그림 41은 OMG의 홈페이지 모습이며 관련된 많은 정보를 얻을 수 있다.

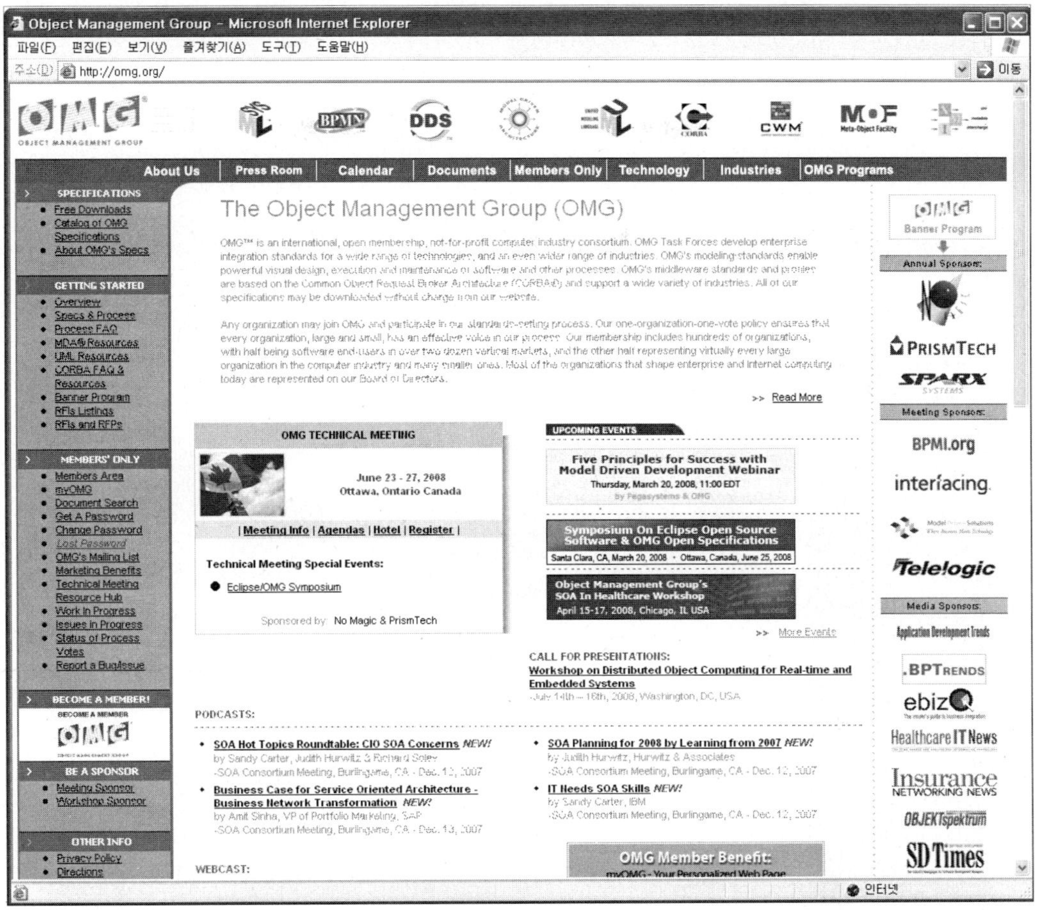

그림 41 omg.org

2.2.4 OASIS

OASIS(Organization for the Advancement of Structured Information Standards)는 1993년에 발족되었고, e-Business 표준들의 개발, 통합 및 채택을 추진하기 위한 비영리 단체로서, 600여개의 조직을 대표하는 4,000여 참여자들이 OASIS의 각종 위원회 활동에 참여하고 있다. 현재, 보안 및 e-Business 관련 표준과 아울러 많은 XML 웹서비스 관련 표준들을 생산해내고 있다. BPM 표준과 관련하여, WSBPEL(Web Services Business Process Execution Language) 기술 위원회에서는 IBM, Microsoft 및 BEA에 의해서 제안된 BPEL4WS에 대한 표준화 작업을 지속적으로 진행하고 있다. 또한 ebXML BP(ebXML Business Process) 기술위원회에서는, 비즈니스 트랜잭션들로 이루어지는 비즈니스 간 협업의 실행을 지원하기 위한 OASIS 표준인 ebXML BPSS(Business Process Specification Schema)를 기반으로 ebXML 환경에서의 BPM 표준화에 노력하고 있다. 그림 42는 OASIS의 홈페이지이며 관련된 다양한 정보를 얻을 수 있다.

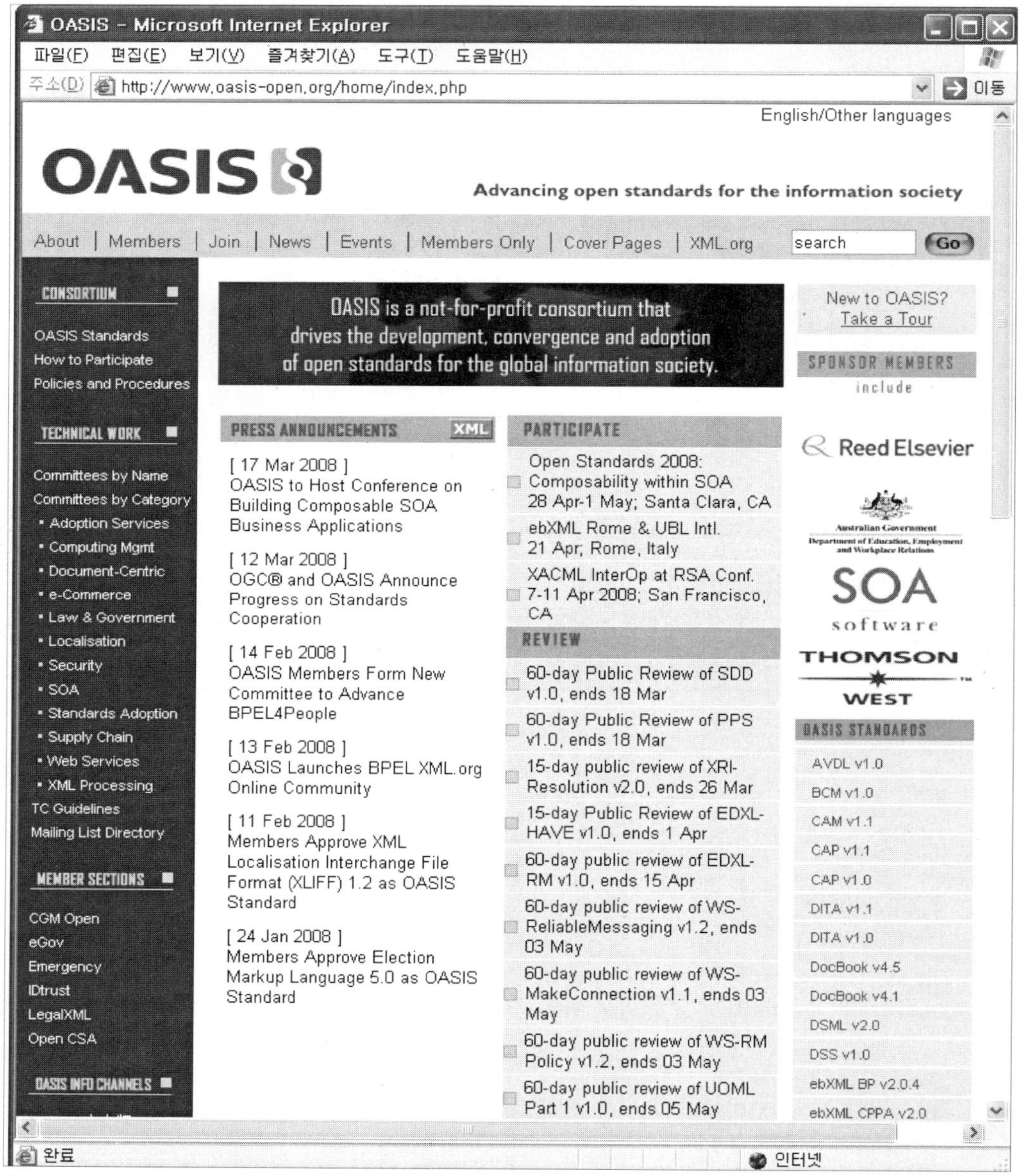

그림 42 www.oasis-open.org

2.3_ BPM 관련 주요 표준

2.3.1 XPDL

2.2.1에서 설명된 WfMC의 워크플로우 참조모델을 구성하는 다섯 가지 인터페이스 중 인터페이스 1에 해당하는 프로세스 정의 모델을 XML로 표현한 것이 XPDL이다. XPDL 명세서에는 워크플로우에서 사용되는 다양한 프로세스 정의 요소를 포함한 프로세스 메타 모델을 제시하고 있다. 그리고 워크플로우 제품들이 내부적으로 사용하는 프로세스 정의를 주고받을 수 있도록 공통의 XML 교환 포멧을 제공하고 있다. WfMC에서 2002년 10월에 XPDL 1.0 버전이 발표되었다. 그림 43은 XPDL의 예를 보여준다.

NodeGraphicsInfo

```
<xsd:element name="NodeGraphicsInfo">
<xsd:complexType>
<xsd:sequence>
<xsd:element ref="xpdl:Coordinates" minOccurs="0"/>
<xsd:any namespace="##other" processContents="lax"
minOccurs="0" maxOccurs="unbounded"/>
</xsd:sequence>
<xsd:attribute name="ToolId" type="xsd:string" use="optional"/>
<xsd:attribute name="IsVisible" type="xsd:boolean" use="optional" default="true"/>
<xsd:attribute name="Page" type="xsd:NMTOKEN" use="optional"/>
<xsd:attribute name="LaneId" type="xsd:NMTOKEN" use="optional"/>
<xsd:attribute name="Height" type="xsd:double" use="optional"/>
<xsd:attribute name="Width" type="xsd:double" use="optional"/>
<xsd:attribute name="BorderColor" type="xsd:string" use="optional"/>
<xsd:attribute name="FillColor" type="xsd:string" use="optional"/>
<xsd:attribute name="Shape" type="xsd:string" use="optional"/>
<xsd:anyAttribute namespace="##other" processContents="lax"/>
</xsd:complexType>
</xsd:element>
<xsd:element name="NodeGraphicsInfos">
<xsd:complexType>
<xsd:sequence>
<xsd:element ref="xpdl:NodeGraphicsInfo" minOccurs="0" maxOccurs="unbounded"/>
<xsd:any namespace="##other" processContents="lax" minOccurs="0" maxOccurs="unbounded"/>
</xsd:sequence>
<xsd:anyAttribute namespace="##other" processContents="lax"/>
</xsd:complexType>
</xsd:element>
<xsd:element name="Coordinates">
<xsd:complexType>
<xsd:sequence>
<xsd:any namespace="##other" processContents="lax" minOccurs="0" maxOccurs="unbounded"/>
</xsd:sequence>
<xsd:attribute name="YCoordinate" type="xsd:double" use="optional"/>
<xsd:anyAttribute namespace="##other" processContents="lax"/>
</xsd:complexType>
</xsd:element>
```

그림 43 XPDL 예시

2.3.2 Wf-XML

2.2.1에서 설명된 WfMC의 워크플로우 참조모델을 구성하는 다섯 가지 인터페이스 중 인터페이스 4에 해당하는 워크플로우 상호 운용성을 위한 XML 메시지 표준으로 제시된 것이 Wf-XML이다. Wf-XML은 기존에 WfMC에서 제안된 워크플로우 상호 운용성에 관한 추상 명세서를 기반으로 하고 있으며, 서로 다른 워크플로우 시스템 간에 프로세스 관련 메시지를 교환함으로써 프로세스 연동의 구현을 지원한다. Interoperability Wf-XML Binding 표준은 2000년 5월에 1.0 버전이 제출되었고, 1.1 버전(최종)은 2001년 12월에 WfMC 표준 문서 형태로 발표되었다. Wf-XML 표준은 2003년 10월에 Wf-XML 2.0 버전의 드래프트가 제출되었다. 표 8은 Wf-XML의 예를 설명하고 있다.

표 8 Wf-XML Notation conventions 예시

Convention	Example
The syntax appears as an XML instance, but the values indicate the data types instead of values.	<p:tag name="nmtoken"/>
Paragraphs within tags are the description of the tag and should be thought of as commented out with <!-- -->	<p:tag> longer description of the purpose of the tag. </p:tag>
Characters are appended to elements and attributes as follows: "?" (0 or 1), "*" (0 or more), "+" (1 or more).	<p:tag>*
Elements names ending in "……" indicate that elements/attributes irrelevant to the context are being omitted or they are exactly as defined previously.	<p:tag.../>
Grammar in bold has not been introduced earlier in the document, or is of particular interest in an example.	<p:tag/>
“"Extensible element” " is a placeholder for elements from some "other" namespace (like ##other in XSD).	<-- extensible element -->
The XML namespace prefixes (defined above) are used to indicate the namespace of the element being defined	
Examples starting with <?pseudo-xml?> contain enough information to conform to this specification; others examples are fragments and require additional information to be specified in order to conform.	<?pseudo-xml?>

2.3.3 BPMN

BPMN은 그래픽 기반의 프로세스 모델링 방법론으로서 모든 비즈니스 프로세스 관리자들이 쉽게 프로세스를 이해할 수 있도록 모델링 요소를 제공한다. 즉 BPMN은 비즈니스 프로세스들을 설계하고 관리하는 사람들이 사용하기 위한 도표인 BPD(Business Process Diagram)와 함께 BPEL4WS로의 형식 변환(formal mapping)을 제공해 준다. BPMN은 가독성(readability)을 위해 흐름도 표기법의 전통을 따르면서, 한편으로는 비즈니스 프로세스 실행언어로의 변환(mapping)을 제공한다. 또한 BPMN은 이전의 여러 가지 비즈니스 프로세스 표기법들의 경험을 이용하여, 가독성, 유연성 및 확정성을 결합하는 차세대 표기법으로서 개발되었다. 그리고 BPMN은 공개, 비공개 프로세스들, 구성(choreographies) 등과 같은 B2B 비즈니스 프로세스 개념들은 물론 예외처리와 트랜잭션 보전(compensation) 등의 고급 모델링 개념들까지 본질적으로 처리해 줌으로써 전통적인 비즈니스 프로세스의 기능들을 진보시킬 것으로 기대된다. BPMI는 BPMN 1.0 버전을 2004년 5월에 발표하였다. 그림 44는 BPMN의 예를 나타낸다.

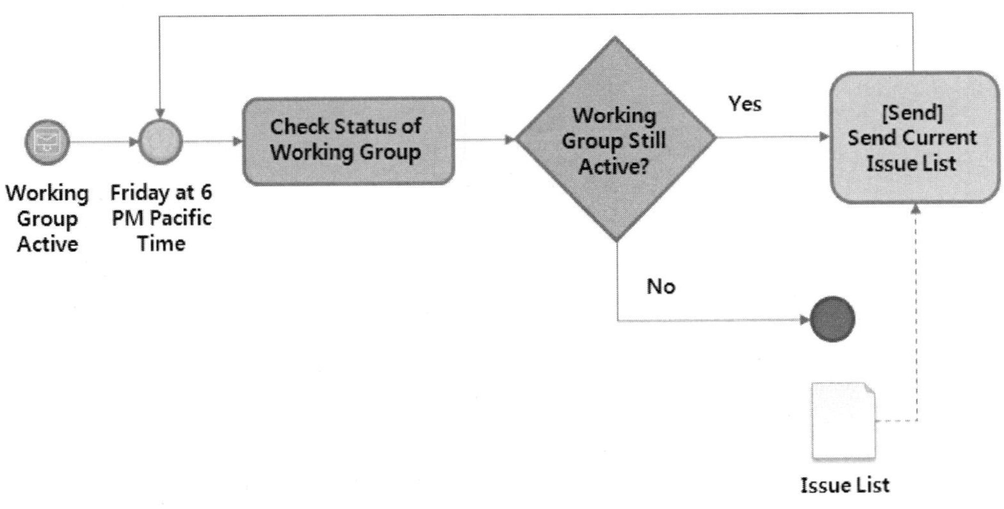

그림 44 BPMN 예시[42]

2.3.4 BPML

BPML은 기업 비즈니스 프로세스에 대한 모든 정보를 공유할 수 있도록 제시되어진 비즈니스 프로세스 모델링용 메타언어이다. 이 프로세스 정보에는 다양한 트랜잭션, 복잡한 활동, 데이터 관리, 일치성, 예외처리, 운영 의미 체계 등이 포함한다. 현재 BPEL (Business Process Execution Language)과 경쟁적인 위치에 있으나, 시장에서는 BPEL에 비해 상대적으로 중요도가 낮게 평가되고 있다.

BPML은 비즈니스 프로세스를 표현하는데 있어 표준 XML 스키마와 구문을 사용하고, 모든 프로세스를 위한 추상화된 모델을 제공하며, 비지니스 프로세스 로직, 업무 통제 흐름, 정보 흐름 등을 표현하는데 충분한 능력을 가지고 있다. 또한 이질적인 시스템과 모델링 도구 환경에서도 지속성과 상호 호환성을 갖는 프로세스 정의를 제공한다.

BPML은 BEA System, Intalio, AP AG, Sun 등에 의해 개발된 Web Service Choreography Interface(WSCI)에도 영향을 주고 있다. 또한 BPML의 최종 버전은 Business Process Execution Language for Web Services(BPEL4WS) 사양과 함께 상호 호환성 있게 설계되었고, WS-Security, WS-Transaction 그리고 WS-Coordination Specification을 지원한다. BPMI는 BPML 1.0 버전을 2003년 11월에 발표하였다. 그림 45는 BPML에서 정의된 액티비티 타입을 나타내고 표 9는 프로세스 속성의 정의를 설명한다. 그림 46은 BPML을 활용한 실제 프로세스의 정의 예시를 나타낸다.

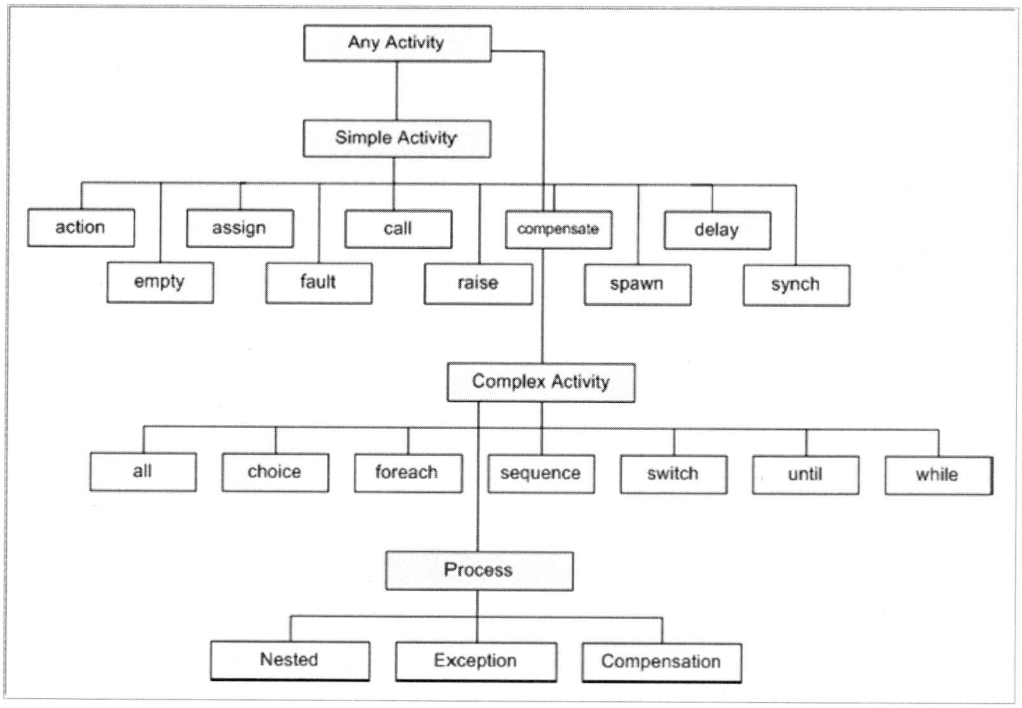

그림 45 BPML의 액티비티 타입

```
<process
name = NCName
correlation = list of QName
persistent = boolean : false>
Content: (documentation?, (event | parameters?),
context?, {any activity}+, compensation?)
</process>
<event
activity = list of NCName
exclusive = boolean : false/>
```

그림 46 프로세스 정의 예시

표 9 BPML의 프로세스 속성 정의

Attribute	Description
name	The process name.
documentation	Documentation. (Optional)
correlation	One or more correlation references. (Optional)
persistent	The persistence attribute. (Optional)
event	The instantiation event. (Optional)
parameters	Zero or more input parameters. (Optional)
activity set	An activity set.
compensation	The compensation process. (Optional)

2.3.5 BPQL

BPQL은 BPMS에 대한 표준적인 질의 및 조작 언어의 개념에서 출발하였고, BPML로 설계된 프로세스의 관리를 위해 프로세스의 실행 상태나 조정에 대한 쿼리를 분석할 수 있게 해주며, SOAP(Simple Object Access Protocol)에 기반을 두고 있다. 여러 연구 단체와 상업용 BPMS 공급자에 의해서 BPQL의 표준화 작업이 진행되고 있으며, 이 중에서 BPMI.org에 의해서 개발되고 있는 BPQL과 유럽 연합의 ICONS 프로젝트를 통해 발표된 BPQL의 사례가 주목을 받고 있다. BPMI.org의 BPQL은 여전히 공식적인 표준안 발표가 이루어지지 못하고 있으나 유럽연합의 ICONS 프로젝트에 의해 연구되고 있는 BPQL은 이미 Rodan 시스템즈사의 OfficeObjects라는 상업용 WfMS(Workflow Management System) 상에서 구현되어 실제 사용되고 있다.

BPQL 표준의 구현을 위해 고려해야 할 기술적인 요소는 다음과 같다.

- 질의를 위한 프로세스 메타모델 : BPQL 표준이 되기 위해서는 유연한 프로세스 메타모델의 개발이 매우 중요하다. 프로세스의 정의에 실행시간 데이터, 실행한 결과 이력 데이터, 그리고 현재의 실행 환경 정보를 포함하게 되면, 프로세스의 적응성이 증가하고 또한 응용 프로그램의 변경에 따른 프로세스 대응성도 높일 수 있다. 특히 이러한 요소들이 사전에 표준화된 용어와 방법론을 통해 프로세스 정의 속에 명시적으로 기술된다면 프로세스 정의의 가시성도 높아지게 된다.
- 표준 인터페이스의 지원 : WfMC에서 제시하고 있는 다섯 가지 인터페이스를 완벽히 지원할 수 있어야 하고 인터페이스의 정의에 사용되는 입력 파라메터와 출력 결과 데이터에 대한 용어 정의 및 형태에 대한 결정 역시 프로세스 메타모델을 통해서 명시적으로 정의되어야 한다.
- 기존 프로세스 정의와의 호환성 : BPQL을 위해 새로이 정의되는 프로세스 메타 모델과 이를 통해 얻어지는 프로세스 정의는 개념적으로는 기존의 프로세스 정의를 포괄할 수 있어야 한다.

따라서 보다 효율적인 BPQL의 표준화를 위해서는 여러 BPQL 관련 연구의 장점과 공통점을 분석하고 이를 기반으로 한 BPQL 구현 아키텍처를 마련하는 것이 중요하다. 그림 47은 BPQL 구현을 위한 참조 아키텍처이다. 이 아키텍처의 요소들 중 Query Rewriter, Embedded BPQL API, Query Execution Engine 등은 특히 중요한 기능을 담당한다. Query Rewriter는 기존의 질의문을 새로운 BPQL 질의문으로 재작성하는 기능을 담당하며, Embedded BPQL API는 기존의 Embedded SQL과 같이 다른 응용 프로그램의 코드 속에 BPQL 질의를 내포하여 사용할 수 있도록 한다. Query Execution Engine은 Query Analyzer에 의해 최적화 과정을 거친 후 작성되어진 최종 질의문을 처리하기 위해 Index/locator를 사용하여 물리적인 데이터베이스 페이지에 접근하는 실행 엔진이다[5, 10].

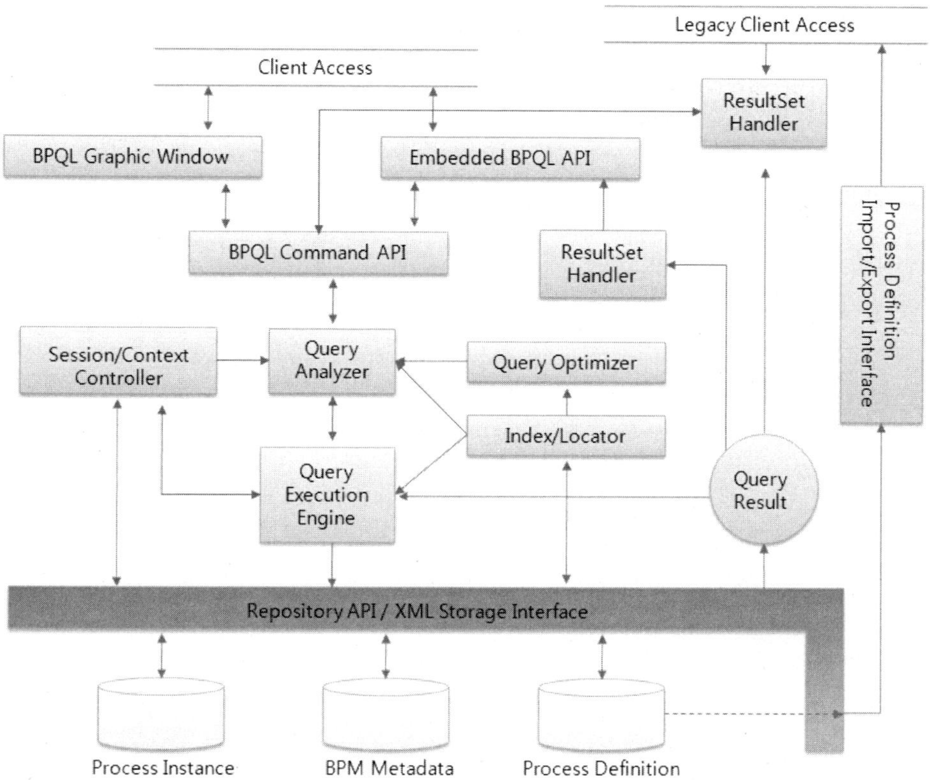

그림 47 BPQL 구현 참조 아키텍처

2.3.6 BPEL4WS

BPEL4WS(Business Process Execution Language for Web Service)는 BEA System, IBM, Microsoft 등이 2002년 8월에 웹서비스를 활성화하기 위해 제정한 표준 스펙으로서 기존 IBM의 WSFL 및 Microsoft의 XLANG의 기능을 통합하고 확장한 것이다. BPEL4WS의 프로세스는 전적으로 웹서비스 인터페이스들을 사용하여 해당 기능들을 가져오고 내보낸다. 함께 발표된 웹서비스 통신 규약인 WS-Coordination 및 WS-Transaction과 함께 BPEL4WS는 기업 간 프로세스 - 협력업체 및 고객 전반에 걸쳐 있는 다중 비즈니스 프로세스 및 트랜잭션 서비스 - 를 신뢰성 있게 통합할 수 있도록 한다. BPEL4WS는 OMG에 2003년 표준으로 상정되어, 현재 OASIS에서 표준화 작업이 진행되고 있다. 그림 48은 BPEL4WS의 예시이다.

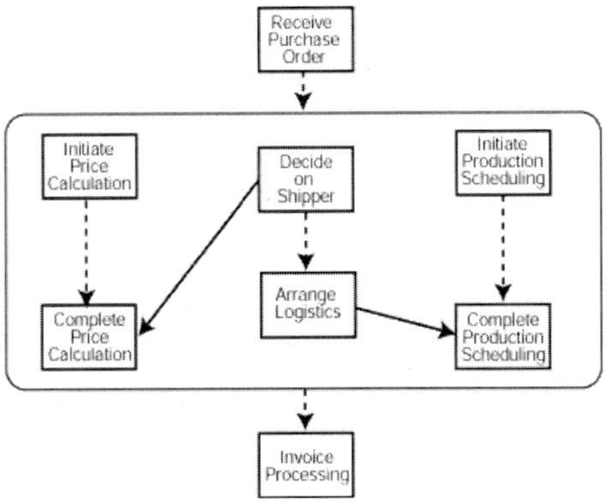


```
<process name="purchaseOrderProcess"
            targetNamespace="http://acme.com/ws-bp/purchase"
            xmlns=http://schemas.xmlsoap.org/ws/2003/03/business-process/
            xmlns:lns="http://manufacturing.org/wsdl/purchase">

<partnerLinks>
      <partnerLink name="purchasing"
            partnerLinkType="lns:purchasingLT"
            myRole="purchaseService"/>
      <partnerLink name="invoicing"
            partnerLinkType="lns:invoicingLT"
            myRole="invoiceRequester"
            partnerRole="invoiceService"/>
      <partnerLink name="shipping"
            partnerLinkType="lns:shippingLT"
            myRole="shippingRequester"
            partnerRole="shippingService"/>
      <partnerLink name="scheduling"
            partnerLinkType="lns:schedulingLT"
            partnerRole="schedulingService"/>
</partnerLinks>
...
```

그림 48 BPEL4WS 예시

2.3.7 WS-CDL

WS-CDL(Web Services Choreography Description Language)은 웹서비스(Web Services) 참여자들 간의 P2P 협업을 표현하는 XML기반의 언어이다. WS-CDL은 포괄적인 시각에서 이들 웹서비스 참여자들의 공통 또는 보완적인 행위들을 정의하며, 이렇게 정렬된 메시지 교환을 통해 궁극적으로 공통의 비즈니스 목표를 달성할 수 있게 해준다. 다수의 서로 다른 조직들이 관계된 비즈니스 또는 여타 활동들, 특히 웹 서비스 기술 기반의 협업이 요구되는 독립적인 프로세스들은, 적절하게 통합될 수만 있다면 매우 성공적일 수 있다.

이를 위해서, 서로간의 메시지 교환 시에 준수해야 하는 공통의 순서와 제약조건들에 대한 전역적(global) 정의가 필요하며, 이는 포괄적 시각에서 모든 웹서비스 참여자들의 공통 또는 보완적인 행위들을 기술하게 된다. 이러한 전역적 정의 접근법의 가장 큰 이점은, 내부적으로 개별 시스템들이 서로 정보를 교환할 때 준수해야 하는 순서 등에 대해 보다 유연성을 가질 수 있다는 점이다. 이것은 외부에 메시지가 공개되는 순서에 영향을 주지 않는 범위 내에서, 개별 비즈니스 또는 시스템 내부의 비즈니스 규칙이나 논리는 의도에 따라 변경할 수 있음을 의미한다. WS-CDL은 W3C에서 표준화가 추진되고 있으며 2004년 10월에 WS-CDL 1.0 버전이 워킹 드래프트로 제출되었다.

2.3.8 UML Profile for EAI

EAI 명세는 완전한 MOF(Meta-Object Facility) 기반의 메타 모델이며, UML(Unified Modeling Language) 프로파일로써 제공된다. 이러한 접근 방법은 UML 도구들과 MOF 기반의 도구/저장소(repository)들간의 데이터 교환을 용이하게 한다. 일반적으로 MOF 기반의 메타 모델은 UML 표기(notation)의 제한된 부분집합을 이용하여 표현된 객체 지향적 모델이다. UML 프로파일은 EAI 모델들을 작성하는 설계자로 하여금 UML 확장 메커니즘을 지원하는 UML 모델링 도구들을 이용하여 UML을 구체적인 기호(notation)로 사용할 수 있게 한다. 메타 모델과 UML 프로파일 간의 매핑은 EAI 명세의 일부로 정의되어 있다. 이것은 UML 프로파일을 사용하여 표현된 모델들을 메타 모델에 순응하는 모델로 변환시키거나 또는 그 반대로 메타 모델에 순응하는 모델을 UML 프로파일을 통해 표현된 모델들로 변환시키는 도구들을 개발하기 위한 기반으로 이용된다. 매핑에 대한 세부 사항은 프로파일에 대한 정의 내용에 설명되어 있다. OMG에서 EAI 이벤트 기반의 아키텍처를 위한 UML 프로파일 제안요청서를 2000년 3월에 배포 및 평가하여 2002년 9월 최종적으로 EAI 명세서를 위한 UML 프로파일 및 교환 모델에 대한 표준을 개발 완료하였다.

2.4_ 향후 BPM 표준화 방향

이상과 같이 비즈니스 프로세스 모형화, 실행과 운영, 모니터링과 통제, 그리고 구성(choreography)과 관련된 주요 표준에 대해 살펴보았다. 앞에서 언급한 표준들 이외에도 다수의 기관들이 중복된 영역에서 BPM 표준의 도입 전략을 제시하고, BPM 표준 도입 기업들이 활용할 수 있는 세부적인 BPM 표준 적용 가이드라인을 지속적으로 개발하고 있다. 이러한 표준들의 공통적인 특성은 대부분 XML에 기반하고 있으며 미래지향적인 e-Business 환경을 지원하기 위해서 구성에 대한 표준들이 다양하게 개발되고 있다는 것이다.

현재 업계의 의견과 학계의 분석들을 종합하여 판단해보면, 프로세스 모델링 측면에서는 BPMN이, 프로세스 실행과 운영 측면에서는 BPEL이, 프로세스 모니터링과 통제 측면에서는 BPQL이 각각 표준으로 자리 잡을 가능성이 크다고 보인다. BPM의 핵심적인 요소인 비즈니스 프로세스 모델링과 실행에 관련된 표준화는 최근 몇 년 사이에 많은 진척이 있어왔고, BPM 개발업체들로부터 서서히 받아들여지고 있는 상황이다. 이러한 과정을 통해서 수정 보완된 표준들은 BPM의 확산에 크게 기여할 수 있을 것으로 기대된다.

3

비즈니스 프로세스 관리 시스템 구축

BPM의 특성을 살리고 효과를 극대화하기 위해서는 무엇보다 체계적이고 효율적인 BPM의 구축 방법론이 필요하다. 이를 위해 BPM 관련 컨설팅 전문가들과 솔루션 업체들은 나름대로의 여러 구축 방법론을 개발하였고 이를 기반으로 한 다양한 BPM 솔루션들이 출시되고 있다. 하지만 기존의 BPM 구축 방법론들은 대상 프로세스의 선정과 프로세스 모델링, 그리고 시스템 구축 과정 등을 포함하고 있지만, 지나치게 구축에 초점이 맞추어져 있고 BPM 구축 전략의 수립부터 운영에 이르는 프로세스의 전 생명주기(Life-Cycle)를 관리 및 지원하기 위한 체계로는 매우 미흡한 실정이다. 대표적으로 기존의 방법론들은 기업의 경영 전략과 부합하는 BPM 도입 전략에 대한 논의가 부족하며 BPMS 구축 이후 BPMS 운영단계에 대한 고려는 거의 반영하지 못하고 있다.

어떤 시스템의 성공적 도입에 대한 판단 기준은 해당 시스템의 구축 이후 실제 운영에서 얼마만큼 도입 계획 시의 목적 및 기대효과에 부합하는 가에 있다. 특히 BPM의 경우 이를 통해, 효과적으로 프로세스가 관리되고 지속적인 프로세스의 개선이 이루어져 기업의 경쟁력이 증대될 때 그 시스템의 도입이 성공적이라고 말할 수 있을 것이다.

따라서 이 chapter에서는 프로세스의 전 생명주기를 관리하고 지원하기 위해 개발되어진 BPM Life-Cycle 구축 방법론을 설명한다. 4장에서는 본 방법론의 한 단계인 'Process 정의'를 위한 프로세스 모델링에 대해 보다 상세히 설명하고 5장에서는 본 방법론에 기초하여 BPMS pilot 시스템 구축 전 과정을 설명한다.

3.1_ BPM Life-Cycle 구축 방법론

BPM Life-Cycle 구축 방법론(이하 BPM-LC 방법론)은 BPM 도입 방향 및 전략을 기업의 경영전략과 유기적으로 연결시키고 이를 기반으로 BPM 적용 프로세스를 평가/선정하며 또한 BPMS를 효과적으로 구축하여 안정적인 운영이 가능하도록 지원한다. 더불어 BPMS 구축 이후에도 지속적인 프로세스 개선활동을 수행할 수 있도록 일련의 단계 및 방법을 제공한다.

본 방법론은 BPM 전략수립, Process 선정, Process 정의, BPMS 구현, BPMS 테스트/설치, 그리고 BPMS 운영(프로세스 실행, 모니터링, 분석, 개선 등의 지속적인 프로세스 개선 사이클 포함) 등의 BPM 구축과 관련된 전 영역을 포함하며 이를 생명주기 관점에서 관리한다.

BPM-LC 구축 방법론의 프레임워크는 크게 세 부분으로 구성된다. BPM 전략을 수립하고 대상 프로세스를 선정하는 'BPM 전략수립' 단계와 프로세스를 정의하고 BPMS를 구현하여 이를 테스트 및 설치하는 'BPMS 구축' 단계, 그리고 BPMS를 기반으로 실제 업무를 처리하고 지속적인 프로세스 개선을 수행하는 'BPMS 운영' 단계로 구성되어 있다. 그림 49는 BPM-LC 구축 방법론의 전체 프레임워크를 나타낸다.

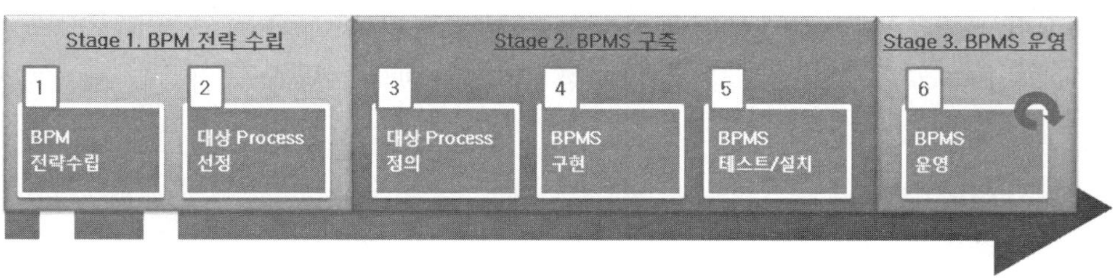

그림 49 BPM Life-Cycle 구축 방법론의 프레임워크

전체 프레임워크는 BPM 전략 수립을 포함하여 총 6개의 세부단계(step)로 구성된다. 그리고 이들 세부단계는 순차적으로 연결되어 BPM-LC 방법론의 근간을 이루게 된다. 이를 바탕으로 BPM-LC 방법론의 세부 단계별 프레임워크를 살펴보면 그림 50과 같다.

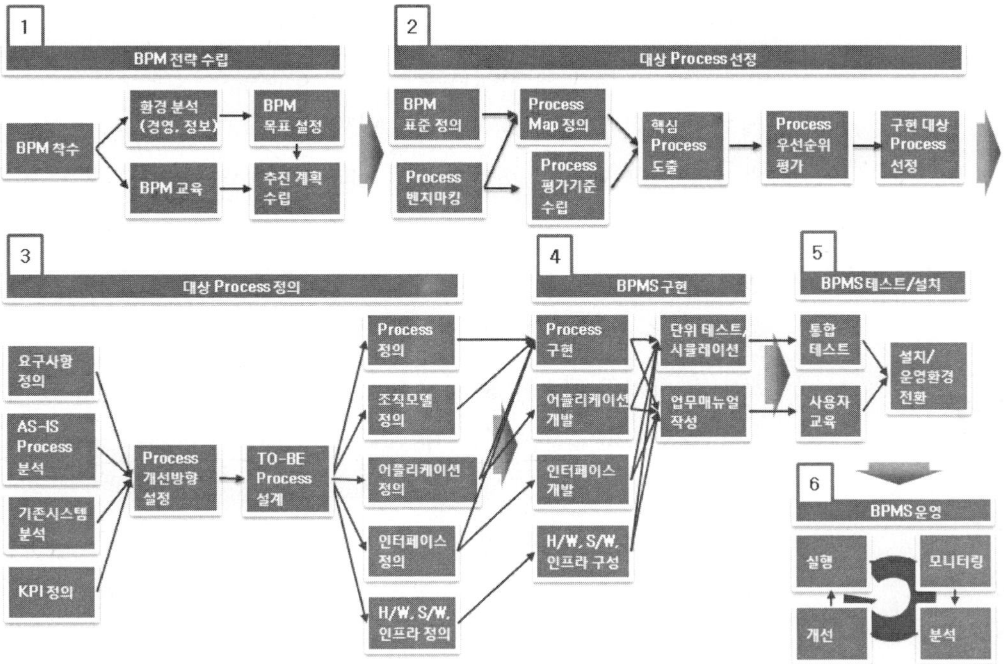

그림 50 BPM Life-Cycle 구축 방법론의 세부 프레임워크

이들 각 세부단계(step)별 활동들을 개략적으로 살펴보면 다음과 같다.

- **Step 1. BPM 전략 수립:** BPM 프로젝트의 토대를 마련하고 기업의 경영/정보 환경을 분석하여 기업의 전략 목표와 BPM의 추진방향을 일치시킨다. 현업의 BPM 교육을 통해 BPM의 이해를 돕고 성공적인 BPM 도입을 위한 초석을 마련한다. 이러한 활동을 바탕으로 구체적인 BPM 추진 계획을 수립한다.
- **Step 2. 대상 Process 선정:** BPM의 표준을 정의하고 프로세스 벤치마킹을 통해 기업의 전사 프로세스 맵을 작성하고 프로세스 평가기준을 수립한다. 이를 바탕으로 핵심 프로세스들을 도출하고 프로세스별로 우선순위를 평가하여 소수의 BPM 구현 대상 프로세스들을 선정한다. 이렇게 선정된 프로

세스들을 기반으로 회의와 검토를 거쳐 최종적으로 BPM 구현 대상 프로세스를 확정한다.

- Step 3. **대상 Process 정의:** 구현 대상 프로세스를 중심으로 현업의 요구사항을 파악하고 대상 프로세스의 As-Is , 관련 시스템, 그리고 KPI 등을 분석한다. 이를 바탕으로 프로세스의 개선방향을 설정하여 To-Be 프로세스를 도출한다. 도출된 To-Be 프로세스를 기반으로 프로세스, 조직모델, 어플리케이션, 인터페이스, H/W, S/W, 인프라 등에 대해 상세 정의한다.
- Step 4. **BPMS 구현:** 이전 단계의 결과물을 바탕으로 프로세스, 어플리케이션, 인터페이스, 그리고 관련 S/W 등을 구현 및 개발하고 단위별 테스트를 반복적으로 수행하여 문제점을 수정 보완한다. 더불어 사용자 교육과 향후 유지보수를 위한 업무 매뉴얼 작성 작업을 수행한다.
- Step 5. **BPMS 테스트/설치:** 구현된 BPMS에 대해 통합테스트를 거쳐 안정성을 확보하고 실 사용자를 대상으로 교육을 실시한다. 완료보고를 포함한 프로젝트 종료 작업을 거쳐 최종적으로 운영환경으로 전환하게 된다.
- Step 6. **BPMS 운영:** BPMS 구축 이후의 단계로 지속적인 프로세스 개선을 위해 사용자들이 프로세스의 실행, 모니터링, 분석, 개선 등의 활동을 지속적이며 반복적으로 수행하도록 유도한다. 특히 프로세스 개선 단계에서는 6 시그마 방법론(DMAIC)을 연계한다.

3.1.1 BPM 전략수립

그림 51은 BPM 전략수립의 세부 절차를 나타내고 그림 52는 BPM 전략수립을 위해 필요한 주요활동 및 산출물을 설명한다.

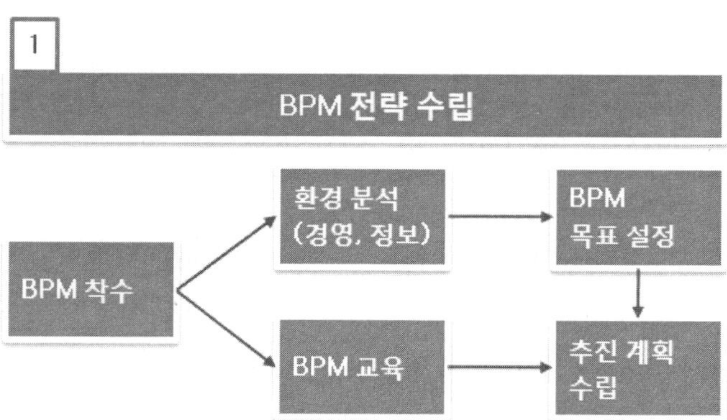

그림 51 BPM 전략수립의 세부절차

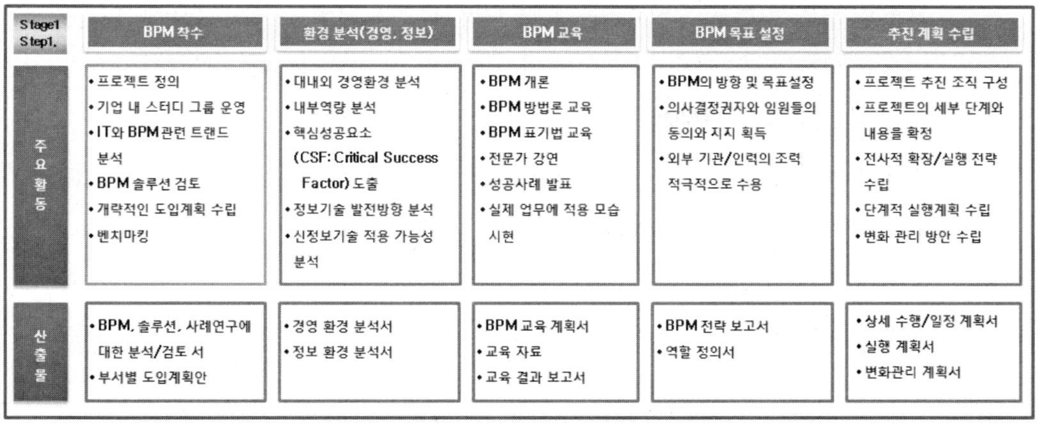

그림 52 BPM 전략수립의 주요활동 및 산출물

(1) BPM 착수

BPM 프로젝트의 본격적인 시작을 위한 사전 준비단계이다. 이 단계에서는 프로젝트를 정의하고 그 목적을 명확히 하여 프로젝트 진행을 위한 토대를 마련한다. 이를 위해 기업 내 스터디 그룹을 조직하며 이후 추진 계획 수립 단계에서 이 스터디 그룹은 BPM 추진을 위한 TFT(Task Force Team)로 재편성되어 프로젝트 진행의 주요 역할을 담당하게 한다.

BPM 착수 단계에서의 주요활동은 다음과 같다.

- 관련 학술자료 검토 및 전문가 자문 요청
- BPM 솔루션 검토
- BPM 솔루션 제공업체 자료 요청 및 필요 시 제안 브리핑 실시
- 벤치마킹
- 개략적인 도입계획 수립

➢ 산출물: BPM 솔루션 및 사례연구에 대한 분석/검토서, BPM 도입 계획안 등

(2) 환경 분석(경영 및 정보)

환경 분석은 크게 경영환경과 정보환경 분석으로 나뉜다. 경영환경 분석은 외부환경

분석을 통해 기회와 위협요소를, 내부역량 분석을 통해 기업의 강점과 약점을 각각 정리하고 이를 기반으로 하여 기업의 중장기발전목표 달성을 위한 핵심성공요소(CSF: Critical Success Factor)를 도출하는 것이다.

정보환경 분석은 BPM 관련 정보 기술의 흐름을 검토하여 정보기술의 발전방향 및 신 정보기술의 적용 가능성을 분석하는 것이다.

환경 분석 단계를 통해 프로젝트의 핵심성공요소를 도출하고 이러한 요소들을 가장 우선적으로 만족시킬 수 있도록 BPM 프로젝트를 구상한다.

➢ 산출물: 경영환경 분석서, 정보환경 분석서

(3) BPM 교육

BPM 교육을 통해 BPM의 전반적인 이해를 돕고 성공적인 BPM 도입을 위한 초석을 마련할 수 있다. 무엇보다 기업의 전략 및 목표에 부합하는 BPM 추진 전략을 수립하기 위해서는 BPM에 대한 전사적인 이해가 선행되어야 한다.

BPM에 대한 이해를 높이고 적극적인 참여를 유도하기 위해서는 관련 전문가 초청 강연 및 성공사례 발표 등이 좋은 방안이 될 수 있다. 또한 실제 업무에 적용되었을 때의 모습을 시현하는 등의 다양한 접근방법을 사용하여야 한다.

이 단계에서의 교육 참여자는 BPM 프로젝트와 관련된 임원, 관리자, 담당자 등이며 교육내용을 살펴보면 다음과 같다.

- BPM의 개념과 출현배경
- BPM 환경에서의 업무수행 방식의 변화
- BPM 방법론
- 다양한 BPM 사례 소개 및 벤치마킹
- BPM 적용 모습 시현
- BPM 모델링과 표기법

일반적인 BPM 교육은 1~2회의 집합교육을 통해 솔루션 업체의 솔루션 리뷰 정도로 진행하여 마무리하는 경우가 많으나, 실제로는 이 단계를 향후 프로젝트의 성공을 위해 매우 중요한 단계로 인식하고 시간과 자원을 과감히 할당 할 필요가 있다.

현업의 BPM 전문 인력 육성을 통해 프로세스 설계 시에 현업의 요구사항이 충분히 반영될 수 있으며, 향후 BPMS 구축 이후에도 전문가의 도움없이 프로세스를 지속적으로 개선하고 성공적으로 운영할 수 있는 기반을 마련할 수 있다.

➢ 산출물: BPM 교육계획서, 교육자료, 교육 결과보고서

(4) BPM 목표 설정

기업의 경영 전략과 상황에 따라 BPM 프로젝트의 방향 및 목표를 명확히 설정해야 한다. BPM을 도입한 많은 기업들이 BPM의 구현에 앞서 BPM의 방향 및 목표를 명확히 하지 않고 BPM을 구축하여 기대한 만큼의 효과를 내지 못하는 경우가 있다. 초기에 BPM의 방향을 올바르게 잡고 이에 부합하는 목표를 명확히 설정하는 것이 이후의 진행을 순조롭게 할 수 있는 결정적인 요인이 된다.

이때 충분한 시간을 할애하여 의사결정권자와 임원들의 동의와 지지를 구해야 하며, 외부 기관/인력의 조력을 적극적으로 수용해야 한다. 그림 53은 BPM 목표 설정의 예를 보여준다.

➢ 산출물: BPM 전략 보고서, 역할 정의서

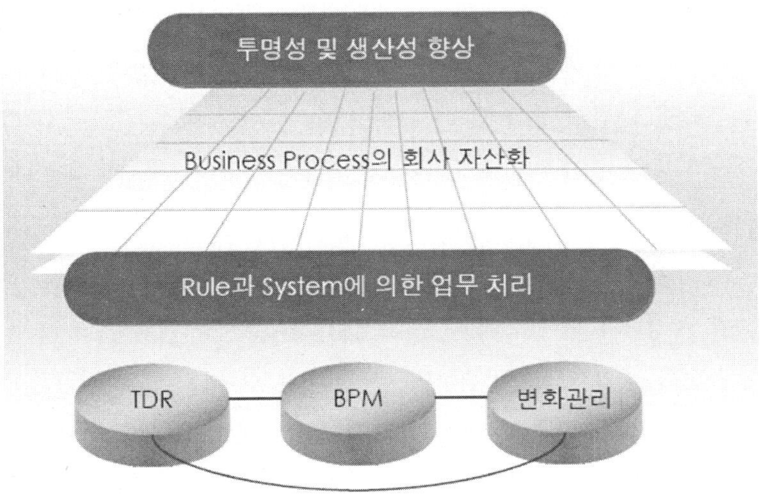

그림 53 BPM 목표설정

(5) 추진계획 수립

이 단계에서는 이전 단계들의 결과물들이 취합되고 BPM 도입을 위한 세부적인 추진

계획이 수립된다. 즉, 구체적인 프로젝트 수행계획, 일정계획, 변화관리 계획 등을 수립한다. 이것은 기업의 각종 자원들을 프로젝트에 효율적으로 할당하고 원만한 진행을 유도하기 위함이다.

특히, BPM 추진조직은 전사 추진전략 및 계획에 따라 구성되어야 하고 업무진행 및 비용의 효율성을 고려하여야 한다. 이 단계의 주요활동은 다음과 같다.

- 프로젝트 추진조직 구성
- 프로젝트의 세부단계와 내용 확정
- 전사적 확장/실행 전략 수립
- 단계적 실행계획 수립
- 변화관리 방안 수립

➢ 산출물: 상세 수행/일정 계획서, 실행계획서, 변화관리 계획서 등

3.1.2 대상 Process 선정

기업의 모든 프로세스를 BPMS로 구현하는 것은 현실적으로 어려운 일이다. 따라서, 기업의 경영전략에 부합하는 업무 대상을 선택하고 집중적으로 개선하는 것은 매우 중요하다. 이 단계는 BPM을 적용할 대상 업무영역과 프로세스의 선정을 목표로 하여 표준적인 대상 프로세스 선정을 위한 기준과 방법을 제시한다. 그러나 특정 기업의 BPM 대상 프로세스를 선정하기 위한 절대적인 표준화된 방법 및 기준은 존재하지 않는다. 따라서 해당 기업은 각 기업의 상황에 맞게 이 chapter에서 설명하는 방법들을 응용하여 대상 프로세스를 선정하여야 할 것이다.

BPM 대상 프로세스를 선정하기 위하여 BPM 도입 목적, BPM 적용 적합성, 구축 용이성, 그리고 기업 상황 등을 종합적으로 고려하여 평가하여야 한다.

이 단계에서의 세부절차는 BPM의 표준을 정의하고 필요시 유사 프로세스의 벤치마킹을 통해 기업의 전사 프로세스 맵을 작성하며 프로세스 평가기준을 수립한다. 이를 바탕으로 핵심 프로세스들을 도출하고 프로세스별로 우선순위를 평가하여 소수의 BPM 구현 대상 프로세스들을 선정한다. 이렇게 선정된 프로세스들을 기반으로 회의와 검토를 거쳐 실제 구현 대상 프로세스를 최종 확정한다. 그림 54는 대상 Process 선정의 세부절차를 나타내고 그림 55는 이를 위한 주요활동 및 산출물을 설명한다.

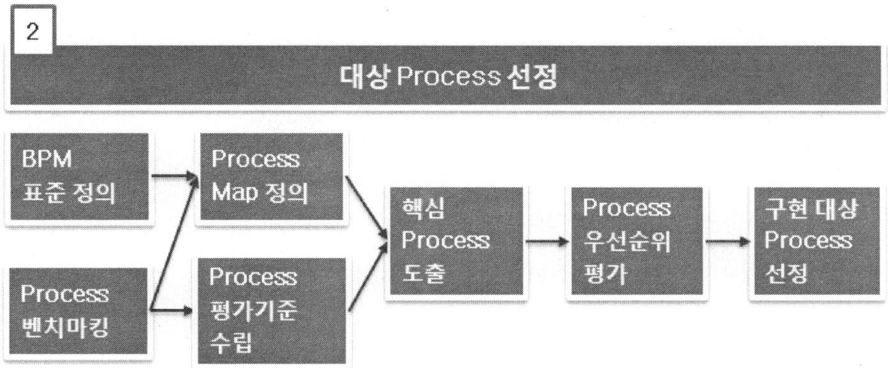

그림 54 대상 Process 선정 세부절차

Stage1 Step2.	BPM 표준정의	Process 벤치마킹	Process Map 정의	Process 평가기준 수립
주요활동	• 모델링을 위한 표준 정의 • 프로세스의 분할 기준 마련 • 프로세스 표기법을 정의 • 모델링 규칙 정의 • 프로세스 관리를 위한 기준 정의	• 프로세스 Map 정의와 평가기준 수립을 위해 선진 사례 분석 • 컨설팅 전문가의 노하우 전수	• Cross-Functional 기반의 핵심적인 사업 기능을 정의 • 부서서 간 연계 프로세스에 대한 업무 흐름 파악 • 프로세스 분할(전사/메가/메이저/단위 프로세스, 액티비티, 테스크)	• 프로세스 평가기준 수립 • 주평가 기준 (비즈니스 효과성, BPM 적합성, 구현 용이성 등) • 평가기준에 따라 가중치를 고려한 배점안 수립
산출물	• 프로세스 관련 기준 및 표준안 • 작성규칙 • 액티비티 표준안	• 사례분석서 • 프로세스 맵/ 평가기준 사례	• 프로세스 분할 기준 • 프로세스 맵/흐름도	• 프로세스 평가 기준안 • 프로세스 배점표
	핵심 Process 도출	Process 우선순위 평가	구현 대상 Process 선정	
주요활동	• 프로세스 맵을 참조하여 기업의 핵심 프로세스를 도출 • 기업 업무의 상호 관계 및 특성분석	• 배점안을 기준으로 프로세스 평가 • 우선순위를 정하고 구현의 두세 배수로 프로세스 선정 • 참여자(현업담당자, 전산담당자)	• 대상 프로세스를 우선순위를 고려하여 최종 구현 대상 프로세스선정 • 현업이 직접 선정 작업을 수행 • 참여자(임원, 현업관리자)	
산출물	• 핵심 프로세스	• 프로세스 평가결과서	• 구현 대상 프로세스	

그림 55 대상 Process 선정의 주요활동 및 산출물

(1) BPM 표준 정의

프로세스 모델링을 위한 각종 표준들을 정의한다. 즉, 프로세스의 분할 기준을 마련하고 프로세스 표기법을 정의하며 프로세스 모델링 시 지켜야 할 규칙과 프로세스 관리를 위한 기준을 정의한다. 프로세스 모델링은 4장에서 보다 상세히 설명된다.

일반적인 프로세스 분할 방식은 크게 자원 수명주기 접근방식(Resource Life-Cycle Approach)과 상향식 접근방식(Bottom Up Approach)으로 나뉜다.

■ 자원 수명주기 접근방식

업무 프로세스 운영에 필요한 자원(resource)의 수명주기(life-cycle)에 따라 프로세스를 분할하는 방식이다. 자원 수명주기는 자원계획(resource plan), 획득(acquire), 사용(use), 폐기(dispose), 관리(monitor) 등으로 이루어진다. 경영활동을 위한 자원은 고객(customer), 제품(product), 인력(people), 자금(money), 장비(equipment) 등으로 구분한다.

이를 토대로 경영활동을 위한 하나의 자원인 인력에 대하여 자원 수명주기 접근방식을 사용하여 프로세스를 분할하면 그림 56과 같다.

인력 관리 프로세스 분할

자원	인력(People)				
수명주기	계획	획득	사용	폐기	관리
분할된 프로세스	인력 계획	인력 채용	인력 개발	인력 퇴직	인력 모니터링

그림 56 프로세스 분할(자원 수명주기 접근방식)

■ 상향식 접근방식

세부 업무활동을 그룹핑(grouping)하여 최하위 프로세스를 정의하고, 이를 다시 그룹핑하여 상위 프로세스를 정의한다. 그림 57은 상향식 접근방식의 예를 보여준다.

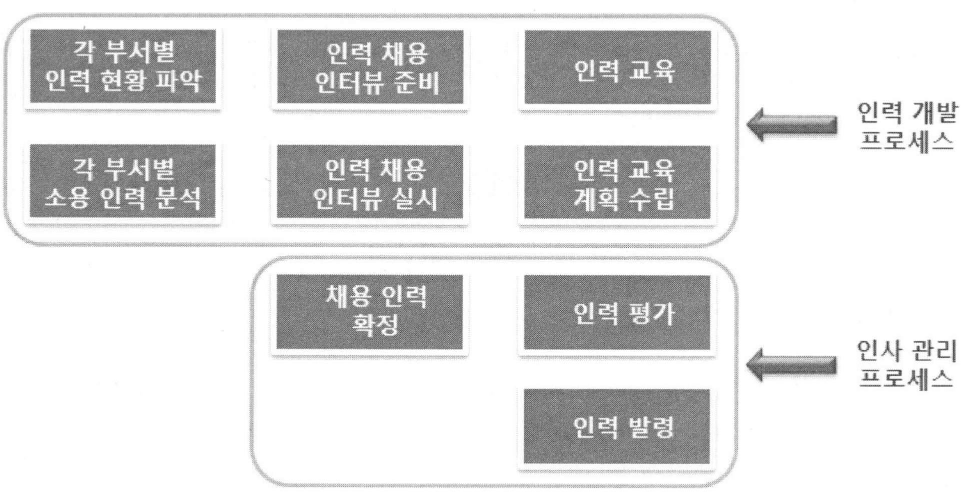

그림 57 프로세스 분할(상향식 접근방식)

프로세스 분할작업은 단계적 절차에 의한 진행보다는 반복적인 과정(iterative process)을 통해 완성되며, 현업과의 면담 시 실제적으로는 상향식(bottom-up) 방식으로 프로세스 분할작업이 이루어질 수 있다. 그러나 일반적으로 프로세스를 효과적으로 분할하기 위해 자원 수명주기 접근방식과 상향식을 동시에 고려하여 진행한다. 예를 들면, 정의 단계에서는 혁신대상 프로세스(메이저 프로세스)를 선정하고 그룹핑하여 메가 프로세스를 정의하는 상향식 접근 방식을 사용하고, 측정 단계에서는 메이저 프로세스를 단위 프로세스로 분할 정의하는 수명주기 접근방식을 사용하면 보다 효과적이다.

> ➢ 산출물: 프로세스 관련 기준 및 작성규칙, 액티비티 표준안

(2) Process 벤치마킹

프로세스 맵 정의와 평가기준 수립을 위해 선진 사례를 벤치마킹하는 단계로 컨설팅 전문가의 노하우를 적극적으로 활용하여 수행한다.

국내외 동종 업계의 사례를 대상으로 벤치마킹하고 이를 바탕으로 대상 기업의 전략에 부합하는 프로세스 맵 정의 및 평가기준을 마련한다.

> ➢ 산출물: 사례분석서, 프로세스 맵/평가기준 사례

(3) Process Map 정의

기업의 현 프로세스 구성 및 흐름을 정확하게 파악하는 일은 BPM 추진에 있어 매우 중요하다. 이는 단계별 대상 프로세스 선정과 더불어 전체 프로젝트의 리스크를 최소화하고 효율성을 높이는데 결정적인 요소로 작용한다. Process Map은 cross-functional 하게 기업의 핵심적인 업무 기능을 정의하고 또한 세부 업무 기능과 관련된 정보를 제공하여 부서 간 연계 업무에 대한 흐름을 이해할 수 있도록 한다.

즉 Process Map 정의는 전사 프로세스에 대한 관리 및 운영을 보다 효율적으로 하기위해 상위 프로세스를 여러 개의 하위 프로세스로 나누는 과정으로, 본 방법론에서는 전사 프로세스를 기반으로 메가 프로세스, 메이저 프로세스, 단위 프로세스, 액티비티, 그리고 태스크 구조로 분할 구성하였다. 실제 Process Map 정의 단계에서는 전사 프로세스 맵에서 단위 프로세스 맵까지를 대상으로 하여 작성한다. 이러한 Process Map 작성을 통해, 전체 기업 업무를 체계적으로 파악하게 된다. 그림 58은 Process Map의 구조를 설명한다.

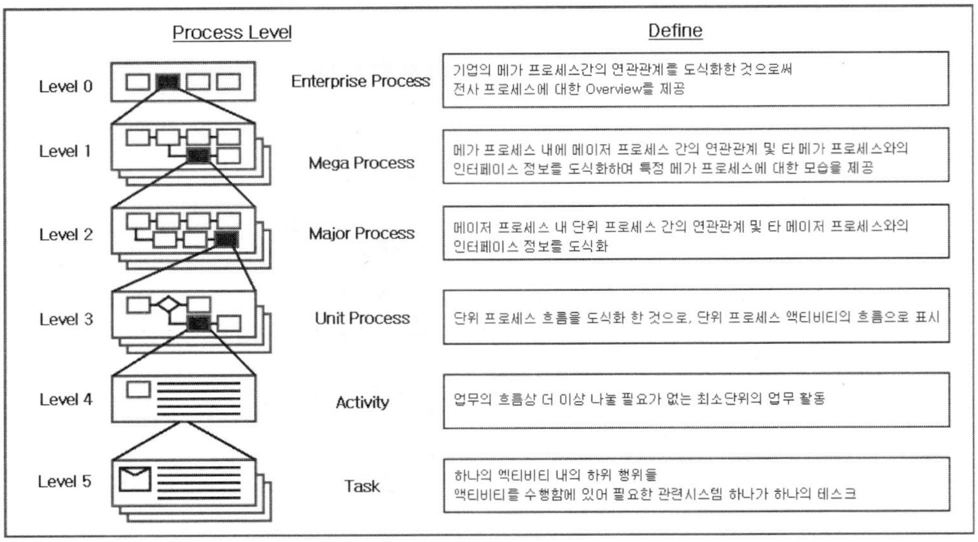

그림 58 Process Map의 구조

■ 전사 프로세스 맵(Enterprise Process Map)

기업의 메가 프로세스간의 연관관계를 도식화한 것으로서 전사 프로세스에 대한 overview를 제공한다.

■ 메가 프로세스 맵(Mega Process Map)

메가 프로세스 내에 메이저 프로세스 간의 연관관계 및 타 메가 프로세스와의 인터페이스 정보를 도식화하여 특정 메가 프로세스에 대한 모습을 제공한다.

■ 메이저 프로세스 맵(Major Process Map)

메이저 프로세스 내 단위 프로세스 간의 연관관계 및 타 메이저 프로세스와의 인터페이스 정보를 도식화 한다.

■ 단위 프로세스 맵(Unit Process Map)

단위 프로세스 흐름을 도식화 한 것으로, 단위 프로세스 내에 세부 액티비티의 흐름으로 표시한다.

■ 액티비티(Activity)

업무의 흐름상 더 이상 나눌 필요가 없는 최소 단위의 업무 활동이다. 액티비티는 산출물을 가지거나 행위를 하는 주체가 달라지는 경우 혹은 액티비티에 관련된 행위자가 달라지는 경우에만 분리할 수 있다. 예를 들어, 액티비티 명에는 '~및~', '~와~', '나' 등을 사용하여 두 가지 이상의 행위를 한 번에 표현할 수 없다. 즉, '작성 및 등록'의 액티비티는 '작성'과 '등록' 이라는 두 개의 액티비티로 나누어야 한다.

■ 태스크(Task)

하나의 액티비티 내의 하위 행위들을 태스크라 하며, 하나 또는 그 이상의 태스크가 모여 하나의 액티비티를 이룬다. 즉, 액티비티를 수행함에 있어 필요한 관련시스템을 활용하기 위해 요구되는 개별 행동이 하나의 태스크가 된다. 예를 들어, 고객 등록이라는 액티비티에 대해 ① OO화면 클릭, ② OO 정보 입력, ③ 저장버튼 클릭, ④ OO문서 자동생성 및 자동통보 등의 하위 행위들을 정의할 수 있으며 이들이 태스크이다.

➢ 산출물: 프로세스 분할 기준, 프로세스 맵 등

(4) Process 평가기준 수립

이 단계에서는 BPM 적용 대상 프로세스 선정을 위한 평가요소 및 기준을 수립한다. 프로세스의 평가 기준은 크게 비즈니스 효과성, BPM 적합성, 구현 용이성 등의 세 가지 측면에서 정의된다. 대상 프로세스 선정 기준은 해당 기업의 특성에 따라 달라질 수 있으나, 기본은 위의 세 가지 관점에서 크게 벗어나지 않는다. 그림 59는 프로세스 평가 기준을 나타낸다.

그림 59 프로세스 평가 기준

■ 비즈니스 효과성

주요 내용으로는 비즈니스 측면에서 전사 핵심역량과 관련이 깊고, 프로세스 개선이 필요한 업무인가?, 변화하는 내/외부 환경에 신속히 대응해야 하는 업무인가?, 프로세스

가시화를 통해 프로세스 관리가 필요한 업무인가?, 많은 조직과 여러 application이 복잡하게 얽혀서 통합 관리되어야 하는 업무인가? 등에 대한 평가항목이 포함된다.

■ BPM 적합성

BPM을 도입하여 큰 효과를 낼 수 있는 프로세스인가?, 신속한 대처 및 민첩성이 요구되는 업무인가? 등에 대한 평가항목이 주요 내용이며, 일반적으로 관리 및 모니터링의 필요성이 높은 프로세스인 경우 BPM의 적합성이 높다고 볼 수 있다.

■ 구현 용이성

실제 구현 시 위험 요소가 많고 어려움이 수반되는 업무 프로세스인 경우 노력한 만큼의 큰 기대효과를 볼 수 없기 때문에 위험요소가 있는 프로세스를 적용 대상에서 제거하기 위한 평가항목이다.

이 세 가지 관점에서 세부 평가항목이 도출되며, 실제 적용 시 대상 기업의 비즈니스 환경과 특성에 따라 세부 평가항목은 달라질 수 있다. 또한 세부 평가 항목이 동일한 중요도를 갖지 않기 때문에 세부 평가항목을 도출한 다음 이들 항목별 가중치에 대한 배점 기준을 마련한다. 배점 기준은 BPM전략에 부합하도록 하되, 현업의 인터뷰와 설문조사를 병행하여 현업의 의견을 적극적으로 반영하여 결정해야 한다.

➢ 산출물: 프로세스 평가 기준안, 프로세스 배점표

(5) 핵심 Process 도출

이 단계는 프로세스 구현 대상을 선정하기 위해 범위를 줄여나가는 과정으로 이전 단계에서 작성한 프로세스 맵을 활용하여 기업의 핵심 프로세스를 도출한다. 핵심 프로세스 도출을 위해 기업(조직)이 수행하는 모든 활동을 점검해보고 이러한 제반 활동들이 어떻게 상호작용 하는가를 체계적으로 분석한다.

예를 들어 Value Chain 관점에서 기업 내의 업무들을 주 업무(primary activity)와 지원 업무(support activity)로 나누어 상호관계 및 특성을 분석한 뒤 핵심 업무를 도출한다.

➢ 산출물: 핵심 프로세스

(6) Process 우선순위 평가

이 단계에서는 도출된 핵심 프로세스들을 평가하여 소수의 대상 프로세스들을 선정한다. 그리고 대상 프로세스들의 우선순위 평가 결과를 기준으로 BPM 확산 계획을 수립한다. 우선순위가 높은 프로세스를 대상으로 먼저 BPM을 적용하고 점진적으로 나머지 프로세스로 확산하는 것이 위험부담을 최소화하고 BPM의 성공 가능성을 높일 수 있다.

이때, 평가기준은 앞서 정의된 비즈니스 효과성, BPM 적합성, 구현 용이성 등 세 가지 관점의 세부 평가항목을 사용한다. 평가 수행 시, 가능한 전체적인 업무를 잘 알고 이해하는 현업의 적극적인 참여를 유도해야 하며 평가참여자는 대상 기업의 현업담당자와 전산담당자 등이다.

실제 BPM 적용 계획 프로세스 수의 두세 배수로 대상을 선정하도록 한다. 이후, 구현 대상 프로세스 선정 단계에서 최종적으로 BPM 적용 프로세스를 확정한다.

➢ 산출물: 프로세스 평가결과서

(7) 구현 대상 Process 선정

이전 단계에서 두세 배수로 선정된 프로세스들을 대상으로 기업의 경영전략과 상황을 종합적으로 고려하여 최종 구현 대상 프로세스를 선정하여 확정하도록 한다.

최종 구현 대상 프로세스 선정을 위해 대상 기업의 임원 및 관리자가 직접 선정 작업 참여하도록 한다. 이 단계에서 Stage 1. BPM 전략수립이 마무리 된다.

➢ 산출물: 구현대상 프로세스

3.1.3 대상 Process 정의

선정된 대상 프로세스를 분석하고 개선방향을 설정한 뒤, 이를 반영한 새로운 프로세스로 상세 정의하는 단계이다. 먼저 현업의 요구사항을 파악하고 As-Is 프로세스, 관련 기존시스템 및 KPI 등을 분석한다. 이를 바탕으로 프로세스의 개선방향을 설정하여 To-Be 프로세스를 정의한다. 정의된 프로세스를 기반으로 조직모델, 어플리케이션, 인터페이스, H/W, S/W, 인프라 등을 상세 정의한다. 그림 60은 대상 Process 정의의 세부절차를 나타내고 그림 61은 이를 위한 주요활동 및 산출물을 설명한다.

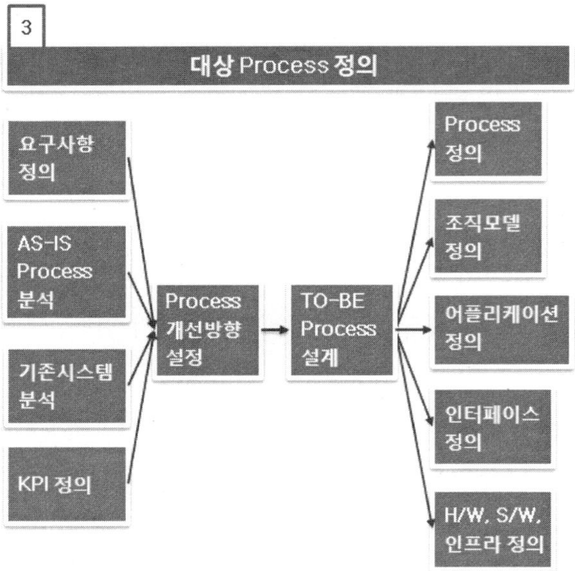

그림 60 대상 Process 정의 세부절차

Stage2 Step3.	요구사항 정의	AS-IS Process 분석	기존시스템 분석	KPI 정의	Process 개선방향 설정
주요활동	• 현업 담당자, 관리자, 전산 담당자와의 인터뷰를 통해 문제점, 이슈, 요구사항 파악	• 적용 대상 프로세스 분석 • 프로세스 이름, 설명, 관련된 조직, 책임자, 역할을 명확히 정리 • 업무의 표준화 및 정형화 정도를 파악 • 연관관계를 가진 타 프로세스 분석	• 대상 프로세스와 관련된 기존의 업무 시스템 파악 • 재사용성을 중심으로 분석 • 어플리케이션 추가 개발 여부 파악 • 연계 기술 검토	• 기존에 활용중인 성과지표를 분석 • 이를 기준으로 KPI를 재정의하고 목표수준 정의 • 현업의 합의를 도출하여 확정	• 이전 단계의 산출물을 적극적으로 활용 • KPI를 중심으로 개선 • 시뮬레이션 도구 활용하여 성과를 측정하여 최적화 수행/검증 • 최적의 결과 도출 시까지 반복적으로 개선작업 수행
산출물	• 요구사항 정의서	• AS-IS 프로세스 정의서	• 기술 검토서	• KPI 정의서	• 시뮬레이션 결과서

	TO-BE Process 설계	Process 정의	조직모델 정의	어플리케이션 정의	인터페이스 정의	H/W, S/W, 인프라정의
주요활동	• 프로세스 최종 확정 • 현업의 합의 절차 및 확정 절차 수행	• TO-BE 프로세스를 기준으로 프로세스 정의 • 프로세스 변경 및 재사용성에 초점	• BPM수행에 적합하도록 조직모델 정의 • 부서별, 담당자별, 사용자 그룹별로 정의 • 업무 상위 검토, 결재 라인 및 위임관계 파악	• 추가 개발해야 하는 어플리케이션 정의	• 기업포탈, BPM포탈, 어플리케이션, 데이터베이스와 관련된 인터페이스 정의	• H/W, S/W, 인프라 정의
산출물	• TO-BE 프로세스 정의서	• 프로세스 정의서	• 조직모델 정의서 • R&R 메트릭스 정의서	• 어플리케이션 목록 • 데이터베이스 목록 • 어플리케이션 정의서	• 인터페이스 정의서	• H/W, S/W, 인프라 정의서

그림 61 대상 Process 정의 단계의 주요활동 및 산출물

(1) 요구사항 정의

BPM 대상 프로세스와 관련된 문제점, 이슈, 현업의 요구사항 등을 파악한다. 그리고

현업 담당자 및 관리자와의 인터뷰를 통해 대상 프로세스와 관련하여 발생하는 제반 활동들도 파악한다. 인터뷰의 절차는 먼저 전반적인 실무를 파악하고 있는 관리자와 진행하여 전체 업무 흐름을 파악하고 이후, 현업 담당자와 여러 차례 인터뷰를 통해 그 내용을 구체화시킨다.

➢ 산출물: 요구사항 정의서

(2) AS-IS Process 분석

이 단계에서는 대상 프로세스에 대한 개략적인 모델링 작업을 통해 프로세스를 이해하고, 프로세스 이름, 설명, 책임자를 정의하며, 프로세스의 표준화 및 정형화 정도를 파악한다. 그리고 파악된 프로세스를 보다 표준화할 수 있는 방안을 찾는다. 또한, 해당 프로세스와 관련된 조직과 역할을 명시하고 해당 프로세스와 연관관계를 가진 타 프로세스도 분석한다.

As-Is Process 분석은 실제로 업무가 어떻게 수행되고 있는지를 명확하게 표현하는 것으로 다음과 같은 질문에 대해서 답을 구하는 과정이다.

- 각 프로세스 중에 이루어지고 있는 제반 활동은 무엇인가?
- 각 프로세스 책임자는 누구인가?
- 각 활동을 위해 필요한 input과 output은 무엇인가?
- 프로세스를 수행하는 업무적인 규칙은 무엇인가?
- 각 단계를 수행하는 주체는 누구인가?

➢ 산출물: AS-IS 정의서

(3) 기존시스템 분석

전산 담당자와의 인터뷰를 통해 대상 프로세스와 관련되어 사용되는 업무 자원을 파악하여야 한다. 즉, 대상 프로세스와 관련성이 높은 정보시스템을 도출하고 분석하는 과정이다.

기존 시스템을 분석하는 과정은 재사용성에 중점을 두고 진행하도록 한다. 또한, 업무처리를 지원하는 기존 어플리케이션이 없는 경우 추가개발 여부를 파악하고 관련 어플리케이션에서의 업무처리 내용을 파악한다.

대상 프로세스와 연관된 정보시스템의 특정 화면은 BPMS 구현 시 BPMS 업무처리기를 통해 재사용되어진다. 이러한 방식은 사용자가 기존에 업무를 처리하던 환경과의 이질감을 줄임으로써 BPMS라는 새로운 방식의 업무처리 환경에서도 무리없는 업무 처리가 가능해진다. 더불어 As-Is 기술 인프라, 인터페이스, BPMS의 연계기술 등도 검토한다.

➢ 산출물: 기술 검토서

(4) KPI 정의

기존의 성과지표 분석을 통해 새로운 성과측정 모델을 개발하고 정의하는 단계이다. 기업에서 이미 활용중인 성과지표를 파악하여 각각의 활동에 대한 평가기준은 무엇인가를 명확히 한다. 이를 기준으로 BPMS에서 적용할 KPI를 재정의하고 그것의 목표수준을 정한다. 이때, 반드시 현업과의 합의를 통해 성과지표를 확정하는 절차를 거친다.

성과지표는 그것을 기준으로 평가받을 사람이 직접 참여하여 합리적으로 만들어져야 하며 어느 정도의 합의를 거쳐 인증되어야 한다. 이런 과정을 통해 만들어진 성과지표는 실효성을 가지게 되며, 궁극적으로 성과지표 달성과도 밀접한 관련을 가진다. 그림 62와 63은 특정 프로세스의 성과지표 정의에 대한 예시를 보여준다.

➢ 산출물: KPI 정의서

프로세스 ID	BP_04_010			프로세스 명	수리접수부터 R/O발행 및 보증수리비용 지불까지의 흐름	
성과관리 목표	접수의뢰부터 처리완료까지 2일 이내 처리율 90% 이상					
프로세스 성과지표	구분	핵심 성공 요소	프로세스 성과지표	구분	핵심 성공 요소	프로세스 성과지표
	시간 측면	A/S대리점에서의 소요 부품의 적정재고 보유 각 액티비티에서의 처리 대기시간 최소화	▪각 액티[illegible] 단축 ▪부품청구횟수 최소화	비율 측면	처리시간의 표준설정 준수	▪각 액티비티별 표준 처리 시간의 정규분포
	건수 측면			비용 측면	A/S대리점에서의 소요 부품의 적정재고 보유	▪월간 택배비용의 절감

그림 62 성과지표 정의

프로세스 ID	BP_04_010	프로세스 명	고장접수 및 R/O관리
프로세스 성과지표 ID	KPI-04-010	프로세스 성과지표 명	업무처리 기한 준수율
작성일	2007. 08. 14	작성자	
프로세스 관리자	A/S부서	데이터 수집 주기	일별
성과지표 조회자	A/S부서	조회 주기	주별, 월별
산출식	(완료처리 기한 준수 건수 / 접수 의뢰 건수) * 100		
산출식 설명	접수 의뢰 건수 대비 완료처리 기한 준수 건수의 비율		
측정 단위	%		
현 수준	80%	목표 수준	90%
상한값		하한값	75%
[illegible]터			
필요 데이터		데이터 유형	소스 시스템
완료처리 기한 준수 건수	BPM이력정보에서 수집	숫자	BPM
접수 의뢰 건수	BPM이력정보에서 수집	숫자	BPM
리포팅 방법			
1) 위치 : A/S> 기한 준수율 추이 차트 2) 형태 : 막대그래프 3) X축 : 기간 4) Y축 : 준수율 5) 검색조건 : 기준일(From ~ To, 주/월별)			

그림 63 성과지표 정의

(5) Process 개선방향 설정

이 단계에서는 앞에서 도출된 문제점 및 요구사항들을 반영하여 대상 프로세스의 개선 방향을 정한다. 설정되어진 성과지표를 기준으로 다양한 프로세스 개선안을 도출하여 평가해본다. 이때 추가적으로 대상 프로세스와 관련된 선진사례의 벤치마킹과 전문가의 노하우를 적극적으로 활용하도록 한다.

프로세스 개선방향 도출에 있어 정량적 측정 근거를 통해 무엇을, 언제까지, 어느 정도로 개선할 지에 대한 개선의 목표를 명확히 설정해야 한다.

이를 위해 다음의 질문들에 대해 명확히 답을 할 수 있어야 한다.

- 각 개선안에 대한 평가 결과는 무엇인가?
- 보다 개선된 프로세스로 만들기 위하여 무엇을 개선해야 하는가?
- 무엇을 기준으로 개선을 확인할 수 있는가?

일반적으로 업무 프로세스와 관련하여 축적된 정보를 기반으로 통계, 분석 툴을 활용하여 현황을 분석하고 개선할 수 있다. 예를 들어 min/max/avg. 등의 통계를 통한 정량적 측정 결과와 시간, 비용, 품질 등에 대한 계획대비 실적 분석 등을 활용할 수 있다. 또한, 책임과 역할에 대한 적정성, 필요로 하는 정보 제공의 적정성 등에 대해서도 평가해야 한다.

도출된 프로세스 개선 방향은 최종적으로 시뮬레이션 도구를 활용하여 정확하게 성과를 측정하고 필요시 수정, 보완한다.

➢ 산출물: 시뮬레이션 결과서

(6) To-Be Process 설계

설정된 프로세스의 개선 방향을 기반으로 To-Be 프로세스를 설계하고 확정하는 단계이다. 이 단계는 바로 뒷 단계인 프로세스 정의와는 개념 및 범위가 다르다. 즉, 조직/어플리케이션/데이터베이스와의 관계가 고려되지 않은 순수한 프로세스 자체의 정의를 의미한다.

정의된 To-Be 프로세스는 시뮬레이션 등을 활용하여 프로세스 흐름을 확인하고 필요시 개선한다. 최종 확정된 To-Be 프로세스를 대상으로 현업의 합의 및 확정 절차를 거친다.

➢ 산출물: To-Be 프로세스 정의서

(7) Process 정의

설계 및 확정되어진 To-Be 프로세스를 기반으로 보다 구체적인 프로세스 모델링을 위해 조직/어플리케이션/데이터베이스 등과 같은 관련 정보를 모두 고려하여 해당 프로세스를 상세 정의한다.

이때, 프로세스 변경의 용이성 및 재사용성에 초점을 맞추어 정의하고 가능한 표준화를 시킨다. 이렇게 정의된 프로세스는 향후 BPMS 운영단계에서 개선이 필요 할 경우 쉽고 빠르게 재정의가 가능하다. 그림 64는 BPM tool을 이용하여 프로세스를 설계 및 정의하는 예시를 나타낸다.

➢ 산출물: 프로세스 정의서

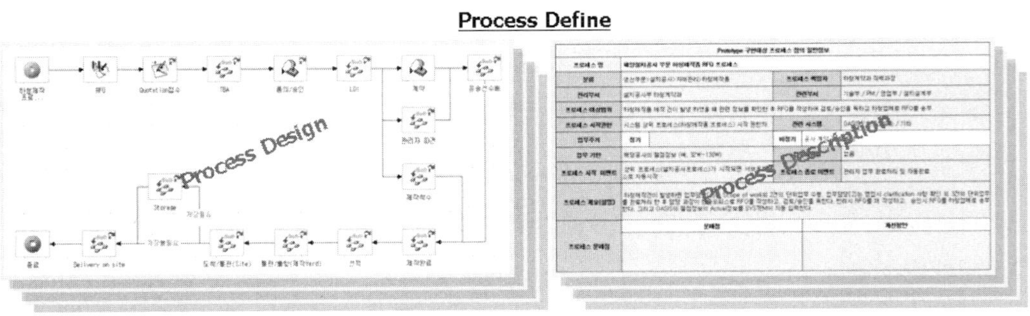

그림 64 프로세스 정의 예시

(8) 조직모델 정의

BPM 수행에 적합하도록 조직을 정의하는 단계이다. 부서별, 담당자별, 그리고 사용자 그룹별로 정의하고 결재 라인 및 위임관계 등도 파악하여 정의한다.

➢ 산출물: 조직모델 정의서, R&R 매트릭스 정의

(9) 어플리케이션 정의

정의되어진 프로세스 모델의 실행을 위해 필요한 관련 시스템(어플리케이션과 데이터)을 정의한다. 관련 시스템을 정의하고 재사용 가능한지, 추가 개발이 필요한지를 확정한다.

재사용 가능한 어플리케이션은 연계 방안을 확정하고 추가 개발이 필요한 시스템은 추가 개발을 위해 분석된 자료를 바탕으로 정의하고 설계한다.

➢ 산출물: 어플리케이션 목록, 데이터베이스 목록, 어플리케이션 정의서

(10) 인터페이스 정의

프로세스 모델의 구현을 위해 필요한 각종 인터페이스를 정의한다. 기업 업무 포탈, BPM 포탈, 어플리케이션, 데이터베이스 등의 상호 인터페이스를 정의한다.

➢ 산출물: 인터페이스 정의서

(11) H/W, S/W, 인프라 정의

운영 환경이 되는 H/W, S/W, 그리고 인프라를 정의하고 설계한다.

➢ 산출물: H/W, S/W, 인프라 정의서

3.1.4 BPMS 구현

프로세스와 관련된 상세 설계서들을 바탕으로 실제 BPMS를 구현하는 단계이다. 조직(사용자 그룹, 권한, 결재 라인, 위임 등)에 관련된 각종 내용들을 BPMS 개발 도구를 사용하여 정의하고 프로세스와 연결한다. 또한 개발되어진 신규 어플리케이션들과 기존 어플리케이션들을 프로세스와 연결한다. 그리고 관련 데이터베이스 및 인터페이스를 구

현하며 H/W, S/W, 인프라를 구성한다.

이후 관련 시스템별로 연동 단위 테스트를 실시하고 시뮬레이션을 통해 검증하고 필요시 수정 보완한다. 더불어 사용자 교육과 향후 유지보수를 위한 업무 매뉴얼 작성 작업을 수행한다. 그림 65는 이러한 BPMS 구현의 세부절차를 나타내고 그림 66은 이를 위한 주요활동 및 산출물들을 설명한다.

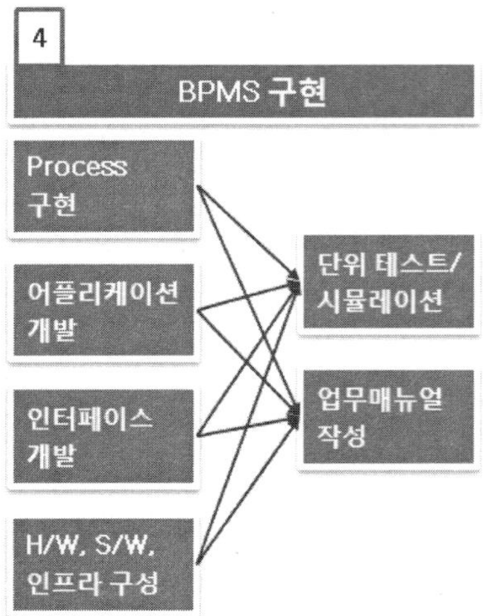

그림 65 BPMS 구현 세부절차

2Stage 4Step.	Process 구현	어플리케이션 개발	인터페이스 개발	H/W, S/W, 인프라구성	단위테스트/시뮬레이션	업무매뉴얼 작성
주요활동	• 정의된 프로세스를 어플리케이션, 데이터베이스와 연결	• 기존 어플리케이션 연동 작업 수행 • 추가 개발이 필요한 어플리케이션 개발	• 기업포탈, BPM포탈, 어플리케이션, 데이터베이스를 어뎁터와 ESB를 이용하여 연결	• H/W, S/W, 인프라 구성 작업 수행	• 단위 테스트 수행 • 프로세스를 실제 사용 환경과 같은 조건으로 시뮬레이션 하여 문제 발생 여부 확인 및 수정 작업	• 임원, 관리자, 업무 담당자, 전산 담당자, 시스템 관리자 별 업무 매뉴얼 작성
산출물	• 프로세스 명세서, 소스 코드	• 어플리케이션 명세서, 사양서, 소스 코드	• 인터페이스 소스 코드	• H/W, S/W, 인프라 구성 완료 보고서	• 단위 테스트 결과서 • 시뮬레이션 결과서	• 업무 매뉴얼

그림 66 BPMS 구현 단계의 주요활동 및 산출물

(1) Process 구현

정의된 프로세스를 조직, 어플리케이션, 데이터베이스와 연결한다.

➢ 산출물: 프로세스 명세서, 소스 코드

(2) 어플리케이션 개발

신규 어플리케이션을 개발하고 이를 기존 어플리케이션과 함께 프로세스와 연결한다.

➢ 산출물: 어플리케이션 명세서, 사양서, 소스 코드

(3) 인터페이스 개발

기업 포탈, BPM 포탈, 어플리케이션, 데이터베이스를 어뎁터와 ESB(Enterprise Service Bus)를 이용하여 상호 연결한다.

➢ 산출물: 인터페이스 소스 코드

(4) H/W, S/W, 인프라 구성

H/W, S/W, 인프라 구성 작업을 수행한다.

➢ 산출물: H/W, S/W, 인프라 구성 완료보고서

(5) 단위 테스트/시뮬레이션

이 단계에서는 연동 가능한 단위별로 단위 테스트를 수행한다. 그리고 단위 테스트 결과를 바탕으로 이를 수정 보완한다. 구현 완료된 프로세스를 대상으로 실제 사용 환경과 같은 조건으로 시뮬레이션하여 문제 발생 여부를 사전에 확인하고 수정 보완한다. 더불어 사용자 테스트도 실시한다.

➢ 산출물: 단위 테스트 결과서, 시뮬레이션 결과서

(6) 업무 매뉴얼 작성

임원, 관리자, 업무 담당자, 전산 담당자, 시스템 관리자 별로 필요한 업무 매뉴얼을 작성한다.

➢ 산출물: 업무 매뉴얼(임원, 관리자, 업무 담당자, 전산 담당자, 시스템 관리자용)

3.1.5 BPMS 테스트/설치

이 단계에서는 통합테스트를 거쳐 안정성을 확보하고 실 사용자를 대상으로 BPMS 교육을 실시한다. 완료보고를 포함하는 프로젝트 종료 작업을 거친 후 최종적으로 운영 환경으로 전환하게 된다. 그림 67은 BPMS 테스트/설치의 세부절차를 나타내며 그림 68은 이를 위한 주요활동 및 산출물들을 설명한다.

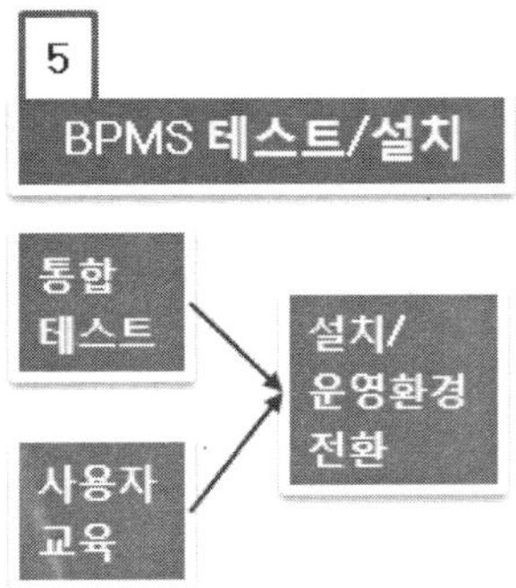

그림 67 BPMS 테스트/설치 세부절차

2Stage 5Step.	통합 테스트	사용자 교육	설치/운영환경 전환
주요 활동	• 부하, 장애 테스트를 포함하는 통합 테스트 실시 • 결과 분석 및 수정사항 반영 • 문제점 조치 및 추가 대응 계획 수립	• 임원, 관리자, 업무 담당자, 전산 담당자, 시스템 관리자를 대상으로 사용자 교육 실시	• BPMS를 설치하고 실제 업무 운영 환경으로 전환 • 시스템이 안정화 될 때까지 기존의 업무처리 방식과 BPM 적용 처리 방식을 병행하여 수행 • 유지보수 계획 수립
산출물	• 통합테스트 결과서	• 사용자 교육 결과서	• 설치 완료 보고서 • 유지보수 계획서 • 프로젝트 완료 보고서

그림 68 BPMS 테스트/설치 단계의 주요활동 및 산출물

(1) 통합 테스트

통합 테스트 계획을 세우고 필요한 환경을 설정하여 통합 테스트를 실시한다. 통합 테스트는 부하, 장애 테스트를 포함하여 실시하며 그 결과를 분석하고 수정이 필요한 사항은 시스템에 재반영한다. 필요시 문제점 조치 및 추가 대응 계획을 수립한다.

➢ 산출물: 통합테스트 결과서

(2) 사용자 교육

임원, 관리자, 업무 담당자, 전산 담당자, 시스템 관리자를 대상으로 사용자 교육을 실시한다.

➢ 산출물: 사용자 교육 결과서

(3) 설치/운영환경 전환

구현된 BPMS를 설치하고 실제 운영을 위한 제반 선행 작업을 수행한다. 이를 통해 BPMS 운영환경으로 전환된다.

시범 운영기간을 통해 시스템을 안정화한다. 이때, BPMS가 안정화 될 때까지 기존 시스템 기반의 업무처리와 BPMS 기반의 업무처리를 병행하여 수행한다. 이는 신규로 개발되어진 BPMS만을 사용하여 업무를 처리할 경우, BPMS의 문제 발생 시 업무처리가 중단되는 사태를 막기 위함이다. 실 사용자에게는 중복 업무처리로 인한 업무의 load가 다소 있겠지만, 이러한 노력을 통해 진정한 BPMS의 안정화가 가능해진다.

더불어 유지보수 계획을 수립하고 프로젝트 완료 보고를 수행한다.

➢ 산출물: 설치 완료보고서, 유지보수 계획서, 프로젝트 완료보고서

3.1.6 BPMS 운영

BPM 구축 프로젝트 완료 이후의 단계로 실 사용자들에 의해 BPM 기반의 프로세스 실행, 모니터링, 분석, 개선 등의 활동이 지속적이고 반복적으로 수행된다. 이를 위해 6시그마 기법이 활용된다. 즉 프로세스의 실행 & 모니터링은 BPMS에 의해 수행되고 프로세스의 분석 & 개선은 6시그마의 다양한 기법들을 활용하여 진행한다. 실제로 최적의 프로세스는 존재하지 않으며 일단 설계 및 구현된 프로세스도 지속적인 모니터링 및 분석을 통해 반복적으로 개선이 이루어져야 한다. 이것이 BPM 적용의 궁극적인 목적이자 효과이다. 따라서 이 단계가 본 BPM 구축 방법론에서 제안하는 매우 중요한 부분이라고 할 수 있다. 그림 69는 BPMS 운영의 세부절차를 나타내고 그림 70은 이를 위한 주요활동 및 산출물들을 설명한다.

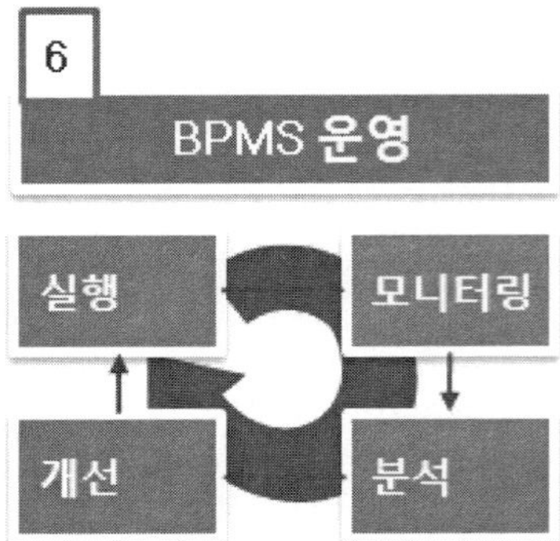

그림 69 BPMS 운영 세부절차

3Stage 6Step.	BPMS		6시그마	
	실행	모니터링	분석	개선
주요활동	• 사전에 정의된 프로세스에 따라 업무 실행 • 워크플로우 관리 시스템을 (Workflow Management System) 사용하여 프로세스의 진행 및 업무 할당지원	• 프로세스를 모니터링하고 문제 발생 여부를 판단 • 성과지표 관리(dashboard) • 문제 발생 시 다양한 워닝 및 통보	• 문제 발생 프로세스에 대해 문제의 근본 원인을 찾아 해결의 단서를 마련 • 잠재원인과 핵심원인을 찾기 위해 다양한 6시그마의 기법의 활용	• 분석단계에서 규명된 핵심원인을 개선된 프로세스 도출 • 시뮬레이션 도구를 이용하여 결과를 검증 • 개선된 프로세스를 BPMS에 적용하고 실행 프로세스로 등록
산출물	• 프로세스 인스턴스 정보	• 문제업무 현황	• 문제 프로세스 분석결과서	• 프로세스 개선 결과서 • 시뮬레이션 결과서 • 개선 프로세스

그림 70 BPMS 운영 단계의 주요활동 및 산출물

(1) 실행

업무 담당자가 해당 업무들을 사전에 정의된 프로세스에 따라 수행토록 하는 단계로서 BPM의 워크플로우 관리 모듈(Workflow Management Module)이 프로세스의 진행 및 업무 자동 할당을 지원한다.

➢ 산출물: 프로세스 인스턴스 정보

(2) 모니터링

프로세스의 실행현황 정보를 모니터링하고 문제 발생 여부를 판단하여 문제 발생시 해당 업무(지연 등)를 문제 업무로 등록 관리한다. 또한 문제 발생 시 다양한 형태(SMS, e-mail 등)로 담당자에게 통보한다. 기 정의된 성과지표와 실행 상황을 대쉬보드(dashboard)와 같은 지원도구를 통해 관리하여 목표수준 달성 정도를 지속적으로 파악한다.

➢ 산출물: 프로세스 실행 현황, 문제업무 현황, 성과지표

(3) 분석

문제 발생 프로세스에 대해 누적되어진 실행 정보 및 담당자와의 협의를 통해 문제의 근본 원인을 찾아 해결의 단서를 마련한다. 잠재원인과 핵심원인을 찾기 위해 다양한 6시그마의 기법들을 사용한다.

➢ 산출물: 문제 프로세스 분석결과서

(4) 개선

분석단계에서 확인된 핵심원인들을 제거하여 개선되어진 프로세스를 도출한다. 이때 시뮬레이션 도구 등을 활용하여 개선되어진 프로세스를 사전 검증한다. 결과가 만족스럽지 못할 경우, 프로세스를 재차 개선하고 검증 단계를 거친다.

최종적으로 개선된 프로세스를 실행 프로세스로 등록하고 BPMS에 적용한다.

➢ 산출물: 프로세스 개선결과서, 시뮬레이션 결과서, 개선 프로세스

3.2_ BPM 구현을 위한 고려 사항들

현재 시장에 출시되어 있는 BPM 솔루션들은 각 기능적/기술적 요구사항들에 대해 서로 다른 강점과 약점을 가지고 있고, BPM 도입을 추진하는 기업들은 그들이 처한 환경과 전략적 목표에 따라서 상대적으로 중요시해야 하는 기능들이 서로 다를 수 있다. 다음에서는 이러한 BPM의 기능적 요구에 대한 포괄적인 우선순위를 설명하고, 이어서 세부 관점에 따라서 BPM 도입 시 고려되어야할 사항들을 정리한다[source: 28].

3.2.1 포괄적인 기능 평가

BPMS를 실제 도입하였거나, 도입을 검토하고 있는 기업에서 느끼는 기능적 우선순위(priority)를 가늠할 수 있는 조사결과들을 이용하여 어떤 점들이 기업에서 중요시 되고 있는가를 파악하여 보았다. Delphi Group의 2003년도 조사에 따르면 BPMS를 통해서 기대하는 최대의 이득(benefit)은 그림 71과 같이 나타났는데, 이 주요 항목들은 전통적인 워크플로우 관리시스템(WfMS: Workflow Management System)이 전형적으로 제공해 온 기능들임을 알 수 있다.

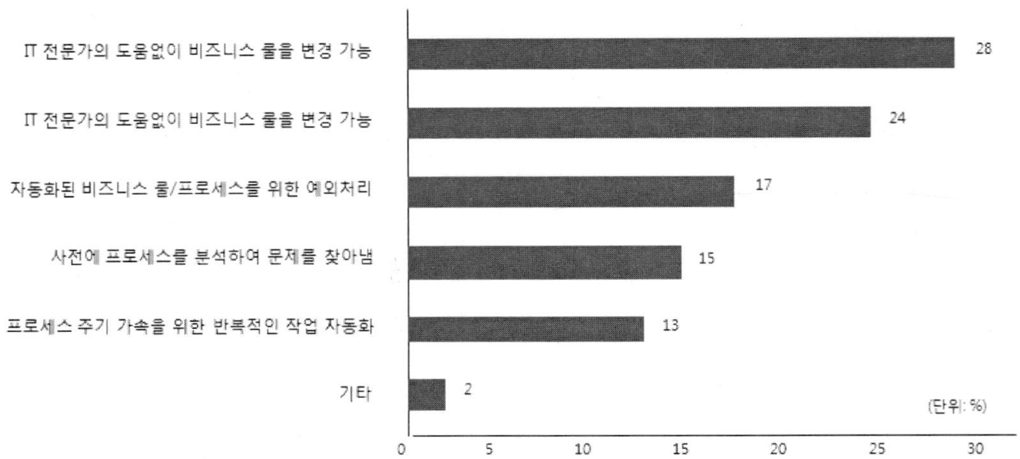

그림 71 BPM을 통해서 기대하는 최대의 이득(source: Delphi Group, 2003)

한편, BPMS 구축 검토 시의 기능별 중요도를 조사한 바에 따르면, 그림 72와 73에 나타난 바와 같이 상위에는 역시 전통적인 WfMS의 기능들이 포진하고 있으나, 기존 어플리케이션들과의 통합에 관련된 기능, 표준에 관련된 기능, 프로세스 분석에 관련된 기능 등도 중요하게 고려되고 있음을 알 수 있다. 이는 BPMS가 전통적인 WfMS의 범주에서 벗어나 차츰 자동화, 최적화, 통합화라는 확장된 개념으로 발전하고 있음을 반영한다고 해석할 수 있다.

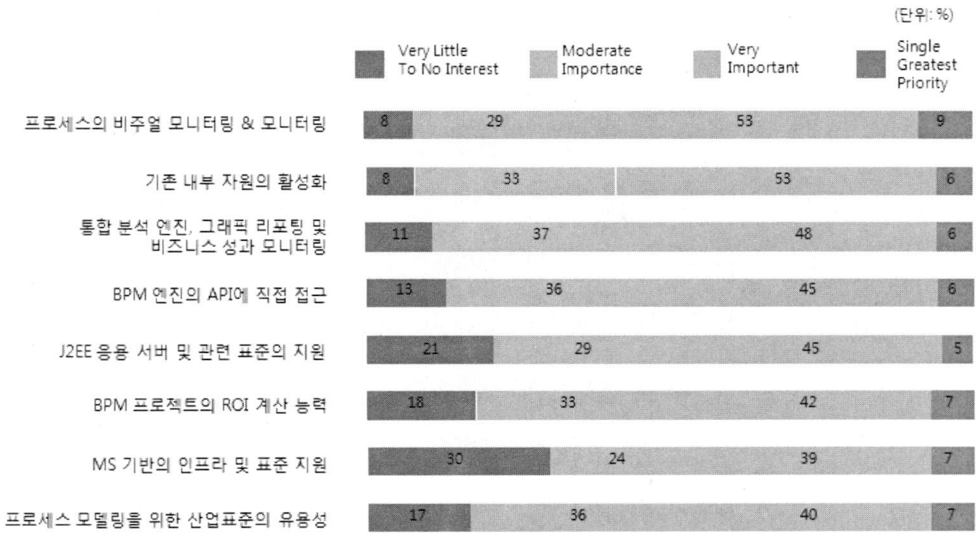

그림 72 BPMS 검토시의 기능적 우선순위(통합관련 사항 제외) (source: Delphi Group, 2003)

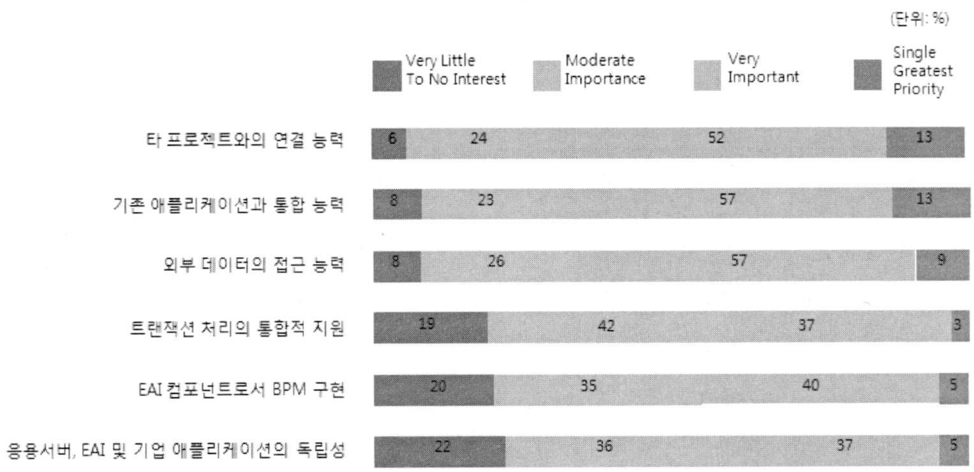

그림 73 BPMS 검토시의 통합관련 우선순위 (source: Delphi Group, 2003)

그리고 그림 74는 BPM 솔루션에 요구되는 구성요소들에 대한 업계의 일반적인 견해를 반영하는 도표이다.

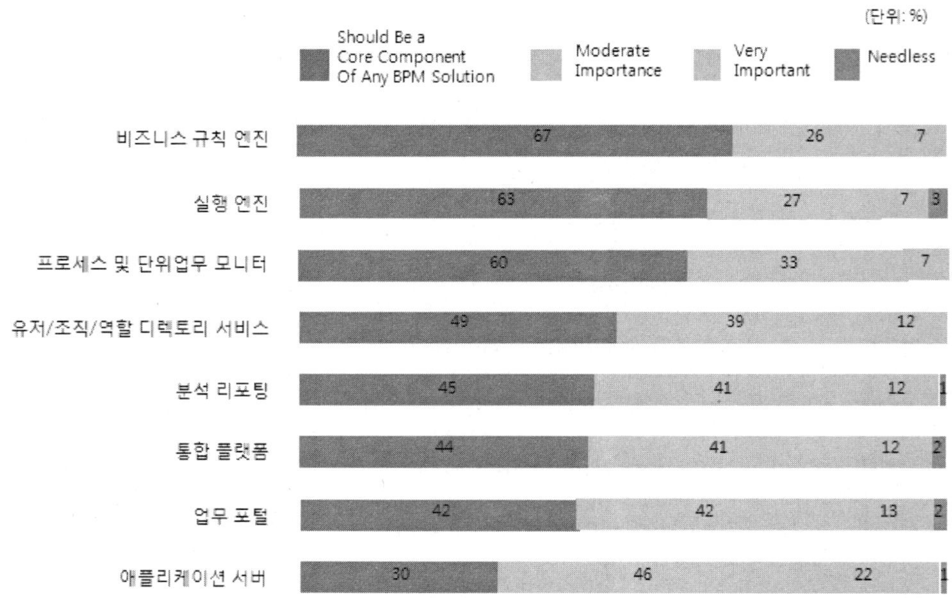

그림 74 BPM 솔루션에 요구되는 컴포넌트(source: Delphi Group, 2003)

이상과 같이 본 Delphi Group의 조사 결과는, BPM이 프로세스적 요소를 정보시스템이라는 IT적 요소로부터 분리해 줌으로써, 프로세스를 보다 효과적으로 설계, 분석, 관리할 수 있도록 지원하는 제반 기능들이 중요하게 평가되어야 하며, 아울러 프로세스의 통합화, 최적화, 자동화를 지향하는 통합적인 BPMS 기능들(예를 들어, 성과 모니터링, 시스템 통합 플랫폼, 프로세스 관련 표준 준수)의 중요성이 점차 증대되고 있음을 보여준다.

3.2.2 관점에 따른 고려 사항

앞서 언급하였던 바와 같이 어떤 BPM 솔루션도 모든 요구조건을 충족시키지는 못하며, 나름대로의 강점과 약점을 지니고 있다. 따라서 BPMS 도입을 추진하는 조직들은 BPMS 도입의 전략적인 목적과 고유한 비즈니스 프로세스의 특성을 명확히 파악하여 이에 부합하는 기능적 요건들을 도출해내야 한다. 계속해서 BPMS 도입을 고려할 때 BPM 솔루션 및 SI(System Integration, 시스템 개발) 업체들을 평가하는데 있어서 반영해야 할 사항들을 다음의 측면에서 각각 설명한다.

- 추진 목적(또는 기대 효과)
- 사업 영역(Business Domains)
- 적용 프로세스의 유형
- 위험요소

(1) 추진 목적에 따른 고려사항

BPM 도입절차 중 프로젝트 착수단계에서 BPM의 궁극적인 도입 목적을 명확히 하는 것은, 결과적으로 BPM 도입 프로젝트의 성패를 가늠하는 중요한 사항이다. 기업에서 BPM을 추진함으로써 얻고자하는 효과는, 단기적으로 업무 프로세스 비용 절감이며, 장기적으로는 업무 프로세스 개선을 통한 기업 경쟁력의 향상이다. 이를 위한 이상적인 BPM의 추진 방향은 크게 다음의 세 가지로 요약될 수 있다.

- 업무 프로세스의 최적화(Optimization)
- 프로세스의 자동화(Automation)
- 프로세스 및 정보의 통합(Integration)

BPM을 추진하는 조직은 이러한 세 가지 방향의 상대적인 중요성을 따져 봄으로써, BPM 도입의 성과를 좀 더 명확하게 정의할 수 있을 뿐 아니라, 솔루션을 평가하는 과정에 있어서 관련 기능들의 상대적 중요성을 판단할 수 있을 것이다. 표 10은 BPM의 추진 방향과 관련 기능들을 정리하고 있다.

표 10 추진 방향별 관련 기능

기대 효과	의 미	관련 기능
최적화	- 프로세스 정의를 통한 가시성을 확보하고, 분석 및 재정의를 반복하는 과정을 통해 프로세스의 흐름을 원활히 함으로써 프로세스의 성능을 최적화함을 의미	- 시뮬레이션 기능 - 모니터링 기능 - 통계적 분석 기능
자동화	- 무인화된 자동화를 의미하는 것이 아니라, 프로세스의 흐름(또는 통제)을 자동화함을 의미	- Work/Job 리스트 및 통보 기능 - 비즈니스 룰 기능 - 라우팅 기능
통합	- 비즈니스 프로세스가 진행되는 과정에서 각 자원들이 가지는 정보와 프로세스를 전사적 차원에서 서로 공유하고, 사용함을 의미	- EAI 기능 - Choreography 등의 표준 준수

현재의 많은 BPM 솔루션들이 초기 단계에 머물러 있고 시장 자체도 성숙단계로 접어들지 않았기 때문에, 이미 도입을 완료한 선발 기업들과 현재 BPM 도입을 검토 중에 있는 기업들 공히 애로 프로세스의 개선 및 자동화에 비중을 두고 있다. 이에 따라 현재까지는 이러한 부분의 강점을 가지고 있는 순수 BPM(또는 Workflow) 솔루션들이 상대적으로 성공을 거두고 있다. 그러나, 앞으로는 BPMS를 전사적 프로세스 통합의 도구로서 바라보는 시각이 확산될 것임으로, 통합 및 최적화에 대한 기대가 더욱 확대될 전망이다. 따라서 전사적 통합 측면에서 관련 인프라를 효과적으로 지원할 수 있는 능력을 갖춘 EAI 또는 Web Services 기능들이 더욱 부각될 것이다.

(2) 사업영역(Business Domains)에 따른 고려사항

앞에서 설명한 BPM 도입의 기대효과들을 달성하기 위해서 프로젝트가 발의되고 계획 단계에 접어들면, 해당 조직의 어떤 업무분야에 BPM을 적용하는 것이 바람직할 지에 대한 의사결정이 이루어져야 한다. 이를 위해서 현황조사 및 적용범위 결정을 위한 분석이 이루어지게 된다. 사업영역별로 BPMS의 적용이 가능한 업무들을 나열해보면 표 11과 같다.

표 11 사업영역별 BPM 적용 가능 업무

사업 영역	적용 가능 업무
금융/보험	대출, 예금, 투자, 연금관리, 감사, 콜센터, 신규 고객처리, 보상, 갱신업무, 위험평가, 각종 심사 등
제조	생산계획, 상품관리, 품질관리, 주문처리, 협력사 관리, 부품 물류관리, 클레임처리, 설비관리 등
정부/공공	민원처리, 조달업무, 전자정부 구현 및 부처 간 프로세스 통합, 비상계획, 국방 CALS, 인력관리, 소비자보호, 구매관리, 프로젝트 관리, 예산관리, 입찰, 면허관리, 법원소송관리, 형사집행, 법률입안, 행정지원, 납세징수관리, 사회보장 등
유통/운송	구매관리, 판매관리, 지점관리, 협력사관리, 물류관리, 인력관리, 고객관리, 예약관리, 주문관리, 배송관리, 차량관리, 정비 등
통신	고객관리, 영업관리, 서비스관리, 콜센터, 시설관리 등
의료	환자이력관리, 병원내부 프로세스관리, 보험처리, 수납관리 등
교육	수험관리, 수강편성관리, 장학금관리, 등록금수납, 시설관리 등

(3) 프로세스의 유형에 따른 고려사항

일반적으로 워크플로우 또는 비즈니스 프로세스 어플리케이션의 유형은 고전적인 분류방법에 따라서 다음과 같은 네 유형으로 나누어진다.

■ Production 워크플로우

반복적인 작업을 항시적으로 수행하는 전용 에이전트를 가진 강력한 어플리케이션이다. 이러한 유형의 워크플로우는 거의 변동이 없는 매우 틀에 박힌 프로세스들을 처리하며, 문서관리 어플리케이션 및 레거시 시스템과의 철저한 통합을 필요로 한다. 이러한 어플리케이션의 주요한 평가 기준들은, 프로세스 처리효율(throughput rate), 프로세스 및 단위업무의 정의능력, 운영의 안전성 및 용이성, 통계치 집계 기능 등이다. 전형적인 production 워크플로우의 예로서 보험 크레임 처리(insurance claim processing) 프로세스를 들 수 있다.

■ Administrative 워크플로우

이 유형의 워크플로우는 구매주문, 여행요청, 경비처리, 인사관리 절차 등과 같이 매일 매일 발생하고 잘 정의된 프로세스들을 처리한다. 따라서 Production 워크플로우에 비해 강력한 성능에 대한 요구는 상대적으로 낮은 반면 안정적인 프로세스들을 사용하고 간단한 양식 및 첨부 문서들과 함께 실행된다.

■ Collaborative 워크플로우

이 유형의 워크플로우는 함께 일하는 참여자들에게 구조적인 협업 기능의 제공을 보다 중요시하는 덜 경직된 프로세스들을 처리한다. 예로는, 결재 프로세스, 예산안의 준비 및 절충 프로세스, 또는 제품 생명주기 관리 프로세스 등이 있다.

■ Ad-hoc 워크플로우

프로세스가 사전에 정의되지 않고 각 인스턴스마다 독특하게 정의되는 어플리케이션들과 관련된다. 예를 들어, 고객의 질의를 처리하기 위해서 필요한 모든 단계들과 처리마감 시간 등을 실행 중에(on-the-fly) 정의하는 경우이다. 가장 중요한 기능적 요구사항은 전문가의 도움없이 수분 내에 프로세스를 정의할 수 있는 능력이다.

이러한 프로세스(또는 워크플로우) 어플리케이션 분류에 따른 세부적인 기술적 고려사항들은 표 12와 같다. 이 표를 이용하여, BPMS를 적용하고자 하는 대상 프로세스의 유형에 맞는 기술적 고려사항들을 검토해 볼 수 있을 것이다.

표 12 프로세스 유형별 특징 및 기술적 요구사항
(PR: Production; AD: Administrative; CO: Collaborative; AD: Ad-hoc)

유형	특징 및 기술적 요구 사항들	
PR	특징	1. 대량의 프로세스를 처리. 단, 각 프로세스는 소요시간이 짧은 편 2. 생산성이 첫 번째 목표. 즉, 단위업무의 자동화가 key point 3. 각 프로세스는 자동화를 위해 매우 복잡할 수 있음 4. 단위업무의 dispatching은 최고의 요소 기능
	요구	1. 초 단위 이하의 높은 처리율과 높은 수준의 확장성(scalability) 2. Event 및 deadline 관리를 위한 강력한 프로세스 표현 방식 3. 강력한 단위업무 프로그래밍 도구 4. 풍부한 dispatching 메카니즘 5. 사용자 및 프로세스 관리를 위한 강력한 operation 도구
AD	특징	1. 프로세스 처리량은 Production 유형 대비 대략 10~100배 적음 2. 대신 프로세스의 개수는 5~10배 많음 3. 관리 프로세스는 상대적으로 안정, 프로세스의 동적인 변경은 불필요 4. 관련된 참여자는 많은 편
	요구	1. Worklist 처리를 위한 GUI 모니터링 기능 2. 단위업무 정의를 위한 양식 생성기 3. 전사적인 deployment를 저렴하게 수행하기 위한 인터넷 지원
CO	특징	1. 프로세스 처리능력은 중요하지 않음(예를 들어, 500단위업무/2개월) 2. 프로세스/단위업무 정의의 단시간(수시간) 완료 능력은 매우 중요 3. 실행 중에 프로세스를 변경하거나 세부 프로세스를 정의하는 기능 필요(이유: 자세한 정의를 사전에 하기에는 시간이 너무 많이 소요됨) 4. Deployment, administration, operation 비용 낮음
	요구	1. 포괄적인 기능의 user agent 필요 2. 프로그래밍 없이 양식 정의 도구나 간단한 스크립트로 단위업무 개발 3. 하부 프로세스 및 프로세스 재사용과 같은 complexity 관리 도구를 포함하는 GUI 방식의 프로세스 정의 기능 4. 일반 사용자가 프로세스 정의 자체를 동적으로 변경할 수 있도록 함 5. 전사적인 deployment를 저렴하게 수행하기 위한 인터넷 지원 필요
AH	특징	1. 일반 사용자가 쉽고 빠르게 프로세스를 설계하고 사용할 수 있을 정도로 단순함 2. 프로세스 및 단위업무의 설계 및 계획 시, 수분에서 반시간 이내에 정의할 수 있어야함 3. 프로세스 처리능력에 대한 요구는 매우 낮음
	요구	1. 프로세스 정의 방법이 단순하고 쉬워야 함 2. Deployment의 용이성을 위한 인트라넷 및 분산 컴퓨팅 기능 필요

(4) 위험 요소(Risk Factors)에 따른 고려사항

일반적으로 IT 시스템 구축 프로젝트 추진 시 많은 위험요소들이 사실상 존재하며 사전에 이를 효율적으로 제거하기 위한 계획 수립과 다양한 노력은 프로젝트 성공의 필수요건이다. BPM 프로젝트도 예외가 아니며, BPM 도입 프로젝트의 성공에 영향을 줄 수 있는 중요한 위험요소들을 정리해 보면 표 13과 같다.

표 13 BPM 프로젝트의 위험 요소

위험 요소	내 용
전사적 전략부재	· 중복 투자 - 각 사업부서별 BPM 추진으로 동일 프로세스 문제 해결에 중복 투자 발생 · 상이한 BPM 솔루션 도입 - BPM 솔루션 간 통합 기술 및 개별 BPM 관련 기술 보유 필요 - BPM 솔루션별 라이센스 및 서비스 협상의 추가비용 발생
조직 문화	· 조직 변화에 대한 저항 - 프로세스 혁신으로 기존 조직구조 변경에 대한 조직 구성원의 저항 · 기득권의 저항 - 기존 비즈니스 기반에서의 기득권 세력의 반발 우려
전통적 ROI 기반의 투자	· 초기비용 절감기준(전통적 투자 방식)에 의한 예산 책정 - BPM 도입 초기에 절감된 비용을 기준으로 예산을 책정할 경우, 전사 확산 단계에서 예산 부족 가능성 높음 - 프로세스 일관성 및 공유, 혁신 등의 정성적 효과에 비중을 두어야 함
기술의 성숙도	· 기술구조의 복잡성 - 다양한 기술 특성을 한데 엮어내어야 함 - 아키텍처 설계 시 의사결정 사항이 복잡함 · BPM 전문업체들의 기술 수준 - BPM 업체들의 이행 능력에 대해서 사전 검토해야 함

BPM 도입에 있어서 이와 같은 위험요소들에 대한 사전 위험관리(risk management)는 매우 중요하다. 위험관리란 주어진 프로젝트에 있어서 향후 발생 가능한 문제점들을 사전에 예측하는 능력을 의미한다. 일단 발생 가능한 위험요소가 확인되면 그 가능성을 최소화할 수 있어야 하고, 만약 가능성을 최소화하는 것이 불가능하면, 결과적으로 나타날 손해(damage)를 최소화하는 방안을 강구해야 한다.

3.2.3 BPM 솔루션 선정단계

BPM 솔루션 선정단계의 주요 업무들은 크게 프로젝트 착수, 현황조사, 분석 및 적용범위 결정, 솔루션 선정 등으로 구성된다. 특히 BPM 솔루션 선정은 BPM을 도입하고자 하는 기업에 있어서 매우 중요한 의사결정이며, 경우에 따라 컨설팅업체의 도움을 받아 진행하기도 한다.

(1) 프로젝트 착수

프로젝트 착수 업무는 BPM을 도입하고자 하는 목표를 명확히하고, 프로젝트를 추진할 조직을 구성하며, 프로젝트 추진계획을 수립한다.

기존 업무를 그대로 유지하면서 BPM 시스템을 그 업무에 적합화(customizing)시키는 전략은 적합화에 소요되는 시간과 비용이 과다할 뿐만 아니라 BPM 도입에 따르는 효과를 축소시킬 가능성이 있다. 반면에 특정 BPM 시스템을 기준으로 업무 프로세스를 리엔지니어링 할 경우에는 솔루션별 특성의 차이에서 오는 위험성이 뒤따르고, 또한 기존의 조직/기능적 특성이 없어질 우려가 있다.

따라서 BPM의 도입을 위해서는 사전에 해당 업무를 어느 정도 리엔지니어링하거나 BPM 도입과 병행해서 리엔지니어링 하는 것이 바람직한 대안으로 간주된다. 리엔지니어링을 사전에 수행할 것인가 또는 도입과 병행할 것인가를 결정짓는 중요한 요소는 현재 업무 프로세스의 표준화 정도이다.

프로젝트 착수 업무는 두 개의 단위업무로 구성된다. 그 내용은 표 14와 같다.

표 14 프로젝트 착수의 단위업무

항 목	내 용
BPM 도입 목표 수립	- 기업의 경영 전략에 기반을 두어 BPM 도입 목표(Project Mission Statement)를 명확히 한다. 또한 이를 달성하기 위한 중장기 업무과제 즉, 핵심성공요소(CSF)를 파악한다.
프로젝트 추진계획 수립	- 프로젝트를 추진할 추진조직을 구성하고, 착수회의를 가진다. 또한 프로젝트 추진계획을 수립하고 향후 추진될 단계와 내용들을 확정한다.

(2) 현황조사

BPM은 기업의 업무 프로세스 자동화 및 지속적인 개선을 위해 도입된다. 따라서 조직의 역할과 업무 프로세스에 대한 현황을 파악하는 것은 매우 중요하다. 또한 업무 프로세스에 따라 여러 정보시스템이 연계될 가능성이 높음으로 정보시스템 기반에 대한 분석도 필수적이다. 현황조사 업무는 두 개의 단위업무로 구성되며 그 내용은 표 15와 같다.

표 15 현황조사의 단위업무

항 목	내 용
업무 현황 조사	- 기업의 전체적인 조직 규모와 함께 기능적 업무 영역이 반영된 조직 구조를 파악한다. 또한 업무 프로세스 관련 요구사항을 파악한다.
정보 기반 조사	- 현재 업무 수행을 위하여 사용하고 있는 정보기반 현황을 파악한다. 여기에는 각종 네트워크를 비롯한 정보자원과 현 업무에 적용되고 있는 응용 프로그램이 포함된다. 정보화 업무를 담당하는 조직과 인력 현황도 추가해서 파악한다. 또한 IT 관련 요구사항을 파악한다.

(3) 분석 및 적용범위 결정

분석 및 적용범위 결정 업무에서는 현황조사에서 파악된 업무 요구사항과 IT 요구사항들을 분석하고 정의한다. 그것에 근거하여 BPM을 적용할 대상 범위를 결정한다. 분석 및 적용범위 결정 업무는 크게 세 개의 단위업무로 구성되며 그 내용은 표 16과 같다.

표 16 분석 및 적용범위 결정의 단위업무

항 목	내 용
업무 요구사항 정의	- 현 업무활동과 관련된 개선 요구 사항을 분석하고, 이를 기반으로 도입하고자 하는 BPM에 요구되는 특성을 정의한다.
기술 요구사항 정의	- 현 업무활동을 보다 효율적으로 지원할 수 있는 기술적 요구사항을 분석하고, 이를 기반으로 BPM의 기술적 특성을 정의한다.
적용범위 결정	- BPM을 적용하고자 하는 대상 영역을 결정한다. 대상 영역은 업무 프로세스별로 표현한다.

(4) 솔루션 선정

솔루션 선정 업무에서는 시장조사 및 솔루션 선별, 제안 요청, 솔루션 평가 및 선정 등의 절차를 수행한다. 제안요청서를 작성하고 발송하기 전에 관심이 있는 BPM 솔루션들에 대해서 일차적으로 개괄적인 평가를 수행함으로써 적절한 BPM 솔루션을 우선 선별(screening)한다. 이 과정을 거쳐 선별된 솔루션을 대상으로 제안요청서를 작성해서 발송하고 다음 단계에서 BPM 솔루션 업체들로부터 제출된 제안서를 기반으로 상세 솔루션 평가에 들어간다.

우선 제안요청서를 통해 기업의 BPM 도입 목표와 요구 사항을 업체에 명확히 전달하고 제안서에 개괄적인 평가에서 불충분했던 사항들에 대한 보충자료 등도 반영되도록 요청한다. 아울러 제출된 제안 사항들을 업체별로 일목요연하게 비교할 수 있도록 정리해야 한다. 제안서의 발송 준비에서 취합에 이르기까지는 얼마간의 시간이 요구되기 때문에 평가팀의 구성과 함께 제안서 평가 계획의 수립도 병행해서 이루어져야 한다.

최종적으로 업체들이 제출한 제안서의 평가를 통하여, 도입 솔루션을 선정한다. BPM 시스템의 구축은 표준 소프트웨어를 개별 기업의 환경에 맞게 적합화시키는 과정으로 볼 수 있으며 또한 개별 기업은 그 규모나 유형, 그리고 도입 목적이 상이한 경우가 대부분이기 때문에, 해당 기업과 유사한 기업들에 대한 공급실적 및 적용사례는 도입 솔루션 선정의 중요한 요소이다.

따라서 제안 내용의 평가에서는 공급 실적 및 구축 사례를 포함하여, 요구 사항 만족도, 기능 및 기술적 만족도, 비용 및 기간 등에 대한 검토가 이루어져야 한다. 최종 솔루션은 평가에서 높은 점수를 받은 몇 개의 솔루션을 대상으로 공급업체와의 개별 협상을 통해서 결정토록 한다.

솔루션 선정은 모두 3개의 단위업무로 구성되며 그 내용은 표 17과 같다.

표 17 솔루션 선정의 단위업무

항 목	내 용
시장조사 및 솔루션 선별	- 현황분석 결과를 기준으로 기업에 맞는 솔루션 군을 일차적으로 선별해 낸다. 이를 위해서 어떤 관점에서 평가를 수행할 것인지 평가 관점과 방법을 정의한다.
제안 요청	- 사전에 실시된 개괄적인 솔루션 평과 과정에서 미흡했던 부분과 불확실했던 부분을 파악할 수 있도록 제안 요청 항목을 구성한다. 또한 벤치마크 테스트(BMT)를 실시하기 위한 시나리오를 준비한다. - 더불어 솔루션 기능 이외에도 교육 및 컨설팅, 유지보수, 구축 기간 및 비용에 대한 사항도 반영한다. - 제안서를 평가하고, 벤치마크 테스트를 실시할 인력과 일정 계획을 수립한다. 필요한 경우 외부 전문가를 참여시키는 방법 및 제안 발표회도 고려한다. 제안요청서를 발송하고, 제출된 제안서를 취합해서 각 업체별로 비교 평가가 가능하도록 정리한다.
솔루션 평가 및 선정	- 솔루션 평가를 위해서 제안 항목별로 평가 방법 및 기준을 정의한다. 제안 내용에 대한 평가 항목에는 주로 해당 업체의 공급실적 및 사례, 기능적/기술적 요구사항 만족도, 그리고 비용 및 구축 기간 등이 포함된다. - 준비된 BMT 시나리오에 의거하여 BMT를 실시한다. - 최종 솔루션의 선정은 BPMS 구축 시 예상되는 도입 효과를 감안해서 이루어져야 한다. - 최종 솔루션을 선정하고 계약을 추진한다.

3.2.4 BPMS 구축단계

BPMS 구축단계의 주요 업무는 크게 시범적용, 그리고 확장계획 및 구축으로 구성된다. BPMS 구축시기에 해당기업은 프로젝트를 전체적으로 관리하는 활동을 수행하고, BPMS 솔루션 업체는 직접 시스템 구축 작업들을 수행하게 된다.

이 단계에서는 BPM 솔루션 업체별로 고유의 구축방법론을 보유하고 있는 경우가 대부분이므로 공통적인 활동에 대해서만 설명하도록 한다.

(1) 시범적용

적용대상 프로세스의 전체를 대상으로 BPMS를 구축하기 전에 특정 단위 프로세스를 선정하여 시범적으로 사전 적용해본다. 대상 프로세스 전체에 대한 BPMS의 구축 시 발생 가능한 시행착오들을 줄이기 위한 사전 단계로 볼 수 있다.

시범적용 업무는 크게 프로세스 정의 및 분석, 그리고 BPM 시범 적용 프로세스 선정 및 적용으로 나뉘게 된다. 프로세스 정의 및 분석에서는 BPM 적용대상 프로세스 중 시범적으로 적용할 단위 프로세스의 후보군을 선정하고, 후보 프로세스별로 시범적용에 따른 기대효과를 평가한다. 선정된 프로세스에 대하여 BPM을 적용하는 절차는 먼저 프로세스 모델링을 수행하고 시뮬레이션을 실시한 후 시범 프로세스의 실행결과에 대하여 검토하고 분석하는 활동으로 구성된다.

프로세스 모델링에서는 프로세스를 도출하여 이를 정형화하고 구조화하게 된다. 대개의 경우 그래픽기반으로 도식화되며, 상호 관계 분석과 정합성을 검증한다. 모델링된 프로세스에 대하여 시뮬레이션을 수행하게 되며 경우에 따라서는 BPM 솔루션을 활용하여 직접 pilot를 구축하여 검증하기도 한다. 시범 프로세스의 시뮬레이션 수행 결과와 pilot 결과를 토대로 그 성과를 측정하고 다음 단계로 넘어가게 된다.

(2) 확장계획 및 구축

확장계획 및 구축 업무는 BPR을 반영한 확장계획 수립과 어플리케이션 통합 및 시스템 구축의 활동으로 구성된다.

BPR을 반영한 확장계획 수립에서는 BPM 적용대상 비즈니스 프로세스에 대하여 BPR의 결과를 반영하고 적용대상 프로세스 전체로 BPM 구축을 확장하기 위한 구체적인 일정계획을 수립하게 된다.

대개의 경우 BPM 프로젝트는 BPR 프로젝트와 연계되어 진행됨으로, 이미 BPR이 수행되어 있는 경우가 많다. 이런 경우에는 수행된 BPR의 결과를 반영하여 확장계획을 수립하게 된다. 드물지만 BPR을 수행하지 않고 기존의 프로세스를 반영하여 BPM을 구축하는 경우도 있으며 이런 경우에는 분석된 기존 프로세스를 기반으로 확장계획을 수립하게 된다.

어플리케이션 통합 및 시스템 구축에서는 BPM과 각종 어플리케이션을 통합하고 또한 필요한 인터페이스 작업들을 거친 후 전체 BPMS를 구축하게 된다.

3.2.5 BPMS 운영 단계

BPMS 운영 단계는 BPMS가 구축 완료되어 실제 업무에 적용되는 시기이다. 이미 언급한 바와 같이 BPMS를 도입하는 가장 중요한 목적 중의 하나가 업무 프로세스의 실행 현황을 실시간으로 모니터링/분석하고 이를 기반으로 업무 프로세스를 지속적으로 개선하고자 하는 것이다. 따라서 BPMS의 운영 단계는 매우 효율적으로 관리되어야 한다.

BPMS의 운영 단계는 크게 프로세스 모니터링, 프로세스 분석, 그리고 프로세스의 개선 등의 활동으로 구성되며 세부적인 진행내용은 다음과 같다. 먼저 프로세스의 모니터링을 통해 프로세스의 실행결과를 실시간으로 모니터링 한다. 이러한 과정을 통해 취합된 데이터를 시간, 비용, 자원 등의 측면에서 분석하고 프로세스 성과지표로 변환하며 통계 처리한다. 만일 분석된 결과로부터 프로세스의 개선 요구가 발생한 경우, 개선 프로세스를 도출한다. 본 방법론에서는 6 시그마 방법론(DMAIC)을 연계하여 개선 프로세스를 도출하고 이 개선 프로세스는 시뮬레이션을 통하여 검증되며, 또한 프로세스 변화에 따른 영향분석을 실시한다(6 시그마 방법론에 대한 보다 구체적인 내용은 관련 자료를 참조 바람). 프로세스 개선을 위한 6 시그마 방법론인 DMAIC에 대한 정의는 다음과 같다.

- D(Define) : 프로세스에 관한 고객의 요구사항을 정의한다. 이 단계에서는 전략적 이슈, KPI 등을 대상으로 개선과제를 도출하고, 개선 대상인 프로세스를 명확히 정의한다.
- M(Measure) : 현재 측정 지표의 수준과 고객의 요구사항을 비교한다. 이 단계에서는 프로세스의 핵심 요구사항을 충족시키기 위하여 어떻게 해야 하는지에 대한 근거가 되는 측정지표를 개발하고 이를 활용하여 프로세스의 현 수준을 측정한다.
- A(Analyze) : 대상 프로세스를 분석한다. 이 단계에서는 확보되어진 측정

데이터를 기반으로 대상 프로세스의 문제점 및 원인들을 파악한다.

- I(Improve) : 대상 프로세스를 개선하고 실행한다. 이 단계에서는 파악되어진 문제점과 원인들을 토대로 프로세스의 개선을 실시한다.
- C(Control) : 실행 결과를 통제함으로써 개선 결과를 유지한다. 이 단계에서는 도출되어진 개선안이 현장에서 잘 적용되고 관리되도록 하고, 개선안대로 프로세스가 진행되는지와 프로세스 성과를 확인한다.

다음 단계로 검토 결과에 근거하여 최종적으로 채택된 개선 프로세스를 BPMS에 반영한다.

4

비즈니스 프로세스 모델링

본 chapter에서는 3장에서 이미 설명되어진 BPM Life-Cycle 구축 방법론의 세부 단계중의 하나인 'Process 정의'의 핵심 내용인 비즈니스 프로세스 모델링에 대해 보다 상세히 알아본다. 비즈니스 프로세스 모델링은 업무 프로세스에 관련된 전반적인 내용들을 정의함으로써 BPMS 구축의 핵심 기반이 되는 매우 중요한 부분임으로 본 chapter에서 별도로 다루고 있다.

4.1_ 비즈니스 프로세스 모델링 개요

4.1.1 비즈니스 프로세스 모델링 개념

비즈니스 프로세스 모델은 체계적인 분석 절차에 의해 도출된 비즈니스 프로세스의 관련 정보를 정형화된 방식에 따라 개념적으로 표현하여 추상화시킨 것을 말하며, 이러한 모델을 작성하는 과정의 활동들을 비즈니스 프로세스 모델링이라고 한다.

비즈니스 프로세스 모델링에 대한 다른 정의를 살펴보면, Richard J. May는 '프로세스를 표현하는 것으로서, 시간의 관점에 따라 표현된 요소들과 프로세스 내에 존재하는 의사결정 논리를 표현하는 것'으로, Johansson은 '프로세스 구성요소를 표현하는 실제 혹은 추상적 표현이면서 기존 프로세스 분석을 통한 재설계를 지원하는 것'으로, 또한 Scholz-Reiter & Strick은 '비즈니스 시스템의 지식이 프로세스를 묘사하는 모델로 변화하는데 있어서 관련된 모든 활동들을 연결하고 구체화하는 것'으로 정의하고 있다.

기업 활동 아키텍처 안에서 비즈니스 프로세스 모델을 파악해야 함으로 비즈니스 프로세스 모델링 시 프로세스 측면뿐만 아니라 전체 기능체계, 조직, 정보흐름 등의 다양한 관점도 고려하는 것이 바람직하다[25].

4.1.2 비즈니스 프로세스 모델링 목적

정보 기술의 발전과 기업 간 M&A 및 전략적 제휴 가능성 확대 등으로 기업의 경영환경은 급변하고 있으며 이러한 상황 하에서 각 기업들이 나름대로 경쟁력을 확보하기 위해서는 내부의 모든 업무 프로세스들을 관리할 수 있도록 기업 전체 프로세스 체인을 설계, 평가, 그리고 최적화 할 필요가 있다. 나아가, 서로 다른 기업 간의 업무 프로세스 공유가 필요하며, 대고객 차원에서도 고객의 다양한 요구에 능동적이고 유연하게 대처할 필요성을 가지게 되었다.

따라서 비즈니스 프로세스에 대한 모델링은 새로운 시스템 구축을 위해 반드시 수행되어야 하며 이를 위한 참조모델도 필요하게 되었다. 즉, 기업의 새로운 정보시스템은 정적인 상태가 아닌 상호 유기적이고 복합적으로 조직되어 운영되는 시스템으로서 정보시스템 구축에 필요한 다양한 비즈니스 프로세스 모델링 방법의 개발과 이를 활용한 다각도의 기업모델에 대한 제시가 요구된다.

결론적으로 이러한 비즈니스 프로세스 모델링의 목적을 다음의 관점에서 이해할 수 있다.

- 프로세스 이해증진: 특정 프로세스 자체에 대한 이해와 함께 프로세스 구성요소 및 관련 요소 등 프로세스 수행을 위해 혹은 정보화 시스템의 구현을

위해 필요한 완전한 정보를 제공하기 위함

- 프로세스 의사소통: 이해관계자 간에 프로세스에 관한 일관되고 원활한 의사소통을 가능하게 하고, 나아가서 e-비즈니스 환경에서의 협업 프로세스에 대한 공식화를 가능하게 하기 위함
- 프로세스 혁신지원: 프로세스의 잠재적인 변화요인과 필요한 기술요소를 식별하게 하고 프로세스 평가 및 비교 지침을 제공함으로써 프로세스 혁신을 지원하기 위함
- 프로세스 관리지원: 프로세스들의 논리적 관계를 규명하고 결과를 예측가능하게 함으로써 일관된 기준에 의한 계획, 감시, 조정 등의 관리를 가능하게 하기 위함

4.2_ 비즈니스 프로세스 모델링 표기법

대표적인 비즈니스 프로세스 모델링 표기법인 BPMN은 BPMI.org에 의해서 최초로 개발되었으며, 2004년 5월 BPMI.org에 의해 제출된 BPMN 스펙 버전 1.0이 최신버전이다. BPMN의 주된 목표는, 프로세스를 설계하는 비즈니스 분석가로부터 프로세스의 실행기술을 구현하는 개발자, 그리고 그 프로세스들을 관리하고 모니터링하는 비즈니스 담당자들에 이르기까지 모든 비즈니스 사용자들이 쉽게 이해하고 사용할 수 있는 프로세스 관련 표기법을 제공하는데 있다. 따라서 BPMN은 비즈니스 프로세스 설계와 프로세스 구현 사이의 표준화된 인터페이스 역할을 해 줄 수 있다. 아울러 BPMN의 부가적인 목표로서 BPEL4WS와 같은 비즈니스 프로세스 실행언어를 비즈니스 관점의 표기법으로 가시화시키는 것이다. 이러한 목표에 따라서 BPMN 스펙은 크게 다음의 두 부분으로 나눠진다.

- 비즈니스 프로세스 다이어그램(BPD: Business Process Diagram)
- 비즈니스 실행언어로의 매핑

다음은 비니지스 프로세스 모델링 표기법인 BPD의 주요 내용과 BPEL4WS로의 매핑에 대해 설명한다[source: 10].

4.2.1 BPD의 체계적 이해

BPMN은 비즈니스 프로세스들을 설계하고 관리하는 사람들이 사용할 수 있도록 도표 형태인 비즈니스 프로세스 다이어그램을 제공한다. 이를 통해 BPMN은 비즈니스 실무자들에게 그들의 내부 비즈니스 프로세스들을 시각적으로 표현하고 이해하는 능력을 제공해 주고, 또한 이러한 프로세스들에 대해 표준적인 방법으로 의사소통 할 수 있는 능력을 제공한다. BPMN 스펙에는 BPD의 표기법과 의미를 정의하고 있는데, 기존의 수많은 다른 모델링 표기법의 관점들을 하나의 비즈니스 프로세스 모델링 표기법으로 표준화하고자 시도하였다. 그렇게 함으로써 프로세스 담당자들, 프로세스 구현가들, 고객들, 그리고 공급업자들과 프로세스 정보에 대해 의사소통하는 편리한 수단을 제공하려는 것이다. 이를 위해서 개발과정에서 기존의 다양한 표기법 및 방법론들이 검토되었다.

(1) BPD의 범위

현재 버전의 BPMN은 '비즈니스 프로세스'에 적용할 수 있는 모델링 개념만을 지원하도록 한정되어 있다. 따라서 BPD가 제공하는 특징(features)은 프로세스의 모델링에 요구되는 그래픽 요소들과 그 의미로 한정된다. 완전한 비즈니스 프로세스 관리를 위해서는 추가적인 모델들(예를 들어 조직구조, 데이터 및 정보 모델, 비즈니스 규칙 등)이 필요하지만, 이는 별도의 기법들에 의해서 표현되어야 한다. 단, 이와 같은 상위수준 또는 부가적인 모델링 형식들은 직접 혹은 간접적으로 비즈니스 프로세스에 영향을 주기 때문에, 향후 BPMN과 다른 비즈니스 모델링 사이의 관계는 보다 정형화된 형식으로 정의될 것이다.

비즈니스 프로세스 모델링은 매우 다양한 종류의 사람들에게 매우 다양한 종류의 정보를 전달하는데 사용된다. 더불어 BPMN은 많은 모델링 유형들을 처리하고, 종단간(cross functional) 비즈니스 프로세스를 생성할 수 있도록 설계되었다. 종단간 BPMN 모델 내에는 기본적으로 다음과 같은 세 가지 하부모델이 존재한다.

- 비공개(내부) 비즈니스 프로세스: 특정 조직 내부 프로세스를 표현
- 추상(공개) 프로세스: 비공개 프로세스와 외부 프로세스 간 상호작용 표현
- 협업(전역) 프로세스: 두 개 이상의 비즈니스 개체들 간의 상호작용 표현

또한 BPMN은 모델링 작업자와 모델링 도구에 의해 확장할 수 있도록 의도되었다.

이 확장성은 모델링 작업자에게 응용분야의 독특한 요구사항들과 같은 특정 요구를 충족시키기 위한 비표준 요소나 인공물(artifact)을 추가할 수 있도록 허용하고 있다. 하지만, 이러한 확장성에도 불구하고 BPMN 다이어그램은 어떤 모델링 작업자가 만든 다이어그램이건 다른 사람이 쉽게 이해할 수 있도록 기본적인 외관은 유지하여야 한다. 따라서 기본적인 흐름 요소들(이벤트, 액티비티, 게이트웨이) 등의 모양은 변경되어서는 안된다. 아울러 어떠한 흐름 요소도 BPD에 새로 추가되어서는 안 된다.

BPMN의 시각적 요소들은 특별한 표식(marker)들을 이용하여 특별한 정보를 전달할 수 있도록 개방된 형태로 설계되었다. 예를 들면, 이벤트(Event)의 세 가지 유형은 BPMN 표준 표식들뿐만 아니라 사용자 정의 표식들을 위해 모두 중앙이 비어있다.

(2) BPD의 설계 개념

BPMN 특히 BPD의 개발 목적은 표기법을 단순화하고 비즈니스 분석가들에게 채택되어 널리 사용될 수 있게 하는 것이다. 하지만 BPMN은 복잡한 비즈니스 프로세스를 간단하게 표현할 수 있는 능력뿐만 아니라 BPM 실행 언어들과의 매핑에 대한 요구도 함께 충족해야 하는 어려움을 가지고 있다.

이러한 상충된 요구조건들을 만족시키기 위한 접근법으로서, BPMN은 그래픽 요소들을 두 그룹으로 나누어 제공한다.

- BPD 핵심 요소 집합(Core Element Set): 간단한 표기법의 요구를 지원하기 위해 유한 개수의 핵심적인 요소들만을 정의한다. 이것은 BPD의 기본적인 외관을 정의하는 요소들이다. 대부분의 비즈니스 프로세스는 이 요소들을 가지고 적절히 모델링될 수 있다.
- BPD 전체 집합(Complete Set): 더 진보된 모델링 상황을 다루기 위한 핵심 요소를 포함하는 전체 요소들의 리스트이다. 아울러 표기법의 그래픽 요소들은 다른 BPM 실행 언어들과의 매핑에 필요한 추가 정보를 제공하기 위해 비시각적 속성들의 지원을 받는다.

(3) BPD 구성 요소

BPD 사용자들이 요소의 기본 유형들을 쉽게 인식하고 다이어그램을 이해할 수 있도록, 전체 BPD의 핵심적인 부분집합들을 그림 75에 정리하였다. 핵심 요소 집합을 구성하는 네 가지 기본 범주들과 각 범주에 속하는 구성요소들이 설명되어 있다. BPD는 이들 구성요소들의 시각적 요소와 함께 의미적인 정의를 제공한다. 다음은 이들 요소에 대해 보다 상세히 설명한다.

그림 75 BPD 핵심 요소 집합의 구성

4.2.2 BPD의 핵심 요소

다음은 BPD를 통해 묘사될 수 있는 비즈니스 프로세스 개념의 핵심 모델링 요소 목록이다.

(1) 이벤트(Event)

이벤트는 비즈니스 프로세스의 과정 동안 '일어나는' 무엇이다. 이 이벤트들은 프로세스의 흐름에 영향을 주고 보통 하나의 원인(트리거, trigger) 또는 하나의 영향(결과)을 가진다. 이 이벤트는 다른 종류의 트리거나 결과를 구분하고 내부 표식을 허용하기 위해 중앙이 개방된(뚫린) 원으로 표현된다. 이벤트는 흐름(flow)에 영향을 주는 시점을 기준으로 세 가지 유형(Start, Intermediate, End)으로 나뉜다. 그림 76은 이벤트의 표현 예시이다.

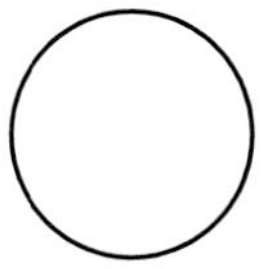

그림 76 이벤트(Event)

(2) 액티비티(Activity)

액티비티는 기업에서 수행하는 일에 대한 일반적인 용어이다. 액티비티는 원자적이거나 비원자적(합성)일 수 있다. 프로세스 모델(Process Model)의 일부인 액티비티의 유형은 프로세스(Process), 하부-프로세스(Sub-Process), 태스크(Task)등이다. 태스크와 하부-프로세스는 둥근 직사각형이다. 프로세스는 풀(Pool) 내부에서 묶일 수도 있고, 그렇지 않을 수도 있다. 그림 77은 액티비티의 표현 예시이다.

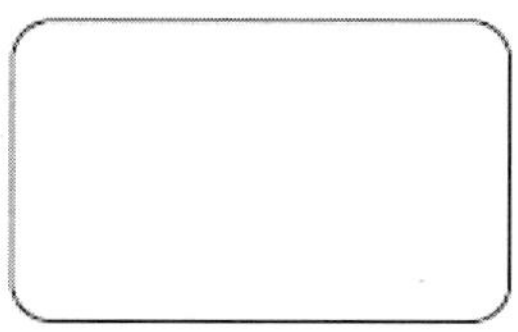

그림 77 액티비티 (Activity)

(3) 게이트웨이(Gateway)

게이트웨이는 순서흐름(Sequence Flow)의 분산과 집중을 제어하는데 사용된다. 즉, 게이트웨이는 경로(Path)의 브랜칭(Branching), 포킹(Forking), 머징(Merging), 그리고 조이닝(Joining)을 결정한다. 내부의 표식(Marker)은 동작제어의 유형을 나타낸다. 그림 78은 게이트웨이의 표현 예시를 나타낸다.

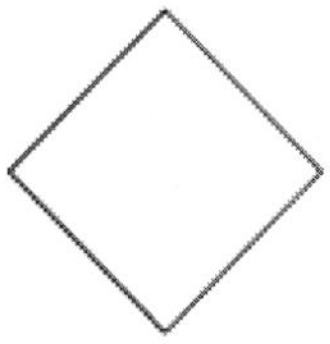

그림 78 게이트웨이(Gateway)

(4) 순서흐름(Sequence Flow)

순서흐름은 엑티비티가 하나의 프로세스 내에서 수행되는 순서를 보여주는데 사용된다. 그림 79는 순서흐름의 표현 예시를 나타낸다.

그림 79 순서흐름(Sequence Flow)

(5) 메시지흐름(Message Flow)

메시지흐름은 메시지를 주고 받을 준비가 되어있는 두 참여자 사이에 메시지의 흐름을 보여주는데 사용된다. BPMN에서는, 다이어그램 상에 두 개의 분리된 풀(Pool)들이 두 참여자를 표현한다. 그림 80은 메시지흐름의 표현 예시를 나타낸다.

그림 80 메시지흐름(Message Flow)

(6) 관계(Association)

관계는 정보를 흐름객체와 연결시키는데 사용된다. 문자 및 그래픽 형식의 비-흐름객체(non-Flow Object)들도 흐름객체와 연계 가능하다. 그림 81은 관계의 표현 예시를 나타낸다.

그림 81 관계(Association)

(7) 풀(Pool)

풀은 프로세스의 참여자를 표현한다. 또한 풀은 보통 B2B 상황에서 다른 풀로부터 엑티비티의 집합을 분할하기 위한 그래픽 컨테이너로서 활용된다. 그림 82는 풀의 표현 예시를 나타낸다.

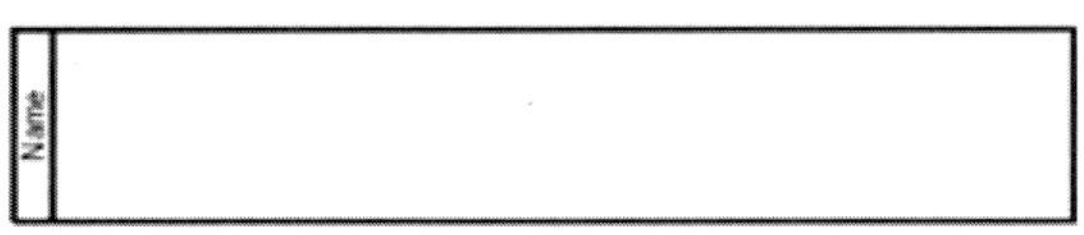

그림 82 풀(Pool)

(8) 레인(Lane)

레인은 풀 내부의 하부 파티션으로서, 수직 또는 수평으로 풀의 전체 길이까지 확정한다. 레인은 액티비티들을 조직적으로 편제하고 분류하는데 사용된다. 그림 83은 레인의 표현 예시를 나타낸다.

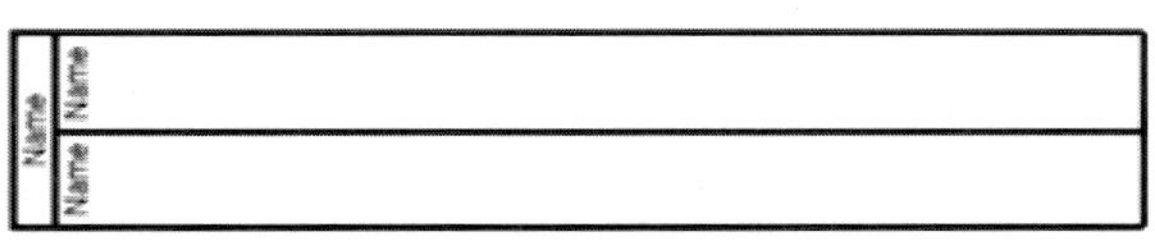

그림 83 레인(Lane)

(9) 데이터 객체(Data Object)

데이터 객체는 인공물(Artifact)로 간주된다. 왜냐하면 그것들이 프로세스의 순서흐름이나 메시지 흐름에 직접적인 영향을 주지 않기 때문이다. 하지만 데이터 객체는 액티비티가 수행되는데 어떤 것들이 필요한지 또는 액티비티들이 무엇을 생성해 내는지에 대한 정보를 제공한다. 그림 84는 데이터 객체의 표현 예시를 나타낸다.

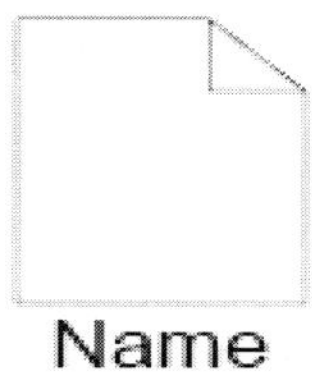

그림 84 데이터 객체(Data Object)

(10) 그룹(Group)

액티비티의 그룹화는 순서흐름에 영향을 주지 않는다. 그룹화는 문서화 또는 분석 목적으로 사용될 수 있다. 그룹들은 풀들 사이를 넘나드는 분산 트랜잭션의 액티비티들을 식별하는데도 사용될 수 있다. 그림 85는 그룹의 표현 예시를 나타낸다.

그림 85 그룹(Group)

(11) 주석(Text Annotation)

텍스트 주석은 모델링 작업자가 BPD를 읽을 사람들을 위해서 추가적인 정보를 제공하기 위한 메커니즘이다. 그림 86은 주석의 표현 예시를 나타낸다.

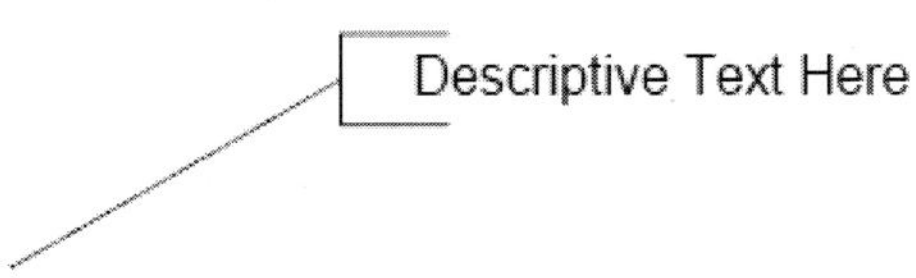

그림 86 주석(Text Annotation)

4.2.3 BPD의 전체요소

다음은 BPD를 활용하여 표현할 수 있는 비즈니스 프로세스 개념의 전체 모델링 요소들의 목록이다.

(1) 이벤트(Event)

이벤트는 비즈니스 프로세스의 과정 동안 '일어나는' 무엇이다. 이 이벤트들은 프로세스의 흐름에 영향을 주고 보통 하나의 원인(트리거, trigger) 또는 하나의 영향(결과)을 가진다. 이 이벤트는 다른 종류의 트리거나 결과를 구분하기 위한 내부 표식을 허용하기 위해 중앙이 개방된(뚫린) 원으로 표현된다. 이벤트는 흐름(Flow)에 영향을 주는 시점을 기준으로 세 가지 유형(Start, Intermediate, End)을 가진다. 그림 87은 이벤트의 표현 예시를 나타낸다.

그림 87 이벤트

■ 흐름(Flow) 차원 : 다음은 흐름 차원의 이벤트 표현에 대한 설명이며 그림 88은 표현 예시이다.

- Start(None, Message, Timer, Rule, Link, Multiple)
  : Start 이벤트는 특정 프로세스가 시작하는 곳을 나타낸다.
- Intermediate(None, Message, Timer, Cancel, Compensation, Rule, Link, Multiple)
  : Intermediate 이벤트는 Start 이벤트와 End 이벤트 사이에서 발생한다. 프로세스의 흐름에 영향을 주지만 프로세스를 시작하거나 직접적으로 종료시키지는 않는다.
- End(None, Message, Cancel, Compensation, Link, Terminate, Multiple)
  : End 이벤트는 프로세스가 종료하는 곳을 나타낸다.

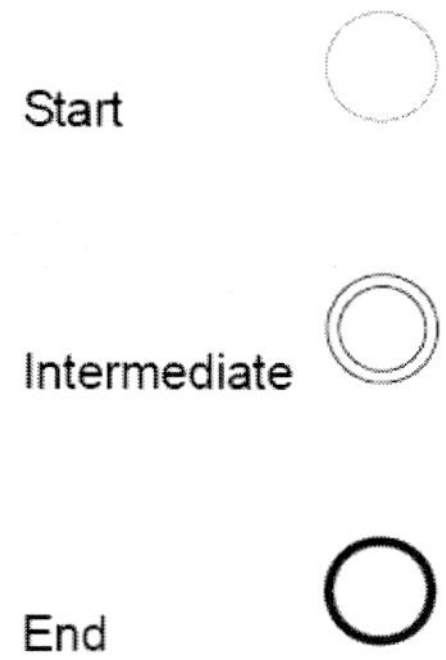

그림 88 흐름 차원 이벤트

■ 유형(Type) 차원 : 그림 89는 유형 차원의 이벤트 표현 예시이다.

예) Message, Timer, Error, Cancel, Compensation, Rule, Link, Multiple, Terminate

- Start와 대부분의 Intermediate 이벤트는 이벤트에 대한 원인을 정의하는 트리거를 갖는다. 또한 이 이벤트들을 유발시키는 다양한 방법이 있다. End 이벤트는 순서흐름 결말인 '결과(Result)'로 정의된다.

그림 89 유형 차원 이벤트

(2) 태스크(원자적) (Task Atomic)

태스크는 프로세스 내에 포함된 원자적 액티비티이다. 태스크는 프로세스의 작업이 더 이상 세부 프로세스 모델로 분해되지 않을 때 사용한다. 그림 90은 태스크의 표현 예시이다.

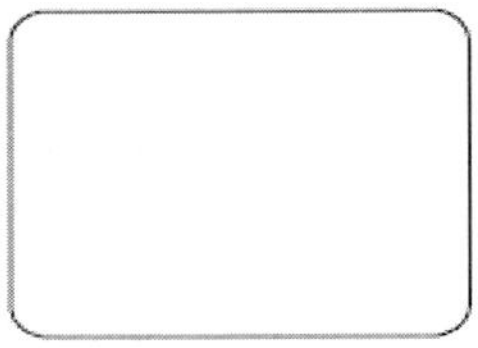

그림 90 태스크

3) 프로세스/하부-프로세스(비 원자적)(Process/Sub-Process(non-atomic))

하부-프로세스는 하나의 프로세스 내에 포함된 복합 액티비티이다. 이것은 하부-액티비티들의 집합을 통해 더 미세한 세부수준(프로세스)으로 분해될 수 있는 집합이다.

■ 접힌 하부 - 프로세스(Collapsed Sub-Process)

하부 - 프로세스의 세부사항들은 다이어그램에서 보여지지 않는다. 그림 91은 접힌 하부 - 프로세스의 예시이며 중앙 아래쪽의 더하기 기호는 이것이 서브 프로세스임을 나타낸다.

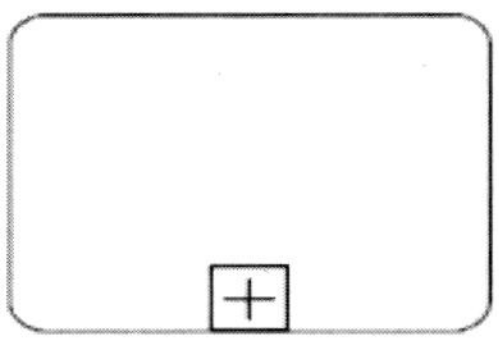

그림 91 접힌 하부-프로세스

■ 펼쳐진 하부-프로세스(Expanded Sub-Process)

하부 프로세스의 경계가 확장되고 세부내용(하나의 프로세스)은 그 경계 내에 보여진다. 그러나 순서 흐름에서 하부 - 프로세스의 경계를 넘나들 수는 없다. 그림 92는 펼쳐진 하부 - 프로세스의 예시를 나타낸다.

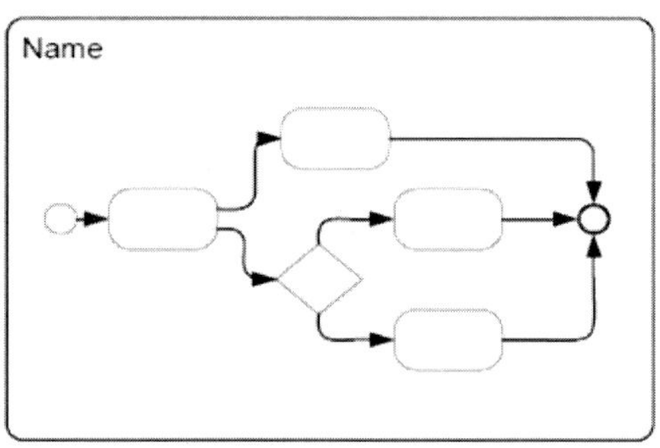

그림 92 펼쳐진 하부 - 프로세스

(4) 게이트웨이(Gateway)

게이트웨이는 순서흐름의 분산과 집중을 제어하는데 사용된다. 즉 게이트웨이는 경로 상의 브랜칭, 포킹, 머징, 조이닝을 결정한다.

■ 게이트웨이 제어유형들(Gateway Control Types)

다이아몬드 모양 안의 아이콘들은 흐름 제어 행동의 유형을 나타낸다. 각각의 제어 유형은 들어오고 나가는 흐름에 영향을 준다. 제어의 유형들은 다음과 같다.

- XOR : 배타적(exclusive) 결정과 머징, 데이터기반(Data-based) 또는 이벤트 기반(Event-based)을 나타낸다. 데이터 기반은 'X' 표식을 가지거나 표식 없이 보여질 수 있다.
- OR : 포괄적인(inclusive)결정과 머징을 나타낸다.
- AND : 이를 통해 포킹과 조이닝의 표현이 가능하다.

그림 93은 다양한 게이트웨이의 제어유형들을 나타낸다.

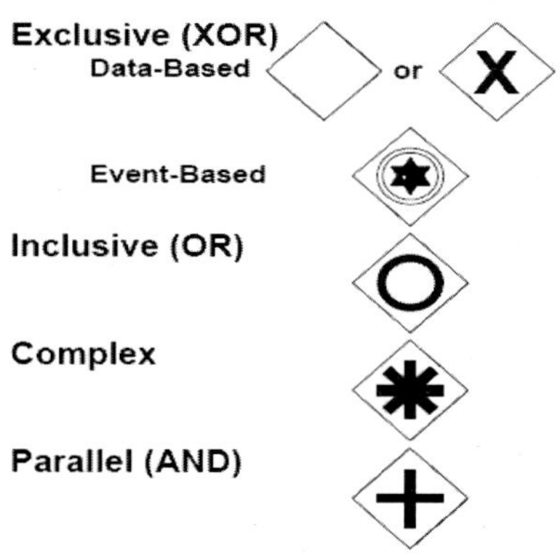

그림 93 게이트웨이 제어유형들

(5) 순서흐름(Sequence Flow)

순서흐름은 액티비티가 하나의 프로세스 내에서 수행되는 순서를 보여주는데 사용된다.

■ 정상 흐름(Normal Flow)

정상 순서흐름은 Start 이벤트로부터 시작하여, 대안 경로 및 병렬 경로들을 지나는 연속된 액티비티들을 통해 End 이벤트에서 정상적으로 끝나는 흐름을 의미한다. 그림

94는 정상흐름의 예시를 나타낸다.

그림 94 정상 흐름

■ 비제어 흐름(Uncontrolled Flow)

비제어 흐름은 어떤 조건에도 영향을 받지 않는 흐름 또는 게이트웨이를 통과하지 않는 흐름을 말한다. 이것의 가장 간단한 예는 두 액티비티를 연결하는 단일 순서흐름이다. 이것은 또한 액티비티에 수렴되거나 액티비티로부터 분산되는 다중 순서흐름에 적용된다. 그림 95는 비제어 흐름의 예시를 나타낸다.

그림 95 비제어 흐름

■ 조건부 흐름(Conditional Flow)

일반적으로 순서흐름은 그 흐름이 사용될지 안될지를 실행 시간에 평가하는 조건식을 가질 수 있다. 조건부 흐름이 액티비티로부터 나간다면, 순서흐름은 라인의 시작에 작은 다이아몬드 모양을 가지며 조건흐름이 게이트웨이로부터 나간다면, 라인은 작은 다이아몬드를 가지지 않는다. 그림 96은 조건부 흐름의 예시를 나타낸다.

그림 96 조건부 흐름

■ 디폴트 흐름(Default Flow)

데이터 기반의 배타적 결정이나 포괄적 결정을 위한 흐름의 한 가지 유형이 디폴트 조건흐름이다. 이 흐름은 다른 모든 조건부 흐름들이 실행 중 사실이 아닐 경우에만 사용된다. 이 순서흐름은 라인의 시작 부분에 대각선 표시가 추가된다. 그림 97은 디폴트 흐름의 예시를 나타낸다.

그림 97 디폴트흐름

■ 예외흐름(Exception Flow)

예외흐름은 프로세스의 정상흐름 외부에서 발생하고 프로세스 중에 일어나는 Intermediate 이벤트를 기반으로 한다. 그림 98은 예외흐름의 예시를 나타낸다.

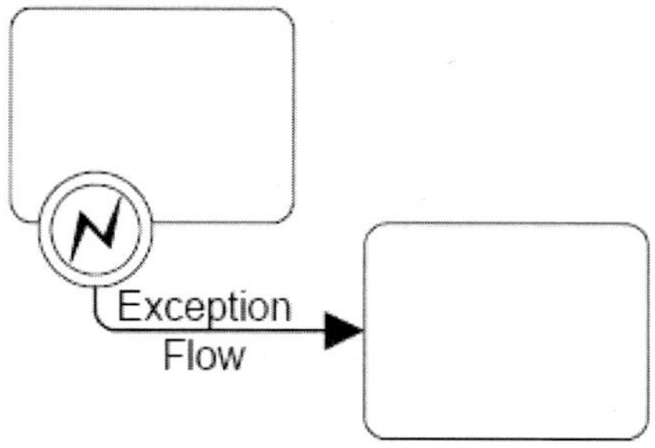

그림 98 예외흐름

(6) 메시지 흐름(Message Flow)

메시지 흐름은 메시지를 주고받을 준비가 되어있는 두 참여자 사이에 메시지의 흐름을 보여주는데 사용된다. BPMN에서는, 다이어그램 상에 두 개의 분리된 폴들이 두 참여자를 표현한다(예를 들어, 비즈니스 개체 또는 비즈니스 역할). 그림 99는 메시지 흐름의 예시를 나타낸다.

그림 99 메시지흐름

(7) 보상관계(Compensation Association)

보상관계는 프로세스의 정상흐름 외부에서 발생하며, 트랜잭션 또는 보상(Compensate) 이벤트의 실패를 통해 유발된 이벤트(Cancel Intermediate)를 기반으로 한다. 관계의 표적(Marker)은 보상 액티비티(Compensation Activity)로 표시되어야 한다. 그림 100은 보상관계를 나타내는 예시이다.

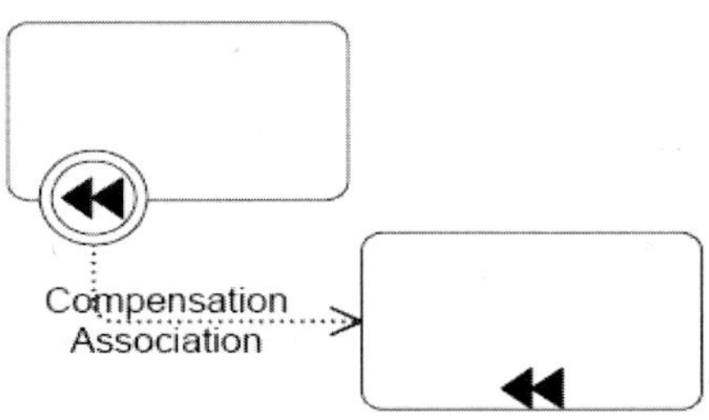

그림 100 보상관계

(8) 데이터 객체(Data Object)

데이터 객체는 인공물로 간주된다. 왜냐하면 그것들이 프로세스의 순서흐름이나 메시지 흐름에 직접적인 영향을 주지 않기 때문이다. 하지만 데이터 객체는 액티비티가 수행되는데 어떤 것들이 필요한지 또는 액티비티들이 무엇을 생성해 내는지에 대한 정보를 제공한다. 그림 101은 데이터 객체의 예시를 나타낸다.

그림 101 데이터 객체

(9) 포크(AND-Split) (Fork(And-Split))

BPMN은 두 개 이상의 병렬 경로의 분할을 나타내기 위해 '포크(fork)'라는 용어를 사용한다(AND-Split으로도 불린다). 이것은 프로세스 상의 액티비티들이 순서적이 아니라 동시에 수행될 수 있는 부분으로서, 다음과 같은 두 가지 옵션을 가진다.

첫째는 다중방출 순서흐름(Multiple Outgoing Sequence Flow)이 사용될 수 있다. 이것은 비제어 흐름을 표현하는 것으로서 대부분의 상황에서 선호되는 방법이다. 둘째는 병렬(Parallel) (또는 AND) 게이트웨이가 사용될 수 있다. 이것은 드물게 사용되며, 일반적으로 다른 게이트웨이와 함께 결부되어 사용된다. 그림 102는 포크(AND-Split)의 예시를 나타낸다.

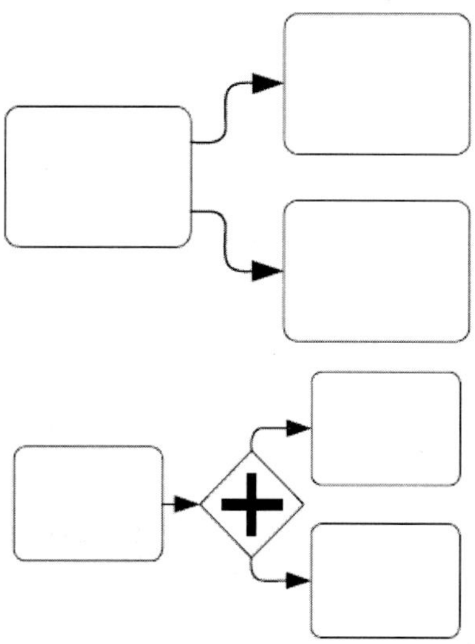

그림 102 포크(AND-Split)

(10) 조인(AND_Join) (Join(AND-Join)

BPMN은 하나의 경로로 들어오는 둘 이상의 병렬경로의 합류를 지칭하는 '조인(join)'

이라는 용어를 사용한다(AND-Join 또는 동기화(synchronization)로도 불린다). 더불어 병렬 게이트웨이는 다중 흐름의 합류를 보여주는 조인을 표시하는데 사용된다. 그림 103은 조인(AND_Join)의 예시를 나타낸다.

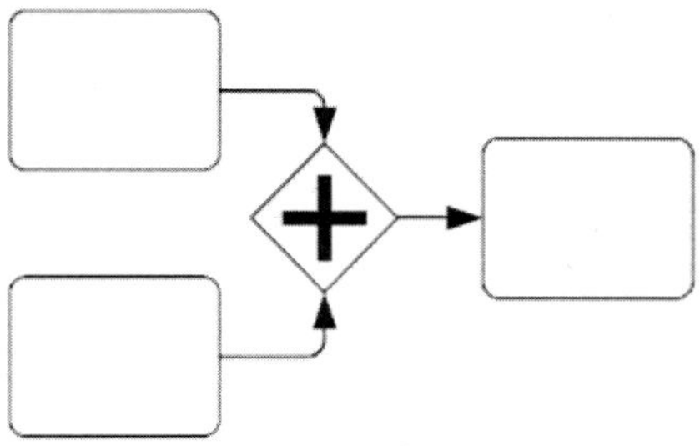

그림 103 조인 (AND_Join)

(11) 결정(Decision), 분기점(Branching Point); (OR-Split)

결정은 제어의 흐름이 하나 이상의 대안 패스를 택할 수 있는 비즈니스 프로세스 내의 게이트웨이이다. 크게 배타적 게이트웨이와 포괄적 게이트웨이로 나뉜다.

■ 배타적(Exclusive)

배타적 게이트웨이(XOR)는 대안(alternative) 집합 중 오직 하나만이 실행시간 중에 선택되도록 흐름을 제안한다. 배타적 게이트웨이 유형에는 크게 데이터 기반과 이벤트 기반이 있다. 그림 104는 배타적 게이트웨이의 예시를 나타낸다.

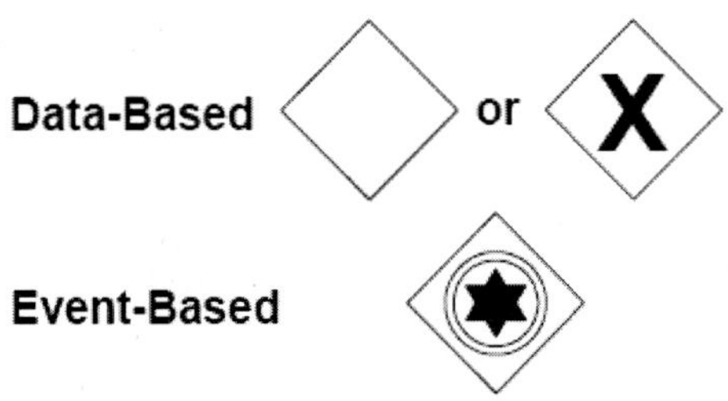

그림 104 배타적 게이트웨이

– 데이터 기반(Data-Based)

이 결정은 대안들이 방출 순서흐름에 포함된 조건식(conditional expression)들을 기반으로 하고 있는 분기점을 나타낸다. 대안들 중 오직 하나만이 선택될 것이다. 그림 105는 데이터 기반의 예시를 나타낸다.

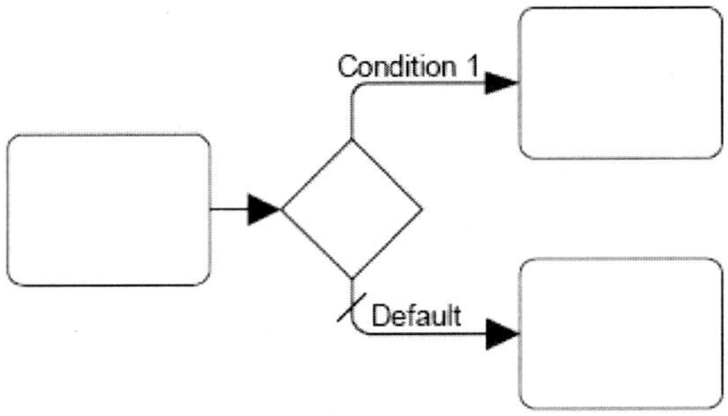

그림 105 데이터 기반

– 이벤트 기반(Event-Based)

이 결정은 대안들이 프로세스 안의 특정 시점에서 발생하는 이벤트를 근거로 하는 분기점을 나타낸다. 그 특정 이벤트(보통, message의 수신)를 기반으로 어떤 경로를 택할 것인가 결정한다. 타이머(Timer)와 같은 다른 유형의 이벤트들도 사용될 수 있다. 대안들 중 오직 하나만이 선택된다. 메시지의 수령방식에는 다음과 같은 두 옵션이 있다.

· 수신 유형 태스크들의 사용
· 수신 유형 Intermediate 이벤트들의 사용

그림 106은 이벤트 기반의 예시를 나타낸다.

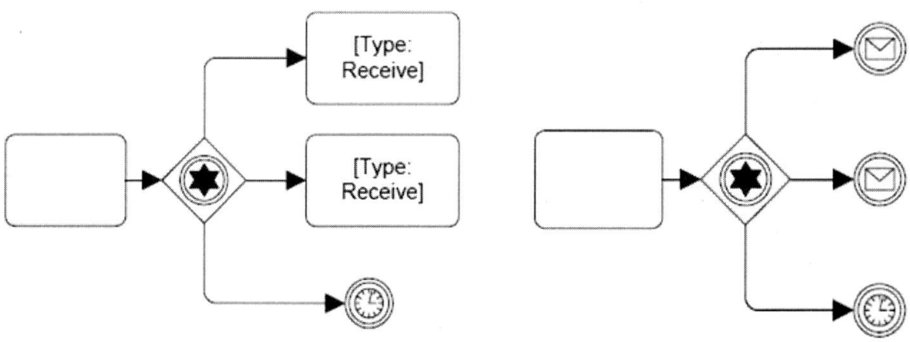

그림 106 이벤트 기반

■ 포괄적(Inclusive)

이것은 대안들의 선택이 발출(outgoing) 순서 흐름 내에 포함된 조건식을 기준으로 하는 분기점을 나타낸다. 각 경로가 서로 독립적이기 때문에 0부터 모든 경로의 조합이 선택될 수 있다. 하지만 적어도 한 경로는 선택될 수 있도록 만들어져야 한다. 디폴트 조건(default condition)은 적어도 한 패스가 선택되어질 수 있도록 보장하기 위해 사용된다. 이 결정의 유형에는 다음과 같은 두 가지 방식이 있다.

· 작은 다이아몬드 표시를 가진 조건부 순서흐름의 모임을 이용
· 다른 게이트웨이와 함께 OR 게이트웨이를 이용

그림 107은 포괄적 게이트웨이의 예시를 나타낸다.

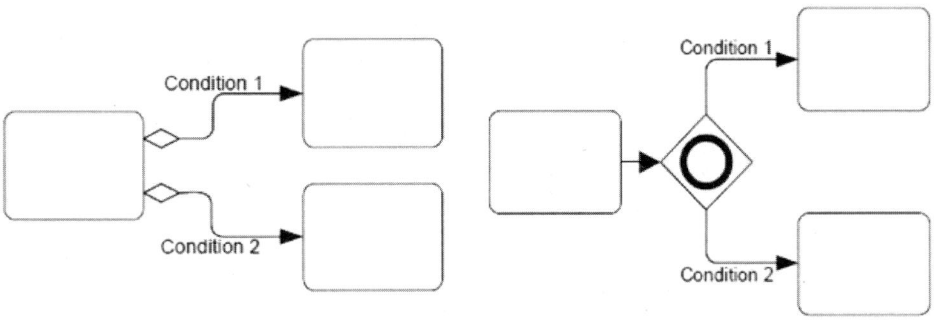

그림 107 포괄적 게이트웨이

12) 머징(OR-Join) (Merging)

BPMN은 둘 이상의 배타적 경로가 하나의 경로로 합류되는 것을 지칭하기 위해 '머지(merge)'라는 용어를 사용한다(OR-Join으로도 불린다). 머징(Merging) 게이트웨이는 여러 개의 흐름이 하나로 합병되는 것을 보여주는데 사용된다. 그림 108은 머징(OR-Join)의 예시를 나타낸다.

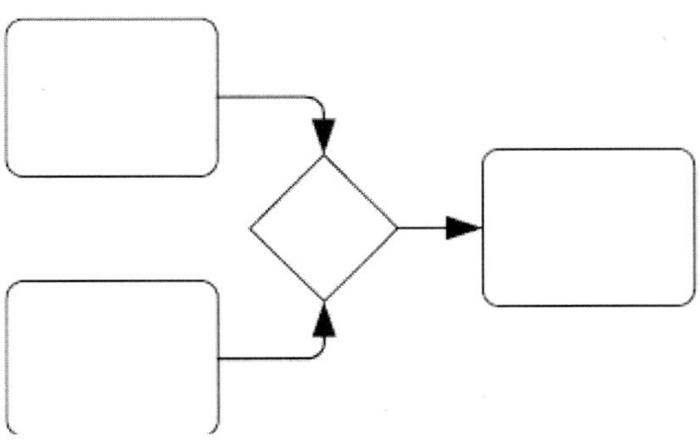

그림 108 머징(OR-Join) 게이트웨이

13) 루핑(Looping)

BPMN은 하나의 프로세스 내에 루핑(looping)을 위한 다음과 같은 두 가지 메커니즘을 제공한다.

■ 액티비티 루핑(Activity Looping)

태스크와 하부-프로세스의 속성들은 그것들이 반복될지 혹은 한번만 수행될지를 결정한다. 반복이 필요할 경우, 작은 루핑표식을 액티비티의 중앙 하단에 표시한다. 그림 109는 액티비티 루핑의 예시를 나타낸다.

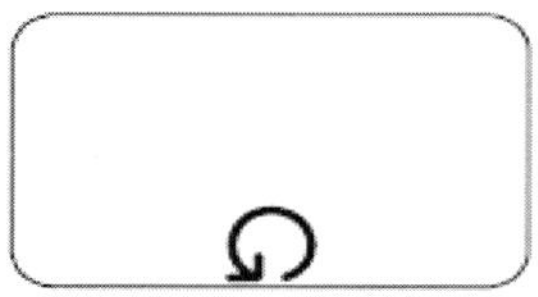

그림 109 액티비티 루팅

■ 순서흐름 루핑(Sequence Flow Looping)

경우에 따라서 루프들은 순서흐름을 '상류(upsteam)' 객체로 연결함으로써 생성될 수 있다. 어떤 객체의 상류객체란 대상 객체까지 이르는 일련의 방출 순서흐름을 가지는 객체를 의미한다. 그림 110은 순서흐름 루핑의 예시를 나타낸다.

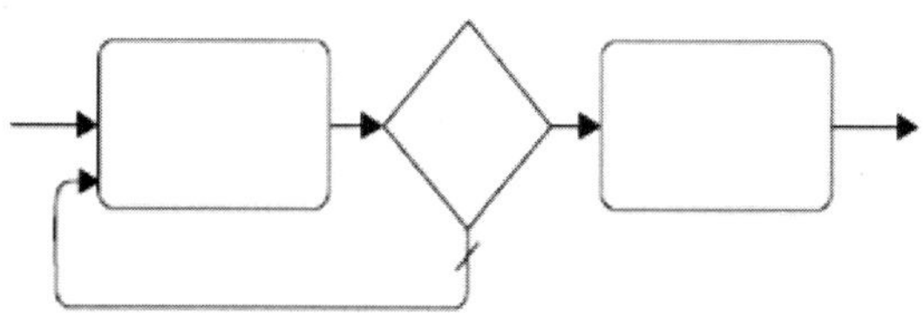

그림 110 순서흐름 루핑

14) 다중 인스턴스(Multiple Instances)

태스크와 하부 프로세스의 속성들은 다중 인스턴스를 활용하여 그것들이 반복될 것인지를 결정한다. 이를 위해 작은 병렬 표식을 액티비티의 중앙 하단에 표시한다. 그림 111은 다중 인스턴스의 예시를 나타낸다.

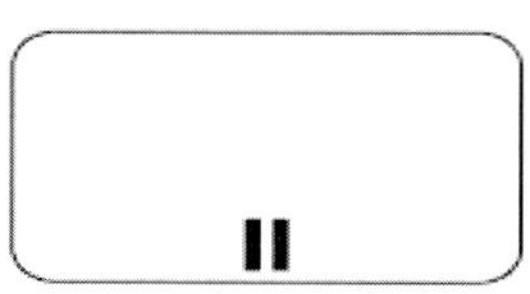

그림 111 다중 인스턴스

15) 프로세스 브레이크(Process Break)

프로세스 브레이크는 프로세스 내에서 지연이 예상되는 곳을 나타내며 하나의 Intermediate 이벤트가 실제적인 동작을 보여주는데 사용된다. 아울러 해당 흐름 내에 지연이 발생되는 곳을 표시하기 위하여, 모델링 작업자 또는 모델링 도구에 의해 디자인된 프로세스 브레이크 인공물이 해당 이벤트와 연계된다. 그림 112는 프로세스 브레이크의 예시를 나타낸다.

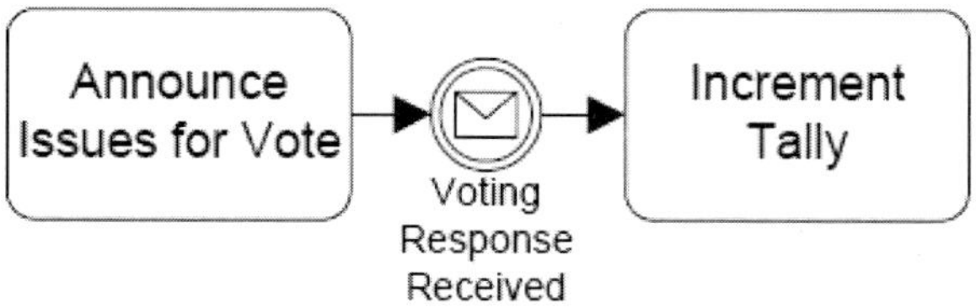

그림 112 프로세스 브레이크

16) 트랜잭션(Transaction)

트랜잭션은 관련된 모든 당사자들 간에 해당 액티비티의 종료나 취소에 대해 완전한 합의를 보장하는 특별한 프로토콜에 의해 지원되는 하부-프로세스이다. 액티비티의 속성에 의해 해당 액티비티가 트랜잭션인지를 결정한다. 트랜잭션은 ACID 속성 즉, 원자성(Atomicity), 일관성(Consistency), 독립성(Isolation), 그리고 지속성(Durability) 등의 속성을 가진다. 그림 113에 표시된 겹줄의 경계선은 하부-프로세스가 트랜잭션임을 의미한다.

그림 113 트랜잭션

17) 중첩/내장 하부 - 프로세스(Nested/Embedded Sub-Process)

중첩/내장 하부 - 프로세스는 부모 프로세스와 같은 데이터 집합을 공유한다. 이것은 독립적이고 재사용 가능하며 부모 프로세스로부터 참조되는 하부 - 프로세스와는 다르다. 중첩/내장 하부 - 프로세스는 별도의 표식이 없다.

18) 그룹(Group)

액티비티의 그룹화는 순서흐름에 영향을 주지 않는다. 그룹화는 문서화 또는 분석 목적으로 사용될 수 있다. 그룹들은 풀들 사이를 넘나드는 분산 트랜잭션의 액티비티들을 식별하는데도 사용될 수 있다. 그림 114는 그룹의 예시를 나타낸다.

그림 114 그룹

19) 오프-페이지 연결자(Off-Page Connector)

일반적으로 프린팅을 위해 사용되는 이 객체는 순서흐름이 어디에서 끝나고 다음 페이지에서 재개되는 지를 나타낸다. 링크(Link) Intermediate 이벤트도 오프 페이지 연결자로 사용될 수 있다. 그림 115는 오프-페이지 연결자의 예이다.

그림 115 오프-페이지 연결자

20) 관계(Association)

관계는 정보를 흐름객체와 연결시키는데 사용된다. 문자 및 그래픽 형식의 비-흐름객체(non-Flow Object)들도 흐름객체와 연관 관계를 가질 수 있다. 그림 116은 관계의 예시를 나타낸다.

그림 116 관계

21) 주석(Text Annotation)

텍스트 주석은 모델링 작업자가 BPD를 읽는 사람들에게 추가적인 정보를 제공하기 위한 메커니즘이다. 그림 117은 주석의 예시를 나타낸다.

그림 117 주석

22) 폴(Pool)

풀은 프로세스의 참여자를 표현한다. 또한 풀은 B2B 상황에서 다른 풀로부터 액티비티의 집합을 분할하기 위한 그래픽 컨테이너로서도 활용된다. 그림 118은 풀의 예시를 나타낸다.

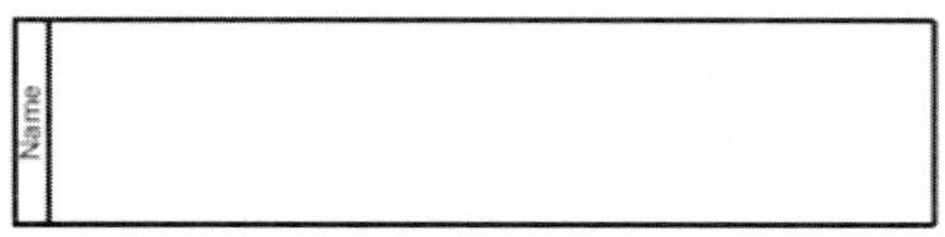

그림 118 폴

23) 레인(Lane)

레인은 풀 내부의 하부 파티션으로서 액티비티들을 조직적으로 편제하고 분류하는데 사용된다. 그림 119는 레인의 예시이다.

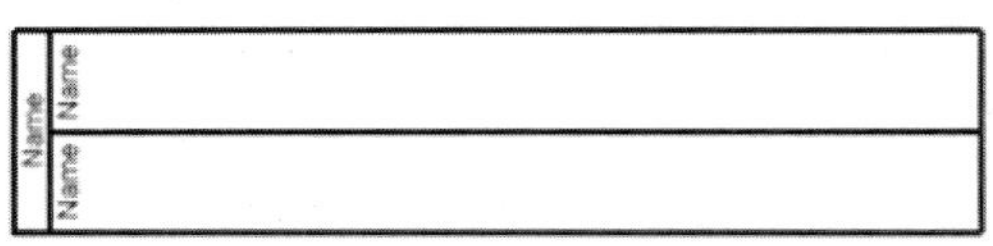

그림 119 레인

4.2.4 BPEL4WS로의 매핑

BPMN으로 표현된 비즈니스 프로세스는 비즈니스 프로세스 모델링 언어 및 실행 언어로 변환될 수 있어야 한다. BPMN이 높은 수준의 프로세스 표현력을 확보하는 과정의 이면에는 모델링 및 실행언어로의 매핑이 복잡해지고 어려워지는 문제를 발생시킨다. 이에 따라 BPMN 모델을 대표적 실행언어인 BPEL4WS로 변환하는 과정에서 발생되는 모호성은 꾸준히 보고되어지고 있다. 또한 BPMN 스펙에 정의된 매핑 규칙들은, BPD 요소(element)들과 BPEL4WS 요소들 간의 1:1 대응관계를 규정하고 있으나, 이것만으로는 BPD-BPEL4WS 변환기의 개발을 위한 충분한 지침이 되지 못한다. 현재 BPMN 스펙에서 정의하고 있는 매핑 규칙의 구조는 표 18에 정리된 바와 같다

표 18 BPEL4WS 매핑 규칙 요약

매핑 대상 요소		설 명
공통 객체 (Common Object)	BPD 매핑	- BPD 자체의 속성들에 대한 매핑(id, name, version, language 등) 정의
	비즈니스 프로세스 매핑	- BPD를 구성하는 단위 프로세스 자체에 속한 속성들의 매핑 정의 - 단위 프로세스는 Pool에 의해서 구분됨
	공통 흐름객체 매핑	- 흐름객체(Event, Activities, Assignments)들의 공통되는 속성들에 대한 매핑 정의
이벤트 (Event)	Start 이벤트 매핑	- Start 이벤트들의 매핑 정의
	Intermediate 이벤트 매핑	- Intermediate 이벤트들의 매핑 정의
	End 이벤트 매핑	- End 이벤트들의 매핑 정의
액티비티 (Activity)	공통 액티비티 매핑	- Activity들의 공통 속성에 대한 매핑 정의
	하부 - 프로세스 매핑	- Sub-Process에 대한 매핑 정의
	테스크 매핑	- Task에 대한 매핑 정의
게이트웨이 (Gateway)	공통 게이트웨이 매핑	- Gateway들의 공통 속성에 대한 매핑 정의
	배타적 게이트웨이 매핑	- Exclusive Gateway의 속성에 대한 매핑 정의
	포괄적 게이트웨이 매핑	- Inclusive Gateway의 속성에 대한 매핑 정의
	복합 게이트웨이 매핑	- 매핑을 정의할 만큼 충분히 정립되지 못함
	병렬 게이트웨이 매핑	- Parallel Gateway(AND)의 매핑 정의
풀(Pool)		- 실행언어에 대한 매핑 요소 없음
레인(Lane)		- 실행언어에 대한 매핑 요소 없음
인공물(Artifacts)		- 인공물은 실행언어로 매핑하지 않는 것이 원칙
순서흐름(Sequence Flow)		- 대부분의 경우 BPEL4WS로의 매핑이 필요 없으나, link 요소로 변환되는 경우에 속성들에 대한 매핑 정의
메시지흐름(Message Flow)		- 특별히 BPEL4WS로 매핑이 되지 않으며, 대신 WSDL operation으로 매핑함
관계(Association)		- BPEL4WS로 매핑하지 않는 것이 원칙
예외흐름(Exception Flow)		- BPML Exception Flow의 유연성으로 인해, 구조화된 Exception handling 방식의 BPEL4WS로의 매핑에 어려움이 있음.
보상관계(Compensation Association)		- Compensation Association의 매핑 정의
할당(Assignment) 매핑		- Assignment(from-to) 방식의 매핑 정의

4.3_ 비즈니스 프로세스 모델링 사례

본 절에서는 앞에서 설명되어진 BPD의 개념과 규칙을 기반으로 설계되어진 비즈니스 프로세스 모델링 사례를 소개한다. 비즈니스 프로세스 모델링 대상은 기업의 공통 업무인 DoA(Delegation of Authority) 프로세스, 업무 지시등의 공통 업무 프로세스, 그리고 내방객 관리 프로세스 등이다. 그림 120은 모델링 대상 프로세스에 대한 설명이다.

프로세스	설명
DoA (Delegation of Authority)	주요 의사 결정을 위한 위임 전결 과정을 시스템화하여 결정 사항을 공유범위 내에서 최대한 공유함
공동업무 프로세스	업무지시, 회의소집, 업무회람, 업무협조요청, 일반업무보고 등 업무 수행 중 자주 발생하는 프로세스를 자동화하여 업무 효율 증대
내방객관리 프로세스	내방객 방문을 위한 기숙사 제공, 식권지원, 사내 Tour 등 제반 지원 사항 요청 및 처리결과를 자동화하여 프로세스 관련자들의 편의를 제공함

그림 120 모델링 대상 프로세스

우선 프로세스 맵(업무흐름도)의 작성을 위해 정의한 notation들은 그림 121과 같다.

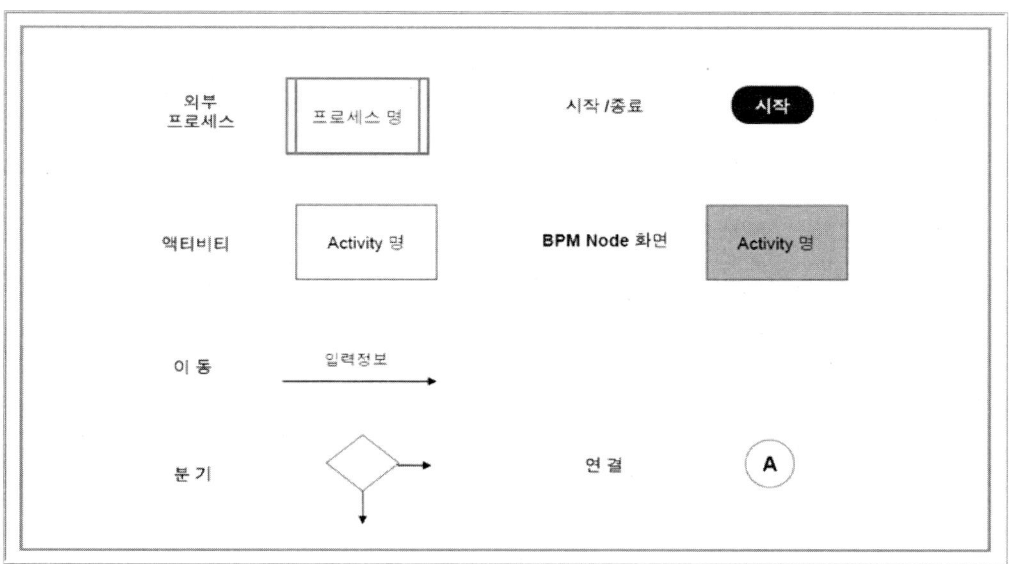

그림 121 Notation 정의

그리고 액티비티의 분할과 합류 기준을 다음과 같이 정의하였다.

(1) 분할(Forking)

- 하나의 activity가 두 개 이상의 activity로 분할되어 업무가 진행되고, 분할된 activity가 모두 동시에 진행되는 경우 'Logical AND'라 정의하며, 이때 activity의 이동을 'AND Forking'이라 정의한다.
- 하나의 activity가 두 개 이상의 activity로 분할되고 하나의 activity만 선택적으로 진행하는 경우를 'Logical OR'로 정의하며, 이때 activity의 이동을 'OR Forking'이라 정의한다.

(2) 합류(Joining)

- 두 개 이상의 선행 activity가 모두 종료된 이후 후행 activity가 수행되는 업무흐름에서 선행 두 activity 관계를 'Logical AND'라 정의하며, 이때 activity의 이동을 'AND Joining'이라 정의한다.
- 두 개 이상의 선행 activity 중 하나의 activity 종료 이후 후행 activity가 수행되는 업무흐름에서 선행 두 activity 관계를 'Logical OR'라 정의하며, 이때 activity의 이동을 'OR Joining'이라 정의한다.

그림 122는 분할과 합류의 정의에 대한 설명이다.

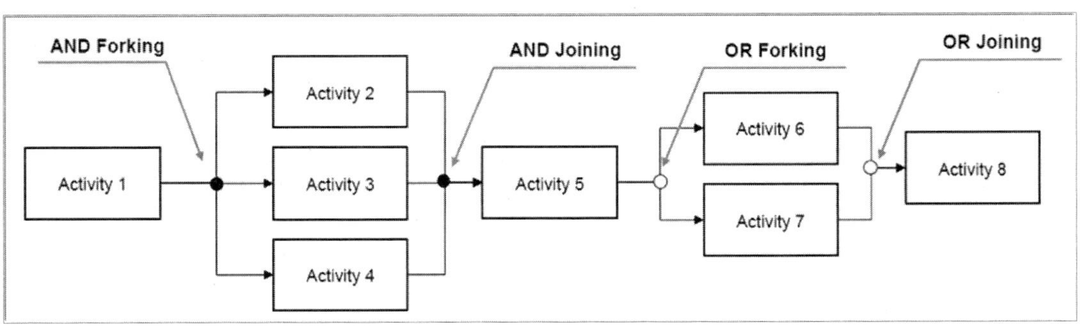

그림 122 분할 & 합류 정의

본 사례에서는 표준화된 activity 유형을 사전에 정의하여 사용함으로써 여러 작업자들(업무 담당자, 프로세스 설계자 등)이 이 표준 activity 유형을 근거로 activity를 표현하고 그 표현에 대해 작업자들 간에 동일한 의미가 서로 전달될 수 있도록 하였다. 표준 activity는 activity의 주체가 되는 조직이나 역할 담당자를 중심으로 수행 업무를 능동 형태로 표현하였다. 예를 들어, 정보전달자는 '통지'라는 activity 유형을 사용하고 정보 수령자는 '접수'라는 activity 유형을 사용하여 혼선을 방지하였다. 그림 123은 본 사례에서 정의한 표준 activity 유형에 대한 상세한 설명을 나타낸다.

No	Activity유형	정의	Input	Output	비고
1	수행 (Execute)	입력 정보에 반응하여 실제 행동을 수행하는 작업이며 특별한 정보의 가공이 일어나지 않음	메시지, 문서, 데이터	(완료) 메시지, 끝	N/A
2	검토 (Verify)	문서를 검토하여, 확정하는 행위. 입력 문서에 대한 전면적인 변경이 일어나지 않음	문서	(검토된) 문서	N/A
3	작성 (Write)	취합된 자료를 종합하고, 양식을 작성하여 하나의 산출물을 만드는 행위	시작, 메시지, 데이터, 양식, 문서	문서	N/A
4	공지 (Announce)	불특정 다수에게 (양식, 문서를 첨부하여) 알리는 행위	시작, 문서	메시지, 양식	N/A
5	확인 (Check)	문서 또는 업무의 사실 또는 본질을 정확히 확인하여 인지하는 행위	문서, 메시지	N/A	N/A
6	확정 (Confirm)	업무 및 업무행위를 확인하여 확정하는 행위	문서, 메시지	N/A	N/A
7	접수 (Receive)	사실 처리를 문구, 구두지시를 받아들이는 행위	문서, 메시지	N/A	N/A
8	통지 (Notify)	특정인에게 업무 상황을 알리는 행위	문서, 메시지	끝	N/A
9	요청 (Request)	특정 업무 또는 사안에 대한 의견 및 승인을 요구하는 행위	문서, 메시지	N/A	N/A
10	승인 (Approve)	특정 상황에 대한 의사결정 행위	문서, 메시지	메시지	분기가능
11	등록 (Key-in)	정보시스템을 통해 필요한 데이터 입력을 하는 행위	데이터, 메시지	N/A	N/A

그림 123 표준 activity 정의

이제 정해진 notation, 액티비티의 분할과 합류 기준, 그리고 표준 액티비티 정의 등을 기반으로 해당 프로세스를 다음과 같이 모델링하였다.

■ DoA 프로세스

주요 의사결정을 위한 위임 전결 과정을 시스템화하여 결정사항을 공유범위 내에서 최대한 공유토록 하였다. 그림 124는 DoA 프로세스의 모델링 결과를 나타낸다.

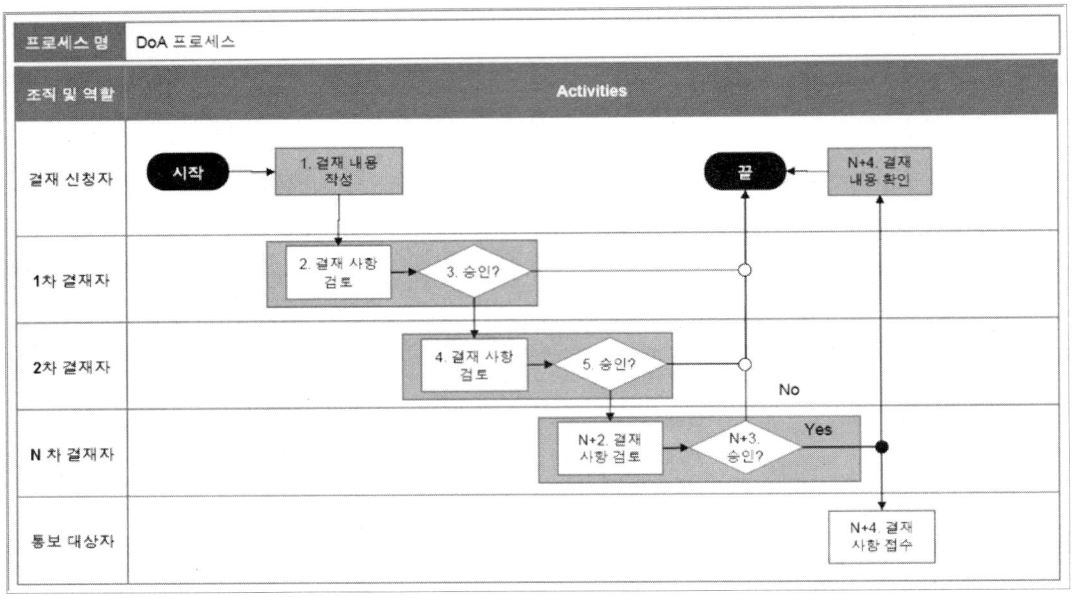

그림 124 DoA 프로세스

■ 공통업무 프로세스(업무지시)

업무지시자의 업무지시 내용에 대한 처리상황을 모니터링하고 그 결과를 검토 후 최종 승인하는 단계까지의 과정을 자동화하여 업무지시 및 수명에 대한 효율을 극대화 하였다. 그림 125는 공통업무 프로세스(업무지시)의 모델링 결과를 나타낸다.

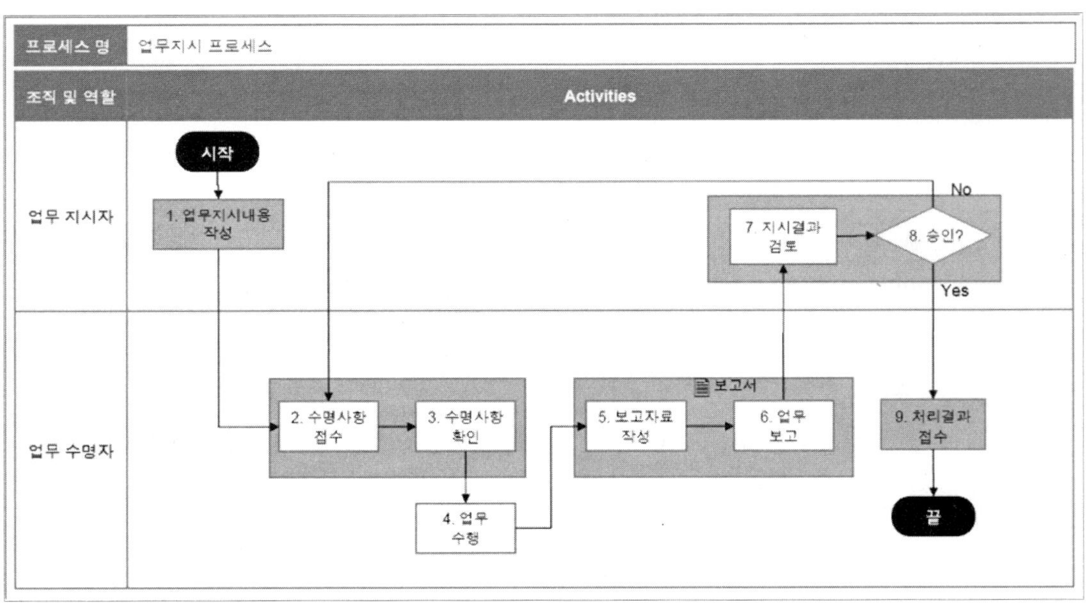

그림 125 공통업무 프로세스(업무지시)

■ 공통업무 프로세스(회의소집)

회의소집자가 회의소집에 필요한 내용을 작성한 후 관련 부서에 통보하고, 참석가능 여부 및 의견을 수렴하며, 회의 결과를 공유하고 필요시 결재보고하게 하였다. 그림 126과 127은 공통업무 프로세스(회의소집)의 모델링 결과를 나타낸다.

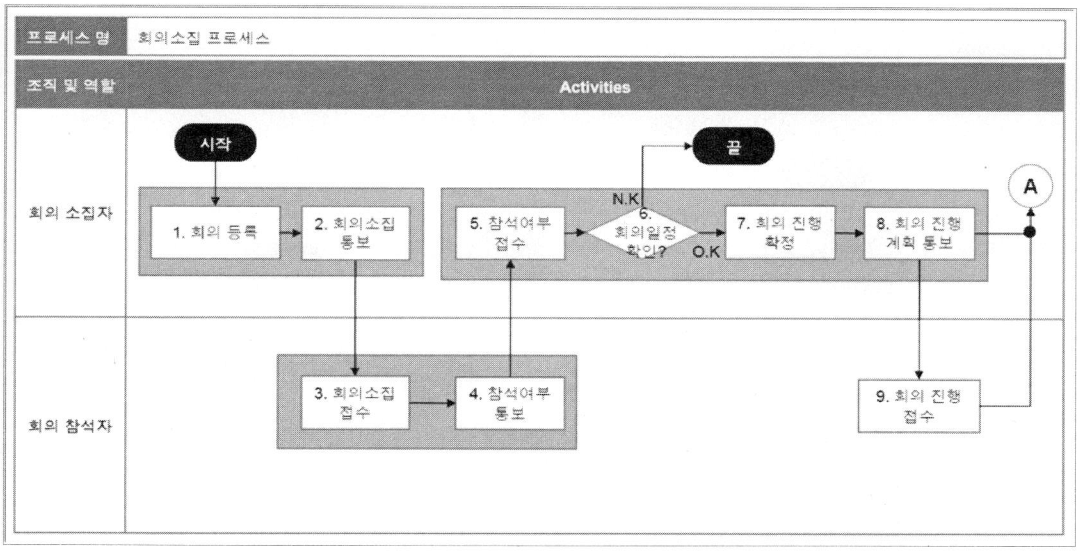

그림 126 공통업무 프로세스(회의소집) 1

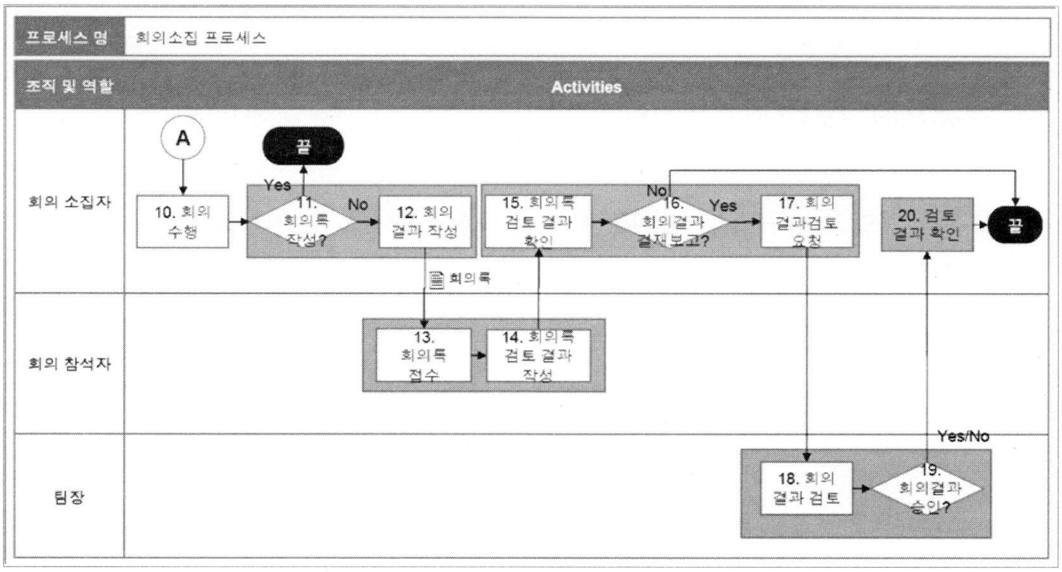

그림 127 공통업무 프로세스(회의소집) 2

■ 공통업무 프로세스(업무회람)

회사 방침 또는 회의 결과 등 업무상 부서 내외에 공유가 필요한 정보를 회람하고, 수신자의 의견을 수렴할 수 있게 하였다. 그림 128은 공통업무 프로세스(업무회람)의 모델링 결과이다.

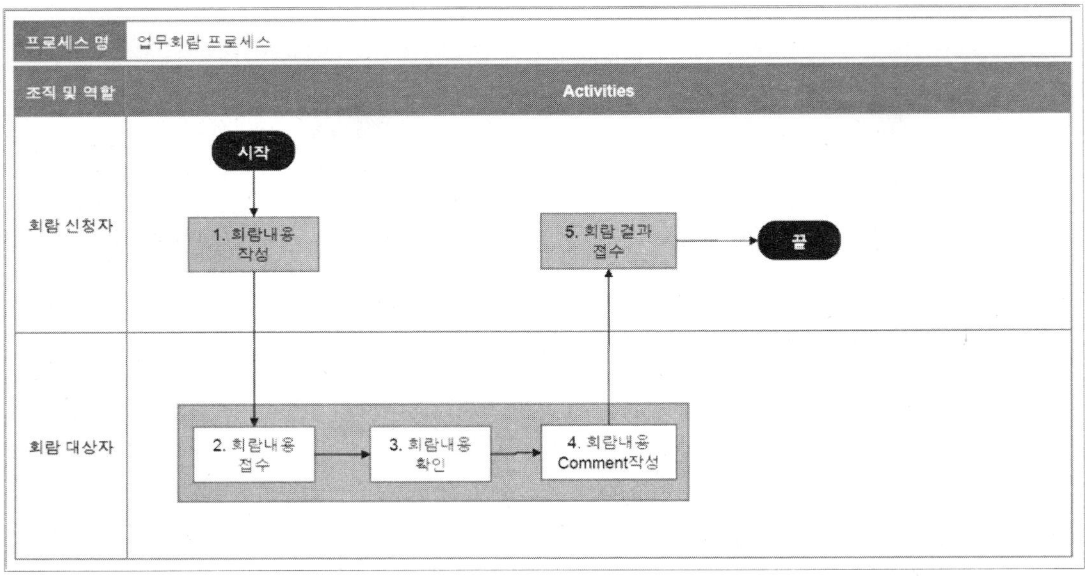

그림 128 공통업무 프로세스(업무회람)

■ 공통업무 프로세스(업무협조 요청)

부서 내 담당자간 또는 부서간의 업무협조 요청시의 업무처리 효율성을 극대화 하기 위한 것으로, 업무협조 요청자는 요청 내용을 작성하여 협조자에게 배포하고, 협조자가 수행한 내용을 확인하며 그 결과에 따라 재작성을 요청하는 과정 등으로 구성된다. 그림 129는 공통업무 프로세스(업무협조 요청)의 모델링 결과이다.

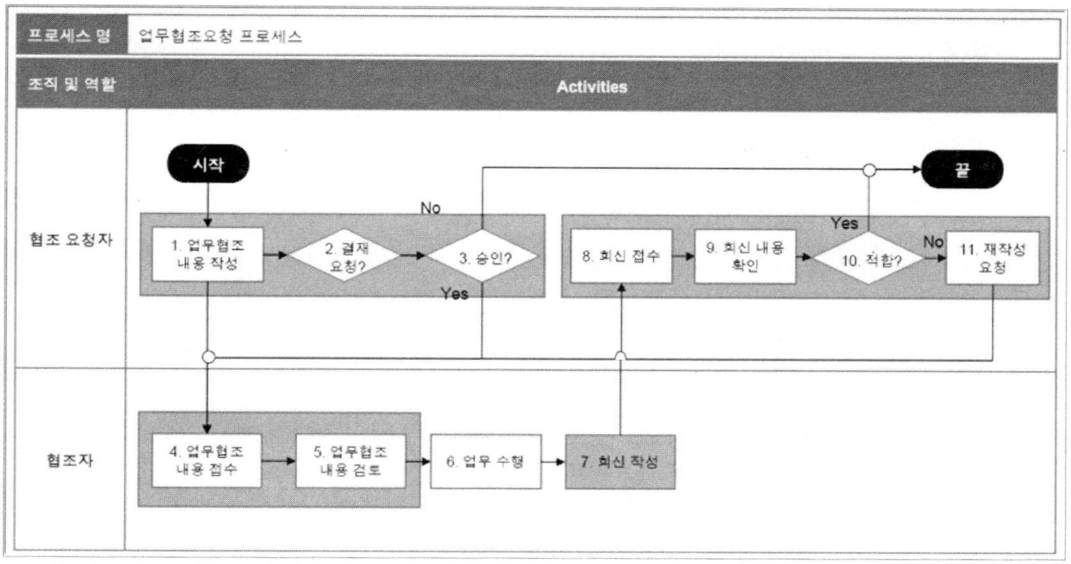

그림 129 공통업무 프로세스(업무협조 요청)

■ 내방객 관리 프로세스

내방객 방문에 필요한 기숙사 제공, 식권지원, 사내 Tour 등과 같은 제반 지원 사항 요청 및 처리 과정을 자동화하여 프로세스 관련자들에게 편의를 제공하게 하였다. 그림 130은 내방객 관리 프로세스의 모델링 결과이다.

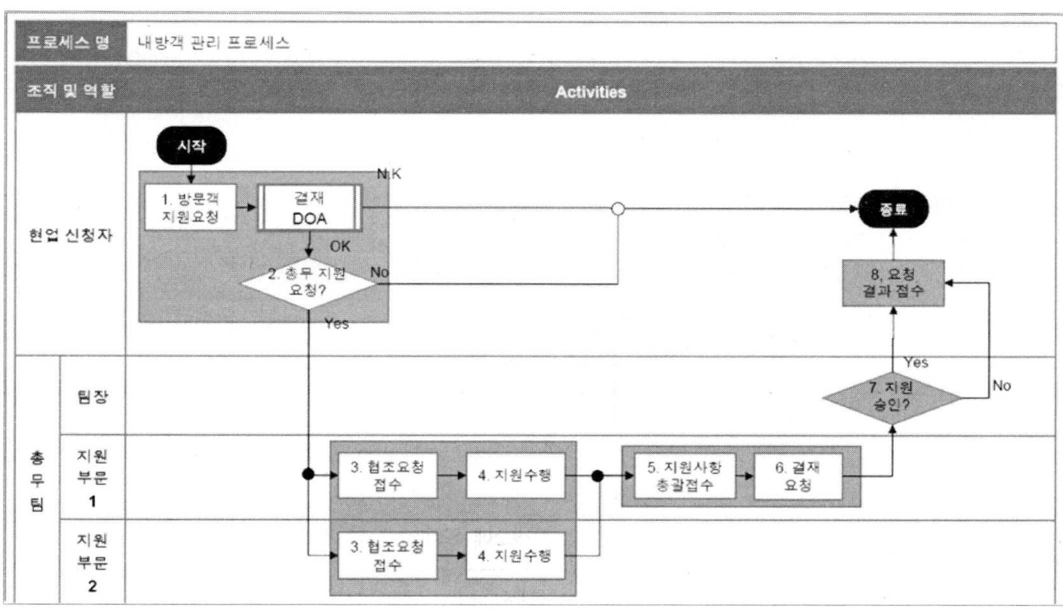

그림 130 내방객 관리 프로세스

4.4_ 프로세스 모델링 표기법

4.4.1 기존의 프로세스 모델링 표기법들

(1) 페트리넷(Petri Net)

페트리넷은 상태가 변화하는 시스템을 모델링하는 방법으로, 시스템을 도식화하는 동시에 수식으로 표현할 수 있는(mathematical formalism) 방법론이다. 페트리넷은 1962년에 제안된 이후 적용범위가 계속 확장되어, 통신, 생산 등을 포함한 다양한 분야에서 분산 시스템의 설계, 프로세스 모델링, 성능 분석, 시뮬레이션 등의 목적에 사용되고 있다[10].

페트리넷은 시스템을 상태(Place)와 전이(Transition), 그리고 이들 사이를 잇는 연결(Link)로 표현한다. 페트리넷으로 모델링된 시스템은 특정 상태에서 그와 연결된 전이에 해당하는 활동 또는 사건에 의해 다음 상태로 변화한다. 페트리넷에서는 시스템의 가능한 상태 및 전이 조건뿐만 아니라 현재 시스템의 상태 또한 나타낼 수 있는데, 이는 토큰(Token)을 사용함으로써 가능하다. 토큰은 다이어그램 내의 특정 상태에 위치함으로써 시스템이 해당 상태에 있음을 나타낸다. 토큰은 여러 개의 상태를 잇는 전이, 즉 AND 분기/병합에 의해 두 개 이상으로 늘어나거나 다시 하나로 줄어들 수 있다. 표 19는 프로세스 모델링에 사용될 수 있는 페트리넷의 표기들과 그 기능들에 대해 설명한다.

표 19 페트리넷의 표기

표기	이름	설명
	전이(Transition)	- 현재 상태를 장소에서 장소로 전이시키는 행위이며 프로세스 활동 및 사건을 나타낸다.
	상태(Place)	- 프로세스가 가질 수 있는 상태들을 나타낸다.
	토큰(Token)	- 특정 장소에 위치함으로써 프로세스의 현재 상태를 나타낸다.
	연결(Link)	- 전이에서 장소로, 장소에서 전이로의 연결. 전이에서 전이, 장소에서 장소로는 연결할 수 없다.

(2) UML Activity Diagram

UML은 객체지향 소프트웨어 설계를 목적으로 OMG에 의해 제안된 모델링 방법론이다. UML은 시스템의 정적/동적 구조를 나타내는 여러 개의 다이어그램들로 구성되는데, 대표적인 Activity Diagram은 시스템의 동적 설계를 프로세스의 형태로 나타낸 다이어그램이다.

현재 대부분의 UML 설계도구들이 지원하는 UML v1.4 이후 UML을 다른 분야의 설계로 확대하는 데 초점을 맞춘 UML v2.0이 제안되었는데, 이 제안에서는 Activity Diagram이 보다 풍부한 프로세스 표현 방식들을 가지도록 많은 확장을 하였다.

UML Activity Diagram은 프로세스의 핵심을 구성하는 활동(Activity)과 그들을 잇는 순차(Sequence)로 표현된다. 또한 외부와의 상호작용을 위한 사건(Event)을 표현하기 위해 신호(Signal) 표기법을 제공한다. 신호는 외부에서 내부로, 내부에서 외부로의 방향성을 가지고 표기된다. Activity Diagram에서는 활동들 간의 데이터 입출력을 나타내기 위해 객체(Object)를 제공하는데, 객체는 활동에 핀 형태로 첨부되어 입력과 출력을 나타내거나 순차에 첨부되어 선행 활동에서 후행 활동으로 전달되기도 한다. 그 외에도 프로세스의 예외상황(Exception), 루프 등의 제어문, 그리고 수행자 등을 나타내기 위한 표현 방법을 제공한다. 표 20은 프로세스 설계에 사용되는 Activity Diagram의 표기들과 그 기능들에 대해 설명한다.

표 20 UML Activity Diagram의 표기

표기	이름	설명
	활동 (Activity)	- 프로세스의 활동을 나타낸다.
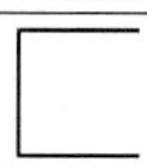	객체 (Object)	- 프로세스에서 다루는 객체(예: 입출력)를 나타낸다.
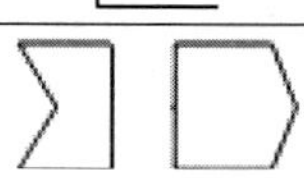	신호 (Signal)	- 프로세스의 사건(예: 메시지 전송)을 나타낸다.
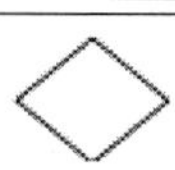	선택 (Decision)	- 프로세스 흐름에서 선택에 의한 분기를 나타낸다.
	병렬분기/병합 (Fork/Join)	- 프로세스 흐름에서 병렬 분기/병합을 나타낸다.
	순차 (Sequence)	- 프로세스의 순차적 흐름을 나타낸다.
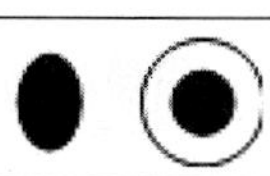	시작/종료	- 프로세스의 시작과 종료를 나타낸다.

(3) IDEF3(Integrated Definition Methods 3)

IDEF3는 다양한 IDEF 모델링 방법론들 중 프로세스 모델링을 위해 제안된 방법론이다. IDEF3에서는 프로세스 설계도와 객체 상태 전이도 등의 두 가지 다이어그램을 제공한다.

프로세스 설계도는 여타 모델링 방법론들과 유사한 형태로 프로세스를 표현한다. IDEF3 프로세스 설계도에서 중심이 되는 표기는 행동단위(UOB; Unit Of Behavior)로, 프로세스의 활동을 나타낸다. 프로세스는 이 행동단위들이 순차(Precedence Link)로 연결됨으로써 표현되는데, 순차는 그들이 가지는 제약조건에 의해 여러 가지 형태로 분화될 수도 있다. 프로세스 설계도에서는 행동 단위들 간의 관계를 나타내기 위해 관계(Relational Link)를 제공하는데, 이는 하위 프로세스 등 사용자가 나타내고자 하는 관계들을 자유로이 정의하여 나타낼 수 있도록 한다. 표 21은 IDEF3의 프로세스 설계도에서 사용하는 표기들과 그 기능들에 대해 설명한다.

표 21 IDEF3 프로세스 설계도의 표기

표기	이름	설명
	행동단위 (Unit Of Behavior)	- 프로세스의 활동을 나타낸다.
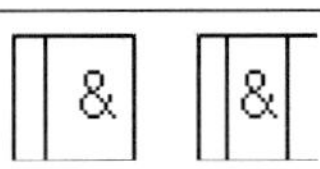	AND분기 (Sync/Async AND Junction)	- 동기/비동기의 AND 분기/병합을 나타낸다.
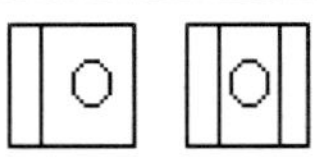	OR분기 (Sync/Async OR Junction)	- 동기/비동기의 OR 분기/병합을 나타낸다.
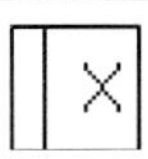	XOR분기 (XOR Junction)	- XOR 분기/병합을 나타낸다.
	순차 (Precedence Link)	- 프로세스의 순차적 흐름을 나타낸다.
	관계 (Relational Link)	- UOB간의 관계를 정의한다.

객체 상태 전이도는 객체 상태 변화를 중심으로 프로세스를 표현하는 다이어그램이다. 객체 상태 전이도의 중심이 되는 표기는 객체(Object)로, 특정 객체의 상태를 나타낸다. 객체들이 전이(Transition Link)를 통해 연결됨으로써 프로세스를 나타내는데, 해당 전이가 어떤 행동단위(UOB)의 실행을 통해 발생하는지 나타내기 위해 참조(Reference)를 제공한다. 참조는 프로세스 설계도에서 정의된 행동단위를 가리키며, 전이에 첨부되

어 표기된다. 표 22는 IDEF3의 객체 상태 전이도에서 사용되는 표기들과 그 기능들을 설명한다.

표 22 IDEF3 객체 상태 전이도의 표기

표기	이름	설명
	객체 (Object)	- 객체의 상태를 나타낸다.
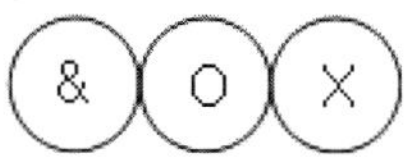	분기 (Junctions)	- AND, OR, XOR 분기/병합을 나타낸다.
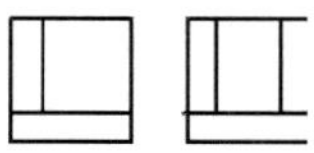	참조 (Reference)	- Transition Link에 연결되어(UOB에 대한) Call and Continue/ Call and Wait 등의 참조를 나타낸다.
	전이 (Transition Link)	- 객체 상태의 변화 방향을 나타낸다.

(4) 순서도(Flow Chart)

순서도는 프로그램의 알고리즘 설계를 위해 사용되는 모델링 방법론으로, 페트리넷과 마찬가지로 그 자체로 수학적 형식화가 가능하다. 본래 목적인 알고리즘 설계를 위해 처리, 데이터 입출력 등에서 다양한 표기들을 가지고 있으나, 프로세스 설계에서는 처리, 판단, 서류, 흐름선 등의 4개 표기가 주축을 이룬다. 여타 프로세스 설계 방법론들과 마찬가지로 활동을 나타내는 처리를 흐름선으로 연결함으로써 프로세스를 표현하는데, AND 분기/병합을 표현하는 표기가 없다는 문제점을 지니고 있다. 표 23은 프로세스 설계에서 사용되는 순서도의 표기들과 그 기능들에 대해 설명한다.

표 23 순서도의 표기

표기	이름	설명
	처리	- 프로세스의 활동을 나타낸다.
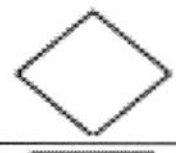	판단	- 조건에 의한(XOR) 분기를 나타낸다.
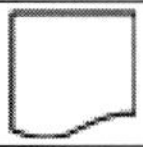	서류	- 서류(문서)에 의한 데이터 입출력을 나타낸다.
	흐름선	- 프로세스의 순차적 흐름을 나타낸다.

4.4.2 프로세스 모델링 표기법 비교

다음은 앞서 설명된 페트리넷, UML Activity Diagram, IDEF3, 순서도, 그리고 BPMN 등의 프로세스 모델링 표기법들을 프로세스 구성요소 측면에서 비교한 결과이다.

(1) 프로세스 핵심요소

프로세스 핵심요소는 비즈니스 프로세스 설계의 메타 모델이 정의해야 하는 필수 개념인 동시에 프로세스 표기법이 그 표기 형식을 반드시 가지고 있어야 하는 요소들을 의미한다.

- 활동(Activity): 프로세스의 기본 구성요소인 행동 단위를 의미한다.
- 사건(Event): 프로세스의 내/외부에서 발생하는 메시지의 전달 및 특정 시간의 도달 등의 사건을 의미한다.
- 자원 입출력(Data Handling): 프로세스 내의 활동들이 수행되기 위해 필요로 하거나 활동들의 수행 결과로 도출되는 자원을 의미한다.

각 표기법이 지원하는 프로세스 핵심요소 자원은 표 24와 같다.

표 24 프로세스 표기법의 핵심요소 자원 비교

요소	BPMN	Petri Net	UML A.D	IDEF3	순서도
활동	O	O	O	O	O
사건	O	O	O	△	X
자원 입출력	O	O	O	O	O

(해당요소 표기 존재: O, 암시적 표기 또는 대체 표기 존재: △, 존재하지 않음: X)

(2) 흐름 제어 요소

흐름 제어 요소는 프로세스의 핵심 요소들의 흐름을 제어하는 기본 메커니즘을 의미한다. 흐름 제어 요소는 다음과 같다.

- 기반 수식(Mathematical Formalism): 해당 표기법이 따르는 수학적 표현 형식을 의미한다. 기반 수식은 해당 표기법이 특정 언어로 변환될 수 있는 가능성과 해당 표기법에서 표현 가능한 패턴들을 함축적으로 나타낸다.
- 순차 흐름(Sequence): 프로세스의 요소들이 실행되는 순차적 관계를 의미한다.
- XOR 분기/병합(XOR Split/Merge): 프로세스 흐름 중 조건에 의해 하나의 흐름만이 선택되어 진행되는 분기/병합을 의미한다.
- AND 분기/병합(AND Fork/Join): 프로세스 흐름이 병렬적으로 분기되어 실행되거나, 분기된 흐름이 동기화되어 병합되는 제어 흐름을 나타낸다.
- OR 분기/병합(OR Split/Merge): 프로세스의 흐름이 조건에 따라 선택되어 실행되거나, 조건에 의해 분기된 흐름이 병합되는 제어 흐름을 나타낸다.
- 반복 흐름(LOOP): 프로세스의 흐름이 부분적으로 반복되는 제어 흐름을 의미한다.

각 표기법이 지원하는 흐름제어 요소는 표 25와 같다.

표 25 프로세스 표기법의 흐름제어 요소 비교

요소	BPMN	Petri Net	UML A.D	IDEF3	순서도
기반 수식	Pi-Calulus	Perti Net	없음	없음	Flow Chart
순차 흐름	O	O	O	O	O
XOR 분기/병합	O	O	O	O	O
AND 분기/병합	O	O	O	O	X
OR 분기/병합	O	O	O	O	X
반복 흐름	O	O	O	O	O

(3) 보조 요소

보조 요소는 프로세스 실행을 위해서는 필수적으로 정의되어야 하나, 프로세스 표기법에서는 설계의 편의를 위해 제공할 수 있는 요소들을 의미한다.

- 트랜잭션(Transaction): ACID 속성을 갖는 일반적 트랜잭션을 의미한다.
- 예외(Exception): 프로세스의 흐름에서 실행 시에 발생할 수 있는 예외상황

을 의미한다.

- 참여자(Participant, Role): 프로세스를 구성하는 활동들의 참여자를 의미한다.

각 표기법의 보조 요소 지원은 표 26과 같다.

표 26 프로세스 표기법의 보조 요소 비교

요소	BPMN	Petri Net	UML A.D	IDEF3	순서도
트랜잭션	O	X	X	X	X
예외	O	△	△	△	△
참여자	O	X	O	X	X

(해당요소 표기 존재: O, 암시적 표기 또는 대체 표기 존재: △, 존재하지 않음: X)

5

비즈니스 프로세스 관리 Pilot 시스템 구축

본 chapter에서는 3장에서 설명한 비즈니스 프로세스 관리 시스템 구축 방법론(일명 BPM Life-Cycle 구축 방법론)을 기반으로 하여 실제 기업 업무를 대상으로 실시한 BPM pilot 시스템 구축 사례를 설명코자 한다. 이 BPM pilot 시스템의 구축 사례를 통해 BPM 구축 방법론의 이해를 높이고 BPMS의 구축 전 과정을 자세히 살펴보는 기회가 될 것이다. 본 사례는 HandySoft사의 BizFlow를 활용하여 구축되었음으로 BizFlow를 기반으로 하여 BPM pilot 구현 단계를 설명한다.

실제 비즈니스 프로세스 관리 시스템의 구축 과정을 진행 단계별로 설명하고 단계별 업무 내용과 관련 산출물을 제공한다. 3장의 BPM Life-Cycle 구축 방법론을 참조하여 본 chapter를 읽으면 이해에 도움이 될 것이다.

5.1_ 대상기업 정의

BPM pilot 시스템 구축의 대상기업인 A사는 굴삭기, 휠로다, 지게차, 스키드 스티어로다 등의 건설장비 및 산업차량을 생산, 공급하고 있다.

A사는 세계 최고의 건설장비 개발을 목표로 뉴 스타일링의 디자인과 자동제어시스템, 운전자 중심의 편의성 등을 강조한 제품 고급화에 더욱 주력하고 있으며, 신 시장 개척을 위해 직수출을 증대하여 시장영역을 꾸준히 확대해 나가고 있다.

5.2_ BPM 전략수립

5.2.1 경영환경 분석

A사의 경영환경 분석을 위해 일반환경 분석, 경쟁환경 분석, 내부환경 분석, IT trend 분석, 비전/전략 분석, 그리고 SWOT 분석을 각각 실시하여 핵심성공요소(CSF: Critical Success Factor) 및 Core Competence를 도출하였다. 최종적으로 이를 바탕으로 A사의 정보화 CTQ(Critical to Quality)를 그림 131과 같이 정의하였다.

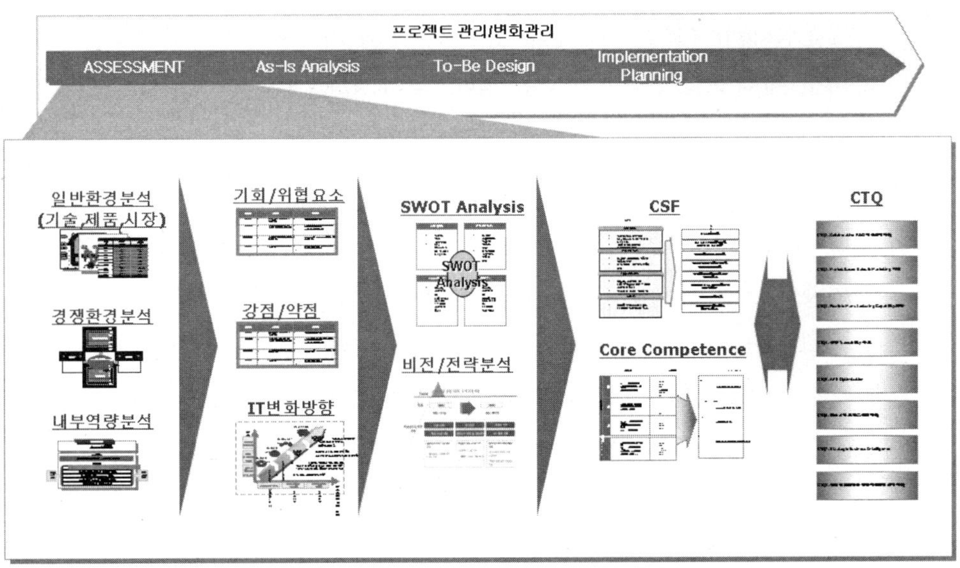

그림 131 경영환경 분석 단계

구체적인 내용으로 일반환경, 경쟁환경, 내부역량 및 SWOT 분석을 통해 얻은 시사점들을 분석하여 그림 132와 같이 5개의 주요성공요소와 3개의 Core Competence를 도출하였다.

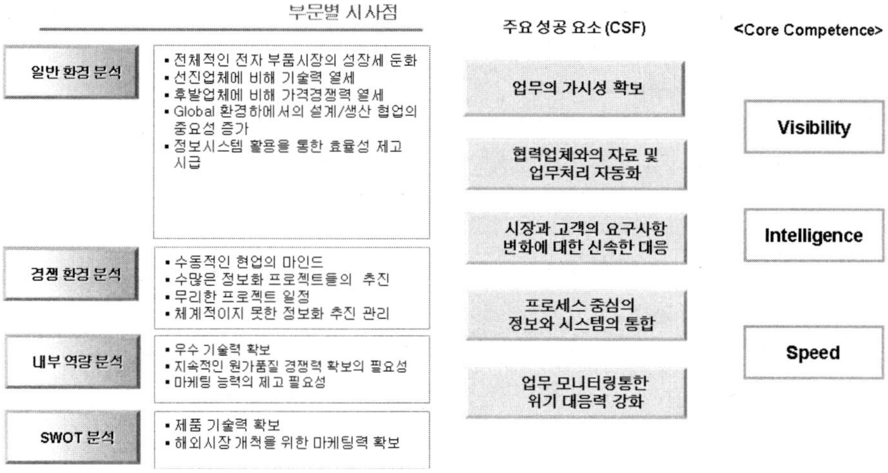

그림 132 A사의 CSF 및 Core Competence

그리고 도출되어진 CSF/Core Competence 결과 및 경영진 면담 내용을 토대로 향후 A사가 경영비전 달성을 위하여 추진해야 할 8개의 정보화 CTQ를 그림 133과 같이 도출하였다.

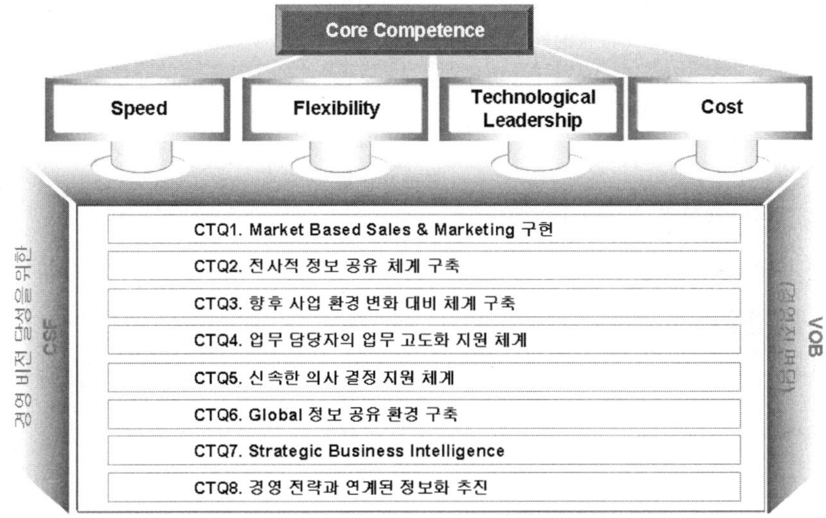

그림 133 A사의 정보화 CTQ

더불어 도출되어진 CSF, Core Competence, 그리고 정보화 CTQ 상호간의 관계를 그림 134와 같이 정의하였다.

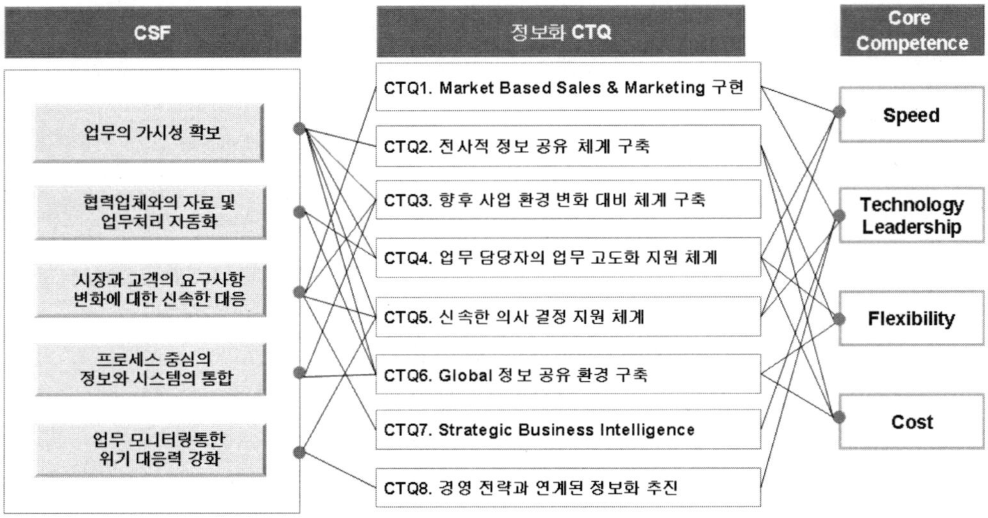

그림 134 CSF/Core Competence/정보화 CTQ mapping

이상과 같은 경영환경 분석 결과를 바탕으로 A사는 우선적으로 다수의 CSF 및 정보화 CTQ와의 관련성이 높은 영업부문을 중심으로 BPM pilot 시스템을 구축키로 하였다.

5.2.2 정보환경 분석

(1) A사 정보화 현황

현재 A사는 경영지원, 생산, 생산지원, 영업, 설계, AS 등의 부문에서는 개별 전산시스템을 활용하여 업무를 처리하고 있으며, 재무 및 회계 부문은 ERP를 도입하여 경영정보를 통합관리하고 있다. 그리고 그룹웨어, 전사문서관리 시스템을 사용하여 업무의 자동화를 꾀하고 있다. A사의 IT framework은 그림 135와 같다.

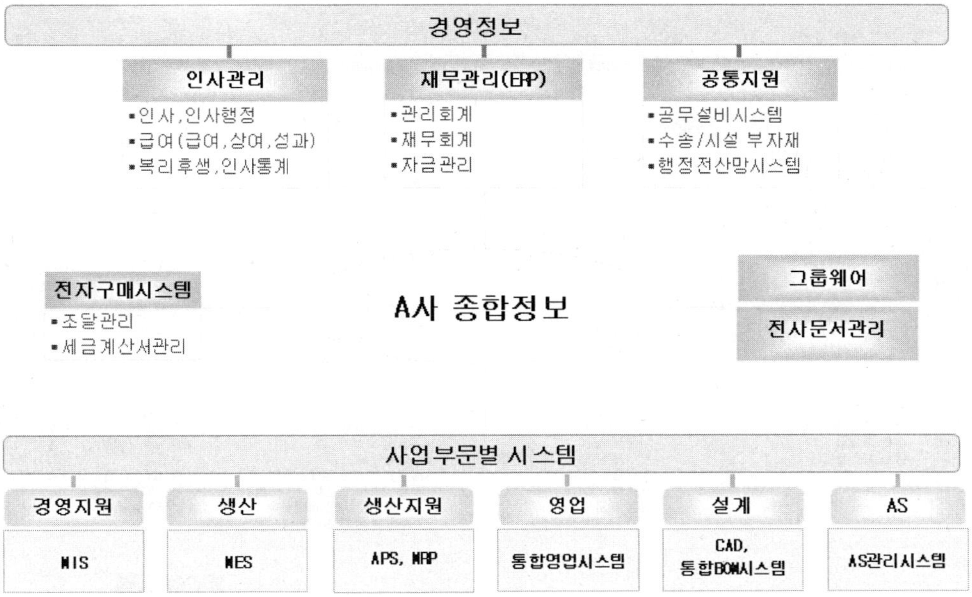

그림 135 A사의 IT framework

(2) A사 정보시스템 하드웨어 현황

A사는 정보시스템의 보안을 위해 방화벽, 프록시, Edge 등의 개념을 도입한 네트워크 보안 체계를 구성하고 있다. 또한 웹 기반 정보시스템의 원활한 운영을 위하여 로드밸런싱, Active Directory 등의 기술을 활용하고 있다.

5.2.3 추진계획 수립

BPM Life-Cycle 방법론의 세부 단계를 따라 pilot 시스템 구축을 위한 추진계획을 그림 136과 같이 수립하였다. 이렇게 수립된 추진계획을 따라 BPMS 구축 프로젝트를 진행하게 되면, 프로젝트 수행 과정에서 빈번하게 발생하는 계획의 수정 및 중복 업무 등을 최소화 할 수 있어 보다 효율적으로 프로젝트를 수행할 수 있다.

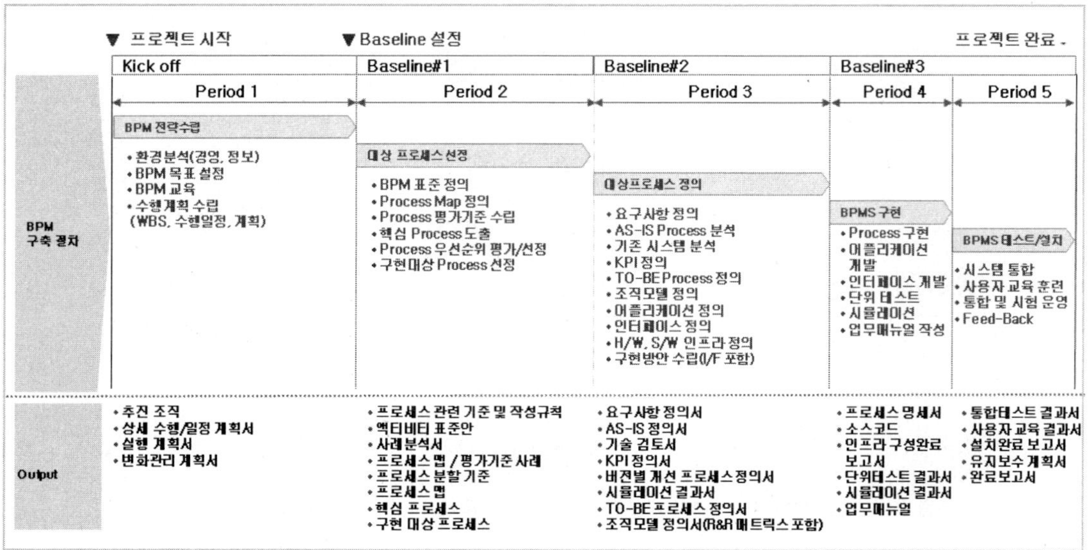

그림 136 BPMS 추진계획

5.3_ 대상 프로세스 선정

5.3.1 BPM 표준 정의

우선 프로세스 모델링을 위해, 프로세스 분할 기준/ 프로세스 표기법/ 모델링 규칙/ 프로세스 관리 기준 등을 정의하였다.

(1) 프로세스 분할 기준

프로세스의 분할을 위해 정의 단계에서는 메이저 프로세스를 선정하고 그룹핑하여 메가 프로세스를 정의하는 상향식 접근 방식을 사용하였고, 측정 단계에서는 메이저 프로세스를 단위 프로세스로 분할 정의하는 수명 주기 접근 방식을 사용하였다.

(2) 프로세스 표기법

프로세스 단계별 이름, 번호체계 등을 그림 137과 같이 정의하였다.

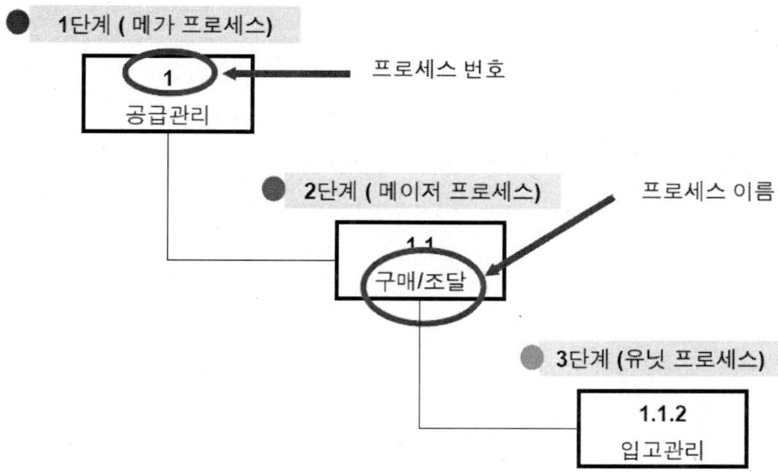

그림 137 프로세스 이름 및 번호체계

그리고 액티비티 번호체계를 그림 138과 같이 정의하였다. 액티비티 번호는 해당 프로세스 내에서만 유의하며, 액티비티의 실행 순서와는 무관하다. 또한 프로세스 번호체계와 구분하기 위해 액티비티 번호 뒤에 ' . '를 붙이도록 하였다.

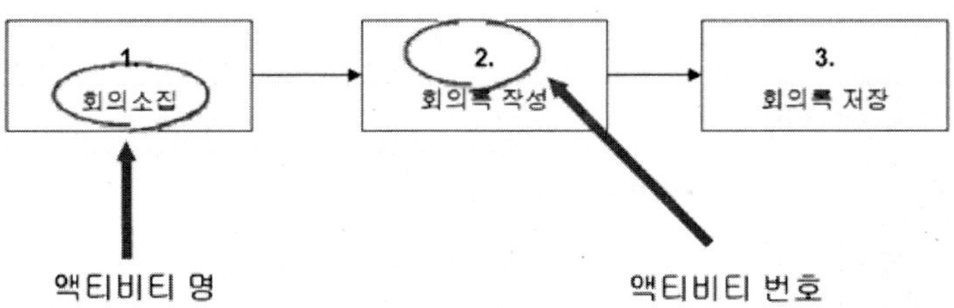

그림 138 액티비티 번호체계

(3) 작성 규칙

프로세스 모델링을 위한 세부 작성 규칙을 그림 139와 같이 정의하였다.

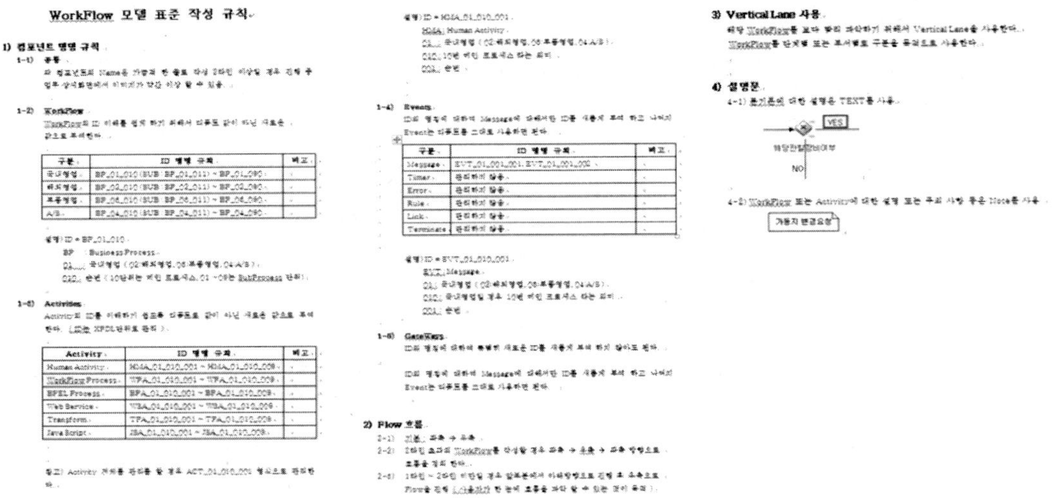

WorkFlow 모델 표준 작성 규칙

그림 139 표준 작성 규칙

(4) 프로세스 맵 정의

프로세스 계층을 크게 0레벨의 전사 프로세스에서 5레벨의 태스크까지 세분화하여 그림 140과 같이 정의하였다. 이 계층 분류와 프로세스 분할 기준을 바탕으로 A사의 프로세스를 분류하고 프로세스 맵을 작성하였다.

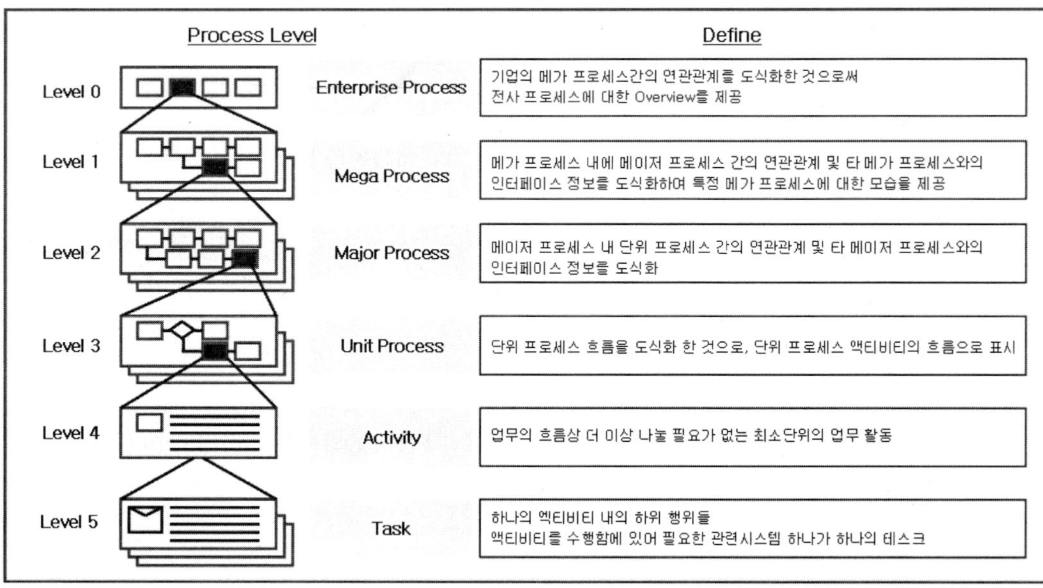

그림 140 프로세스의 구조

(5) 액티비티 표준안

액티비티 도출 기준을 그림 141과 같이 규정하고, 또한 프로세스를 표현하기 위하여 총 11개 유형의 표준 액티비티를 그림 142와 같이 정의하였다. 모든 프로세스는 정의된 표준 액티비티만을 사용하여 표현하도록 하였다.

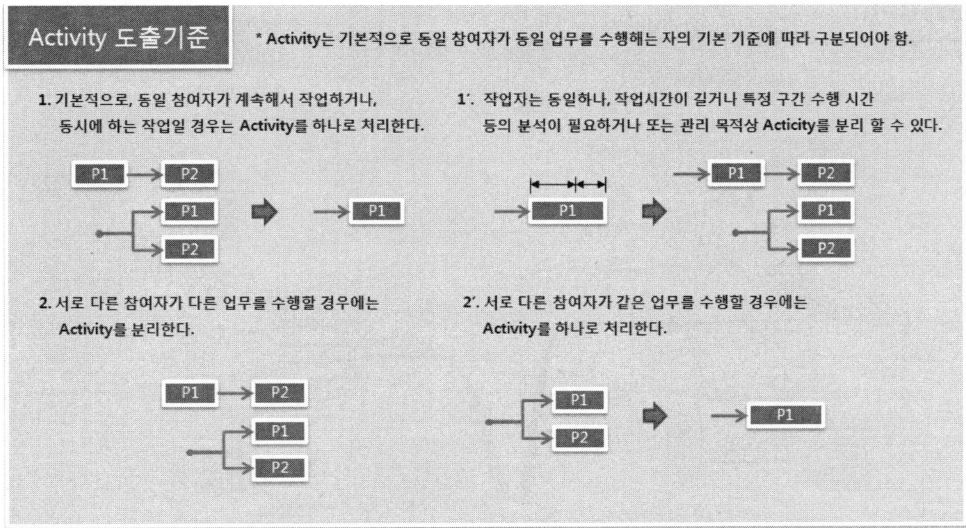

그림 141 액티비티 도출 기준안

No	Activity유형	현업의 Activity 표현유형	정의	Input	Output	비고
1	신청(Apply)	신청	어떤 일을 하고자 하여 양식을 작성하거나, 문서로 신청하는 행위	시작, 메시지, 양식	문서	요청(Request)
2	접수(Receive)	접수	사실 처리를 문구, 구두지시를 받아들이는 행위	문서, 메시지		
3	통보(Report)	통보, 교환, 송부, 보고	완료된 문서나 메시지를 다른 사람에게 통보하는 행위	문서, 메시지		
4	작성(Write)	계획, 정리, 생성, 수립, 편집, 자료	양식을 작성하여 산출물을 만드는 행위	시작, 메시지, 데이터, 양식, 문서	문서	
5	취합(Collect)	취합	여러 개의 문서를 취합하여 하나로 모으는 행위	N개의 문서	1개의 문서	
6	등록(System Input)	등록, 반영	정보시스템을 통해 필요한 데이터 입력을 하는 행위	데이터, 메시지	메시지	등록(Key-In)
7	실행(Execute)	실행	입력 정보에 반응하여 실제 행동을 수행하는 작업	메시지, 문서, 데이터	메시지	
8	검토, 검증(Verify)	검토	문서를 검토하여, 확정하는 행위. 입력 문서에 대한 전면적인 변경이 일어나지 않음	문서	문서	분기가능
9	확정(Confirm)	확정	업무 및 업무행위를 확인하여 확정하는 행위	문서, 메시지	문서, 메시지	
10	결재(Approve)	결재, 승인, 확정	문서나 어떤 현상에 대하여 판단하여 결정하는 행위	문서, 메시지, 데이터		분기가능
11	공지(Announce)	-	불특정 다수에게 양식, 문서를 첨부하여 알리는 행위	문서	문서, 메시지, 양식	

• 시작(Start), 완료(End) Activity는 생략
• 공지는 협의 필요
• 현업의 Activity는 해외영업 기준임

그림 142 표준 액티비티

5.3.2 Process Map 정의

A사의 전사 프로세스 맵은 크게 경영지원, 생산, 생산지원, 영업, A/S, 그리고 설계 등 6개 부문으로 나누어진다. 이를 기능 측면에서 분류하여 정리하면 그림 143과 같다. 특히, BPM pilot 시스템의 우선 적용 영역으로 선정된 영업부문의 프로세스는 하위 프로세스 단계까지 기술하였다.

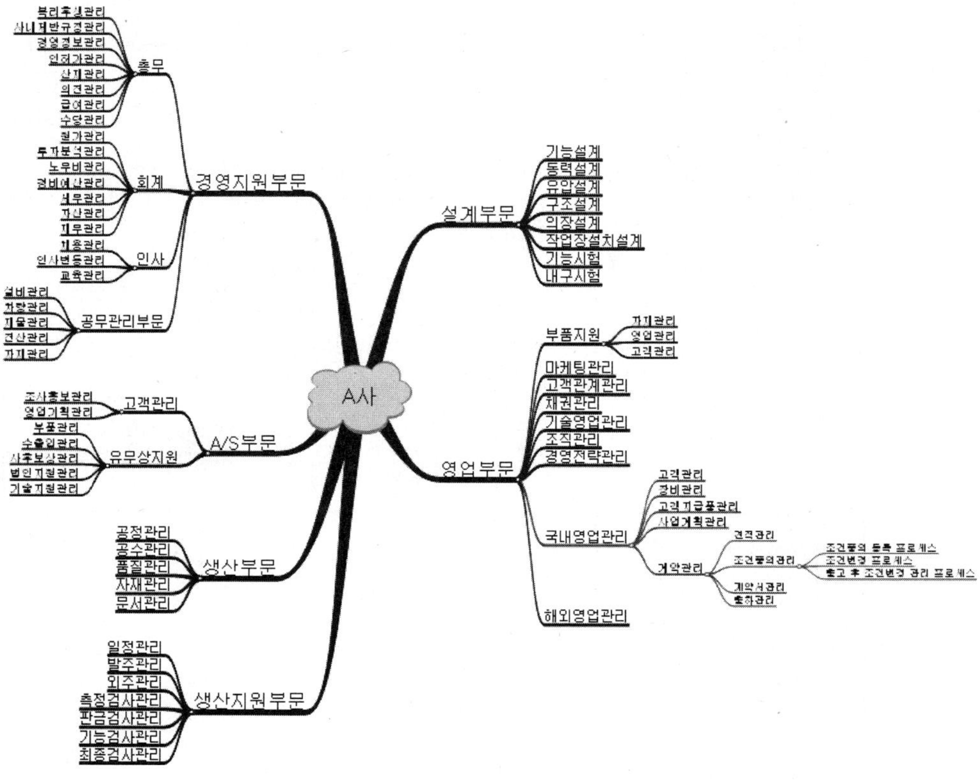

그림 143 A사의 전체 업무 프로세스 구성

작성되어진 영업부문의 프로세스 맵은 그림 144와 같다. 프로세스 맵은 액티비티 단계까지를 반영하여 기술하였다.

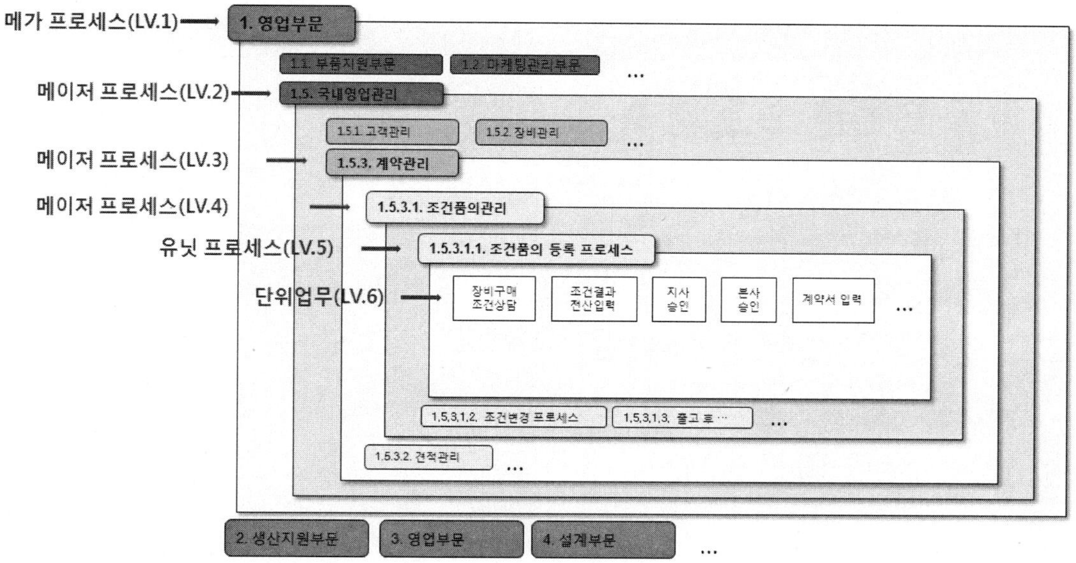

그림 144 A사 영업부문의 프로세스 맵

5.3.3 Process 평가기준 수립

A사 영업부문의 모든 프로세스를 동시에 BPMS로 구현하는 것은 현실적으로 어렵기 때문에 우선적으로 적용할 단위 업무 프로세스들을 결정코자 BPM 적용 프로세스의 평가를 위한 기준을 그림 145와 같이 수립하였다.

A사의 경우 프로세스의 평가기준을 크게 비즈니스 효과성, BPM 적합성, 그리고 구현 용이성 등의 세 가지 관점을 고려하였다. 그리고 업무와 관련된 기간계 시스템이 제한적이라는 A사의 업무환경 특성상 구현 용이성보다는 비즈니스 효과성과 BPM 적합성 측면에 상대적으로 높은 가중치를 부여하였다.

구분	항목	설명	상세기준	적용항목	판단방법	측정지평가기준	효과평가	가중치
비즈니스 효과성	핵심고객 서비스 업무	고객서비스 업무 프로세스 중 고객과의 접촉이 직접적으로 발생하는 프로세스는 핵심 업무에 해당되므로 비즈니스의 효과성이 크다.	프로세스상에서 고객과의 접촉여부 및 횟수 분석	중요도	설문	주관적	높음 > 중간 > 낮음 16 > 8 > 0	16
	프로세스 개선	현재의 업무처리 프로세스에는 중복/누락/병목 등이 자주 발생하여 프로세스를 개선할 필요가 있다.	업무처리 중 업무누락 및 중복, 자료의 분실, 임의적 처리 등으로 문제가 일어날 가능성은?	중복업무 발생 (데이터 중복 입력)	설문	주관적	중복성 높음>...>낮음 4 > 2 > 0	4
				업무처리 오류 에대한 피해	설문	주관적	높음 > 중간 > 낮음 4 > 2 > 0	4
	생산성 향상	현재 업무 프로세스를 처리하는데 필요한 시간이나 비용이 기대 이상으로 많이 발생하므로 업무 생산성 향상이 필요하다.	시스템 및 프로세스 개선을 통해 업무처리시간에 대한 개선의 여지가 어느 정도?	업무 대응 속도	설문	주관적	즉시처리 > ... > 배치처리 10 > 5 > 0	10
			현재의 업무를 처리하는데 업무처리 인력의 적절성은?	-	-	-	-	-
	관리의 필요성	현재 프로세스에는 관리상의 이슈가 많아 프로세스 통제 및 관리 기능을 개선할 필요가 있다.	업무를 수행하는데 있어 의사결정, 통제 및 관리를 위해 프로세스 진행 상황에 대한 모니터링의 필요성	업무처리 상황 모니터링 필요	설문	주관적	높음 > 중간 > 낮음 8 > 4 > 0	8
				업무 예외상황 처리요구	설문	주관적	높음 > 중간 > 낮음 4 > 2 > 0	4
BPM 적합성	발생 빈도	BPM의 대상이 되는 프로세스는 자주 혹은 적어도 정기적으로 발생하는 프로세스이어야 한다.	프로세스 발생주기 (Daily/Weekly/Monthly/Randomly)	발생빈도	현황 분석	높음: 1회/日 정도 중간: 1회/月 정도 낮음: 1회/年 정도	높음 > 중간 > 낮음 16 > 8 > 0	16
	시스템을 통한 업무처리	BPM의 대상이 되는 프로세스는 사람의 아이디어나 기획력에만 의지하지 않고 시스템과의 인터페이스를 통해서 처리되어야 한다.	시스템을 통해 자동화 처리할 수 있는 업무비중	정보처리 (계산,취합 등) 자동화 요구	설문	주관적	높음 > 중간 > 낮음 4 > 2 > 0	4
			시스템 상에서 처리되는 Activity 수	Acticity수	현황 분석	많음: 10개 이상 중간: 5~9개 낮음 : 0~4개	많음 > 중간 > 낮음 8 > 4 > 0	8
	처리인원 및 시스템수	BPM의 대상이 되는 프로세스는 한 사람에 의해 처리 되거나 하나의 시스템에서 처리되지 않아야 한다.	관련 조직 수	적용범위 (관련부서 수)	현황 분석	전사: 3개 이상 다수부서: 2개 단일부서: 1개	전사 > 다수부서 > 단일부서 10 > 5 > 0	10
			관련 시스템 수	프로세스 중심의 통합 대상 Application수	현황 분석	많음: 3개 이상 중간: 1~2개 없음: 0개	많음 > 중간 > 없음 4 > 2 > 0	4
구현 용이성	R&R	BPM 대상 프로세스에 대한 ROLE과 Responsibility가 사전에 정의되어 있어야 한다.	단위 업무별 업무 담당자 정의	-	-	-	-	-
			단위 업무별 처리 절차서 및 관련지식과 기술의 체계적 정리여부	일관된 업무처리 요구	설문	주관적	임기응변식 처리 > ... > 이미 표준화 4 > 2 > 0	4
				문서이력(History) 관리요구	설문	주관적	높음 > 중간 > 낮음 4 > 2 > 0	4
				업무 정보공급 요구	설문	주관적	높음 > 중간 > 낮음 4 > 2 > 0	4
	IT 지원도	BPMS를 구현하기 위한 Legacy 수정이나 Legacy 추가 개발 작업이 최소화 되어야한다.	시스템 측면에서 구현조건	-	-	-	-	-
	개선의지	BPM의 대상이 되는 프로세스의 담당자는 성공적인 BPM 프로젝트 수행을 통한 프로세스 개선의지를 가지고 있어야 한다.	프로세스 개선 활동의 의지	-	-	-	-	-
							효과평가 가중치 합계 :	100

그림 145 BPM 적용 프로세스 평가기준

5.3.4 핵심 Process 도출

A사 영업부문의 하위 프로세스를 대상으로 현업과의 인터뷰 및 프로세스 분석 등을 통해 핵심 프로세스를 도출하였다. 영업부문의 주요 하위 프로세스인 부품지원, 마케팅

관리, 채권관리, 기술영업관리, 조직관리, 경영전략관리, 국내영업관리, 해외영업관리, A/S 관리들을 대상으로 핵심 프로세스 도출 작업을 진행하였으며, 최종적으로 국내영업관리 부문이 핵심 프로세스로 선정되었다.

5.3.5 Process 평가

A사 국내영업관리 부문의 세부 프로세스들을 대상으로 앞서 정의된 BPM 적용 프로세스 평가기준을 적용하여 프로세스들을 평가하였다.

프로세스의 평가는 국내영업에 관련된 관리자와 담당자의 면담을 통해 이루어졌으며 취합된 평가 결과는 그림 146과 같다.

순번	업무구분	평가요소 및 배점															우선순위	선정여부	선정/미선정사유	비고
		적용범위	중요도	발생빈도	Activity 수	통합대상 App. 수	업무대응속도	중복업무발생	오류에 대한 피해	일관된 업무처리 요구	문서이력 관리 요구	정보처리 자동화 요구	업무 정보공급 요구	예외상황 처리 요구	모니터링 필요성	총점				
		10	16	16	8	4	10	4	4	4	4	4	4	4	8	100				
1	1.1.1.고객기본정보등록	0	8	0	0	2	0	4	0	0	0	0	0	0	0	14	34	X		
2	1.1.2.고객DM발송	0	8	0	0	2	0	0	0	0	0	0	0	0	0	10	38	X		
3	1.2.1.장비등록	10	8	0	4	2	0	0	0	0	0	0	0	0	0	24	26	X		
4	1.2.2.내수ATT"등록	10	8	0	4	2	0	0	0	0	0	0	0	0	0	24	26	X		
5	1.2.3.OEM ATT"등록	10	8	0	8	2	0	0	0	0	0	0	0	0	0	28	22	X		
6	1.2.4.지급품등록	5	0	0	4	2	0	0	0	0	0	0	0	0	0	11	37	X		
7	2.1.1.기준가격관리	5	0	0	4	2	0	0	0	0	0	0	0	0	0	11	37	X		
8	2.1.2.연사업계획수립	10	0	0	8	0	0	0	0	0	0	0	0	0	0	18	32	X		
9	2.2.1.차3,6개월판매계획관리	5	0	8	4	2	0	0	0	0	0	0	0	0	0	19	31	X		
10	2.3.1.당월목표입력	5	0	8	4	2	0	0	0	0	0	0	0	0	0	19	31	X		
11	3.1.1.견적서작성	0	8	16	0	2	0	0	0	0	0	0	4	0	0	30	20	X		
12	3.2.1.조건품의요청	0	16	16	4	2	10	0	0	0	0	0	4	4	8	64	1	O		
13	9.1.1.중고협력업체인수관리	0	0	16	4	2	10	0	0	0	0	0	4	0	8	44	9	O		
14	9.2.1.중고사업팀인수결정관리	0	0	16	4	2	10	0	0	0	0	0	0	0	8	40	12	O		
15	9.2.2.중고사업팀매입관리	0	0	16	4	2	10	0	0	0	0	0	4	0	8	44	9	O		
16	3.3.1.계약서작성	0	8	16	0	2	0	4	0	0	0	0	4	4	0	38	14	O		
17	4.1.1.출고의뢰요청	5	8	16	4	2	0	0	0	0	0	0	4	4	8	51	4	O		
18	6.1.1.출고 후 조건변경	10	0	16	4	2	10	0	0	0	4	0	4	0	8	58	2	O		
19	3.2.2.조건수정History	10	8	16	4	0	0	0	0	0	4	0	0	0	0	42	11	X		
20	4.1.2.출고통보	0	8	16	0	2	10	0	0	0	0	0	4	0	8	48	6	X		
21	4.3.1.전진배치요청	5	8	16	0	2	0	0	0	0	0	0	4	0	0	35	17	X		
22	4.2.1.장비출하	0	8	16	4	2	0	0	0	0	0	0	0	0	0	30	20	O		
23	4.2.2.출하지급품	0	0	16	4	4	0	0	0	0	0	0	4	0	8	36	16	X		
24	5.1.1.OEM ATT"발주	5	8	16	4	4	0	0	0	0	0	0	4	0	8	49	5	X		
25	5.2.1.OEM ATT"정산	0	8	16	4	4	10	0	0	0	0	0	4	0	0	46	8	X		
중략																				
46	7.3.2.중고협력업체여신관리	0	8	8	4	2	0	0	0	0	0	0	4	4	0	30	20	X		
47	7.4.1.송무신청	5	0	0	8	2	0	0	0	0	0	0	0	0	0	15	33	X		
48	7.4.2.송무진행	0	0	0	0	0	0	0	0	0	0	0	0	0	8	8	39	X		
49	7.4.3.송무비용신청	5	0	0	4	4	0	0	0	0	0	0	0	0	0	13	35	X		
50	7.4.4.송무비용처리	5	0	0	4	4	0	0	0	0	0	0	0	0	0	13	35	X		
51	8.1.1.현금입금	5	8	8	8	4	0	0	0	0	0	0	4	0	0	37	15	X		
52	8.1.2.어음입금	5	8	8	8	4	0	0	0	0	0	0	4	0	0	37	15	X		
53	8.2.1.현금출금	5	0	8	4	4	0	0	0	0	0	4	4	0	8	37	15	X		
54	8.2.2.어음출금	0	0	8	4	4	0	0	0	0	0	4	4	0	8	32	18	X		
55	8.3.1.연간수금계획관리	5	0	0	0	2	0	0	0	0	0	0	0	0	0	7	40	X		
56	8.3.2.수금조건변경	5	8	8	4	2	0	0	0	0	4	0	4	0	8	43	10	X		
57	8.3.3.수금현황관리	0	0	8	4	2	0	0	0	0	0	0	0	0	0	14	34	X		
58	8.3.4.대체관리	5	8	8	4	2	0	0	0	0	4	0	4	0	8	43	10	X		
59	10.1.1.영업활동	0	8	8	4	2	0	0	0	0	0	0	0	0	0	22	28	X		
60	10.1.2.상담정보	0	8	8	4	2	0	0	0	0	0	0	0	0	0	22	28	X		
61	10.1.3.판촉행사	5	0	0	8	2	0	0	0	0	0	0	0	0	0	15	33	X		
62	10.2.1.M/S관리	5	8	8	4	2	0	0	0	0	0	0	0	0	0	27	23	X		
63	10.2.2.중고거래동향	5	0	8	4	2	0	0	0	0	0	0	0	0	0	19	31	X		
64	10.2.3.일일시황현황	5	0	8	4	2	0	0	0	0	0	0	0	0	0	19	31	X		
65	10.2.4.가동율	5	0	8	4	2	0	0	0	0	0	0	0	0	0	19	31	X		
66	10.2.5.중고시세표	5	0	8	4	2	0	0	0	0	0	0	0	0	0	19	31	X		
67	10.2.6.경제지표	0	0	8	0	2	0	0	0	0	0	0	0	0	0	10	38	X		
68	11.1.1.품질만족보증요청	5	0	8	4	2	0	0	0	0	0	0	0	0	0	19	31	X		
69	11.2.1.AS일보/주간보고	5	0	8	4	2	0	0	0	0	0	0	0	0	0	19	31	X		
70	11.3.1.필드뉴스	5	0	16	4	2	0	0	0	0	0	0	0	0	0	27	23	X		
71	11.4.1.AS차량수리의뢰서	5	0	8	4	2	0	0	0	0	0	0	0	0	0	19	31	X		
72	11.5.1.경쟁사장비 DB화	5	0	0	4	2	0	0	0	0	0	0	0	0	0	11	37	X		

그림 146 A사 국내영업의 세부 프로세스 평가 결과

우선순위가 높게 평가된 세부 프로세스는 조건품의요청, 출고 후 조건변경, 장비출하, 계산서 발급확정 프로세스 등이었다. 비록 우선순위가 낮은 프로세스지만, 우선순위가 높게 평가된 프로세스와 밀접한 관련이 있거나, 하위 프로세스로 판단되는 경우 선정 대상 프로세스 범위 내에 포함시켰다.

5.3.6 구현대상 프로세스 선정

2~3배수로 선정된 대상 프로세스를 중심으로 A사의 임원 및 관리자들과 수차례의 회의를 거쳐 최종 구현대상 프로세스를 확정하였다. 확정된 구현대상 프로세스들과 이들의 최종 평가결과의 일부 내용은 그림 147과 같다.

구분	업무구분	항목	평가요소 및 배점															비고
			비즈니스 효과성											구현 용이성				
			핵심업무	발생빈도	적용범위	액티비티수	통합시스템수	업무대응속도	중복업무발생	오류에대한피해	정보처리자동화	예외상황처리	모니터링필요	일관된업무처리	문서이력관리	업무절차보고	총점	
		가중치	16	16	10	8	4	10	4	4	4	4	8	4	4	4	100	
국내영업	3.2.1.조건품의요청		16	16	0	4	2	10	0	0	0	4	8	0	0	4	64	핵심업무/ 발생빈도 높음
	ㄴ 3.3.1.계약서작성		8	16	0	0	2	0	4	0	0	4	0	0	0	4	38	조건품의 요청의 후행업무
	ㄴ 4.1.1.출고의뢰요청		8	16	5	4	2	0	0	0	0	4	8	0	0	4	51	핵심업무/ 관련부서 다수
	ㄴ 4.1.2.출고통보		8	16	0	0	2	10	0	0	0	0	8	0	0	4	48	발생빈도 높음/ 정보공유 요구 높음

그림 147 구현대상 프로세스의 평가결과 예시

5.4_ 대상 프로세스 정의

5.4.1 요구사항 정의

BPM 구현대상으로 선정된 국내영업 프로세스들과 관련되어 발생하는 제반 업무활동들을 수차례에 걸친 현업 담당자, 관리자들과의 인터뷰를 통해 파악하고 관련 요구사항들을 그림 148과 같이 수집, 정리하였다.

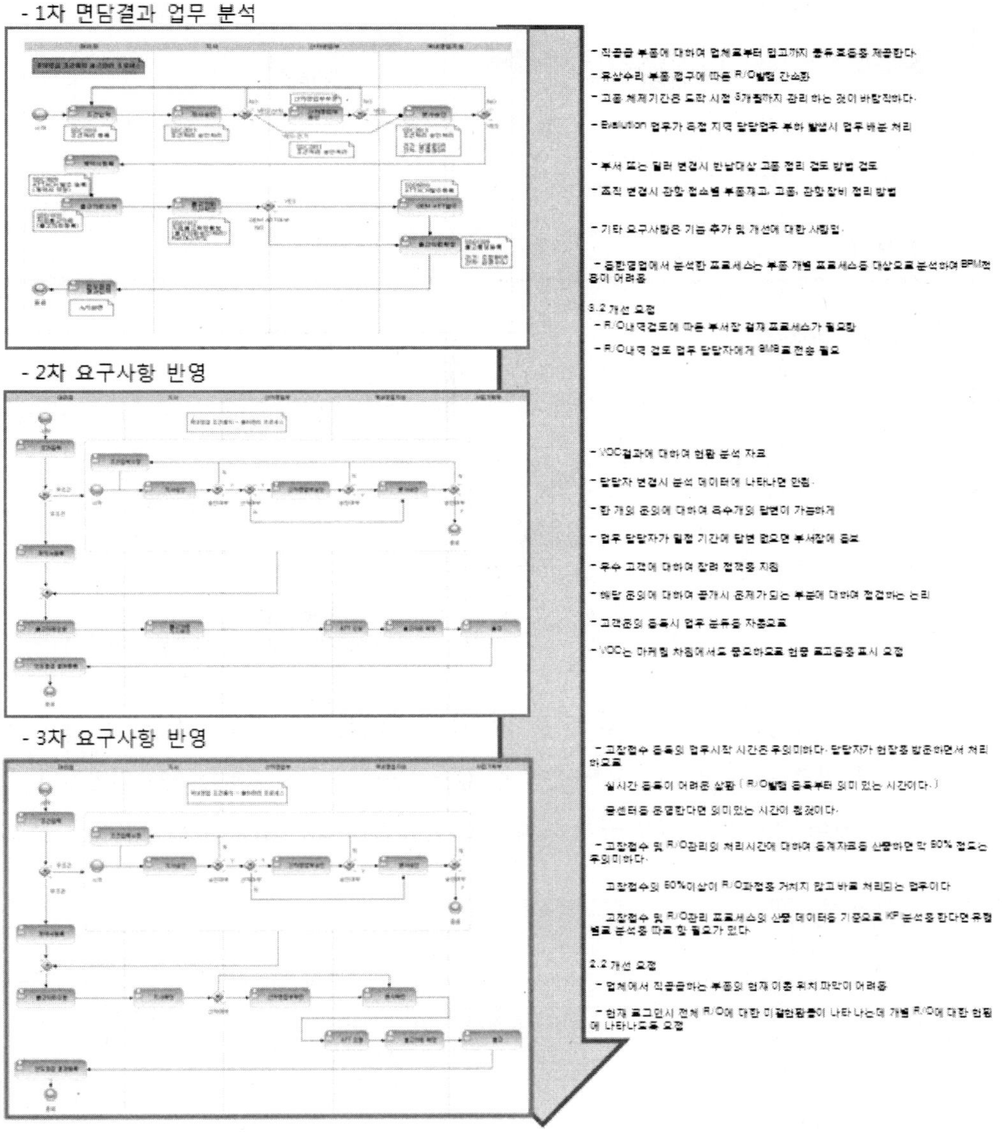

그림 148 요구사항 정의 단계

5.4.2 AS-IS Process 분석

A사는 부서별, 기능 단위별로 표준화된 업무처리 및 관리 기준이 없이 업무 담당자가 임의로 정의한 프로세스를 서류상으로 관리하고 있었다. 이는 업무 프로세스의 관리라기보다는 단순한 저장 및 보관정도의 수준이었다. 그림 149는 BPM 구현대상으로 선정된 영업 프로세스들의 기존 업무 흐름도의 예시이다.

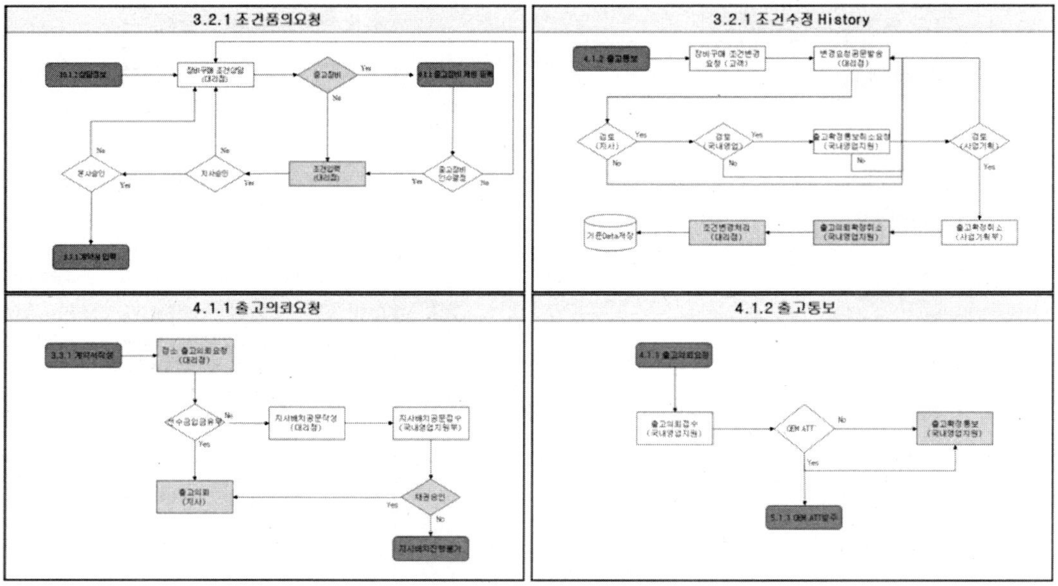

그림 149 구현대상 프로세스들의 As-Is 예시

앞서 설명한 '5.3.1 BPM 표준 정의'에서 정의된 프로세스 작성 규칙, 표준 액티비티 등의 자료를 바탕으로 As-Is 분석을 실시하였다. 먼저 프로세스의 일반적인 사항들을 도출하여 프로세스 작성 규칙에 따라 그림 150과 같은 프로세스 정의서를 작성하였다.

시스템	BPMS	모듈	국내영업 관리	Version	1.0
프로세스 ID	BP_01_010	작성부서		작성자	
프로세스 명	국내영업 수주관리 프로세스			작성일	

프로세스 일반정보				
분류			프로세스 책임자	국내영업지원
관리부서	국내영업지원부		관련부서	지점, 지사, 산차영업부, 사업기획부
프로세스 대상범위	조건입력에서 인도점검 결과까지를 처리한다.			
프로세스 시작권한	대리점 담당자		관련 시스템	통합영업시스템, 그룹웨어
업무주기	정기		비정기	수시
업무 기한	없음		업무매뉴얼	
프로세스시작 이벤트	조건처리 등록에서 저장완료 시점		프로세스 종료시 이벤트	인도점검 결과 등록화면에서 저장완료 시점
프로세스 개요(설명)	고객이 제품에 대한 구매 계약을 하면, 대리점 담당자가 조건입력을 실행하여…			
프로세스 문제점	문제점		개선방안	
	- 조건 승인 과정에서 업무의 지연이 자주 발생함.		- 조건등록에 대한 승인과정의 자동화 및 통보 기능 추가	

그림 150 프로세스 정의서 예시

또한 표준 액티비티를 활용하여 단위업무를 재정의 하였다. 이 과정에서 해당 업무 담당자, 관련업무의 이슈사항, 단위업무를 수행하기 위한 입/출력정보, 업무 기한 정보, 기한 지연 시 경고방법, 해당 어플리케이션, 프로세스 분기조건 등의 내용을 상세히 정리하였다.

그림 151은 단위업무 정의의 예시이다.

프로세스별 액티비티 상세설계서									
액티비티ID	액티비티명	상세설명	담당자	기한	관련업무이슈	경고방법	입력정보	출력정보	분기조건
						처리폼			
ACT_01_010_01	조건입력	지점에서 고객과의 거래에 대하여 계약 조건에 대한 여러 항목들을 등록해서 결재과정을 진행한다.	대리점담당자(60계정)	-		-		조건등록번호	
						SDC2010:조건처리 등록			
ACT_01_010_02	지사승인	지점에서 등록한 조건입력에 대하여 해당 지사장들이 승인을 하거나 반려 처리를 한다.	지사장(6계정)	업무도착 + 4HR	승인결과구분: 기결-->YES 보류-->대기 부결-->NO	SMS	조건등록번호	조건등록번호 지사승인여부 건기/산차구분	승인='Y' 미승인 ='N' 산차 ='Y' 건차='N'
						SDC2013:조건처리 승인처리			
ACT_01_010_03	산차영업부승인	지사승인을 완결한 건 중에서 산차에 해당하는 건은 산차영업부에서 승인을 하거나 반려 처리를 한다.	산차영업부부장	업무도착 + 4HR	승인결과구분: 기결-->YES 보류-->대기 부결-->NO	SMS	조건등록번호 건기/산차구분	조건등록번호 산차영업부승인여부	승인='Y' 미승인 ='N'
						SDC2013:조건처리 승인처리			

그림 151 단위업무 정의 예시

정의된 단위 업무를 바탕으로 프로세스의 업무 흐름도를 작성하여 정리하였다. 그림 152는 작성된 업무 흐름도의 예시이다.

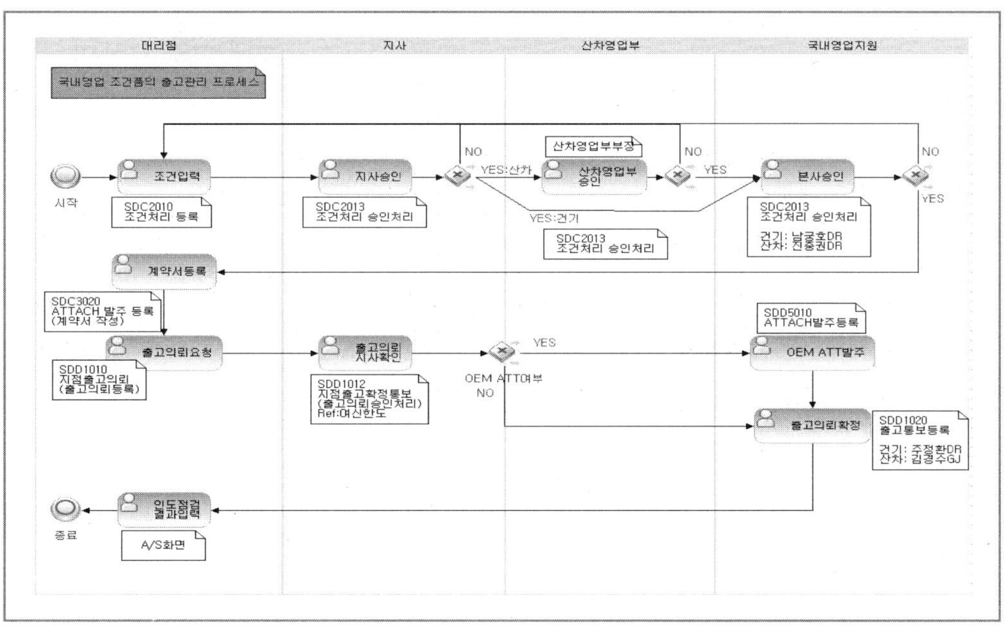

그림 152 업무 흐름도 예시

5.4.3 기존 시스템 분석

A사는 '5.2.2 정보환경 분석'에서 이미 설명한대로 그림 153과 같은 레거시 정보시스템을 운영하고 있었다. 이들 중 BPM 구현대상 프로세스들의 업무수행과 관련이 있는 시스템들은 크게 재무관리 ERP, 그룹웨어, 그리고 통합영업시스템 등이었다.

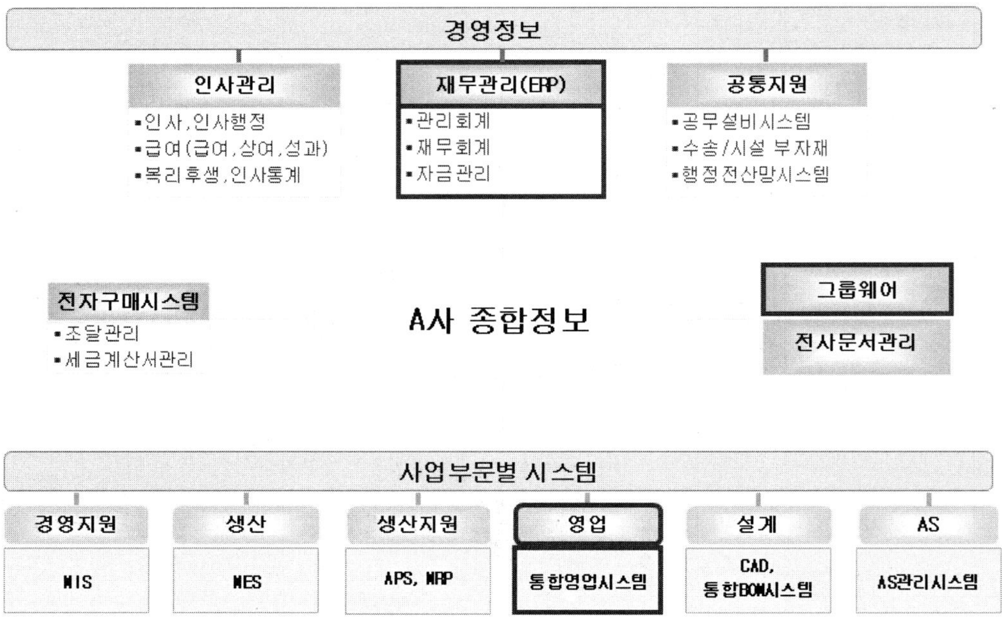

그림 153 BPMS와 연계되는 시스템

(1) 재무관리(ERP)

A사의 재무관리 ERP는 SAP 기반으로 크게 관리회계, 재무회계, 자금관리 등 전사의 회계 관련 data를 통합하여 관리하는 시스템이며 그림 154는 재무관리 ERP의 예시 화면이다. 통합영업시스템과 재무 ERP는 수금내역 조회, 세금계산서 출력 등의 업무 처리를 위해 연계된다.

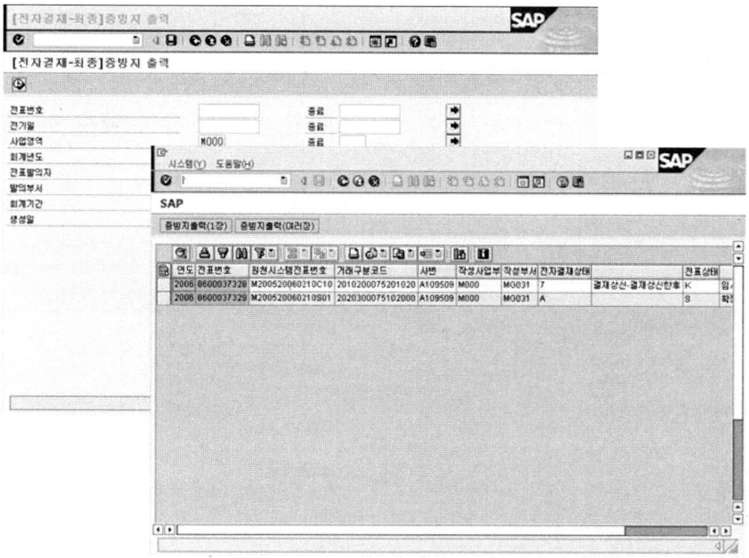

그림 154

재무관리(ERP) 예시 화면

(2) 그룹웨어

그룹웨어는 웹 기반의 결재업무, e-mail, 메시지, SMS, 일정관리, 시설물 예약, 공지사항, 설문조사 등의 업무를 통합하여 관리하는 시스템이다. 그림 155는 그룹웨어의 예시화면이다.

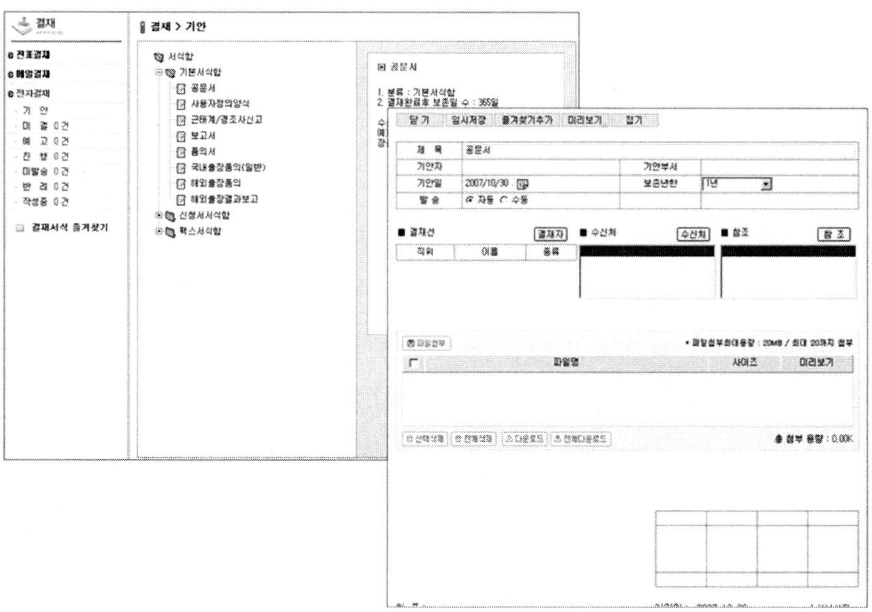

그림 155

그룹웨어 예시 화면

(3) 통합영업시스템

통합영업시스템은 웹 기반의 영업부문 레거시 시스템으로 영업의 모든 업무를 처리하고 관련 data를 관리하는 시스템이다. 그림 156은 통합영업시스템의 예시 화면이다.

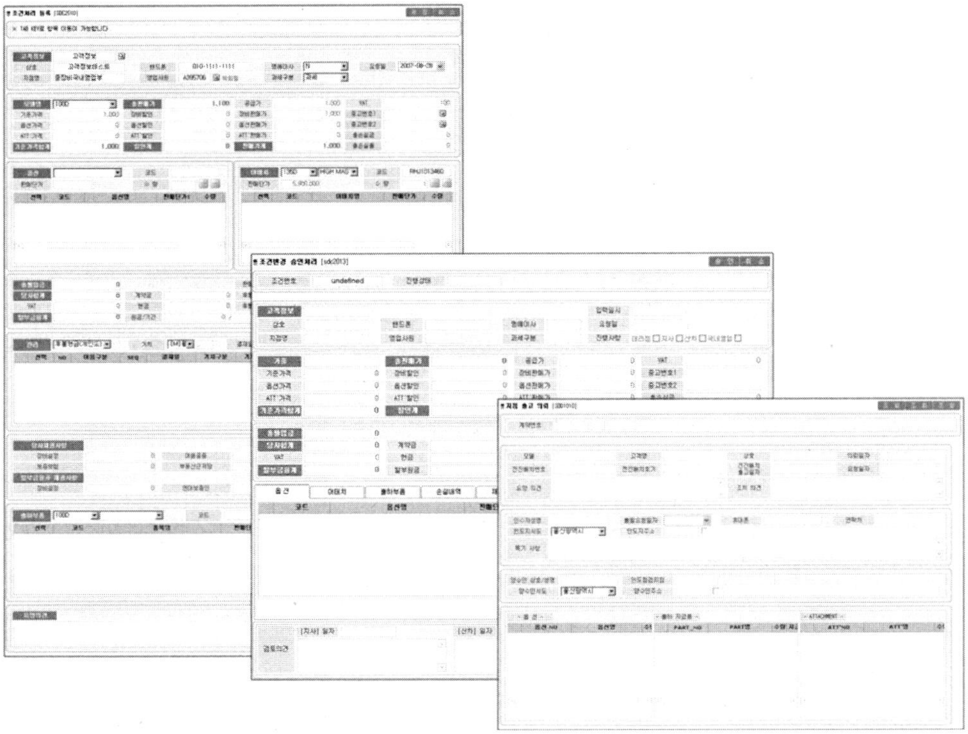

그림 156 통합영업시스템 예시 화면

BPMS가 SAP 기반의 재무관리(ERP), 웹 기반의 그룹웨어, 그리고 웹 기반의 통합영업시스템들과 통합/연동하여 서비스를 제공하는 데는 특별한 기술적인 문제가 없다. 또한 Oracle, DB2, MS-SQL 등 여러 DBMS 상호간의 데이터 통합 부문 역시 BPMS 구축과 관련하여 특별한 기술적인 문제점은 없다.

그러나 A사의 네트워크 체계 및 어플리케이션 체계를 분석해보면, A사는 여러 시스템 간 통합 인증을 관리하는 서비스를 제공하지 않고 있었다. 이는 추후 BPMS 구축 시 보안 문제가 발생할 수 있는 부분이었다. 따라서 A사는 향후 이 문제의 해결을 위해 여러 벤더를 통해 공급되고 있는 단일통합인증관리(SSO; Single Sign On) 체계의 도입을 검토해보기로 하였다. 단일통합인증관리를 통해 한 번의 로그인으로 별도의 인증

절차 없이 다수의 도메인 시스템에 대한 접근이 가능하여 불필요한 로그인 절차를 간소화함으로써 업무 효율성을 높일 수 있다. 그림 157은 일반적인 SSO의 구동 개념도를 나타내며 그림 158은 일반적인 SSO의 처리 흐름도를 나타낸다.

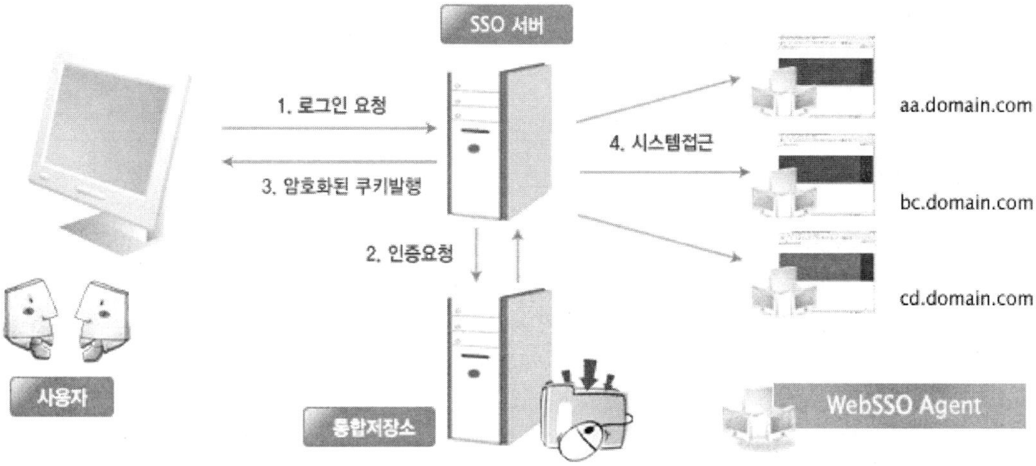

그림 157 일반적인 SSO의 구동 개념도

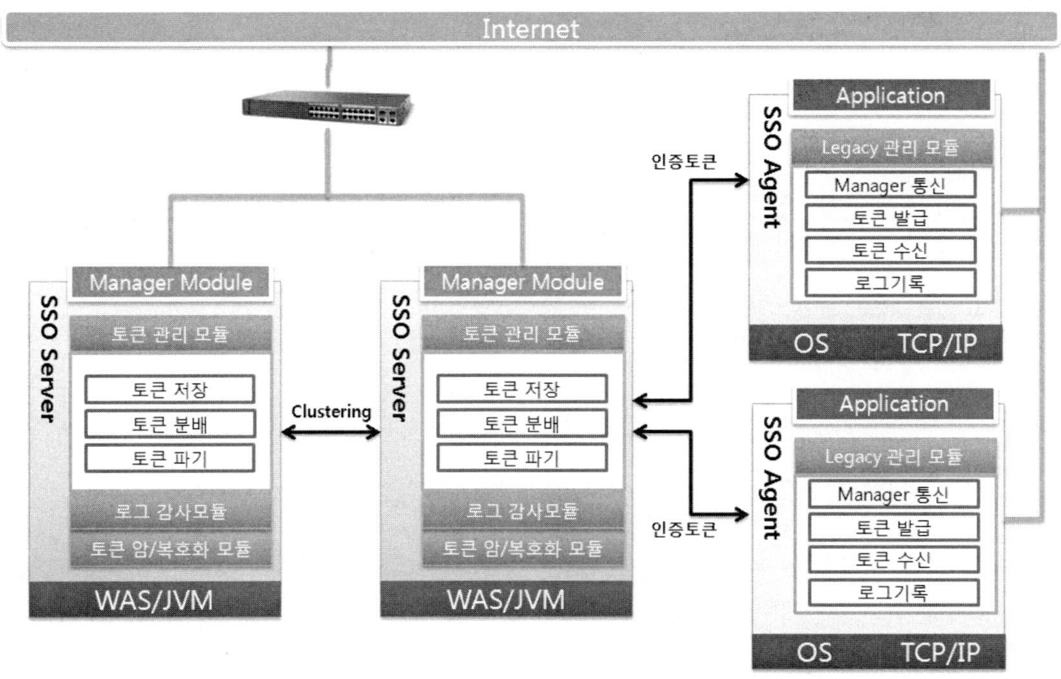

그림 158 일반적인 SSO의 처리 흐름도

5.4.4 KPI 정의

A사의 기존 KPI(성과지표)를 분석하고 이를 기준으로 BPMS에서 적용할 KPI를 재정의 하고 그 목표수준을 설정하였다. 재 정의된 KPI 및 목표수준들은 현업과의 협의를 통해 확정하였다. 그림 159와 160은 정의된 프로세스의 성과지표와 그에 따른 목표수준의 예시들이다.

프로세스 ID	BP_04_010			프로세스 명	조건품의 요청부터 계약서작성 및 출고의뢰 요청까지의 흐름	
성과관리 목표	조건품의 요청부터 출고의뢰 요청까지 2일 이내 처리율 90% 이상					
프로세스 성과지표	구분	핵심 성공 요소	프로세스 성과지표	구분	핵심 성공 요소	프로세스 성과지표
	시간 측면	대리점에서의 소요 부품의 적정재고 보유 각 액티비티에서의 처리 대기시간 최소화	▪ 각 액티비티별 처리시간의 단축 ▪ 조건품의 요청에서 계약서작성까지의 수행시간 단축	비율 측면	처리시간의 표준설정 준수	▪ 각 액티비티별 표준 처리 시간의 정규분포
	건수 측면			비용 측면	대리점에서의 조건품의 요청 재요구 횟수 최소화	▪ 월간 조건품의 요청 누적 재요구 횟수 감소

그림 159 프로세스 성과지표 정의예시(1/2)

프로세스 ID	BP_04_010	프로세스 명	조건품의 및 출고의뢰
프로세스 성과지표 ID	KPI-04-010	프로세스 성과지표 명	업무처리 기한 준수율
작성일		작성자	
프로세스 관리자	영업부서	데이터 수집 주기	일별
성과지표 조회자	영업부서	조회 주기	주별, 월별
산출식	(완료처리 기한 준수 건수 / 접수 의뢰 건수) * 100		
산출식 설명	접수 의뢰 건수 대비 완료처리 기한 준수 건수의 비율		
측정 단위	%		
현 수준	80%	목표 수준	90%
상한값		하한값	75%
성과 지표 데이터			
필요 데이터	수집방법	데이터 유형	소스 시스템
완료처리 기한 준수 건수	BPM이력정보에서 수집	숫자	BPM
접수 의뢰 건수	BPM이력정보에서 수집	숫자	BPM
리포팅 방법			
1) 위치 : A/S> 기한 준수율 추이 차트 2) 형태 : 막대그래프 3) X축 : 기간 4) Y축 : 준수율 5) 검색조건 : 기준일(From ~ To, 주/월별)			

그림 160 프로세스 성과지표 정의예시(2/2)

5.4.5 TO-BE Process 정의

(1) 조직모델 정의

A사의 조직체계와 사용자 정보를 수집 정리하여 그림 161과 같은 A사의 조직도를 작성하였다. 실제로 조직의 정의는 To-Be 프로세스의 정의보다 선행되어져야 한다.

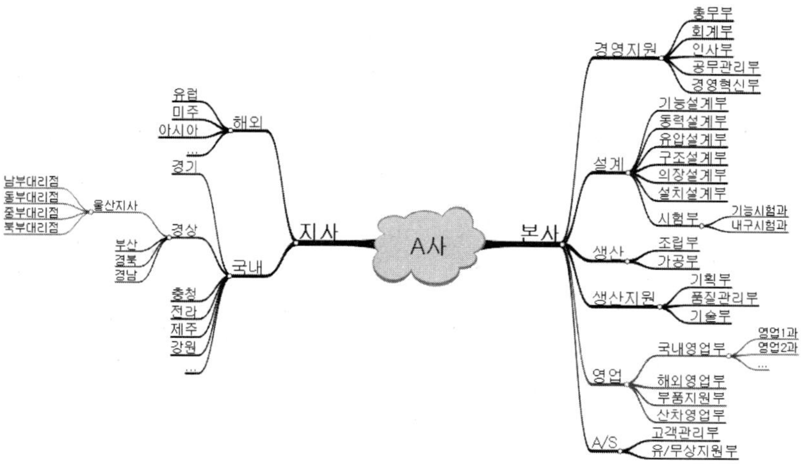

그림 161 A사의 조직도

작성되어진 A사의 조직도 및 사용자 정보를 바탕으로 이후 BPMS 구현단계에서 조직 폴더, 직위, 사용자 트리에 이들 정보를 적용하여 A사의 조직모델을 그림 162와 같이 정의한다.

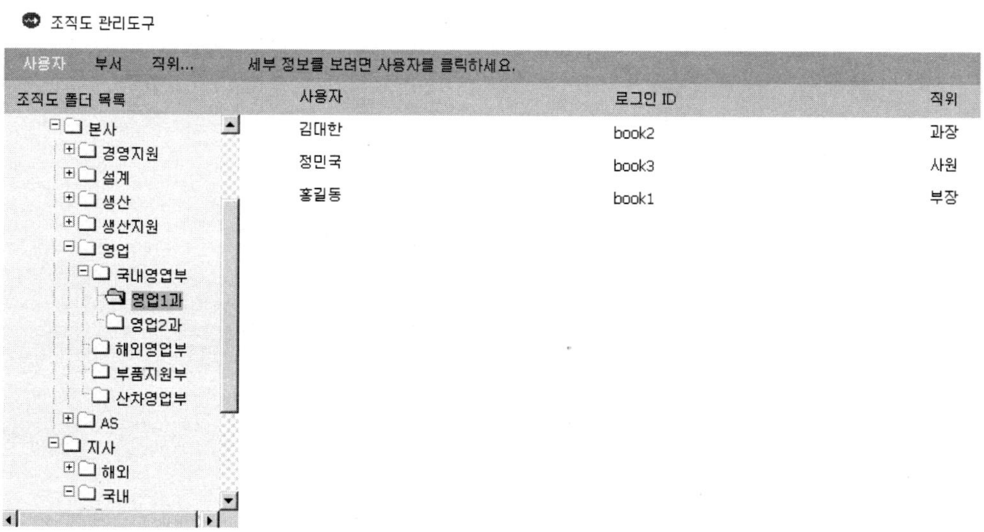

그림 162 BPMS에 적용한 A사의 조직모델

(2) Process 정의

'5.4.2 As-Is Process 분석'에서 정리된 구현 프로세스의 AS-IS 프로세스 분석결과를 바탕으로 그림 163과 같이 구현 프로세스를 재 정의하였다. 프로세스의 시작, 종료 조건, 업무기한, 예외처리, 권한 설정 등 프로세스의 일반적인 정보를 프로세스 정의서에 정리하였다. 그리고 프로세스의 분기조건, 흐름 등은 그림 164와 같이 프로세스 흐름도에 표현하였고, 각 단위업무에 대한 상세내역은 그림 165와 같이 액티비티 상세설계서의 작성을 통해 정리하였다.

프로젝트명						
프로세스ID	BP_01_010	모듈		작성일		작성자	
프로세스명						
프로세스 상세정의						
실행 조건	[프로세스 시작 조건을 입력한다.] 신규조건번호 생성시			업무기한	업무도착 + ?D	
프로세스 상세설명	대리점에서 신규조건번호 생성시 프로세스가 시작이 되며, 조건품의 승인 후 계약서 작성, 출고의뢰, 인도점검까지 관리하는 프로세스			예외처리	조건수정시 처리 방법?? [프로세스 예외발생시 처리방법 명시]	
권한설정	시작	대리점				
	처리	대리점, 지사, 국내영업지원				
	모니터링					
관련 파일	BP_01_010.XPDL					

그림 163 TO-BE 프로세스 정의서

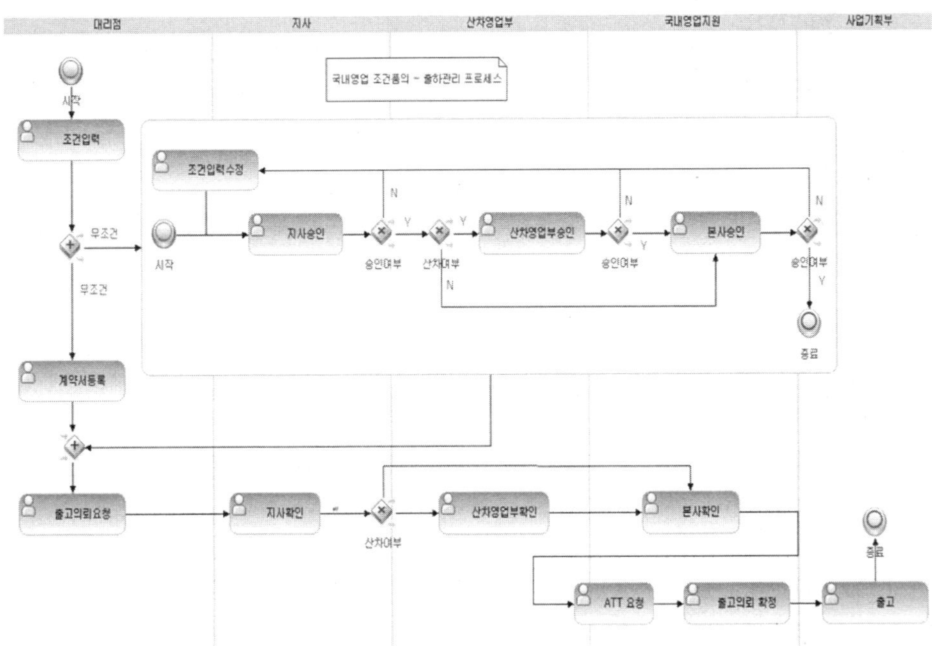

그림 164 TO-BE 프로세스 흐름도

프로세스별 액티비티 상세설계서									
액티비티ID	액티비티명	상세설명	담당자	기한	관련업무이슈	경고방법	입력정보	출력정보	분기조건
						처리폼			
ACT_01_010_01	조건입력	지점에서 고객과의 거래에 대하여 계약 조건에 대한 여러 항목들을 등록해서 결재과정을 진행한다.	대리점담당자(60계정)	-		-		조건등록번호	
						SDC2010:조건처리 등록			
ACT_01_010_02	지사승인	지점에서 등록한 조건입력에 대하여 해당 지사장들이 승인을 하거나 반려 처리를 한다.	지사장(6계정)	업무도착 + 4HR	승인결과구분: 기결-->YES 보류-->대기 부결-->NO	SMS	조건등록번호	조건등록번호 지사승인여부 건기/산차구분	승인='Y' 미승인 ='N' 산차 ='Y' 건차='N'
						SDC2013:조건처리 승인처리			
ACT_01_010_03	산차영업부 승인	지사승인을 완결한 건 중에서 산차에 해당하는 건은 산차영업부에서 승인을 하거나 반려 처리를 한다.	산차영업부 부장	업무도착 + 4HR	승인결과구분: 기결-->YES 보류-->대기 부결-->NO	SMS	조건등록번호 건기/산차구분	조건등록번호 산차영업부승인여부	승인='Y' 미승인 ='N'
						SDC2013:조건처리 승인처리			
ACT_01_010_04	본사승인	지사, 산차영업부의 승인을 완결한 건에 대하여 본사에서 최종적으로 승인을 하거나 반려 처리를 한다.	국내영업관리담당자 건기:남궁호DR 산차:진중권DR	업무도착 + 4HR	승인결과구분: 기결-->YES 보류-->대기 부결-->NO	봉수대 /SMS	조건등록번호	조건등록번호 본사승인여부	승인='Y' 미승인 ='N'
						SDC2013:조건처리 승인처리			
ACT_01_010_12	조건수정입력	지사, 산차영업부, 본사에서 반려한 조건입력건에 대하여 지점에서 조건을 변경해서 등록을 한다.	대리점담당자(60계정)	-		-	조건등록번호	조건등록번호	
						SDC2010:조건처리 등록			

그림 165 TO-BE 액티비티 상세설계서

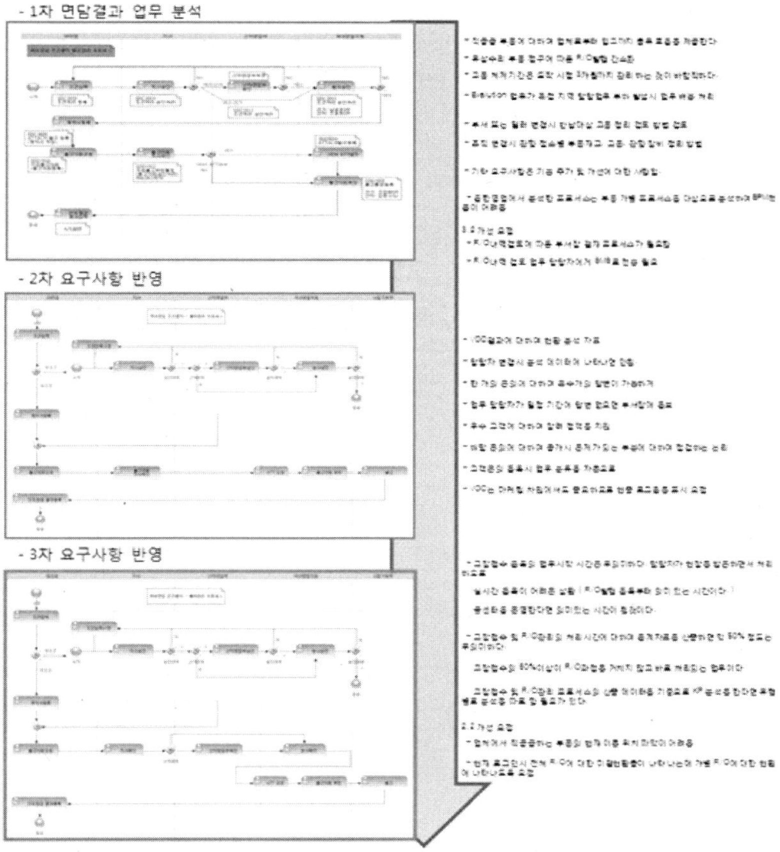

그림 166 요구사항 정의서 - 변경이력 관리

이상과 같이 재 정의된 프로세스를 바탕으로 A사의 실무 담당자 등과 몇 차례의 협의를 거치며 도출된 요구사항과 반영내용 등을 그림 166과 같이 정리하였다. 이후 최종적으로 확정된 프로세스는 BPMS의 프로세스 디자이너를 통하여 모델링된다.

프로세스 모델링은 크게 프로세스 속성 설정과 세부 단위업무 속성 설정 등의 두 단계로 구성된다. 먼저 프로세스의 개괄적인 흐름과 관련 속성 정보들을 바탕으로 프로세스 속성 설정을 그림 167과 같이 한다.

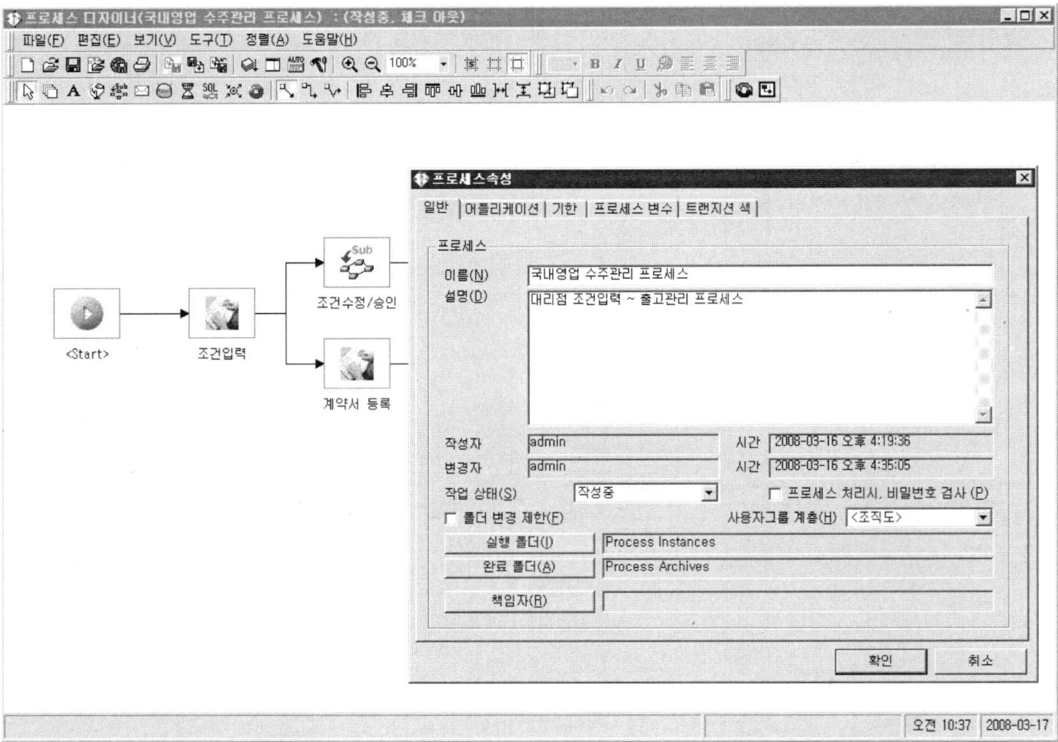

그림 167 프로세스 속성 설정 예시

이후 개별 단위업무의 일반 / 참여자 / 다음 처리자 / 어플리케이션 / 일정 / 완료조건 / 기한 / 입력조건 / 출력조건 / 프로세스 변수 / 텍스트 형태 단위 업무 / 아이콘 등의 상세조건을 그림 168과 같이 설정한다. 상세조건에 대한 관련 설명은 본 교재 부록에 기술되어 있다.

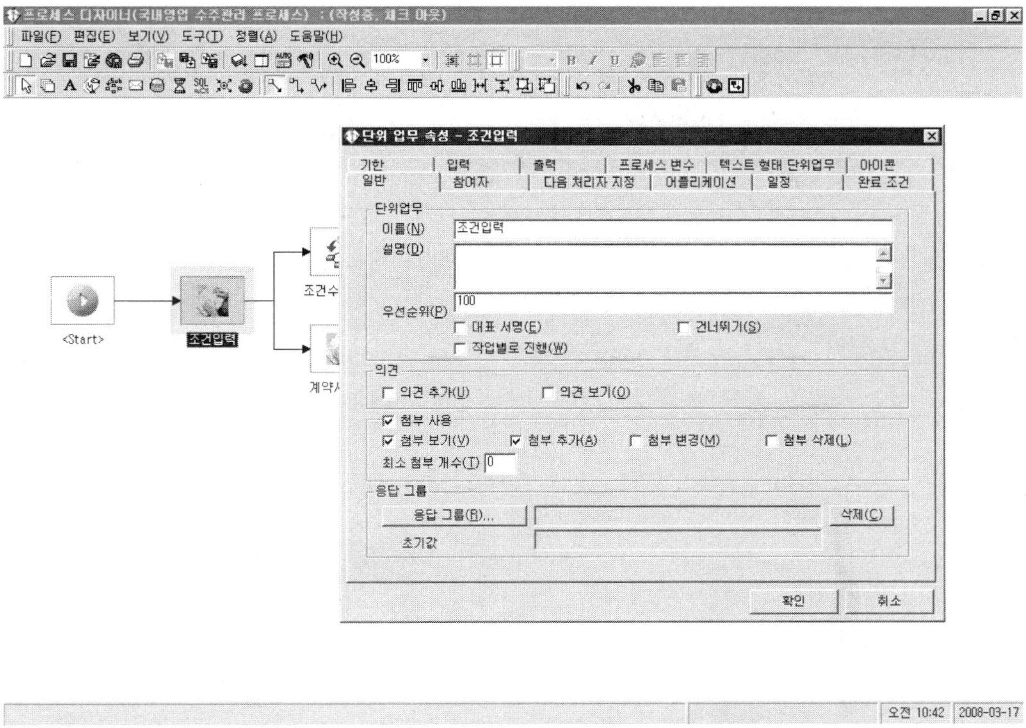

그림 168 각 단위업무의 속성 설정 예시

프로세스 속성 설정과 개별 단위업무의 속성 설정이 완료되었으면 모델링 된 프로세스를 그림 169와 같이 프로세스 레파지토리에 저장/등록한다. BPMS의 실행을 위해서는 반드시 모델링된 프로세스가 프로세스 레파지토리에 저장/등록되어 있어야 한다. 이 레파지토리에 대해서도 접근, 실행, 수정 등의 권한 설정이 가능하다.

그림 170과 171은 BPMS를 통해 모델링이 완료되고 프로세스 레파지토리에 저장/등록되어진 구현 프로세스들의 예시이다.

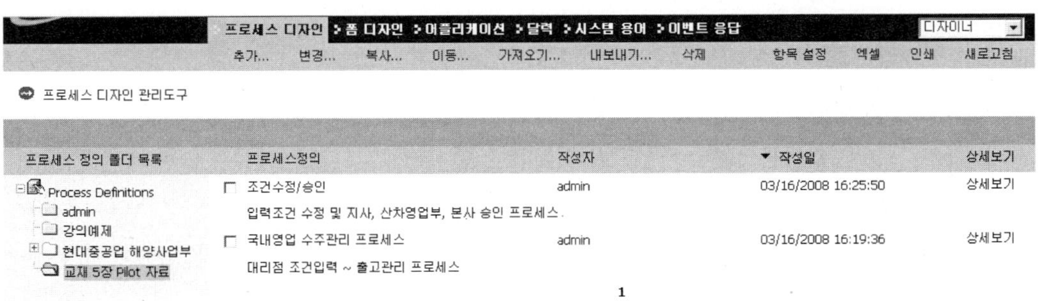

그림 169 레파지토리에 저장된 프로세스들

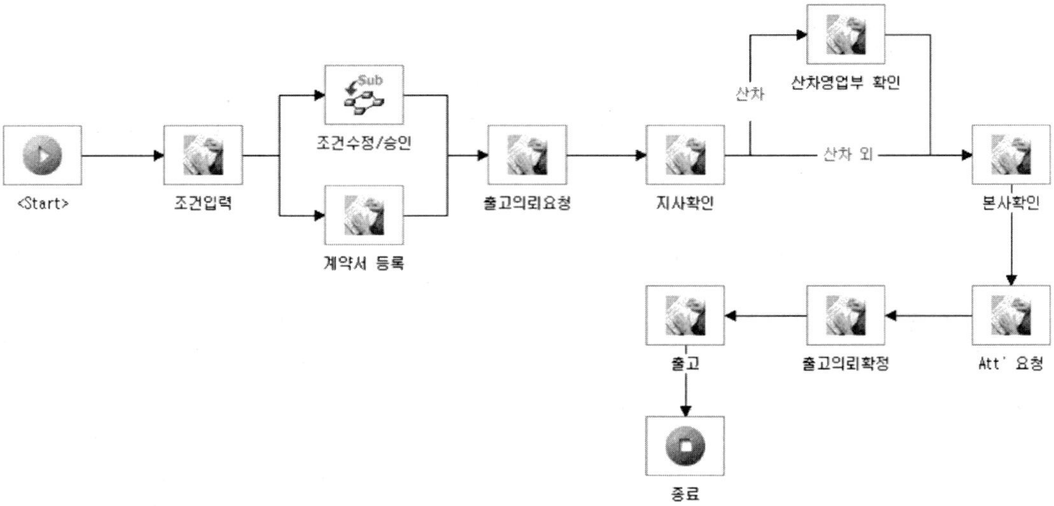

그림 170 모델링 된 국내영업 수주 관리 프로세스

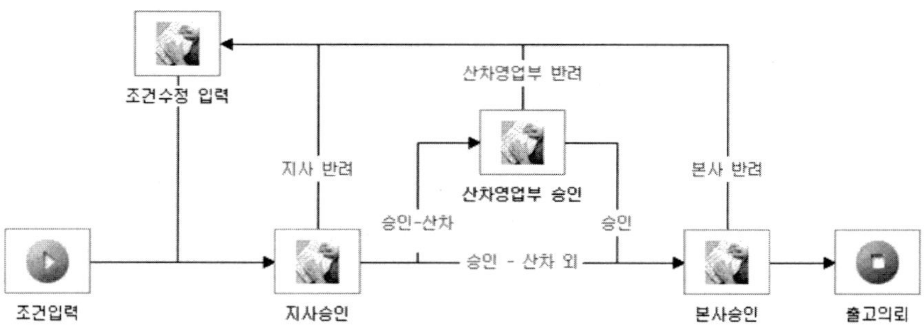

그림 171 모델링 된 조건수정 / 승인 서브 프로세스

(3) 어플리케이션 정의

액티비티 상세설계서에 정의된 경고방법, 입력정보, 출력정보, 처리 폼(형식) 정보 등을 바탕으로 어플리케이션 목록(그림 172) 및 어플리케이션 데이터 목록(그림 173) 정의서를 작성한다. 그리고 업무처리에 필요한 모든 어플리케이션들을 그림 174와 같이 레파지토리에 사전 등록해둔다. 또한 작성된 어플리케이션 관련 정의서들을 토대로 해당 단위업무와 관련된 어플리케이션들을 그림 175 & 176과 같이 프로세스 디자이너를 통해 정의한다.

어플리케이션 목록				
프로세스명	국내영업 수주 관리 프로세스(조건입력~인도검사)		프로세스 ID	BP_01_010
No	Activity ID	Activity 명	파일형식	업무화면
1	ACT_01_010_01	조건입력	ASP	SDC2010(조건처리 등록)
2	ACT_01_010_02	지사승인	ASP	SDC2013(조건처리 승인)
3	ACT_01_010_03	산차영업부승인	NET	SDC2014(조건처리 승인)
4	ACT_01_010_04	본사승인	NET	SDC2015(조건처리 승인)
5	ACT_01_010_12	조건입력수정	NET	SDC2010(조건처리 등록)
6	ACT_01_010_05	계약서등록	NET	SDC3020(계약서 작성)
7	ACT_01_010_06	출고의뢰요청	NET	SDD1010(지점출고의뢰)
8	ACT_01_010_07	지사확인	NET	SDD1010(지점출고의뢰)
9	ACT_01_010_13	산차영업부확인	NET	SDD1010(지점출고의뢰)
10	ACT_01_010_14	본사확인	NET	SDD1010(지점출고의뢰)
11	ACT_01_010_08	ATT요청	Skip처리	화면없음
12	ACT_01_010_09	출고의뢰확정	NET	SDD1012(지점출고확정통보)
13	ACT_01_010_10	출고	NET	미개발
14	ACT_01_010_11	인도점검결과등록	NET	미개발

그림 172 어플리케이션 목록 정의서

프로세스 데이터 목록 정의서					
작성일		작성자			
프로세스명	국내영업 수주 관리 프로세스(조건입	프로세스 ID	BP_01_010		
액티비티ID	액티비티명	레이블명	변수명	입출력	타입
ACT_01_010_01	조건입력	조건입력번호	DocNo2	IN	String
ACT_01_010_02	지사승인	조건입력번호	DocNo2	IN	String
		승인여부	OkChk	IN	String
		산차여부	SanChk	IN	String
ACT_01_010_03	산차영업부승인	조건입력번호	DocNo2	IN	String
		승인여부	OkChk	IN	String
ACT_01_010_04	본사승인	조건입력번호	DocNo2	IN	String
		승인여부	OkChk	IN	String
ACT_01_010_05	계약서등록	조건입력번호	DocNo2	IN	String
		계약서번호	DocNo	IN	String
ACT_01_010_06	출고의뢰요청	계약서번호	DocNo	IN	String
ACT_01_010_07	지사확인	계약서번호	DocNo	IN	String
ACT_01_010_08	ATT요청	Skip처리			
ACT_01_010_09	출고의뢰확정	계약서번호	DocNo	IN	String
ACT_01_010_10	출고	계약서번호	DocNo	IN	String
ACT_01_010_11	인도점검결과등록	계약서번호	DocNo	IN	String
ACT_01_010_12	조건입력수정	계약서번호	DocNo	IN	String
ACT_01_010_13	산차영업부확인 출고요청	계약서번호	DocNo	IN	String
		승인여부	OkChk	IN	String
ACT_01_010_14	본사확인 출고요청	계약서번호	DocNo	IN	String
		승인여부	OkChk	IN	String

그림 173 어플리케이션 데이터 목록 정의서

어플리케이션 관리도구

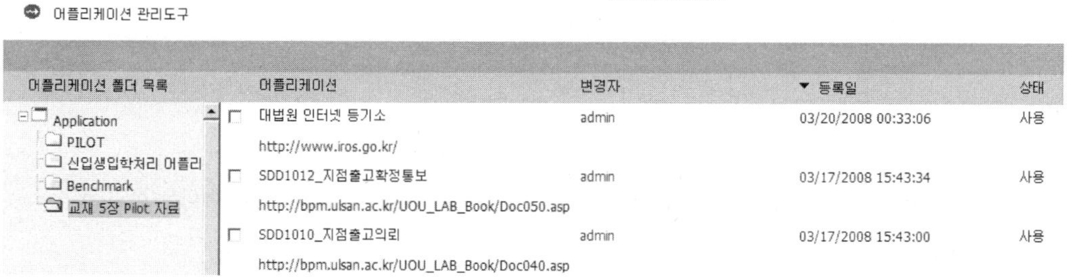

그림 174 레파지토리에 등록된 어플리케이션

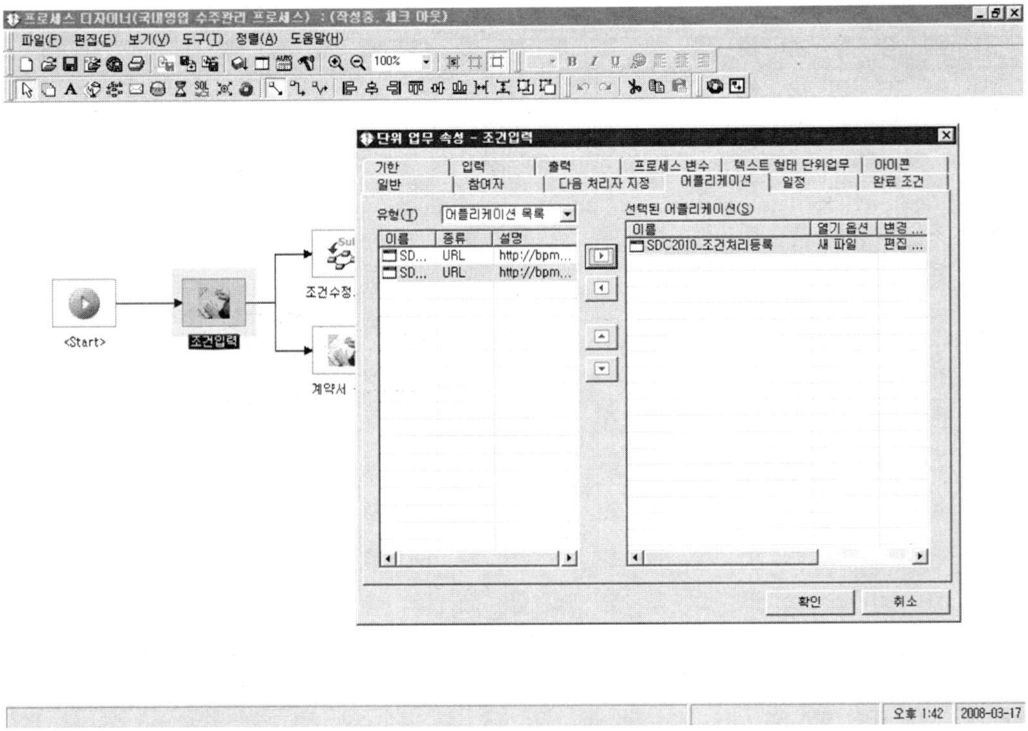

그림 175 해당 단위업무에 어플리케이션 등록

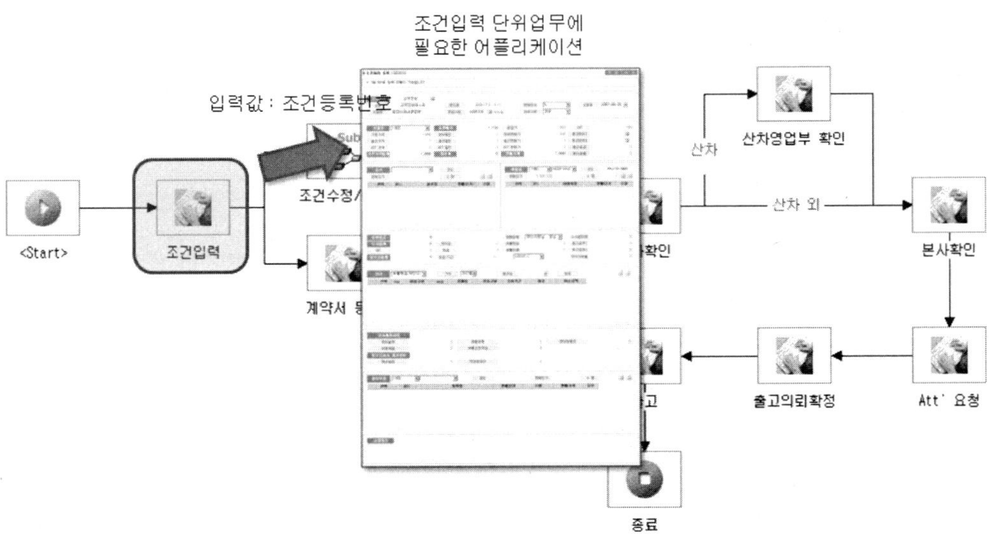

그림 176 어플리케이션 정의 개념도

(4) 인터페이스 정의

인터페이스 정의는 A사의 기존 어플리케이션과 BPMS간의 데이터 통합 관점 그리고 시스템 접근 측면에서의 기술적인 검토내역을 그림 177과 같이 정의하는 것이다.

인터페이스 정보			
인터페이스명	조건품의 신규 생성	**유형**	BPM → 통합영업시스템
인터페이스 설명	BPMS에서 국내영업 수주관리 프로세스가 시작되면 조건품의 신규 생성 단위업무가 실행되며, 조건등록번호를 매개로 통합영업시스템의 SDC2010_조건처리등록 화면과 연계된다.		
실행시점	조건입력 WIH가 실행되었을 때	**대상시스템**	SDC2010_조건처리등록
인터페이스 구성도	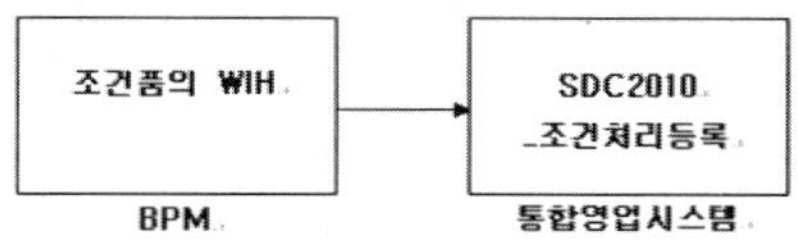		
인터페이스 요건	**주기**	메뉴 클릭시(요청시)	
	전송방식(어댑터)	HTTP	
	정보	조건등록번호, 요청자	
비고			

그림 177 인터페이스 정의서

액티비티 상세설계서의 입력정보, 출력정보 등을 바탕으로 작성된 어플리케이션 데이터 목록 정의서의 변수명을 프로세스 디자이너를 통해 그림 178과 같이 프로세스 변수로 정의한다. 프로세스 변수는 단위 프로세스에서 통합 관리가 가능하며, 서브 프로세스가 존재할 경우, 그림 179와 같이 매개변수 매핑 작업을 통하여 프로세스 변수를 공유하여 사용할 수 있다.

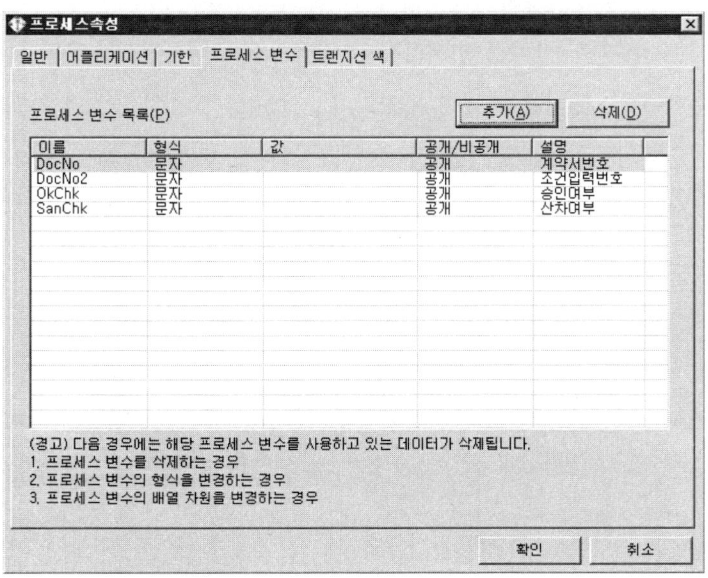

그림 178 프로세스 변수 정의

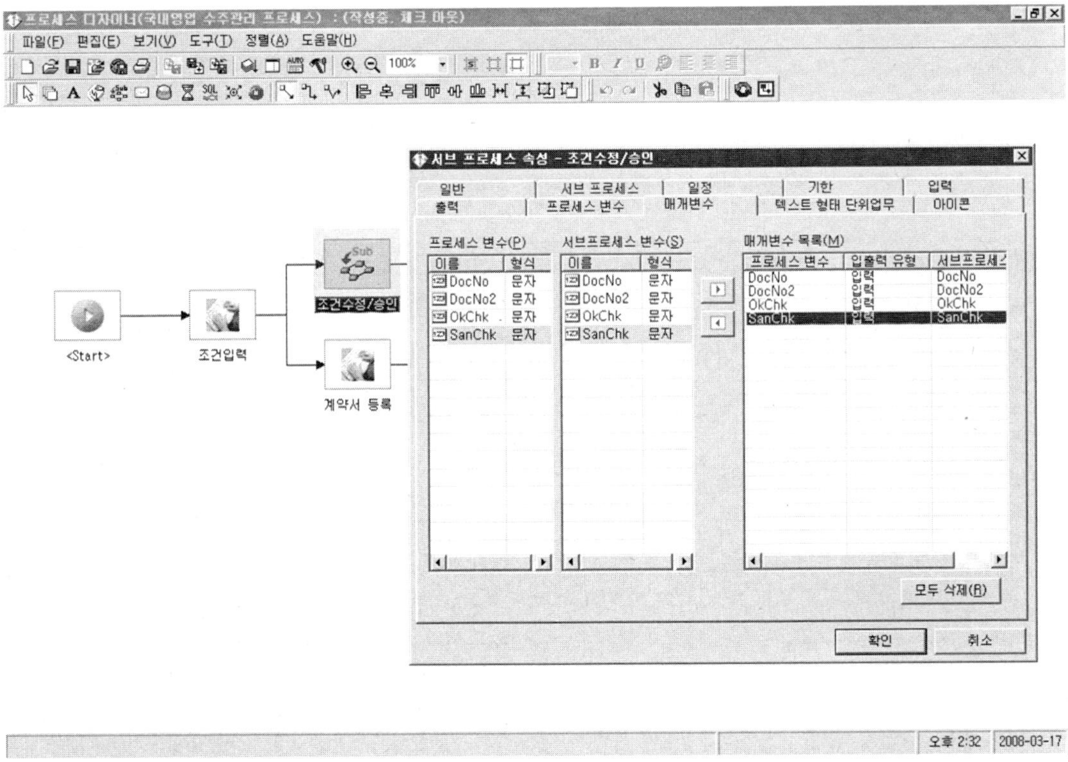

그림 179 서브프로세스의 매개변수 매핑

(5) H/W, S/W 인프라 정의

하드웨어 및 소프트웨어 관점에서 A사의 기존 레거시 시스템인 재무 ERP, 그룹웨어, 그리고 통합영업시스템과 BPMS간의 서비스 인프라를 그림 180과 같이 정의하였다.

SAP 기반의 재무 ERP는 SAP Adapter를 통해 SAP의 T-CODE를 호출하여 BPM과의 서비스를 연계하고 웹서비스와 이벤트 핸들링을 통하여 그 결과를 반환받는다. 그룹웨어는 .NET Framework 기반으로 URL을 호출하여 서비스를 연계하고, 웹서비스를 통하여 그 결과를 반환받는다. 통합영업시스템은 ASP 스크립트 기반으로 URL을 호출하여 서비스를 연계하고, 웹리퀘스트 및 XMLHTTP등을 통하여 그 결과를 반환받는다.

A사는 당분간 BPMS와 기존 시스템간의 인증방식을 개별인증으로 하고, 향후 보다 편리하고 안정적인 서비스의 제공을 위해 단일통합인증서비스(SSO)의 도입을 검토하기로 하였다.

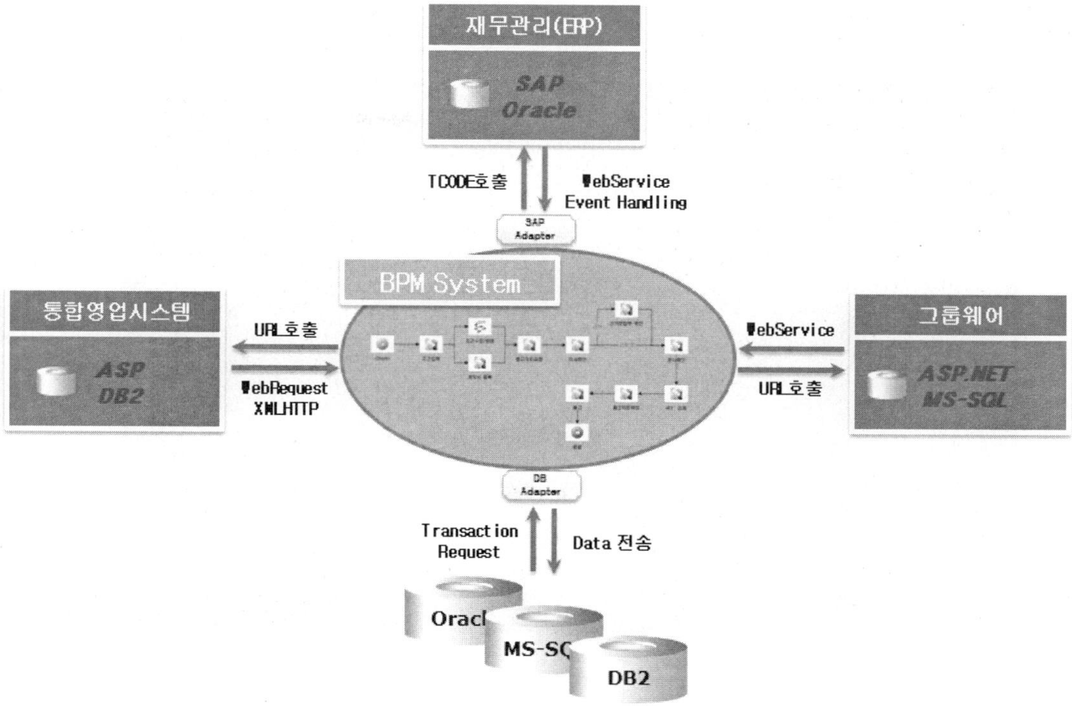

그림 180 H/W, S/W 인프라 정의 개념도

5.5_ BPMS 구현

실제로 BPMS의 구현은 '5.4 대상 프로세스 정의' 과정을 통해 도출된 내용들을 BPMS tool을 활용하여 구체적으로 정의하는 일련의 과정이다. 본 사례에서도 '5.4 대상 프로세스 정의' 과정을 통해 도출되어진 process 정의, 어플리케이션 정의, KPI 정의, H/W & S/W 인터페이스 정의 등의 내용들을 HandySoft사 BizFlow의 관리영역 및 업무영역 모듈에 각각 정의함으로써 본 Pilot 시스템을 구현하였다. 본 절에서는 이러한 정의 과정의 설명을 통해 A사의 BPMS 구현과정을 소개한다.

A사의 BPMS는 크게 프로세스, 조직, 어플리케이션, 업무캘린더 등 업무와 관련된 사항들을 관리하는 관리영역과, Portal, To-do List, 업무처리, 업무위임, 프로세스 현황 모니터링, 성과지표 모니터링 등 업무 처리 및 업무 내역을 모니터링 하는 업무영역으로 나누어진다.

그림 181은 A사의 BPMS 초기 로그인 화면이며 그림 182는 BPMS의 주요 관리영역 및 업무영역을 도식화 한 것이다.

그림 181 A사 BPMS 초기 로그인 화면

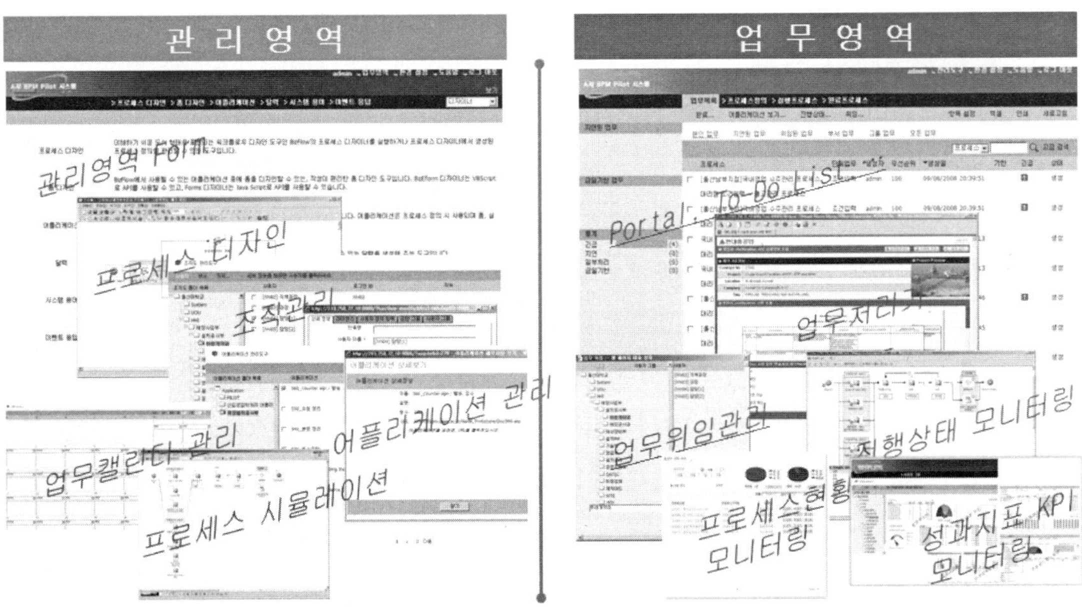

그림 182 A사 BPMS의 관리영역과 업무영역

5.5.1 관리영역

BPMS의 관리영역을 통하여 시스템 관리자 및 일반 관리자는 서버, 사용자 라이센스, 시스템 규칙과 시스템 속성 등을 구성하고 제품 라이센스를 관리하는 등의 특정 업무를 수행한다. 이들 관리자는 부서와 사용자를 상위 그룹, 하위 그룹, 상위그룹에 속한 사용자 등과 같이 계층적으로 구성할 뿐만 아니라 업무 할당과 처리에 필요한 조직도를 구성한다. 업무를 정의하고 분배하기 전에 조직도 관리 도구를 이용하여 조직의 구조를 정의하여야 한다. 또한, 관리영역을 통하여 BPMS의 정보 및 기능에 대한 접근 권한을 유연하면서도 강력하게 제어할 수 있도록 라이센스에 따라 권한 그룹을 생성하고 관리할 수 있다.

그리고 BPMS를 통해 업무를 수행하고 관리하기 위해서는 비즈니스 프로세스 정의도구를 통하여 수행하고자 하는 업무를 정의해야 한다. BPMS의 프로세스 정의도구인 프로세스 디자이너(Process Designer)는 포인트-앤-클릭(Point and Click) 방식으로 쉽게 프로세스를 정의할 수 있다. 프로세스 디자이너는 관리영역을 통해 접근할 수 있다. 또한 프로세스 디자이너는 특정 프로세스에서 사용되는 어플리케이션들의 목록과 사용되는 방식에 대한 상세 정보를 관리하기도 한다.

A사는 기본적으로 6가지 권한그룹의 정의 및 할당을 통해 BPMS를 관리하고 있다. 시스템을 사용하기 위해 필요한 전반적인 환경을 설정하고 관리하는 **시스템 관리자**. 프로세스 설계, 어플리케이션 구현을 위해 필요한 작업 수행 및 정보 관리를 수행하는 **디자이너**. 프로세스 관리를 위한 조직 정보 및 사용자 권한을 관리하고, 프로세스 진행 중 문제가 생긴 프로세스에 대한 복구 기능을 관리하는 **일반관리자**. 사용자 그룹, 사용자 별 UI 구성 등의 관리를 수행하는 **매니저**. 기존정보에 대한 변경 권한은 전혀 가지고 있지 않고, 업무 수행 권한 및 필요한 정보의 조회 권한만을 가지고 있는 **사용자**. 업무수행 이외에 정보 조회 권한을 제한받은 **제한 사용자**. - 이와 같은 6가지 기본 권한 그룹의 정의를 바탕으로 A사의 구성원들이 각자의 고유 업무에 맞는 권한을 부여받아 BPMS를 운영한다. 그림 183은 6가지 기본 권한그룹이 BPMS상에서 정의 및 관리되어지는 화면의 일부이다.

다음은 A사 BPMS의 구축 사례를 기반으로 기본 권한그룹의 여러 가지 기능들 중 프로세스 디자인, 어플리케이션 관리, 달력관리, 조직도관리, 폴더관리 등 관리영역의 주요기능을 설명한다.

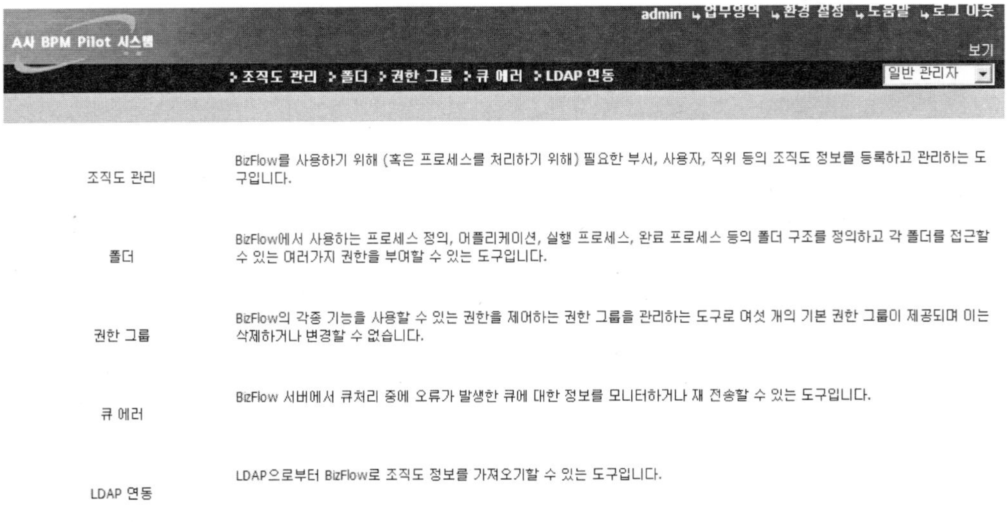

그림 183 기본 권한그룹 관리 예시

(1) 프로세스 디자인

프로세스 디자인은 이해하기 쉬운 도식 형태로 표현되며 워크플로우 디자인 도구인 프로세스 디자이너를 실행하거나 프로세스 디자이너에서 생성된 프로세스 정의를 관리할 수 있는 도구이다. 그림 184는 프로세스 디자인의 기능 설명화면이다.

그림 184 프로세스 디자인 기능

프로세스 디자인을 통해 Process Definition Folder와 그 하위폴더에 정의되어 있는 프로세스 정의목록을 볼 수 있다. 그리고 로그인 한 사용자의 권한그룹에 따라 보이는 폴더와 사용할 수 있는 기능이 다르다. 프로세스 디자인은 다음과 같은 기능을 가진다.

- 프로세스 폴더 별 프로세스 정의 목록 보기 기능
- 프로세스 정의 추가, 변경, 복사, 이동, 삭제 기능
- 프로세스 정의 내보내기(Export), 가져오기(Import) 기능
- 프로세스 정의 추가 혹은 변경작업 시 프로세스 디자이너 호출 기능

앞서 '5.4.5 TO-BE Process 정의'에서 정의된 A사의 국내영업 수주관리 프로세스는 그림 185와 같이 프로세스 디자이너를 통하여 디자인 된 것이고, 이 단계에서 프로세스 레파지토리에 등록된다.

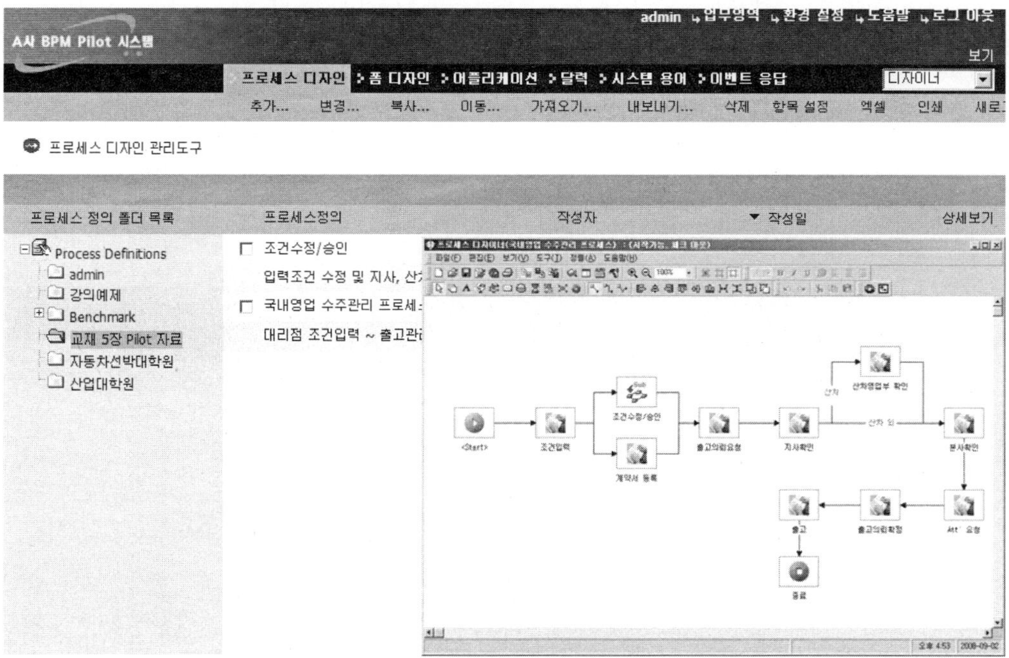

그림 185 국내영업 수주관리 프로세스 디자인

(2) 어플리케이션 관리

어플리케이션이란 사용자 화면에 표시되거나 업무처리 시 서버에서 백그라운드로 실행되는 프로그램 또는 파일을 말한다. 어플리케이션은 '프로세스 정의' 단계에서 정의된 단위업무에 사전에 연결되며 단위업무 수행 시 자동으로 실행된다.

어플리케이션 관리를 통해 Application 폴더와 그 하위폴더에 등록된 어플리케이션의 목록을 권한에 따라 볼 수 있고 해당 목록들에 대한 관리를 권한에 따라 수행할 수 있다. A사 BPMS의 어플리케이션 관리기능에는 어플리케이션 추가, 이동, 변경, 복사, 삭제, 영구삭제 등이 있다.

어플리케이션은 파일, 스크립트, 클라이언트 어플리케이션, 서버 어플리케이션, URL, 서버 URL, EJB(Enterprise Java Bean), 웹 서비스 등 다양한 형태로 존재한다.

A사 정보시스템의 경우, 클라이언트 머신에서 접근한 웹 서버의 URL 형태(html, asp, jsp, aspx 등), 인터넷 브라우저를 이용하여 웹 페이지를 표시하는 URL 형태, 그리고 Component Activity에서 실행되는 API 호출을 이용하여 제공되는 웹 서비스 형태 등으로 구현되어 있다.

앞서 '5.4.5 TO-BE Process 정의'에서 정의된 A사의 국내영업 수주관리 프로세스의 어플리케이션 목록은 그림 186과 같이 어플리케이션 관리 도구를 통하여 저장 관리되어진다. 어플리케이션 관리는 BPMS에서 제공하는 마법사를 통하여 간단하게 등록 관리되며 별도의 작업없이 여러 서비스 상호간의 연계가 가능하다. 하지만, BPMS 솔루션 벤더별로 연결 가능한 어플리케이션의 종류가 상이하기 때문에 솔루션 선정단계 이전에 이를 확인하여야 한다.

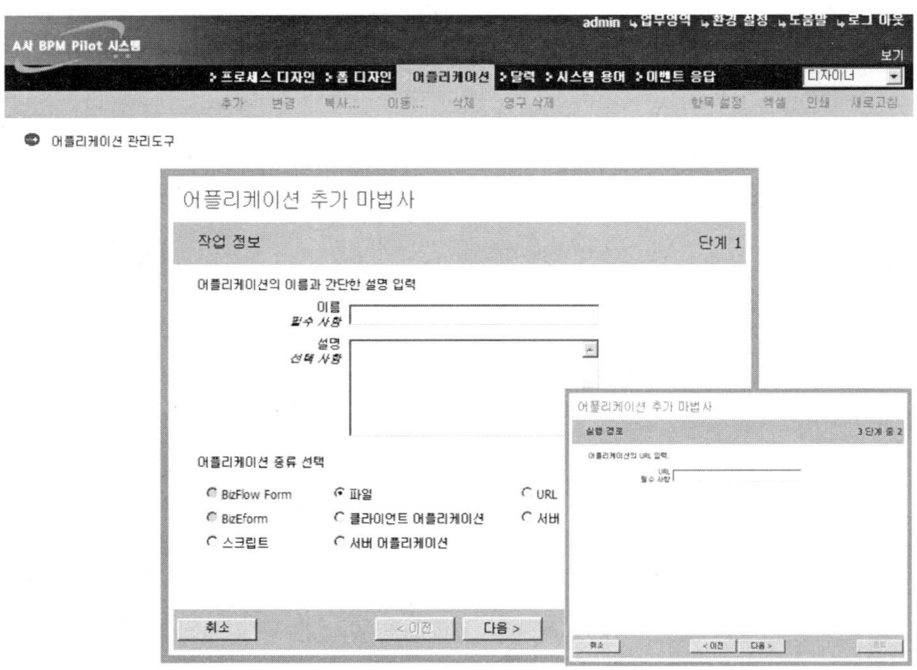

그림 186 어플리케이션 등록 예시

등록된 어플리케이션은 그림 187과 같이 목록 형태로 조회 및 관리가 가능하다. 또한 어플리케이션 목록에 등록된 어플리케이션들은 그림 188과 같이 프로세스 디자이너를 활용하여 특정 프로세스에서 사용할 어플리케이션으로 등록한 후 단위업무에 할당하여 사용할 수 있다.

그림 187 국내영업 수주관리 프로세스의 어플리케이션 목록

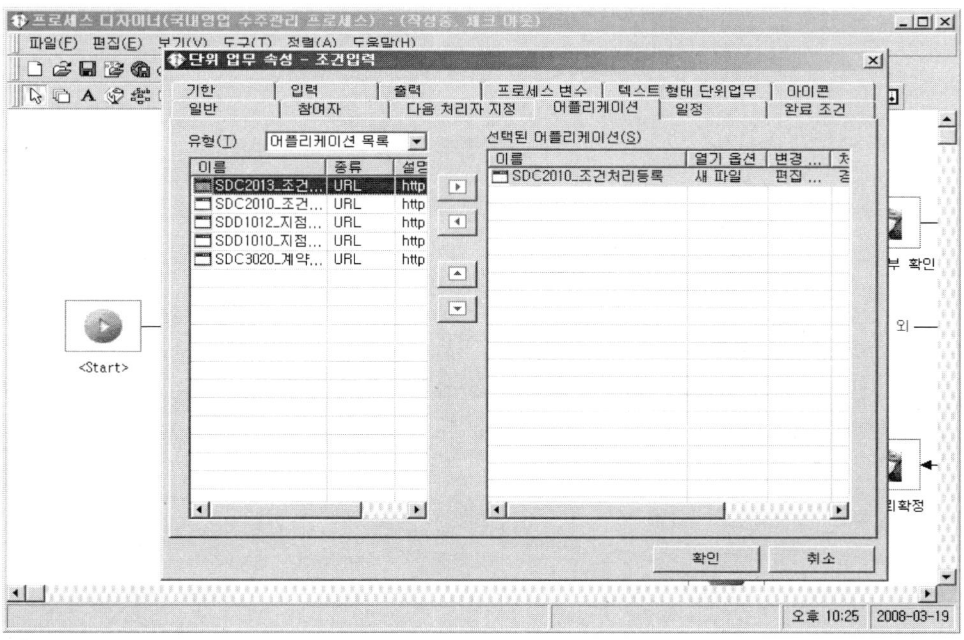

그림 188 프로세스 디자이너를 통한 어플리케이션 할당

(3) 달력 관리

달력 관리란 업무 처리 가능 시간을 계산하기 위하여 근무일, 휴무일 및 오전 근무일 등을 설정하는 기능이며, 이는 프로세스 정의의 완료 시간과 기한을 설정하는데 필요하다.

그림 189는 A사 업무기준의 달력 관리 예제이다. 이런 정보가 기존 생산시스템의 생산력에 존재하면 자동 연계가 가능하다.

그림 189 달력 관리 예제

(4) 조직도 관리

조직도 관리는 일반 관리자의 고유 권한 중 하나이다. 라이센스와 권한 그룹에 기반하여 A사의 모든 BPMS 사용자를 관리하는 기능이다.

그림 190은 본사/영업부문/국내영업부/영업1과의 사용자 정보를 나타내는 예시이다.

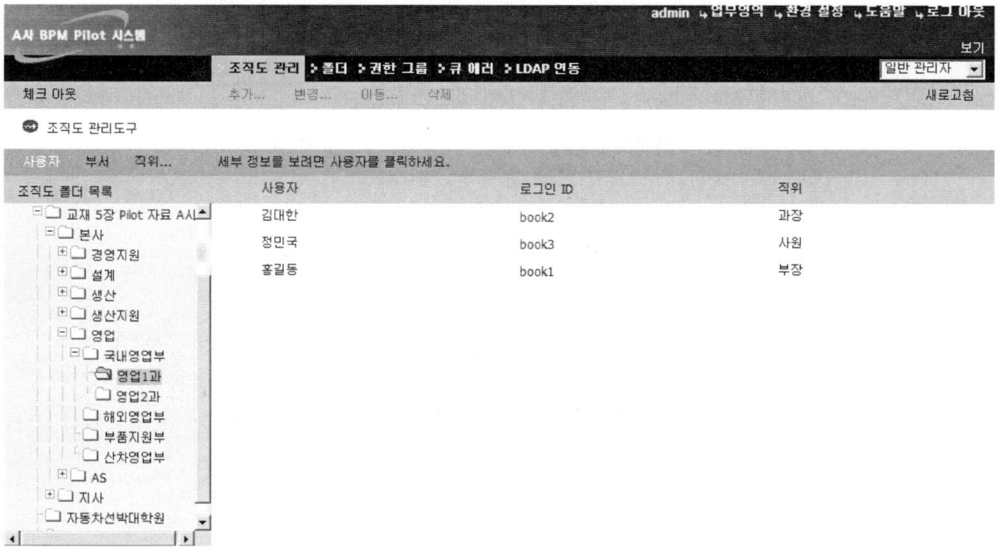

그림 190 A사 영업1과의 사용자 정보 예시

사용자 정보는 부서정보가 사전에 정의되어 있어야 가능하다. 부서정보는 부서명, 부서 단축명, 부서 코드 등의 일반적인 정보와 권한 관리 정보로 정의된다. 그림 191은 국내영업부 영업1과의 부서정보 정의 예시이다.

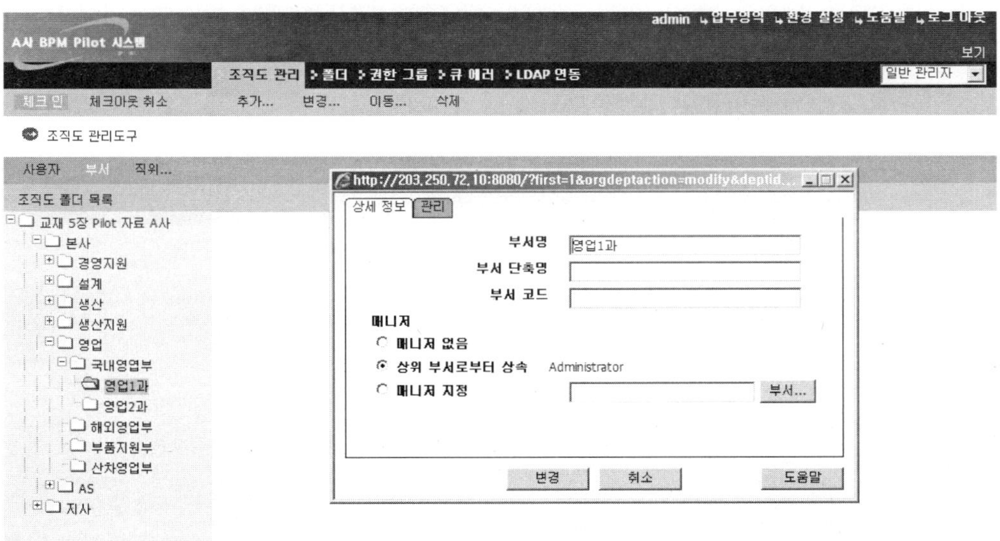

그림 191 부서정보 정의 예시

그림 191과 같이 상세정보의 '매니저' 지정 속성에서 매니저 없음을 선택하면 부서의

매니저를 지정하지 않아도 되며, '상위 부서로부터 상속' 옵션을 선택하면 상위 부서 즉, 국내영업부의 관리자가 영업1과의 관리자로 지정된다. 또한 매니저 지정 옵션을 선택하면 관리자를 지정할 수 있다.

그리고 직위에 대한 추가, 변경, 삭제도 가능하다. 그림 192는 직위 정보 예시이다.

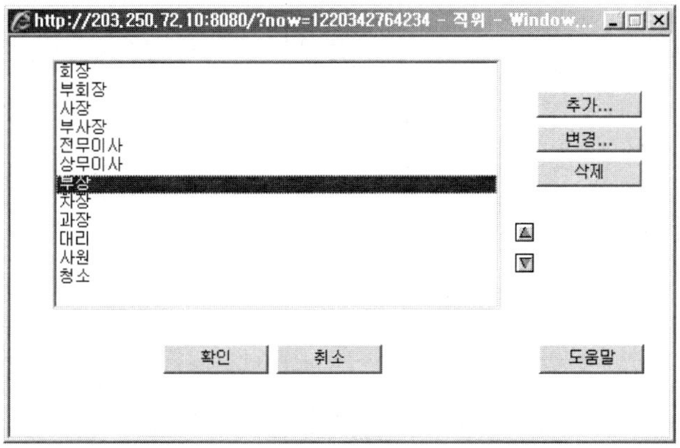

그림 192 직위정보 예시

(5) 폴더 관리

BPMS에서 폴더란 레파지토리 영역을 의미하며 프로세스 정의, 프로세스 인스턴스 정보, 어플리케이션 정의, 완료 프로세스 정보 등을 저장하는 영역이다. A사는 그림 193의 예시와 같이 Application, Process Definitions, Process Instances, 그리고 Process Archives 등 네 가지의 기본 폴더를 갖고 필요 시 업무 기능별, 조직 단위별로 폴더를 확장하여 관리하고 있다.

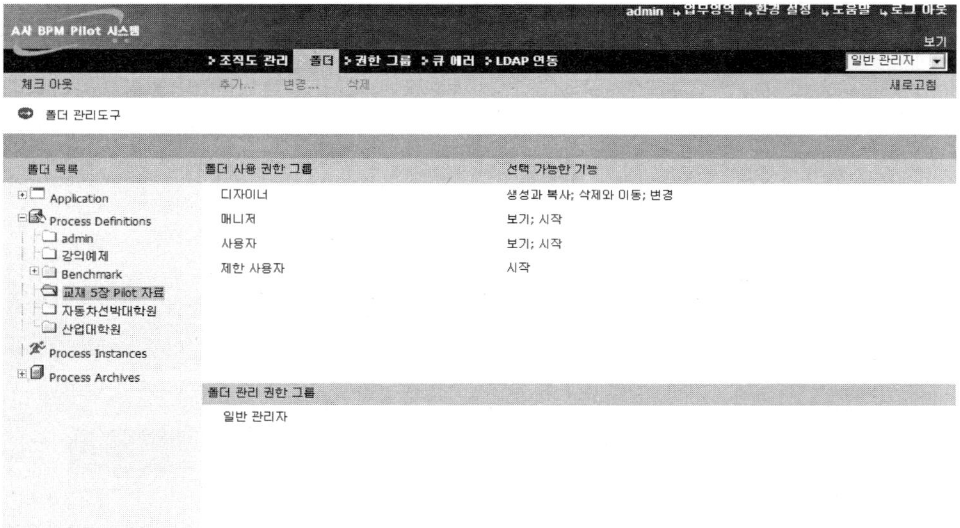

그림 193 폴더관리 예시

Application folder는 어플리케이션 관리를 위한 폴더이며, Process Definition folder는 정의된 프로세스를 관리하기 위한 폴더이다. Process Instances folder는 진행 중인 프로세스의 인스턴스를 관리하기 위한 폴더이며, Process Archives folder는 완료된 프로세스의 관리를 위한 폴더이다.

각 폴더는 폴더별로 규정된 권한그룹을 소유한 사용자만이 해당 폴더에 접근 권한을 가진다. 폴더 권한은 크게 사용 권한과 관리자 권한으로 나뉜다. 사용 권한은 각 폴더의 item들을 생성, 수정 및 삭제할 수 있는 권한이며, 관리자 권한은 폴더 자체를 관리할 수 있는 권한으로서 하부 폴더의 tree 구조를 추가, 삭제 및 수정할 수 있으며 폴더 사용 권한을 설정한다.

폴더의 tree 구조는 기본 폴더 하위에만 적용 가능하며 하위 폴더에도 폴더 이름 정의, 사용 권한 그룹 할당, 권한 그룹별 폴더에 대한 기능 설정, 폴더의 관리자 권한 그룹 설정 등이 가능하다.

5.5.2 업무영역

BPMS가 도입됨으로써 업무의 처리 형태도 '담당자가 업무를 찾아서 처리하는 방식(Push 방식)'에서 '업무가 담당자에게 찾아오는 방식(Pull 방식)'으로 전환된다. 이를 통해 담당자가 해당업무에 즉시 접근할 수 있어 신속한 업무처리가 가능해진다. 담당자는 처리해야 할 모든 업무를 테이블 형식의 업무 목록을 통해 볼 수 있으며, 특정한 업무를 쉽게 찾을 수 있도록 목록 표시 방법을 정렬하거나 재정리할 수 있다.

사용자 그룹에 속하면서 특정한 역할을 수행하는 경우, 자신에게 직접 위임 및 할당된 업무들도 처리할 수 있다. 예를 들어, 자신의 직책이 국내영업 관리자이면서 동시에 '제안 검토 팀' 그룹에도 속하고, 전사적인 'CFO'의 역할을 수행하는 경우가 있을 수 있다. '제안 검토 팀'의 일원으로서 할당된 업무를 쉽게 구분하기 위해 '제안 검토 팀'의 그룹 항목만이 업무 목록에 표시되도록 정렬할 수 있다. 또한 'CFO'의 역할로 할당 받은 업무를 쉽게 구분하기 위해 역할 그룹별로 정렬을 하여 업무 목록을 볼 수도 있다.

업무 목록을 포함하는 BPMS의 업무영역은 업무 Portal, To-Do List 등을 제공하며 프로세스 및 단위업무의 진행 상태에 대한 조회 및 모니터링이 가능하고 업무 위임 등의 관리기능을 제공한다. 업무영역의 업무처리기(WIH; Work Item Handler)는 할당된 단위업무와 연결된 어플리케이션을 찾아 담당자가 별도의 화면으로 이동할 필요없이 담당자가 업무목록에서 특정 업무를 선택했을 경우 해당 업무처리 화면이 자동 실행되도록 업무와 해당 어플리케이션을 통합 관리하는 기능을 제공한다. 또한 업무의 완료처리, 임시저장, 강제종료, 다음 처리자 지정(회람기능), 첨부파일 관리, 의견 관리, 인쇄 등의 다양한 기능을 제공한다.

그림 194는 BPMS 업무영역의 예시이다. 이를 통해 업무 목록, 프로세스 정의, 실행 프로세스, 완료 프로세스, 그리고 업무통계 현황 등에 관한 정보를 제공한다.

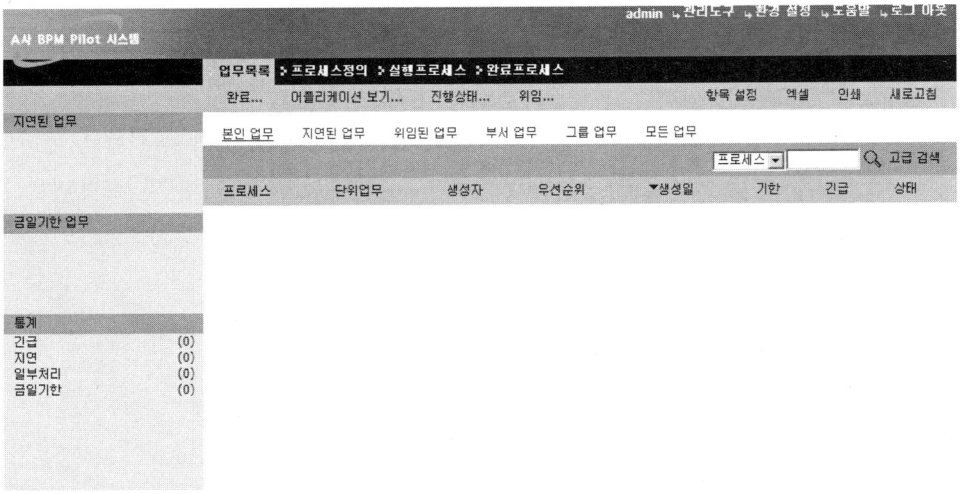

그림 194 BPMS 업무영역 예시

(1) 업무 목록

그림 195는 A사 BPMS 업무영역의 업무 목록 및 To-Do List 예시이다. 로그인한 담당자의 업무와 관련된 통계정보가 좌측에 표시되고, 해야 할 일에 대한 업무목록이 중앙에 나타난다.

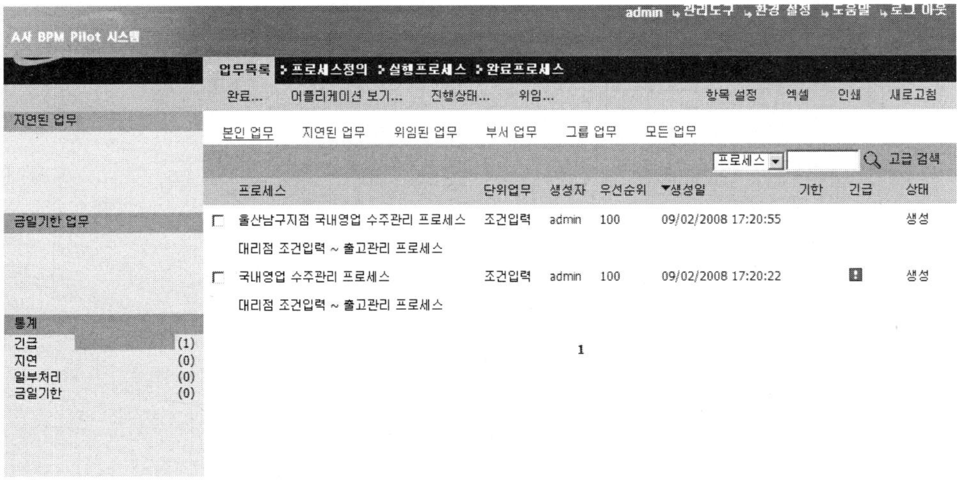

그림 195 업무 목록, To-Do List 예시

업무목록을 통해 로그인한 담당자는 자신이 처리해야 할 모든 업무를 한 곳에서 확인 가능하다. 담당자는 나의업무/지연업무/그룹업무/부서업무 등으로 구분하여 업무목록을 조회할 수 있으며 그 내용은 다음과 같다.

- 본인 업무 : 사용자가 직접 참여자로 할당된 업무 혹은 부서/사용자 그룹이 참여자로 지정되고 개별이나 부하로 할당된 업무
- 지연된 업무 : 기한이 지난 업무
- 위임된 업무 : 부재자의 위임자로 지정된 경우 그 사람의 업무가 목록에 나타남
- 부서 업무 : 사용자의 부서에 할당된 업무. 같은 부서의 사람들은 모두 이 업무를 볼 수 있음. 부분적으로 처리된 업무는 부서 업무 영역에 그대로 남아 있음으로 같은 부서의 다른 사람이 작업을 할 수 있음
- 그룹 업무 : 사용자 그룹에 할당된 업무. 같은 사용자 그룹의 사람들은 모두 이 업무를 볼 수 있음. 부분적으로 처리된 업무는 그룹 업무 영역에 그대로 남아 있음으로 같은 그룹의 다른 사람이 작업을 할 수 있음
- 모든 업무 : 내 업무, 지연된 업무, 부서 업무 및 그룹 업무 등을 포함한 전체 업무

업무영역에서 실행 중인(프로세스 상에서 start 되어진) 업무를 Workitem이라고 하며, 업무영역은 이 Workitem에 대한 관리 기능과, 다른 사람이 해당 업무를 처리할 수 있도록 다른 사람에게 업무를 보내는 위임기능, 다음 처리자 지정 기능 등도 지원한다. 부가적으로 특정 Workitem의 어플리케이션 보기 기능, 특정 Workitem과 관련된 프로세스의 진행상태 보기 기능, 업무목록의 정렬 기능, 검색 필터를 이용한 검색기능 등을 지원한다.

업무목록에서 특정 Workitem을 선택하여 처리 버튼을 누르면, 업무 처리기가 open되고 업무처리기 내부에 있는 해당 업무를 위해 설정된 Application이 load되어 업무를 처리할 수 있다. 업무처리기는 사용자 환경설정을 통하여 사용자의 편의에 맞게끔 다양하게 설정 가능하며, 기본 업무처리기, 플러그인 업무처리기, 웹 스타일 업무처리기 등을 지원한다.

- 기본 업무처리기 : 웹 브라우저 업무처리기
- 플러그인 업무처리기 : Workitem Handler Control을 사용한 기본 플러그인 업무 처리기
- 웹 스타일 플러그인 업무처리기 : 플러그인 업무처리기의 메뉴, 화면 UI 등을 Web으로 구성할 수 있는 업무처리기

그림 196은 업무처리기의 종류를 설정하는 환경설정 예시이다.

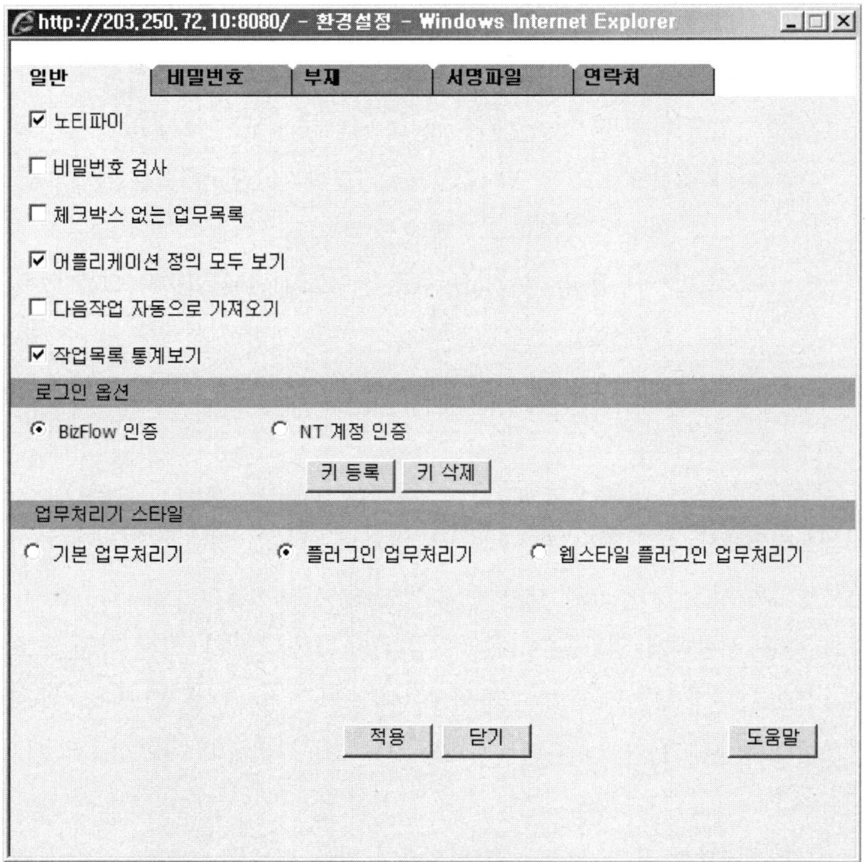

그림 196 업무처리기 환경설정 예시

그림 197/198/199는 A사 BPMS 업무처리기의 종류별 화면 예시이다.

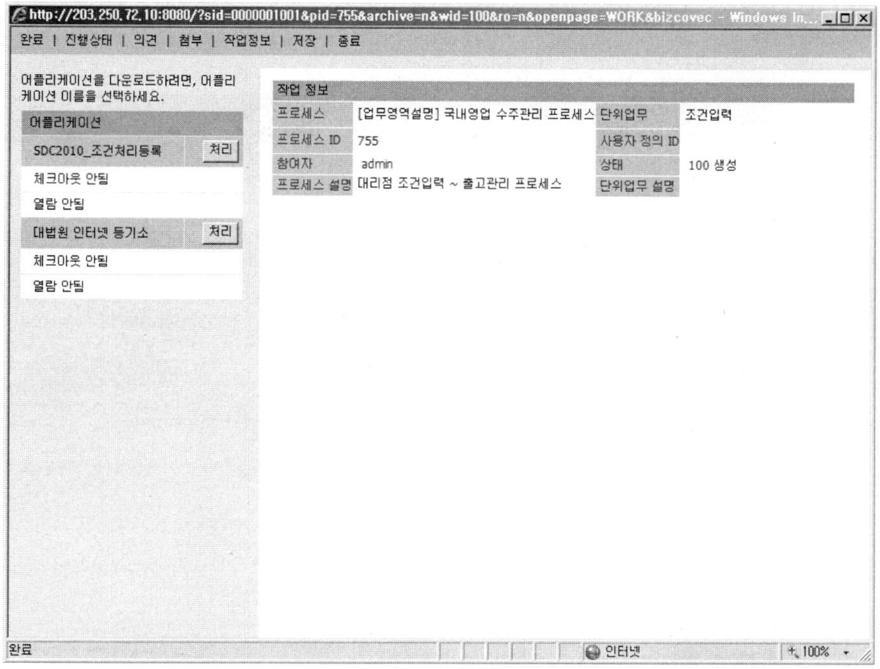

그림 197 기본 업무처리기

그림 198 플러그인 업무 처리기

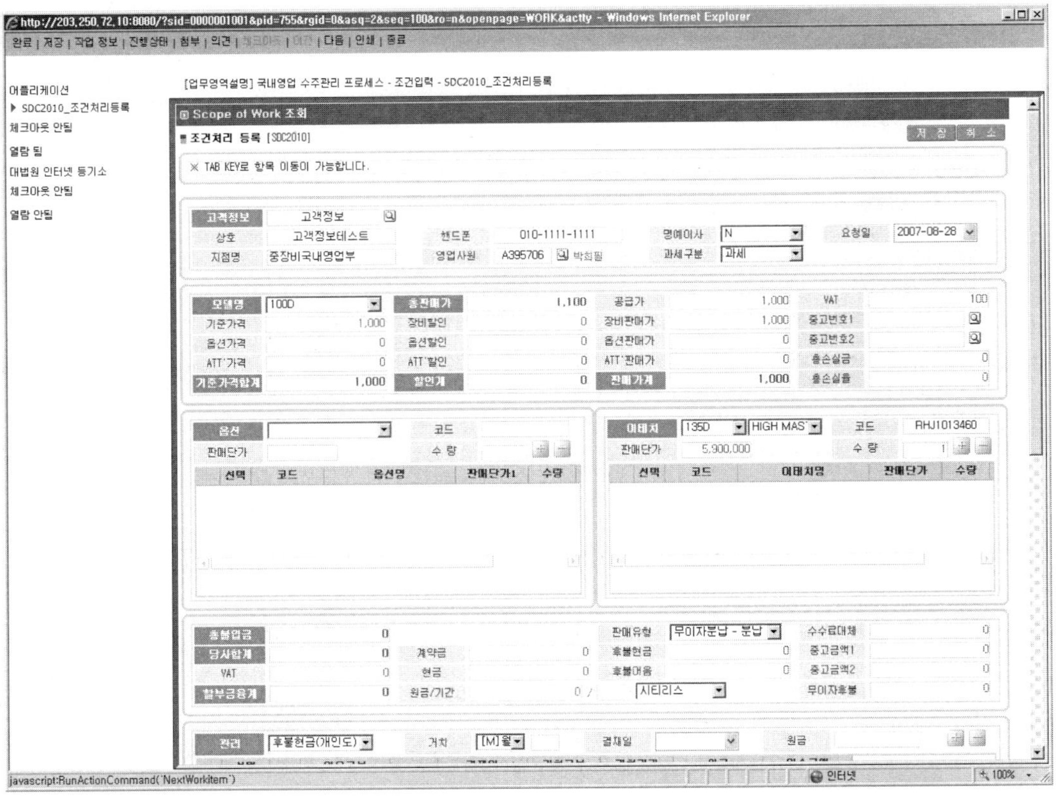

그림 199 Web 스타일 플러그인 업무처리기

더불어 업무처리기는 Workitem 단위별로 처리해야 할 모든 작업(activity)들을 묶어서 처리할 수 있도록 지원한다. 해당 업무처리에 필요한 모든 어플리케이션들을 제공하고 이들을 활용하여 필요한 작업들을 각각 수행한다. 예를 들어, A사의 경우 '조건처리등록'이라는 업무를 수행하기 위해 사전에 정의된 어플리케이션은 통합영업시스템의 'SDC2010_조건처리등록' 화면과 '대법원 인터넷 등기소'의 웹사이트이다. 즉 '조건처리등록' 업무는 이 두 가지 어플리케이션을 활용하여 수행한다는 말이다.

업무처리기의 기본적인 기능으로는 작업 완료처리, 응답그룹 선택, 다음 처리자 지정, 서버 저장(임시저장 기능), 프로세스 진행상태 보기, 파일첨부, 의견보기, 의견추가, 다음 업무 열기, 이전 업무 열기 등이 있다. 그림 200은 플러그인 업무처리기의 간략한 구조를 도식화 한 것이다.

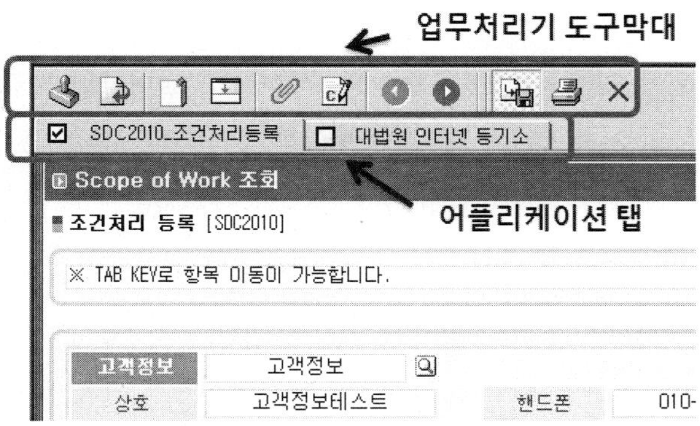

그림 200 업무처리기 구조

다음은 업무처리기의 주요 기능에 대한 설명이다.

- 업무 완료 기능 : 프로세스의 단위업무 수행에 필요한 모든 어플리케이션을 처리한 후에 다음 단계로 보냄. 아이콘을 클릭하면 프로세스가 다음 단계로 진행됨.
- 어플리케이션 처리 기능 : 단위업무 수행과 관련하여 여러 어플리케이션이 필요한 경우에는 각 어플리케이션이 탭으로 표시됨(예〉 'SDC2010_조건처리 등록'과 '대법원 인터넷 등기소')
- 응답 그룹 기능 : 프로세스 모델링 시 프로세스 정의의 activity에 응답 그룹을 지정하면 업무처리기에 응답 그룹 드롭박스가 나타남. 응답 그룹 항목을 선택하면 프로세스 정의에 설정되어 있는 규칙에 따라 해당 업무가 다음에 어디로 가야 하는지 결정됨.
- 서버 저장 기능 : 현재까지 작업한 업무를 임시로 서버에 보관하였다가 나중에 처리하는 기능. 업무를 부분적으로 처리한 경우에는 목록 창에 부분 처리된 업무로 표시됨.
- 의견 기능 : 업무에 짧은 의견을 달 수 있는 기능. 추가된 의견은 상위 또는 서브 프로세스로 보낼 수 있음.
- 첨부 기능 : 업무에 관한 추가 정보를 제공할 파일이 필요한 경우에 관련 정보를 포함하고 있는 문서를 첨부하는 기능. 실행 프로세스의 상위 프로세스 또는 서브 프로세스로 파일을 보낼 수도 있음.
- 이전 업무/다음 업무 가져오기 기능 : 연속적으로 업무를 처리할 경우 이전 업무 아이콘 또는 다음 업무 아이콘을 클릭하면 해당 업무가 업무 처리기로

로딩됨.

- 다음 업무의 참여자 변경 기능 : 프로세스 모델링 시 참여자 유형을 변수로 정의한 경우에는 업무 처리기에 참여자 선택 아이콘이 나타나서 프로세스가 실행되는 동안에 해당업무 참여자가 다음 업무의 참여자를 선택할 수 있음.
- 다음 업무의 어플리케이션 변경 기능 : 프로세스 모델링 시 어플리케이션 유형을 변수로 정의한 경우에는 업무 처리기에 어플리케이션 선택 아이콘이 나타나서 프로세스가 실행되는 동안에 해당업무 참여자가 다음 업무에서 사용할 어플리케이션을 선택할 수 있음.
- 다음 처리자 지정(AdHoc routing) : 프로세스 모델링 시 완료 권한 변경 가능을 허용한 경우 다음 처리자를 추가, 변경 또는 삭제할 수 있음. 즉 자신에게 할당된 업무를 대신 처리할 담당자를 지정하는 기능임.

그림 201은 A사 BPMS 업무처리기의 기능별 아이콘 예시이다.

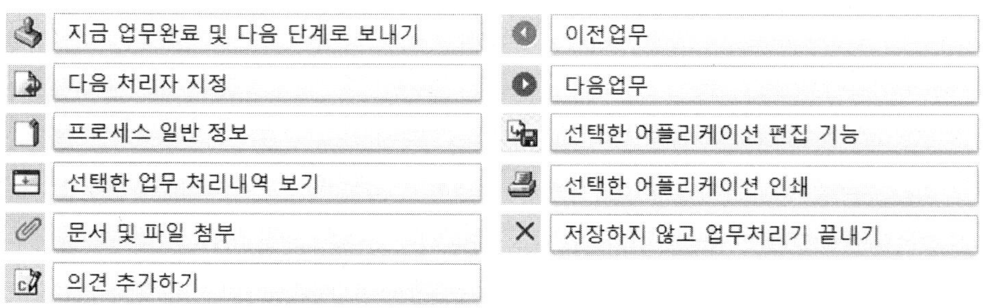

그림 201 업무처리기 기능별 아이콘 예시

(2) 프로세스 정의

이미 모델링되어진 프로세스들의 목록은 업무영역의 '프로세스 정의' 탭을 통해 조회할 수 있으며 또한 해당 프로세스를 시작할 수 있다. 즉, 로그인된 사용자는 권한을 갖는 폴더에 속해있는 프로세스 정의목록을 볼 수 있다. A사 BPMS의 경우 프로세스 시작 방법은 크게 다음과 같이 두 가지로 정의된다.

1) 수동 프로세스 시작
2) 자동 프로세스 시작

먼저 수동 프로세스 시작의 흐름은 프로세스 정의 목록에서 특정 프로세스를 선택한 후 시작 버튼을 클릭하면 프로세스가 시작된다. 그림 202는 수동으로 '국내영업 수주관리 프로세스'를 시작하는 화면 예시이다. 이 예시는 업무영역의 '프로세스 정의'를 선택한 후 Process Definition 기본 폴더의 프로세스 레파지토리에서 실행하고자 하는 '국내영업 수주관리 프로세스'를 검색한 뒤 '프로세스 시작' 기능을 통하여 프로세스를 시작하기 직전의 화면이다.

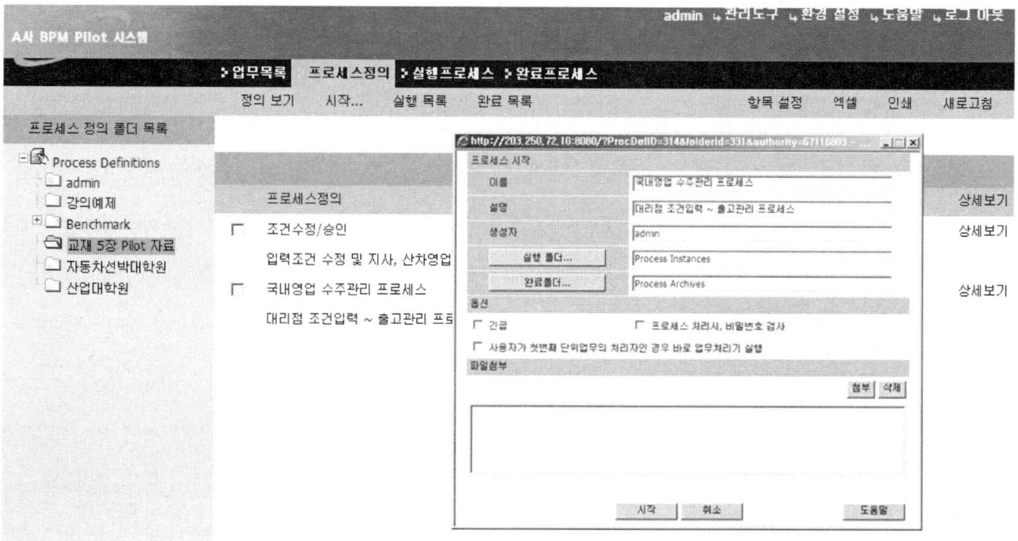

그림 202 수동 프로세스 시작 예시

'프로세스 시작' 기능의 속성들은 다음과 같은 역할을 한다.

- 이름 : 실행 프로세스의 이름을 입력(default : 프로세스 정의 이름).
- 설명 : 다른 실행 프로세스들과 구분할 수 있는 실행 프로세스의 설명을 입력.
- 실행 폴더 : 프로세스가 실행될 폴더를 선택. 사용자는 선택한 폴더에 대하여 접근 권한이 있어야 함. 프로세스 디자이너에 의해 실행 폴더 변경을 제한할 수 있음.
- 완료 폴더 : 프로세스 완료 시 저장될 폴더 선택. 선택한 폴더에 대하여 접근 권한이 있어야 함. 프로세스 디자이너에 의해 완료 폴더 변경을 제한할 수 있음.
- 긴급 : 체크가 되어 있는 경우 실행 프로세스의 상태는 긴급으로 표시됨.

- 프로세스 처리 시, 암호 검사 : 체크가 되어 있는 경우에는 비밀번호를 입력하여야 실행 프로세스에서 작업할 수 있음.
- 사용자가 직접 지정된 경우, 직접 실행하기 : 체크가 되어 있고, 프로세스를 시작하는 사용자가 프로세스 정의의 첫 번째 단위업무 참여자인 경우 업무 처리기가 자동으로 열림.
- 첨부 : 로컬 파일을 첨부하려면 첨부 버튼 선택. EDMS 서버로부터의 파일을 첨부하려면 EDMS 첨부 버튼 선택.

그리고 자동 프로세스 시작은 외부의 이벤트를 통해 자동으로 프로세스가 시작되는 경우이다. 이것은 어플리케이션에서 필요한 정보를 입력한 후 저장하면 어플리케이션 로직 (API를 활용해 구현함)에 의해 자동적으로 프로세스가 시작되는 것을 말하는데, 이때 프로세스 시작에 필요한 각 속성들은 프로세스 변수 혹은 사전에 정의된 예약어 등을 통하여 자동으로 값을 할당받아 프로세스의 시작 조건을 충족시키게 된다.

더불어 A사 BPMS는 해당 사용자에게 새로운 업무가 도착한 경우와 처리할 업무의 마감 기한이 지났을 경우 등에 대해 노티파이 메시지를 보낸다. 이를 통해 사용자가 업무 처리기를 바로 연결할 수 있어 처리할 업무를 찾는데 걸리는 시간을 절약해 준다. 그림 203은 노티파이 기능의 화면 예시이다. 즉, '6.계약' 이라는 프로세스의 '독소조항 확인' 업무가 '하청계약과 담당[1]'에 의해 등록되어 해당 사용자에게 할당된 예시이다.

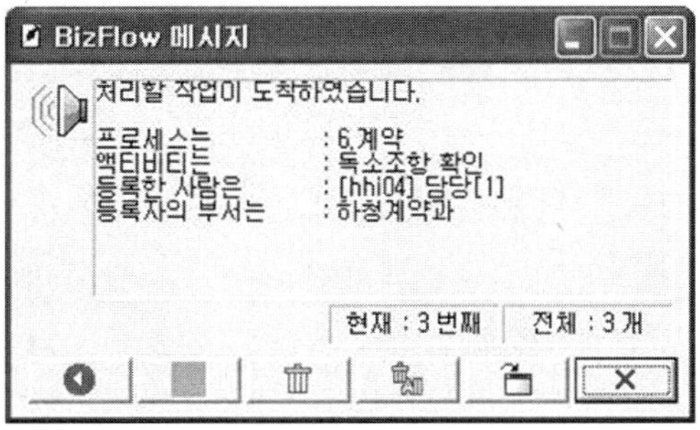

그림 203 노티파이 기능의 화면 예시

(3) 실행 프로세스

실행 중인 실행 프로세스 목록은 업무영역의 '실행 프로세스' 탭을 선택하면 조회할 수 있다. 실행 중인 모든 프로세스 인스턴스의 목록 중 로그인된 사용자가 권한을 갖는 폴더에 속한 실행 프로세스를 볼 수 있도록 지원한다. 실행 프로세스 목록 관련 기본 기능은 다음과 같다.

- 진행 중인 프로세스 목록보기
- 검색필터를 이용한 검색
- 프로세스 목록 정렬하기
- 특정 프로세스 진행 상태보기
- 특정 프로세스를 다른 폴더로 이동하기
- 특정 프로세스의 프로세스 변수 값 보기
- 특정 프로세스 삭제하기
- 특정 프로세스의 상태 변경하기(보류/재개/종료)
- 특정 프로세스의 긴급 상태 변경하기
- 특정 프로세스의 기한 변경하기
- 특정 프로세스의 흐름 변경하기

그림 204는 업무영역의 '실행 프로세스' 탭을 선택하여 실행 프로세스(Process Instance) 목록을 조회한 결과 예시이다.

그림 204 실행 프로세스(Process Instance) 목록 예시

A사의 BPMS는 실행 프로세스와 완료 프로세스에 대해 단위 업무별 처리상태 및 단

계별 진행현황에 대한 실시간 모니터링을 지원한다. 프로세스 모니터링을 통해 해당 프로세스와 관련된 단계별 작업자, 처리 시간, 처리 내용, 첨부 및 의견 내용, 실행중인 서브 프로세스의 진행 상태 등을 조회할 수 있다.

그림 205는 프로세스 모니터링 실행 시 프로세스 각 단위업무의 진행 상태를 나타내는 아이콘의 예시이다.

그림 205 프로세스 모니터링 아이콘 예시

그림 206은 A사 영업부문의 '국내영업 수주관리' 프로세스의 진행현황 모니터링 결과 예시이다.

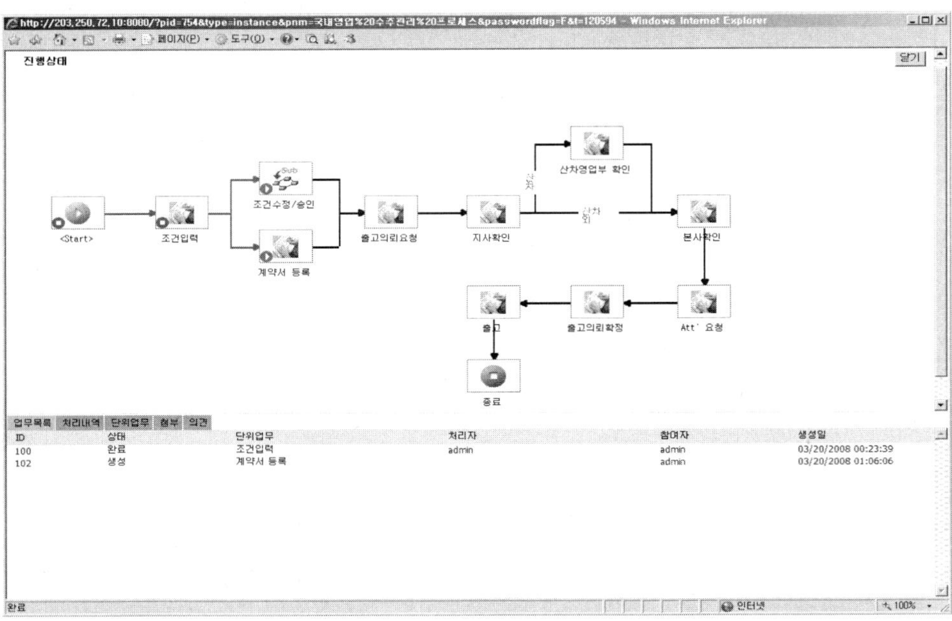

그림 206 프로세스의 진행현황 모니터링 예시

예시에서 'Start' 및 '조건입력' 등의 단위업무는 이미 작업완료 처리되었으며, '조건수정/승인' 서브 프로세스와 '계약서 등록' 단위업무는 현재 실행 중 상태인 것을 한 눈에 알 수 있다. 나머지 단위업무는 시작되지 않았음을 알 수 있다.

특히 예시 하단에 위치한 프로세스 관련 정보 tab인 업무목록, 처리내역, 단위업무, 첨부, 의견 등은 프로세스 실행로그와 관련한 모든 정보를 제공한다. 다음은 각 tab에서 제공하는 정보내역을 정리한 것이다.

- 업무목록 : 단위업무와 관련된 정보를 표시(ID, 상태, 단위업무, 처리자, 참여자, 생성일 정보).
- 처리내역 : 프로세스에서 발생한 이벤트 내역을 표시(이벤트, 실행일, 이벤트 카테고리, 객체, 처리자, 응답, 객체 설명, 에러 코드, 에러 설명 정보).
- 단위업무 : 프로세스와 관련된 단위업무를 모두 표시(ID, 상태, 단위업무, 종류, 시작일, 완료일).
- 첨부 : 프로세스에 첨부된 모든 파일을 표시.
- 의견 : 프로세스에 추가된 의견과 서브 프로세스 및 상위 프로세스로부터의 의견을 표시.

모든 프로세스는 어플리케이션, 서브프로세스, 그리고 트랜잭션 등과의 정보 공유 혹은 연산 및 제어의 목적으로 프로세스 변수를 가진다. 실행중인 프로세스도 정의된 프로세스의 현재 변수 값을 조회하는 기능을 가진다. 그림 207은 '국내영업 수주관리' 프로세스의 프로세스 변수 값을 조회한 예시이다.

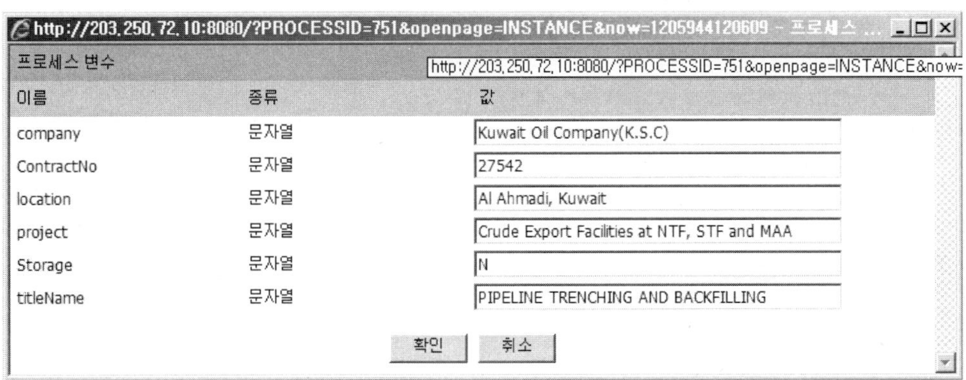

그림 207 프로세스 변수 값 조회 예시

(4) 완료 프로세스

이미 완료된 완료 프로세스 목록은 업무영역의 '완료 프로세스' 탭을 선택하면 조회할 수 있다. 현재 완료된 모든 프로세스 인스턴스의 목록 중 로그인된 사용자가 권한을 갖는 폴더에 속한 완료 프로세스를 볼 수 있도록 지원한다. 완료 프로세스 목록 관련 기본 기능은 다음과 같다.

- 완료 프로세스 목록 보기
- 특정 프로세스 진행상태 보기
- 특정 프로세스를 다른 폴더로 이동하기
- 프로세스 변수 값 보기
- 완료 프로세스 삭제하기

여러 기능들이 실행 프로세스와 중복되므로 자세한 설명은 실행 프로세스 부분을 참조하기 바란다. 그림 208은 완료 프로세스 목록의 예시이다.

그림 208 완료 프로세스 목록의 예시

(5) 업무통계 현황

A사의 BPMS는 지연 업무 현황, 비정상 업무 현황, 전체 업무 현황 등 업무와 관련된 각종 통계 정보를 업무영역에서 제공한다. 그림 209는 업무통계 현황의 예시이다.

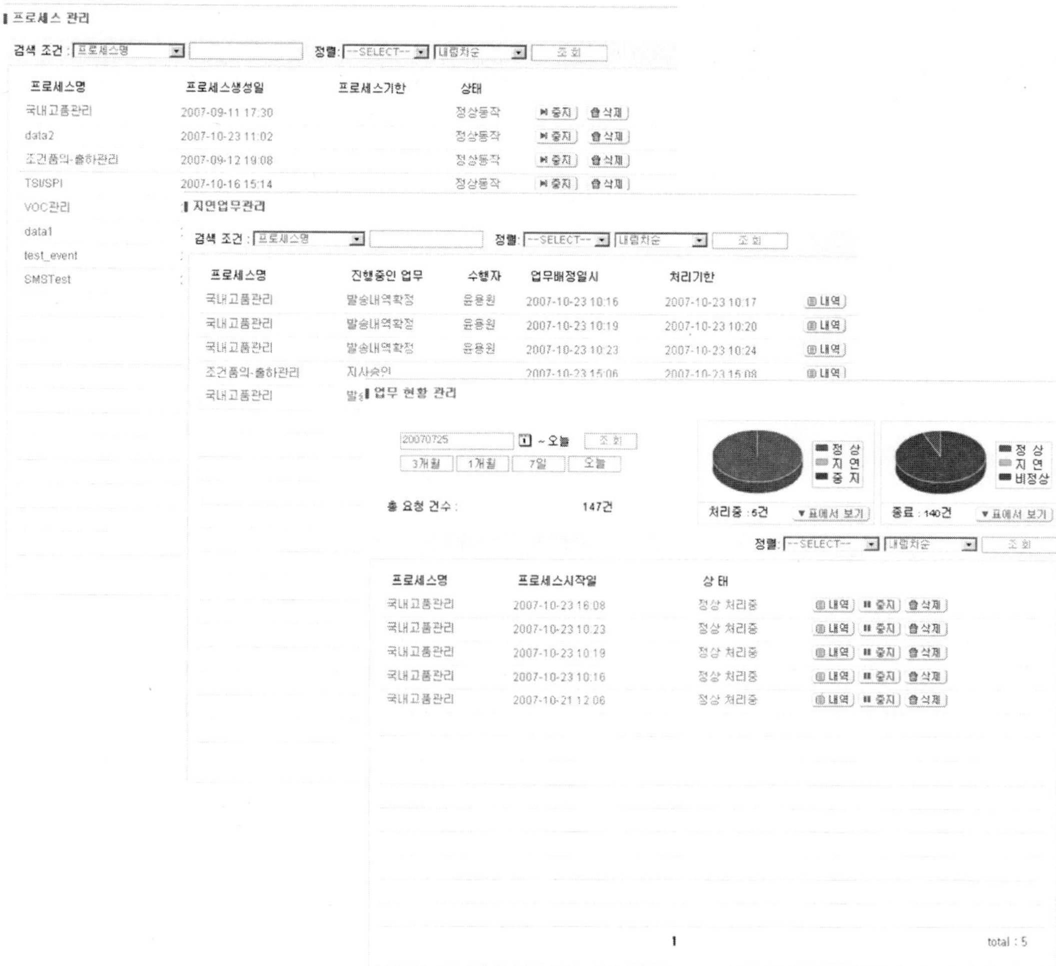

그림 209 업무통계 현황의 예시

또한 경영 성과지표 모니터링은 BPM의 핵심 기능 중에 하나이며, 이는 dash-board 등의 기능을 통하여 쉽게 제공될 수 있다. 이러한 성과지표 값을 바탕으로 지속적인 프로세스 개선의 노력이 필요하며 이것이 BPM 도입의 매우 중요한 목적이다. 그림 210은 정의된 경영 성과지표에 따른 BPMS 모니터링 기능의 예시이다.

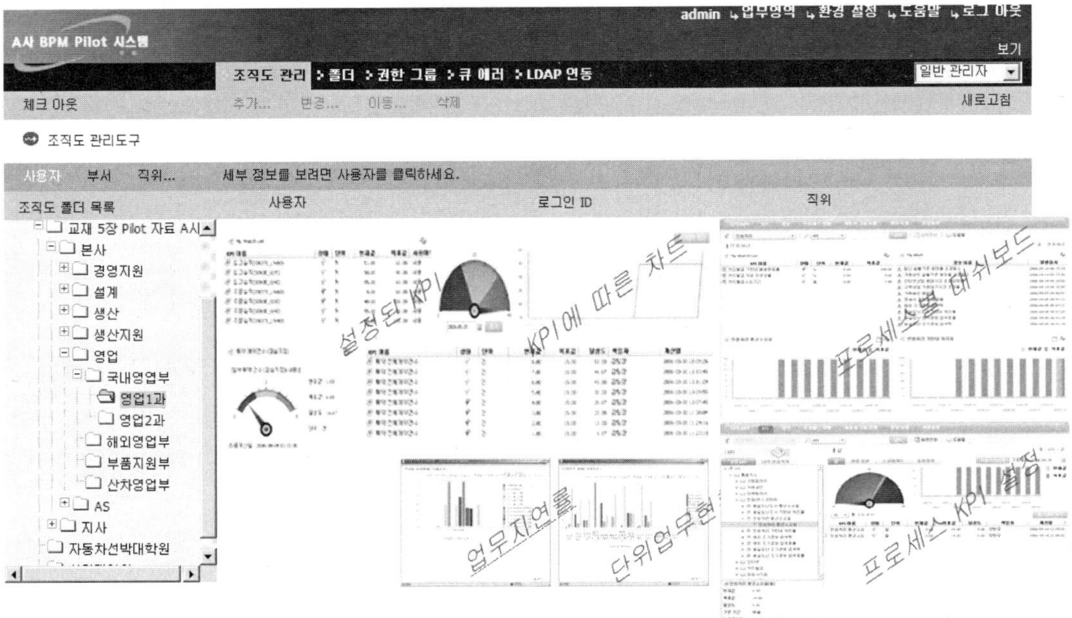

그림 210 경영 성과지표에 따른 모니터링 기능의 예시

5.5.3 실행 모습

본 절에서는 구현된 A사 BPMS의 실행 모습을 '국내영업 수주관리' 프로세스를 중심으로 설명하고자 한다. 그림 211 & 212는 개괄적으로 정리된 실행 시나리오를 나타낸다. 구체적인 실행 시나리오는 다음과 같다.

(1) 고객이 지난밤에 주문을 발생시켰고 울산지사의 남부 대리점 담당자 K가 아침에 출근하여 BPMS에 로그인 한다.

(2) K는 신규 수주를 확인하고 프로세스 정의를 통하여 '국내영업 수주관리' 프로세스를 시작시킨다.

(3) '국내영업 수주관리' 프로세스의 신규 인스턴스가 생성되고, 인스턴스가 시작된다.

(4) '국내영업 수주관리' 프로세스의 관련 변수가 시스템적으로 초기화된다.

(5) 첫 번째 단위업무인 '조건입력'은 프로세스를 시작한 작성자에게 할당되도록 정의되어 있어서, 이 경우는 남부 대리점 담당자 K에게 노티파이를 통하여 바로 업무가 할당된다.

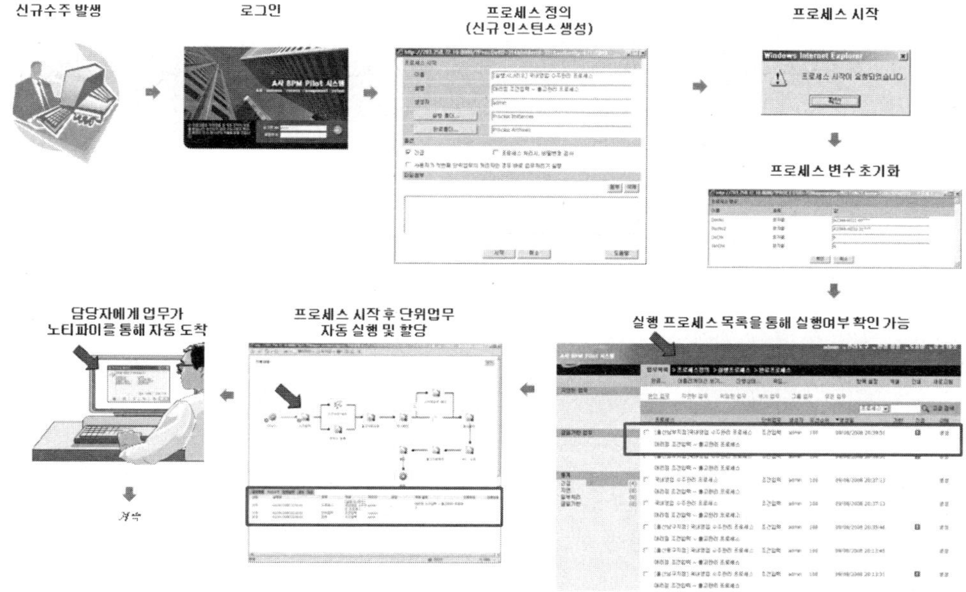

그림 211 실행 시나리오 (1)~(5)

(6) 노티파이를 통해 할당된 업무를 확인한 K는 기존의 업무처리 방식과 같이 '통합 영업시스템'을 실행시키고 '조건입력' 화면을 찾아 업무처리를 하지 않고, '통합 영업시스템'의 '조건입력' 화면을 자동으로 제공하는 BPMS의 업무처리기를 통해 별도의 로그인 또는 화면 이동 없이 바로 업무를 수행한다.

(7) K는 '조건입력' 화면에 필요한 내용을 입력한다.

(8) 두 번째 관련 어플리케이션인 '대법원 인터넷 등기소 홈페이지'는 필요시 접속하여 고객 관련 정보를 조회한다.

(9) 확인 후 '조건입력' 단위업무를 완료처리 한다.

(10) '조건입력'이 완료되어 '조건수정/승인' 서브 프로세스와 '계약서 등록' 단위업무가 자동으로 시작된다.

(11) '조건수정/승인' 서브 프로세스의 경우, 사전에 정의된 대로 울산 지사장 B에게 업무가 자동 할당된다. 또한 '계약서 등록' 단위업무는 사전에 정의된 대로 대리점 담당자 K에게 자동 할당되어 계약서를 작성할 수 있는 업무 상태로 전환된다. 이때 '조건수정/승인' 서브 프로세스와 '계약서 등록' 단위업무 모두가 완료되어야만 '출고의뢰요청' 단위업무가 시작될 수 있으며, 둘 중 하나라도 미완료일 경우에는 '출고의뢰요청' 단위업무가 실행되지 않는다.

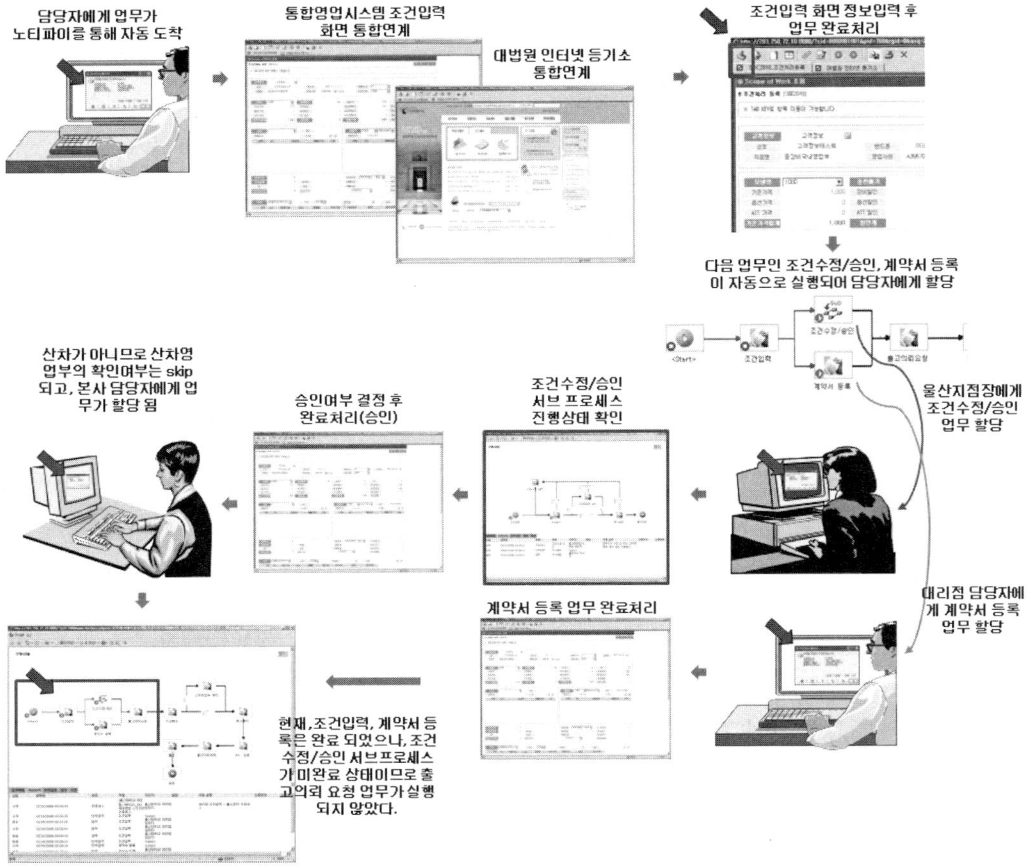

그림 212 실행 시나리오 (6)~(11)

지금까지 시나리오 (1)~(11)까지의 내용을 바탕으로 A사 BPMS의 실행모습을 살펴보았다. 그림 213은 그 시나리오대로 실행된 '국내영업 수주관리' 프로세스의 진행 현황 예시를 나타낸 것이다.

프로세스의 진행현황 모니터링을 통하여 현재 진행 중이거나 완료된 프로세스의 진행 상황을 한 눈에 파악할 수 있다. 또한 업무목록, 처리내역, 단위업무 등 관련 상세 정보를 쉽게 조회할 수 있으며 업무와 관련된 첨부파일 또는 의견도 쉽게 접근하여 조회할 수 있다.

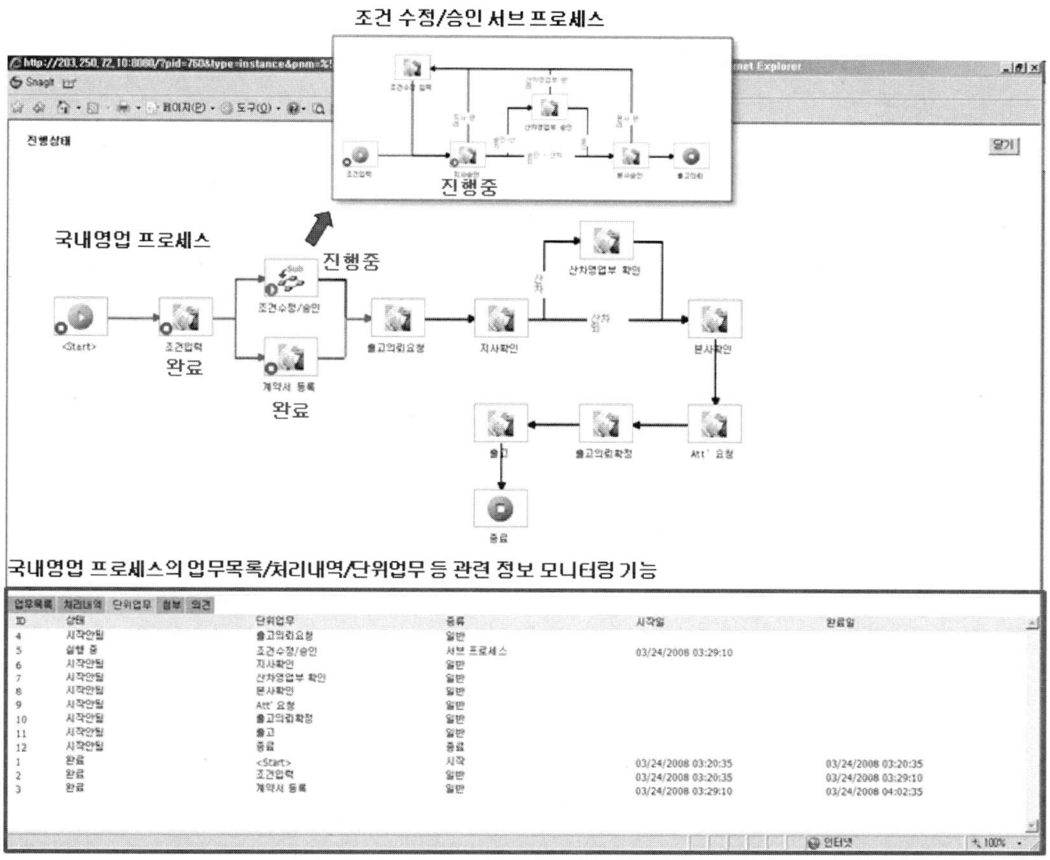

그림 213 프로세스의 진행 현황 예시

5.6_ BPMS 테스트/설치

5.6.1 사용자 교육

BPMS 구축과 병행하여 향후 원활한 시스템 유지관리 및 운영을 위하여 솔루션 및 구현시스템에 대한 교육을 그림 214와 같이 실시하였다.

교육 대상 및 주요 내용

관리자
- 업무 프로세스 관리에 대한 이해
- 운영능력 배양
- 신기술 습득 및 관리능력배양
- 시스템 개요 및 단위업무별 기능이해
- 시스템관리, 장애복구방법 교육

개발자
- 업무 프로세스 관리시스템에 대한 이해
- 업무시스템 기능 및 구성, 흐름도 이해

사용자
- 업무 프로세스 관리시스템에 대한 이해
- 구축된 시스템에 대한 이해 및 사용법 숙지

교육 과정

교육과정	교육내용	교육 시점	대상	기간
기본 교육	• BPM 전반에 걸친 정보기술이해와 정보기술의 발전방향에 대한 교육 제공	착수단계	운영자 및 개발자	
개발자 교육	• 메시징 유형별, Adapter별, RDB와의 인터페이스설정 교육	분석/설계/통합테스트 &설치 단계	개발자	
관리자 교육	• BPMS의 Architecture를 이해하고 기능에 따른 환경설정 및 관리/운영 교육	통합테스트 &설치 단계	시스템 관리자	
사용자 교육	• 구축된 시스템을 이해하고, 사용법에 대한 반복실습을 통한 교육	통합테스트 &설치	사용자	

그림 214 A사의 교육 내용

6

비즈니스 프로세스 관리 도입 사례

6.1_ 중공업 분야

B사는 '세계 1등 조선회사'라는 비전 달성을 위해 디지털 조선소(Digital Shipyard) 구축을 추진 중이다. 그것의 일환으로 외주 협력업체와의 효율적인 협업을 위해 BPM의 도입을 고려하게 되었고, 2004년 4월 '사외제작 블록관리' BPM 시스템을 구축하였다 [34].

구축되어진 BPM 시스템은 외주제작 블록과 관련한 발주관리, 외주업체 공정관리, 제작관리 및 물량관리 등은 물론 조선소 내 여러 부서가 관여하는 협력사 자제공급 등에 대한 업무 프로세스를 개선하고 효율적으로 관리해준다. 이를 통해 사외 블록 제작의 전체 업무 프로세스 흐름을 시각화하여 단위 업무 당사자로 하여금 정상, 긴급 및 지연 등으로 업무 상태를 실시간 관리하게 하고 프로세스 지연 등에 대한 알림 기능 등을 확보해 '사외제작 블록관리' 프로세스를 최적화하였다. 특히, 본 '사외제작 블록관리' BPM

시스템은 조선분야에 BPM을 적용한 첫 사례이다.

6.1.1 추진배경

최근 B사 경영환경 변화의 가장 큰 요인은 급격히 증가한 사외제작 물량이다. '02년에 15만 톤이었던 사외제작물량이 '04년에 들어서는 32만 톤으로 증가함에 따라 사외협력사에게 대한 의존도가 급속하게 증가되었다. 또한 블록 대형화 체계로 전환함에 따라 관리항목이 증가하게 되었다. 이와 같은 관리항목 및 갑작스런 물량의 증가로 인하여 작업일정에 대한 체계적인 관리가 이루어지지 못하여 일정 계획이 맞지 않는 혼란이 발생하였으며, 자재 반출 및 인수의 혼선 또한 발생하였다. 그리고 yard 입고 후 반출에 따른 운반비 및 관리 비용이 증가하였고, 도/사급 자재 결정 지연으로 인해 전체적인 제작 지연 및 자재 관리 미흡 등의 문제가 발생하였다.

이에 B사는, 협력업체와의 원활한 커뮤니케이션과 각 단위업무별 진행 사항의 일목요연한 파악을 통해 문제점들을 해결하기 원했다. 이를 위해 업무 프로세스를 정형화하고 발주부터 정산까지의 모든 공정을 가시화하여 관리할 수 있는 BPM을 추진하게 되었다. 표 27은 B사의 주요 BPM 추진목표를 나타낸다.

표 27 BPM의 추진목표

구 분	내 용
효율적인 업무프로세스 관리	· 업무 process를 정형화하고 단계별 진행상황을 그래픽 형태로 제공 · 업무 도착 알림 기능(개인 업무처리 portal 제공) 제공 · 작업 시작 알림과 지연 경고를 통해 작업 시점 관리 강화 · 선 공정에서 발생한 문제에 대한 정보 공유 및 사전 조치 · 업무 실적 분석
투명한 계약 및 정산 관리	· 협력사별 물량 조정에 의한 사전 발주처 확정 · 선발주 후제작을 위한 발주 요청 체계 확립 · 검사 실적 및 인수 인계서를 근거로 시스템에 의한 납품/정산 관리 실현

6.1.2 추진내용

(1) BPM 시스템의 현황

B사가 적용한 BPM 시스템은 기존에 사용하던 내부 관리 시스템과 비교해 일목요연한 시스템이다. 단순한 워크플로우가 아니라 자재, 생산, 설계 등 기존 시스템들과의 연동을 통해 외주블록 제작과 관련한 모든 단위업무들을 관리하고 있기 때문이다.

이전 시스템은 사용자가 직접 찾아 들어가야 하는 시스템이었다면 현재는 자동적, 능동적으로 보여주는 시스템으로 사용이 훨씬 쉬워졌다. 무엇보다 부서간에 유기적으로 연동되어야 하는 전체 프로세스를 한눈에 파악할 수 있어 업무지연 현상을 미연에 방지하고 빠른 조치가 가능해진 것은 큰 의미로 삼을 수 있다.

기존 업무관리 시스템에서는 사용자가 로그인 후 자기 업무에 해당되는 메뉴를 클릭해 가면서 몇 단계를 거쳐야 했고, 다른 업무를 보기 위해서는 메인화면으로 돌아와 같은 과정을 처음부터 되풀이해야 했다. 하지만 이제는 사용자가 BPM 시스템과 연동된 현 업무포털에 로그인하면 오늘 처리해야 할 업무가 일목요연하게 나타나며 각 업무단계에서 미리 조치해야 할 사항등도 알려준다.

또한 각 시스템들과 연동되어 있는 업무 현황 관련 데이터들이 한 화면에 제공되는데, 예전에는 텍스트 환경으로만 제공됐지만 이 시스템에서는 '사외블록 제작관리' 프로세스의 16개 단위업무(activity) 현황들이 그래픽 형태로 한 눈에 보기 쉽게 표시되며 각 단위 업무별로 정상, 조기, 지연을 알려주는 숫자가 나타난다. 사내 시스템은 클라이언트 서버 환경에서 운영되며 외부 협력사들은 웹을 통해서 접속할 수 있다.

(2) BPM 시스템의 주요 화면 및 기능

B사 BPM 시스템의 주요 화면 및 기능은 다음과 같다.

■ Process 관리

'사외블록제작' 업무의 처리 절차를 그래픽 형식으로 정의하여 전체 업무의 진행상황을 실시간으로 관리할 수 있다. 이를 토대로 담당자 간/부서 간에 현황 정보를 공유함으로써 업무 진행의 연속성을 강화하였다. 그림 215는 진행현황 모니터링을 통한 프로세스 관리 화면이다.

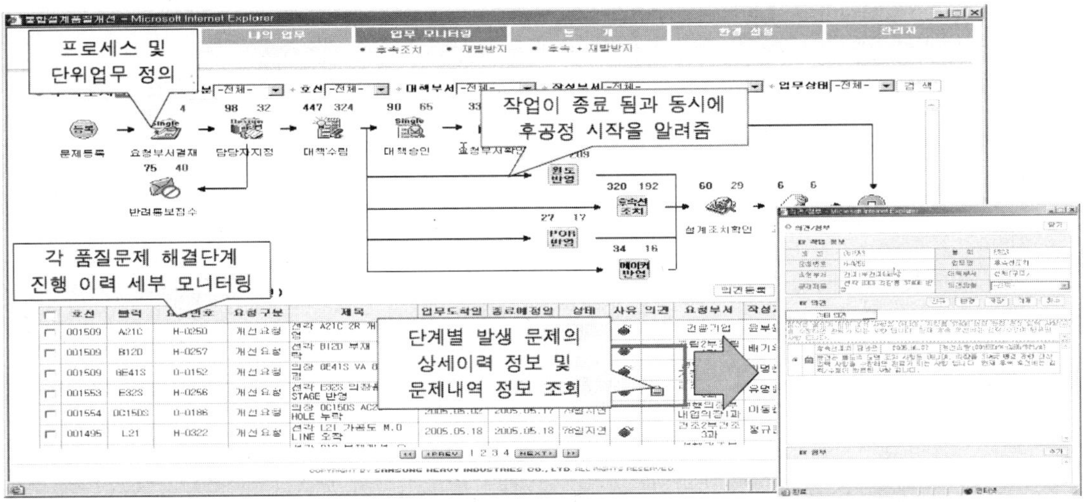

그림 215 프로세스 관리 화면

■ 개인별 업무목록 관리

B사 BPM 시스템은 처리해야 할 담당 업무를 기업포털에서 실시간으로 처리할 수 있는 '개인 업무처리 portal' 기능을 제공한다. Portal에 나타난 업무목록을 클릭하면 자동적으로 업무 처리를 할 수 있는 레거시 system 화면으로 연결되어 업무 처리를 보다 손쉽고 빠르게 할 수 있도록 한다. 그림 216은 개인별 업무목록 관리 화면이다.

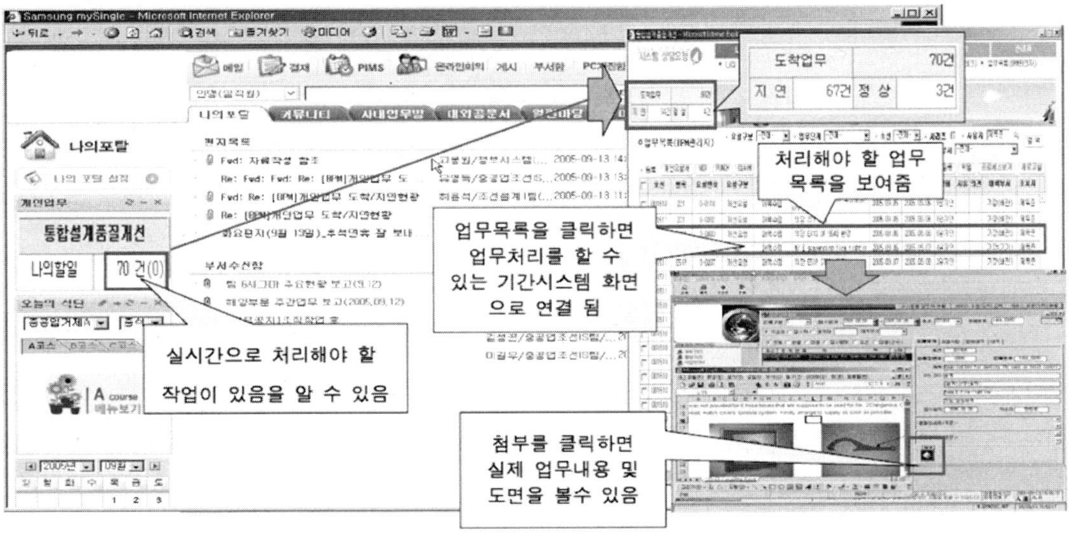

그림 216 개인별 업무 목록 관리 화면

■ 경보 체제 관리

작업 시작 알림과 지연 경고를 통해 사외블록제작 작업의 시점 관리를 강화하였다. 그림 217은 경보체제 관리 화면이다.

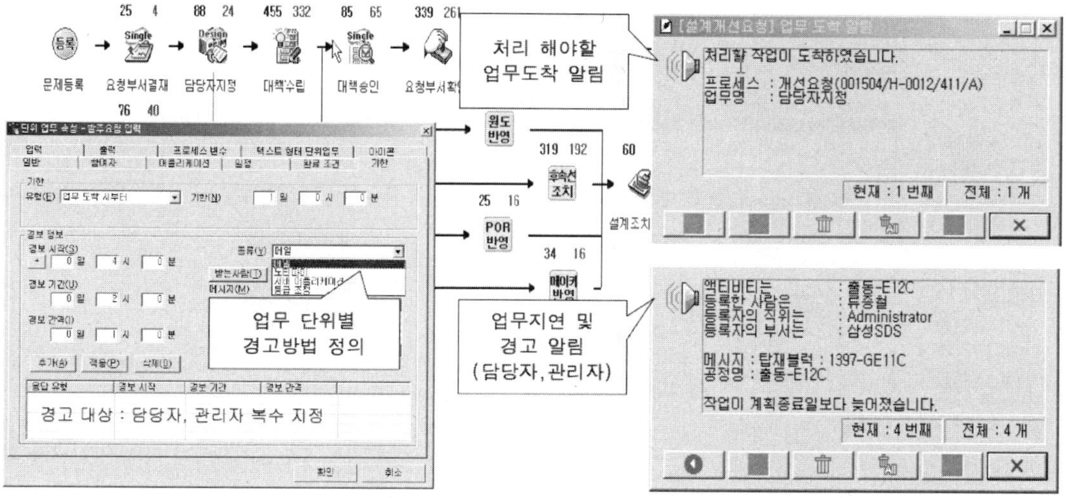

그림 217 경보체제 관리 화면

■ 문제 등록 및 공유 관리

업무 단계별 업무 처리 유의사항이나 발생된 문제 등을 등록 관리함으로써 업무 담당자 간에 정보를 공유하여 문제 발생을 사전에 예방하거나 발생된 문제를 조기에 해결할 수 있게 되었다.

■ 실적 분석 관리

업무처리 실적 정보를 이용하여 단위 작업별 부하 및 병목 공정, 그리고 문제 유형 등의 분석이 가능하고 이를 통해 업무 process를 재설계하는 기반을 마련하였다. 그림 218은 BPM 시스템이 제공하는 각종 실적 통계자료 예시이다.

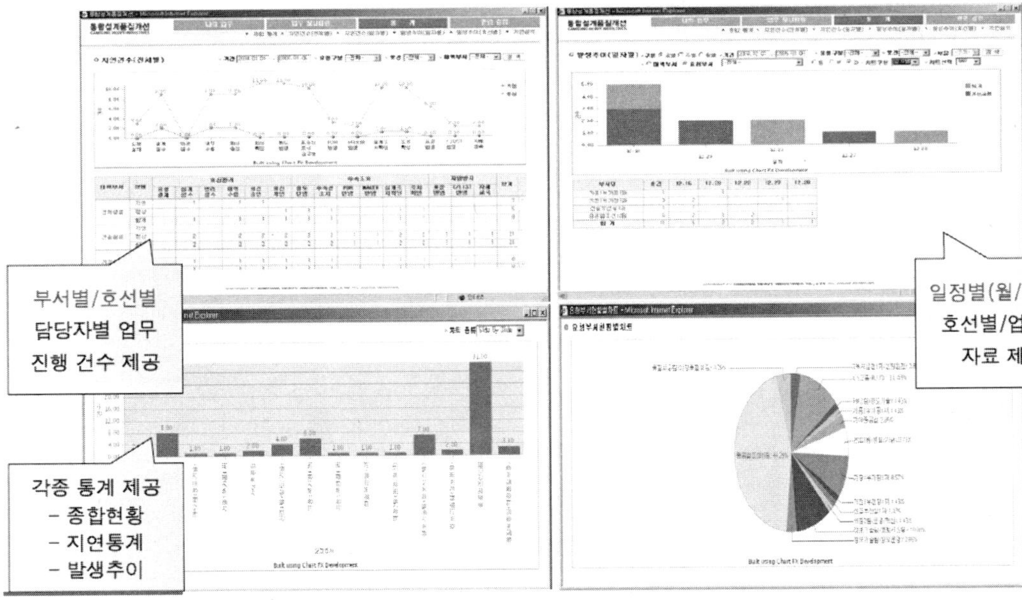

그림 218 실적 통계자료 및 경영지표 관리 화면

6.1.3 도입성과

B사는 본 BPM 시스템을 통해 업무 loss가 절감되었고 결품 감소, 세분화 공정관리, 그리고 투명한 정산관리 등의 큰 효과를 얻었다. 그리고 무엇보다도 다음과 같은 정성적인 효과에 BPM 시스템 도입의 의미가 있다고 본다.

■ 업무처리의 효율성 제고

B사의 직원과 협력사들은 '사외블록제작'과 관련된 모든 업무를 이 BPM 시스템을 활용하여 처리한다. 본 BPM 시스템과 연동된 포탈 시스템에 로그인하면 당일 처리해야 하는 자신의 업무가 일목요연하게 나타나며, 또한 각 업무 단계에서 미리 조치해야 할 내용 등도 알려준다.

처리하고자 하는 업무의 클릭과 동시에 업무처리에 필요한 레거시 화면과 데이터들이 한 화면에 제공된다. 더불어 '사외블록제작' 프로세스의 16개 단위업무별로 개별블록에 대한 진행현황을 정상, 조기, 지연 등으로 구분하여 제공한다.

이를 통해 무엇보다 업무 처리의 편의성이 제고되고 업무의 진행 현황을 실시간으로 관리함으로써 전체적인 업무처리의 효율성이 높아졌다.

■ 사전 대응 해법 마련

본 BPM 시스템의 도입으로 업무 지연이 발생하기 전에 이를 파악하고 관리할 수 있게 되었다. 그리고 각 단위 업무별 진행 상황에 대한 통계 자료를 분석해 현재 정의되어진 프로세스가 적합한지, 혹은 재설계가 필요한지 점검할 수 있게 되었다.

6.2_ 전기·전자 분야

C사는 디지털 디스플레이 & 미디어, 디지털 어플라이언스, 그리고 정보통신 등 3개의 사업본부 체제를 갖추고 있으며 현재 세계 각국에서 강력한 글로벌 경영 활동을 전개하고 있다. 그리고 '세계 초우량 기업'이라는 비전 달성을 위해 기업의 경쟁력 강화에 대한 필요성이 커졌고 이를 위해 업무 프로세스의 표준화 및 지속적인 개선의 기반을 제공하는 BPMS의 도입을 추진하였다[37].

6.2.1 추진배경

C사가 BPM을 도입하게 된 배경은 그림 219와 같다. C사는 전사적인 6시그마 활동인 TDR(Tear Down and Redesign) 추진, BPM 적용, 그리고 지속적인 변화관리를 통해 기업 전체가 rule과 시스템에 의해 업무를 처리하는 체계를 갖추고자 하였다. 특히 BPM의 적용을 통해 개인의 know-how나 암묵지 속에서 진행되던 업무 프로세스를 명문화하고, 또한 체계화된 업무 프로세스를 회사 자산화하기를 원했다. 이렇게 표준화 및 정형화되어진 업무 프로세스의 적용을 통해 전체 업무처리의 투명성과 생산성 향상을 가져올 수 있다고 판단하였다.

C사는 이러한 업무처리 체계의 변화를 통해 Speed, Quality, Control 관점에서 다음과 같은 효과를 기대하였다.

첫째 Speed 측면에서는 업무 처리시간의 단축, 단순 반복 업무 감소, 커뮤니케이션 원활화 등이다. 둘째 Quality 측면에서는 paperless operation, 업무의 표준화를 통한 오류 감소, 업무 매뉴얼 활용도 제고 등이다. 셋째 Control 측면에서는 모니터링을 통한 관리 수준 향상, 업무 이력 관리를 통한 프로세스 개선, 업무 인수/인계 원활화 등이다.

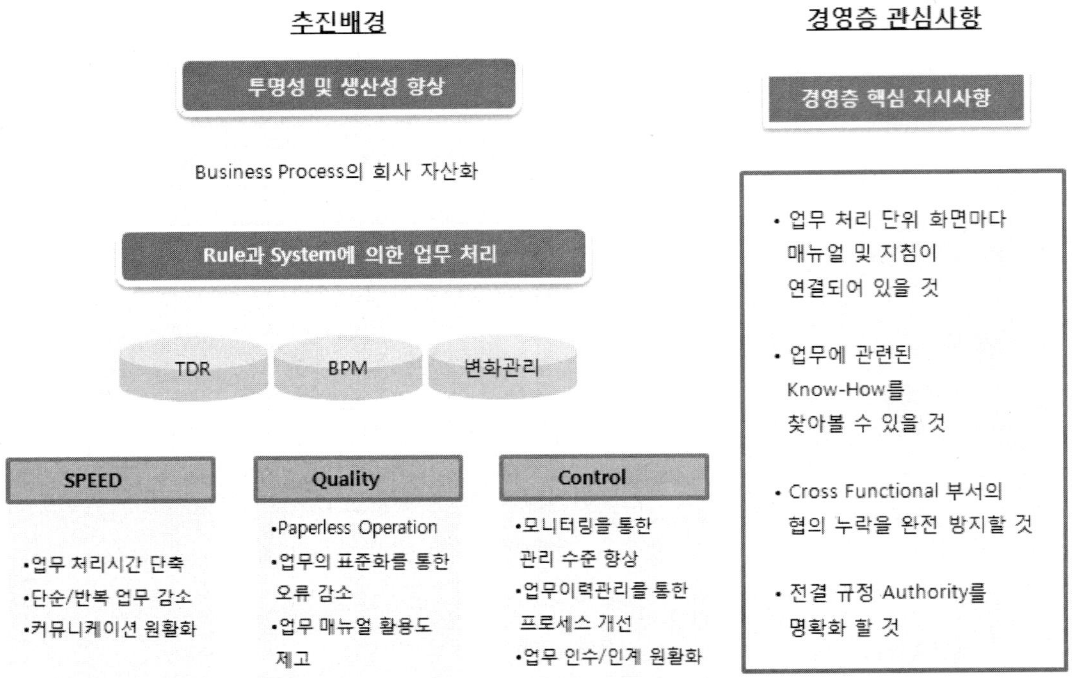

그림 219 C사의 BPM 추진배경

6.2.2 추진내용

본 사례에서는 크게 BPM 대상 프로세스 선정, BPM 아키텍처 설계, BPM 추진 방법론, 그리고 프로세스 성과분석 등을 중심으로 C사의 BPM 시스템 구축에 대해 단계별로 살펴본다.

(1) 대상 프로세스 선정

C사는 BPM 대상 프로세스 선정 시 효과가 높은 업무를 중심으로 우선순위를 결정하였으며, 더불어 구현의 용이성, 투입 자원, 그리고 시간 제약사항 등도 고려하여 최종 우선순위를 정하였다. BPM 대상 프로세스의 선정 과정은 그림 220과 같고 다음의 단계를 거쳐 대상 프로세스를 선정하였다.

- BPM 교육 및 적용대상 서베이
- 프로세스 적합성 평가 및 파일럿 대상 프로세스 선정
- 파일럿 대상 프로세스 기대효과 분석

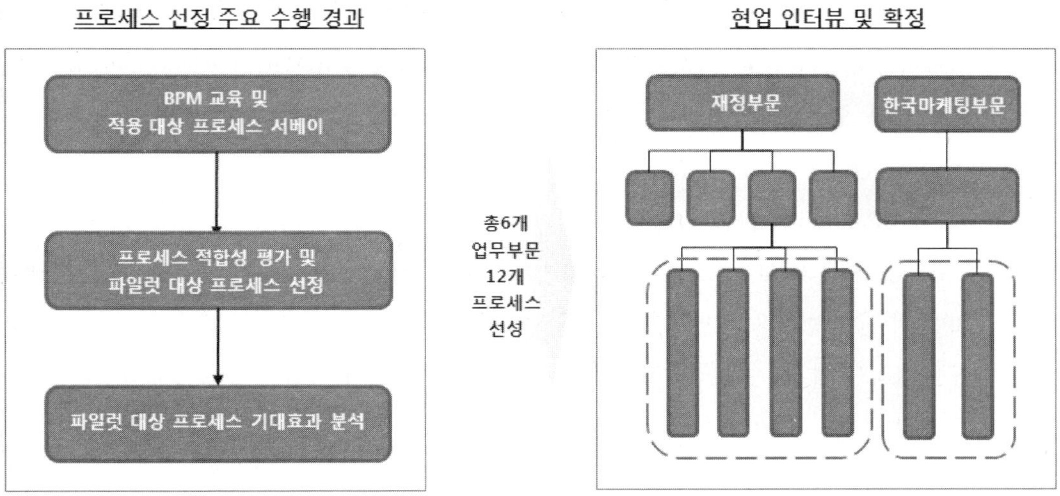

그림 220 대상 프로세스 선정 단계

(2) BPM 아키텍처 설계

BPM의 도입과 업무 portal의 확대 적용에 따라, IT layer 별로 솔루션들의 역할과 기능상에 변화가 발생하게 되어, 작업자 및 시스템의 업무 기능들을 명시적으로 관리할 수 있는 체계적 architecture의 구성이 필요하였다. 이에 따라 C사는 BPM 아카텍처 설계의 기본 방향을 다음과 같이 검토하였다.

첫째, 업무에 대한 창구를 EP(Enterprise Portal)를 중심으로 단일화하였고, groupware의 portal 기능을 흡수한다. 그리고 EP 적용이 불합리한 경우에 한하여 업무별/조직별 업무 공간 제공을 병행하여 업무 관련 정보, BPM 업무 목록, 모니터링 기능을 연결한다.

둘째, Rule 관리는 기본적으로 application에서 수행하고, 향후 package 제공 기능 채택 여부를 고려한다.

셋째, 선정된 process의 KPI에 대하여 업무 분석 리포트를 제공한다. 관리지표는 BPM에서 직접 구현하지 않고, 필요시 업무 시스템의 지표 데이터로 구성된 database를 활용한다.

넷째, 컴포넌트 기반 개발 측면에서 플로우 제어 로직과 처리 로직을 분리한다. 이는 프로세스 변경에 대한 유연성 확보를 위하여 필요하다.

다섯째, 기존 groupware의 결재 기능은 장기적으로 BPM으로 대체한다. 이는 프로세스의 단절 방지, 별도 입력 제거, 추적성 확보를 위하여 필요하다.

여섯째, 프로세스 문서, 첨부 파일의 보관 및 관리를 위하여 프로세스 관련 문서를 지식 맵으로 구현하여 향후 구축 예정인 업무 매뉴얼 시스템 및 KMS(Knowledge Management System)과 연동한다.

(3) BPM 추진 방법론 수립

C사는 기존의 각종 BPM 추진 방법론들과 구축 사례를 분석하여 그림 221과 같은 BPM 추진 방법론을 개발 적용하였다. 본 방법론은 크게 '업무 프로세스 모델링' 부문과 '구현/test/설치 및 인도' 부문 등의 두 단계로 구성되며 세부적으로는 총 12단계로 이루어진다.

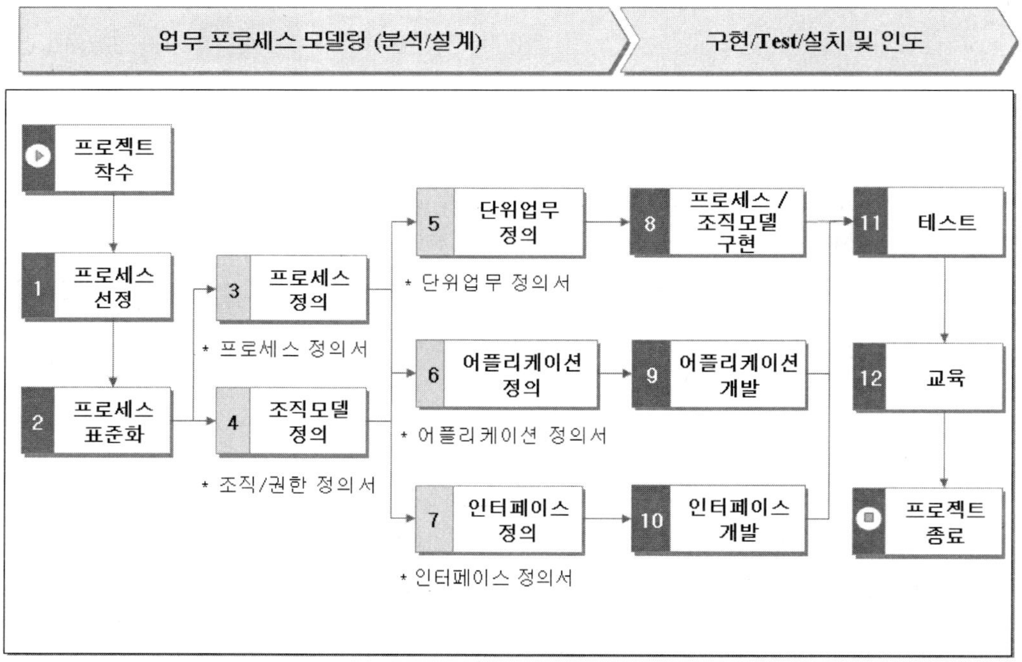

그림 221 BPM 추진 방법론

(4) 프로세스 성과분석

C사는 효과적인 프로세스의 성과분석을 위해, 설계단계에서 실시한 사용자들과의 인터뷰 과정과 프로세스 정립 TDR에서 도출된 프로세스별 목표에 근거하여 프로세스별 KPI와 그 목표치를 설정하였고, 이를 바탕으로 Report 기능을 개발하였다.

측정 항목은 프로세스의 특성을 고려하여 time, frequency, 그리고 human 측면에서 관리가 요구되는 단위 activity를 중심으로 선정하였고 각 측정 항목별 과거 data의 분석을 통해 목표치를 설정하였다. 이를 기반으로 현업과의 협의를 통해 A부문 12개, B 부문 36개 등 총 48개의 프로세스 성과분석을 위한 KPI를 표 28과 같이 도출하였다.

표 28 도출된 프로세스 KPI

	A 부문	B 부문
특정 activity 수행 시간	마케팅 담당자 OA 입금정리 등 3개	할인 재량권자 처리 시간 등 6개
특정 activity 지연 시간	수출거래 조건 자료 생성 등 3개	할인 재량권자간 처리 대기시간 등 6개
특정 activity 수행 건수	입금정리 위임 등 3개	담당자별 품의/취소 건수 등 6개
특정 activity 반복 수행 건수	수출금융 담당자 반려 횟수 등 3개	재량권자 반복 처리 횟수 등 6개
담당자별 업무 회복 건수		재량권자 업무 목록 건수 등 6개
특정 activity 담당자 변경 건수		재량권자 rule 변경 등 6개
총계	12개	36개

6.2.3 도입성과

C사가 본 BPM 시스템의 적용을 통해 얻은 효과는 다음과 같이 정리될 수 있다.

(1) 정성적 효과

■ 기간계 시스템과의 체계적인 연계

C사는 본 BPM 시스템의 적용을 통해 기존의 여러 레거시 시스템, 특히 '6 Sigma Digital Cockpit EP' 등과의 긴밀한 연계를 통해 그 효과를 상호 상승시켰다.

■ 업무 자동화

BPM 구축과 병행하여 추진되었던 업무 매뉴얼 정비를 통해 업무 표준화가 이루어졌고, 이를 시스템적으로 지원함으로써 업무 프로세스의 진행 상황 및 규정 준수 여부의 실시간 확인, 신입사원 업무 적응 시간 단축 등의 효과가 있었다.

그림 222는 C사의 수출금융 프로세스 담당자들을 대상으로 한 BPM 사용자 만족도 조사 결과이다. 결과에 따르면 업무 표준화, 통계 데이터, 모니터링 향상, 처리 절차 오류방지, communication 효율화 항목에서 80% 이상의 만족도를 나타내었으며 구체적인 효과로는 규정 준수 여부 확인을 위한 협의 30% 감소, 신입사원 업무 적응 시간 32.5% 단축, 지연업무에 대한 통보 횟수 50% 감소 등이다.

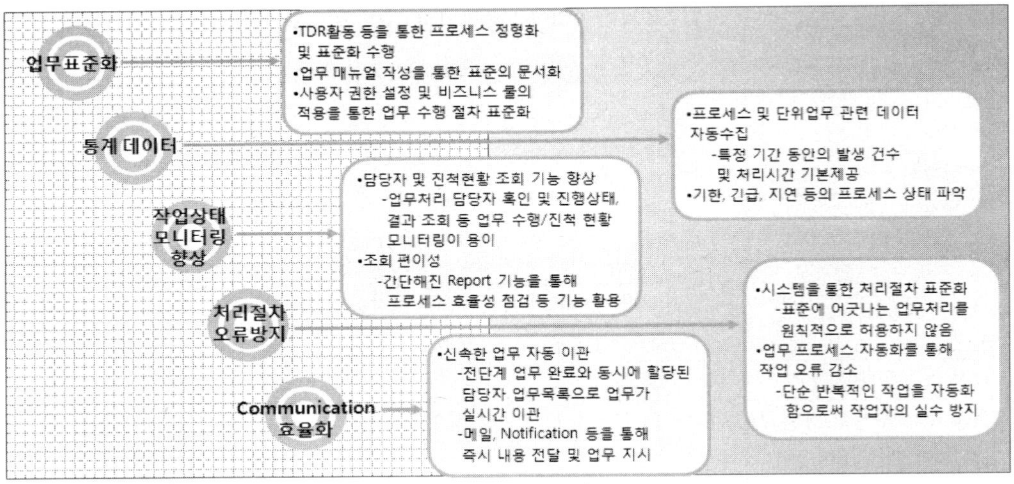

그림 222 사용자 만족도 조사 결과

(2) 정량적 효과

■ Lead Time

그림 223은 C사 국내 마케팅 부문의 BPM 적용 효과를 나타낸다. 이는 업무 프로세스 재정립 및 Workflow 기반의 업무 처리 등을 통해 업무 담당자간의 업무 지연을 최소화함으로써 가능하였고 지속적인 프로세스 모니터링 결과를 기반으로 프로세스를 개선하게 되면 향후 보다 큰 효과를 기대할 수 있을 것이다.

■ Cost

수출금융 OA 입금 정리 프로세스에서는 수출 금융부서의 입금 통보와 동시에 채권 재정리 및 결과 확인 작업을 거처 입금 정리가 신속히 완료됨으로써 추가 이자 비용 발생 억제 및 업무 처리 시간의 단축으로 인한 이자 비용 감소 효과가 있었다.

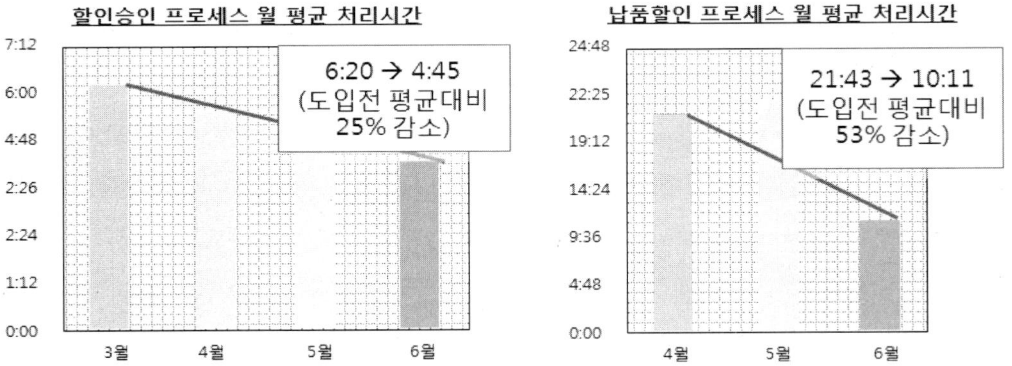

그림 223 국내 마케팅 프로세스 개선 효과

7

RTE 소개

7.1_ RTE 개요

최근까지의 기업 경영전략의 변화를 살펴보면 그림 224와 같이, 1970년대는 기존의 안정적 경영 구도 하에서 단기적인 성과 달성을 위하여 생산 · 운영에 대한 내부 효율성을 추구하고 이익의 극대화를 목표로 하는 '효율경영'의 시대였다. 1980년대는 성숙된 시장의 전개로 새로운 게임 규칙과 경쟁 상대들과의 전략적 관계 속에서 기업의 장기계획을 기반으로 경영구도를 재편하여 이윤 및 시장점유율을 제고한 '전략경영'의 시대였다. 1990년대는 복잡화된 경쟁 구도의 재인식, SCM과 CRM의 접목, 그리고 경쟁우위 확보를 위한 차별화된 경영 활동을 통하여 목표 성과를 달성한 '혁신경영'의 시대였다. 2000년대는 급변하는 IT 기술 환경 하에서 기업의 대응 속도 및 민첩성(agility)을 높이기 위해 실시간 대응력을 경쟁무기로 인식하는 '디지털 가치 경영' 패러다임이 등장하였다[6].

오늘날과 같이 급변하는 경영환경의 변화 속에서 경쟁력을 갖추기 위해서는 각 기업들이 내부 혁신과 함께 외부 환경에 신속히 대응할 수 있는 적응형 기업(adaptive enterprise)이 되어야 한다. 즉, 내부적으로는 비지니스 프로세스 참여자들이 업무와 관련된 정보를 실시간적으로 획득할 수 있도록 하고, 외부적으로는 고객, 공급자 및 사업 파트너들에게 필요한 정보를 즉시 제공하거나 공유할 수 있는 체계를 갖추어야 한다. 이러한 요구에 대응할 수 있는 경영 패러다임의 모습이 2000년대에 들어서서 나타난 '디지털 가치 경영'이라고 할 수 있다.

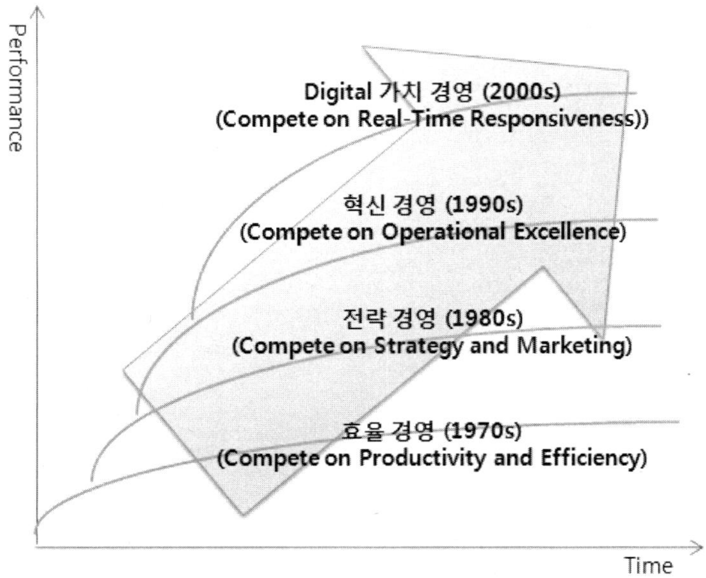

그림 224 경영 패러다임의 변화

이러한 '디지털 가치 경영'의 실현을 위해 2002년 Gartner Group에 의해 RTE(실시간 기업, Real-Time Enterprise)라는 개념이 소개되었다. 즉, 향후 기업들이 새로운 경제 paradigm과 경쟁 환경에 대응하기 위해서는 경영이벤트의 조기감지와 신속한 대응이 가능한 비즈니스 프로세스의 구현 및 이를 지원할 수 있는 IT 역량을 갖추는 것이 불가피하며, 이를 위해 실시간 기업으로의 전환이 필요하다는 것이다.

RTE의 기본 idea는 우리가 접해오고 있는 자연재해 및 각종 사고들에서 찾을 수 있다. 1900년 미국 역사상 최대의 자연재난이라고 불리는 사건이 있었다. 대양에서 만들어진 작은 구름덩어리가, 1900년 9월 8일 Texas의 Galveston 지역을 강타하고, 8,000명의 인명피해를 낳은 사건이 바로 그 재해이다. 그 외에도 지금까지 우주왕복선 Challenger호의 폭발사고, 9.11 무역센터 테러, 삼풍백화점 붕괴, 그리고 성수대교 붕

괴 등 무수히 많은 재해가 있었다. 모두 많은 인명 및 재산 피해를 남긴 사건들이었으나, 이를 통해 몇 가지 교훈을 얻을 수 있었다.

- 어떤 재난이건 간에 분명 징후나 예고가 있었다.
- 이런 재난들이 불가피한 것이라고는 생각하지 않는다.
- 이런 재난이 발생한 후에는 어김없이 어떻게 예방할 수 있는지에 대해 조사 연구가 있었다.
- 어떤 조치가 있어야 하는지가 규명된 후에는 동일한 재난을 막기 위한 예방 조치가 취해졌다.

무수히 많은 자연재난 이후, 인공위성을 띄우고 고성능의 슈퍼 컴퓨터를 동원하여 관련 이론을 개발하는 등의 노력을 기울인 덕분에 이제 자연재난은 조기에 예측할 수 있고, 피해를 최소화할 수 있도록 대비를 할 수 있는 상태에 이르게 되었지만, 기업의 경영에 있어서 이러한 재난(surprise)의 예측(정확히는 조짐의 발견) 수준은 이전이나 지금이나 별로 발전된 것이 없다. 그래서 RTE의 concept에서는 앞으로 기업들이 surprise를 알게 해주는 정보를 통해 Predicting the Present(현재를 예측)를 해야 하고 더불어 Real-Time Opportunity Detection(실시간 기회 포착)을 해야 한다고 주장한다.

결국 RTE는 다음과 같은 개념을 통해 구현될 수 있다.

- Surprise를 예방할 수 있는 데이터, 기회를 포착할 수 있는 데이터, 잘못된 조취를 바로잡을 수 있도록 하는 데이터는 이미 존재한다.
- 많은 사람들이 정보가 넘친다고 이야기하지만, 정말 중요한 데이터는 상대적으로 많지도 않을 뿐만 아니라 어떤 데이터인지 결정할 수 있다.
- 중요한 데이터가 무엇인지 규명되면, 지속적으로 그 데이터를 획득되고 모니터링 할 수 있다.
- 모니터링을 통해서 목표대비 성과(진도)를 측정할 수 있는데, 이것이 바로 predicting the present이다.
- 기업은 사건과 변화를 예측할 수 있고, 목표달성을 위한 전략과 전술을 수정해갈 수 있으며, 기회를 최대화하고, 재난을 예방할 수 있다. 이것이 바로 real-time opportunity detection이다.

주요 기관들에서 제시한 RTE의 정의는 다음과 같다.

"An enterprise that competes by using up-to-date information to progressively remove delays to the management and execution of its critical business processes."(Gartner)

"A business that uses technology to increase the speed, quality, and connectivity of information flow to improve the organization's business processes."(Cutter)

"A real-time enterprise is one which automates end-to-end processes to act in synchrony across the organization, to maximize efficiency and customer satisfaction."(OVUM)

이러한 다양한 정의들을 취합해보면, RTE는 ① 최신의 정보를 이용하여, ② 경영 및 실무상의 ③ 핵심 비즈니스 프로세스에서 발생하는 지연요소를 혁신적이고 지속적으로 제거함으로써, 경쟁력을 극대화한 기업을 의미한다고 할 수 있다.

더불어 RTE의 핵심 요건인 기업의 민첩성(agility)을 확보하기 위해서는 Visibility, Intelligence, Speed 등의 구성요소의 실현이 필요하며 이를 지원할 수 있도록 프로세스 최적화, 실시간 업무처리 지원, 시스템 및 정보의 통합, 인프라의 충실화 등의 노력이 요구된다. 즉 RTE의 실현을 위해서는 우선적으로 현재 업무 현황을 실시간적으로 파악(Visibility)할 수 있어야 하며, 이 정보를 기반으로 이상 징후 여부를 신속히 분석(Intelligence)해야 하며 또한 이상 징후 발생 시 그 이상 징후에 신속하게 대응(Speed)하여 해결할 수 있어야 한다는 것이다. 이러한 RTE의 구성 요소 및 필요 역량은 그림 225에 정리되어 있다.

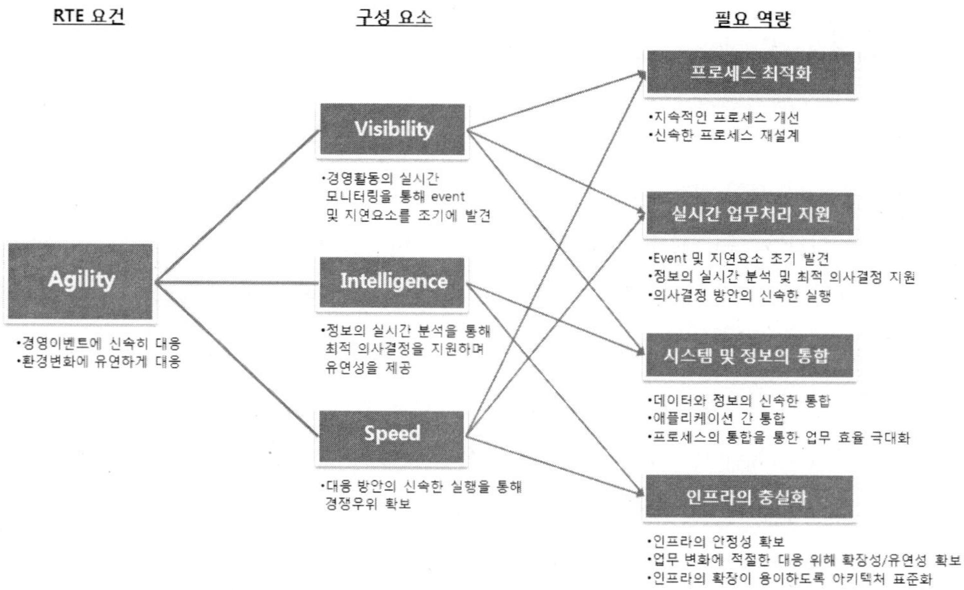

그림 225 RTE의 구성 요소 및 필요 역량(source: 삼성SDS)

결과적으로 RTE의 궁극적인 목표는 핵심 프로세스에 대한 대응 시간의 최소화 및 대응 수준의 최적화라고 할 수 있다. 이러한 목표의 달성을 위해서는 핵심 Business Process의 경쟁력 강화, 신속하고 정확한 의사 결정, 시장 환경에 대한 적응력 강화, 고객의 요구에 대한 즉각적인 대응, Global 공급/생산/판매 체계의 확립, Process의 신속성 향상을 위한 PI 활동 강화, Business 내/외의 data에 대한 모니터링 강화 등의 다양한 활동 및 노력들이 필요하다. 그림 226은 RTE의 목표를 도식화한 것이다.

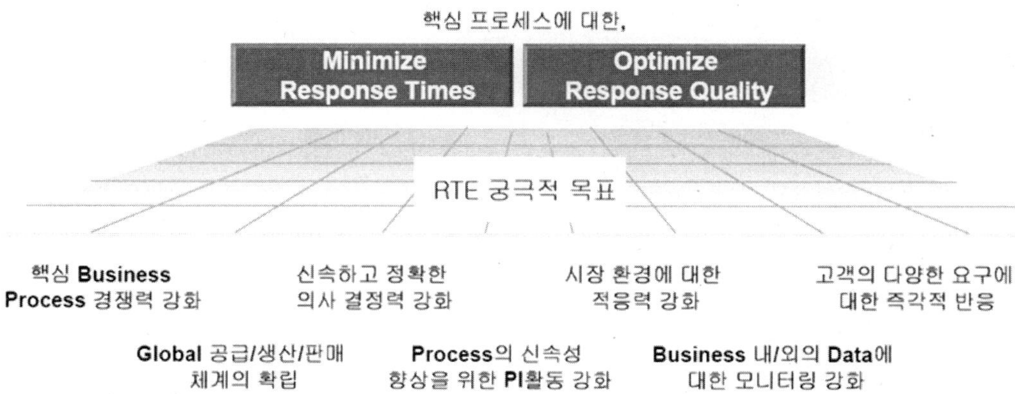

그림 226 RTE의 목표

7.2_ Cyclones 모델

다양한 IT 기술들을 도입하여 비즈니스 프로세스를 개선해온 기업들은 기존의 접근방식들이 상향식(Bottom-Up)이며 또한 업무를 중심으로 통합되지 않는 것에 대해 한계를 느껴왔다. 즉, 프로세스의 부분 통합과 비연결성은 IT의 중복투자로 이어졌고, 이를 통해 얻은 운영의 효율성과 의사결정의 효과성은 투자에 비해 낮은 수준에 머물러 있다.

이에 Gartner는 전사적 차원에서 IT를 사용하여 조직 전체에 걸쳐 발생하는 주요 이벤트나 업무처리의 주기를 단축하고, 이를 통해 비즈니스 환경변화에 조직이 보다 신속하게 대응하게 하는 RTE 모델을 지원하는 프레임워크로서 Cyclones 모델을 제안하였다. Cyclones 모델은 전형적인 기업에서 발생하는 event에 대한 주요 업무처리 사이클, 즉 end-to-end 사이클을 파악할 수 있게 하는 공통의 프레임워크로서 그림 227과 같이 크게 3개의 level을 기반으로 10개의 Cyclone으로 구성되어 있다.

그림 227 RTE Cyclones 모델
(source: Gartner Group, 2002)

RTE Cyclones 모델의 적용을 위해서는, 기업의 고유 사업 모델과 경영 상황을 반영하여 기업의 특성에 맞도록 RTE Cyclones 모델을 특화시켜야 한다. 즉, Lead 단계에서는 전략의 신속한 실행과 사업의 역량을 개발하기 위해 조직원들과의 합의하에 경영을 투명화 할 수 있도록 조직의 역량을 창출해야 하고, Manage 단계에서는 관리 프로세스를 재설계하고 비즈니스 활동 모니터링을 구현하여 협업적이며 권한이 분산된 문화를 조성해야 하며, Operate 단계에서는 실시간 데이터 처리와 프로세스 간소화를 통해 어플리케이션들을 통합해야 한다.

각 RTE Cyclone은 해당부문의 대내외 변화를 인지하고, 대응하는 과정에 관여된 주요 활동들을 개선 대상으로 한다. RTE Cyclone 별 end-to-end 프로세스 또는 활동의 예는 표 29와 같다.

표 29 RTE Cyclone 별 End-to-end 프로세스 예

수준	Cyclone	End-to-end 프로세스 또는 활동의 예
리더쉽	① Capital to Competency	재무실적, M&A, 분사, 주요 사업영역 변화 등 자본시장 관계 중심의 기업 리더쉽 레벨의 활동
	② Stimulus to Strategy	경쟁사/경제 환경변화 및 기업 비즈니스 전략대응 활동
관리	③ Threat to Response	사고, 법규/규정 변경 등의 주요 이벤트 대응 활동
	④ Objective to Organization	사람, 문화, 직무, 조직구조 관련 변화 프로그램 수립/실행
	⑤ Concept to Concrete	시장 리서치와 R&D, 신상품 개발, 브랜드 개발 활동
	⑥ Result to Reaction	예외/변동 분석, 계획 변경 등 내부 계획과 보고
운영	⑦ Procure to Pay	공급망 관리, 공급사 선정 및 계약
	⑧ Order to Cash	매출, 주문처리, 배송, billing, 현금관리
	⑨ Requirement to Resource	자원계획, 일정관리, 분배 및 활용
	⑩ Demand to Service	마케팅, 가격결정, 캠페인, 고객획득 및 서비스 제공

결과적으로 RTE Cyclones 모델은 기업 내외부를 포함하는 지속적인 프로세스의 개선 및 정보의 실시간 전달을 통해 업무 지연요소를 최소화하고 의사결정의 속도를 높여 기업의 경쟁력을 극대화하기 위한 것으로, 표 30의 정의들을 기반으로 하고 있다. 즉, Gartner Group의 RTE Cyclones 모델의 핵심은 지연요소 제거(progressively remove delay)와 실시간 기회 포착(real-time opportunity detection)이다.

표 30 Gartner Group의 RTE 개념 정의

구분	내용
정의1	- RTE 기업은 최신 정보를 사용하여 핵심 사업 프로세스의 관리 및 실행에 대한 지연을 지속적으로 제거한다.
정의2	- RTE 기업은 명시적 사건이 발생하는 즉시 기업의 성공과 직결된 모든 것을 모니터링, 파악, 분석, 보고하여 불행한 사태를 미연에 방지할 수 있는 실시간 기회를 포착한다.

7.3_ 추진 요소 및 기술

그림 228은 현재까지 소개되어진 다양한 IT 기술을 IT Hyper-cycle 상에서 크게 도입기, 성장기, 그리고 성숙기별로 분류하여 나타내고 있다. 2003년을 기준으로 RTE는 IT Hyper-cycle에서 유아기에 해당되는 IT 기술로서 많은 발전 가능성을 내포하고 있었고 향후 거의 대부분의 기업들이 IT 전략을 RTE에 맞추게 될 것이다. RTE와 관련된 IT Hyper-cycle상의 주요 요소기술들로는 Commercial grid infrastructure, Event management, BAM(Business Activity Monitoring), Wireless & Mobile, RFID(Radio Frequency Identification), Web service 등이 있다.

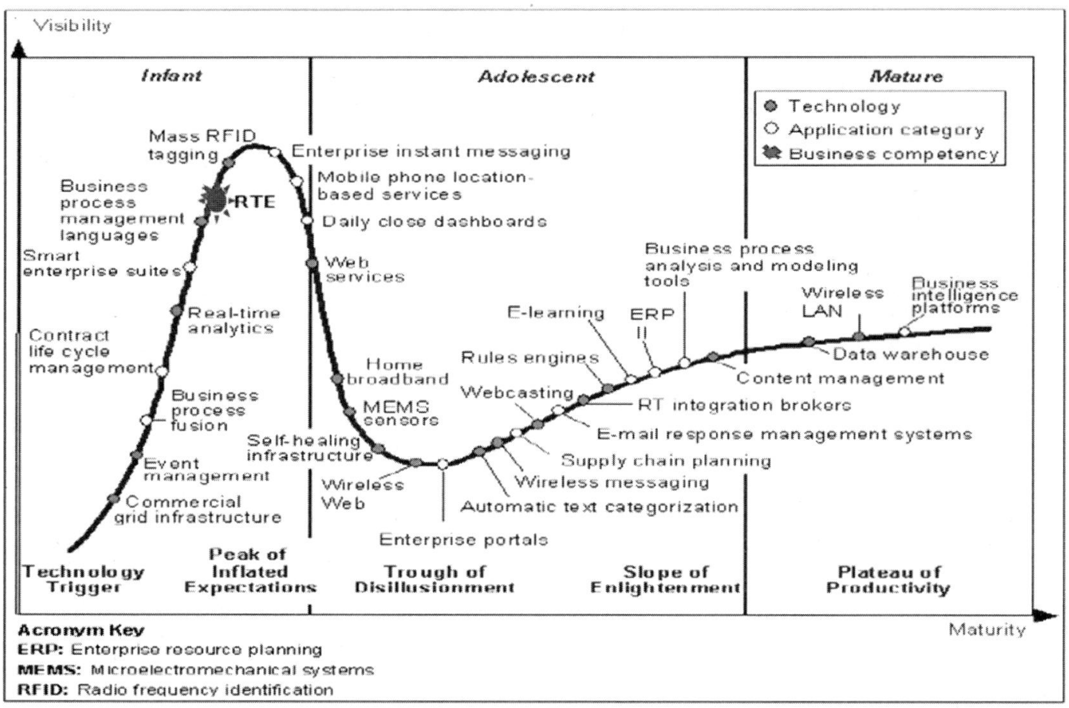

Source: Gartner, 2003

그림 228 IT Hyper-cycle

표 31은 RTE 실행을 위해 필요한 주요 요소 기술과 어플리케이션들을 정리하여 나타낸 것이다.

표 31 RTE 주요 기술 및 어플리케이션

주요 기술	통신 기술	인스턴트 메시징, 무선데이터 처리기술 등
	통합 기술	어플리케이션 서버, 기존시스템 통합 미들웨어, EAI, 웹서비스 등
	정보관리 기술	컨텐츠 관리, Advanced DW, BI, BAM 등
	추적 기술	RFID 칩 등 부품, 상품정보의 실시간 추적 기술
주요 어플리케이션	BPMS	
	프로세스 통합	기업 내부 비즈니스 프로세스 통합 어플리케이션(ERP)
	파트너 연계	다수의(many-to-many) 비즈니스 파트너간 거래의 실시간 연계(synchronization)에 초점을 둔 C-Commerce 형태의 파트너 시스템 연계 어플리케이션
	CRM	대고객 실시간 스코어링 및 의사결정 기반 서비스 중심의 CRM 어플리케이션

다음은 주요 RTE 요소기술들을 간략히 설명한다.

(1) BAM

BAM(Business Activity Monitoring)은 핵심적인 사업 성과지표에 대한 정보를 실시간으로 제공해주며, 이를 통해 사업 수행의 현황과 성과를 분석하고 향상시킬 수 있도록 한다.

GE가 적용한 BAM 사례의 경우, 매 15분마다 전 세계 매장의 판매량, 일간 주문율, 재고수준 등을 포함한 주요 지표값들에 대한 정보 확인이 가능하며 또한 각 업무 프로세스 상태 정보를 색깔로 표시해주는데 만일 노란색 혹은 적색의 위험신호가 뜨면 이를 즉각적으로 담당자에게 전달하여 대응토록 한다.

(2) Wireless & Mobile

무선 및 모바일 기술의 발전과 함께 PDA, Smart phone 등의 무선통신 장비가 널리 보급됨에 따라 향후 새로운 형태의 무선 어플리케이션들이 지속적으로 개발될 것으로 전망된다.

L사가 적용한 무선 어플리케이션 사례의 경우, 서비스 영역에 무선 데이터 통신과 모바일 기술을 적용하여 무선 인터넷 단말기를 통해 콜센터와 서비스 기사간의 정보 실시간 교류, 그리고 부품 재고 & 서비스 결과에 대한 실시간 모니터링 등이 가능해졌다.

(3) RFID

RFID(Radio Frequency Identification)는 마이크로 칩을 내장한 태그를 통해 라벨이나 카드 등에 저장된 데이터를 무선 주파수를 이용하여 자동 인식하는 비접촉 무선인식 기술로서, 빠른 인식 속도, 높은 인식률, 저장 능력 등의 특성을 활용하여 점진적으로 바코드를 대체하고 있다.

우정 우편물류 사업에 적용한 RFID 사례의 경우, RFID를 통해 접수 우편물 정보, 우편물 구분 정보, 배달 정보, 차량 위치 정보, 용기별 우편물 정보 등을 제공받는다.

(4) BPM

BPM은 기업 내의 프로세스들을 정의하고 실행하며, 모니터링과 분석을 통하여 지속적으로 프로세스를 최적화하고 관리하는 체계를 의미한다. 또한, BPM은 기업의 프로세스를 전략적으로 자산화하고 관리하는 사용자 중심의 접근 체계이면서, 프로세스 중심의 통합을 제공하는 기술적 인프라이다.

일반 기업에서 BPM을 적용하는 주요 분야는 BPM 기반의 시스템 및 프로세스 통합, Business Process Repository 구축, 업무 연계 관계 분석을 통한 프로세스 통합, 포탈 기반 통합 업무환경 구축 등이다.

다음은 최근에 각광을 받고 있는 어플리케이션 통합 기술인 EAI, ESB, 그리고 어플리케이션 개발 기술인 SOA에 대해 설명한다. 이들은 어플리케이션 통합과 서비스 관점의 어플리케이션 개발이라는 측면에서 RTE 구현에 매우 중요한 IT 기술들이다.

7.3.1 EAI

EAI(Enterprise Application Integration: 전사적 어플리케이션 통합)은 새로운 미들웨어를 이용해 비즈니스 로직을 중심으로 기업 내의 각종 어플리케이션을 통합하는 과정을 말한다. 전통적인 미들웨어가 개별적인 어플리케이션을 포인트 투 포인트로 적용했다면, EAI는 기업 내 상호 연관된 모든 어플리케이션을 유기적으로 연동시켜 필요한 정보를 통합 관리하고 사용할 수 있게 하는 솔루션이다.

B2B 통합은 기업과 기업, 기업과 마켓플레이스, 마켓플레이스와 마켓플레이스 사이에서 발생하는 데이터와 서비스의 통합을 의미한다. 따라서 EAI는 기업 내부의 통합으로, B2Bi는 기업 간의 통합 개념으로 사용되고 있다.

그리고 새롭게 등장한 개념인 eAI(e-Business & Application Integration)는 기업 내 및 기업 간 정보의 통합 및 비즈니스 프로세스 자동화를 의미하는 것으로 경영환경과 새로운 IT 기술변화에 신속히 대응할 수 있는 e-Business를 위한 어플리케이션 통합 솔루션을 말한다. 따라서 EAI를 간단히 설명하면, 기업 내에 구축되어 있는 이기종 어플리케이션 및 데이터를 통합하는 것으로 eAI = EAI + B2Bi 라고 할 수 있다. 표 32는 BPM과 EAI를 비교한 내용이다.

표 32 BPM과 EAI 비교

	BPM	EAI
초점	프로세스 중심	데이터 중심
사람 참여	다수의 참여	소수의 참여 또는 없음 어플리케이션만 참여
속도 기준	사람의 작업 속도	기계의 속도
사용자 인터페이스	매우 중요함	필요 없음
비즈니스 룰	많은 수의 비즈니스 룰과 지속적인 룰의 변경	보통의 비즈니스 룰

EAI의 어플리케이션 통합 과정을 담당하는 기본 요소는 표 33과 같다.

표 33 EAI 기본 요소

요 소	역 할
데이터 브로커	서로 다른 형태의 데이터 통합을 위한 데이터 포맷과 데이터 코드의 변환
메시징 통로	표준화된 데이터를 다른 어플리케이션으로 전송
어뎁터	다른 어플리케이션과 메시징 통로간의 데이터 입출력

그리고 다양한 EAI의 어플리케이션 통합 방식은 표 34와 같다.

표 34 어플리케이션 통합 방식

방 법	특 징	장 점
Point-to-Point	- 가장 기초적인 어플리케이션 통합 방식(1:1통합) - EAI라기 보다는 하나의 단순 어플리케이션 통합 방식 - 단점 : 데이터 흐름의 지체현상 발생, 수작업 코딩으로 인한 과도한 유지비용, 통합 개발환경 부재	- EAI가 등장하게 된 중요한 기반이 되었음
Hub & Spok	- 어플리케이션 사이에 미들웨어(허브)를 두어 처리하는 방식 - 단일 접점인 허브시스템을 통해 데이터를 전송하는 일종의 중앙 집중 방식 - 허브 내에 있는 여러 개의 '큐'(데이터 처리 컴포넌트)에 데이터를 입력 및 출력함	- 모든 데이터가 허브를 통해서 전송되는 구조임 → 데이터 전송이 보장됨, 유지/보수 비용이 절감됨
Messaging Bus	- 어플리케이션 사이에 미들웨어(버스)를 두어 처리하는 방법 - 허브 & 스포크 방식과 개념적으로 유사함 : 둘 다 미들웨어를 통함	- 데이터 전송로 역할을 수행하는 버스를 통함 → 병목현상 및 단일실패 지점을 최소화함 - 어댑터가 각 시스템과 버스를 연결하는 구조임 → 뛰어난 확장성, 대용량 데이터의 처리가 가능함
Hybrid	- 허브 & 스포크 방식과 버스 방식의 혼합형임 - 통합 대상 시스템의 소그룹 형성 후 소그룹 내에서는 허브 & 스포크 방식, 소그룹간은 버스 방식으로 구현함	- 필요할 경우 한 가지 방식으로 EAI 구현 가능 - 유연한 통합작업 가능
Peer-to-Peer	- 미들웨어를 두지 않고 각 어플리케이션의 피어 서버(Peer Server)를 Point-to-Point 방식으로 연결함	- 미들웨어 방식(허브 & 스포크 방식과 버스 방식)보다 저렴한 비용으로 통합 가능함

7.3.2 ESB

ESB(Enterprise Service Bus)는 비즈니스 내에서 서비스, 어플리케이션, 자원을 연결하고 통합하는 미들웨어라 할 수 있으며, 이를 통해 분산된 서비스 컴포넌트를 쉽게 연동할 수 있어 신뢰성 있는 메시지 통신이 가능하다. ESB의 다양한 정의를 살펴보면 다음과 같다[27].

"느슨하게 결합되었거나 결합되지 않은 구성 요소들 간에 중재적인 관계 유지 및 직접 통신을 지원하는 웹서비스 기능이 가능한 인프라"(Gartner Group)

"ESB란 표시는 그 제품이 MOM(Message Oriented Middleware)과 웹서비스 프로토콜 모두를 지원하는 일종의 통합 미들웨어임을 의미함"(Burton Group)

"ESB는 규칙적인 서비스 통합 아키텍처로 정의된 환경 내의 여러 비즈니스 서비스를 위해 일관된 지원을 제공한다. ESB는 웹서비스 인터페이스를 사용해 서비스 중심 아키텍처로 구현된다."(CBDI)

그림 229는 ESB 지원 툴의 하나인 ServiceMix의 구조를 나타낸다.

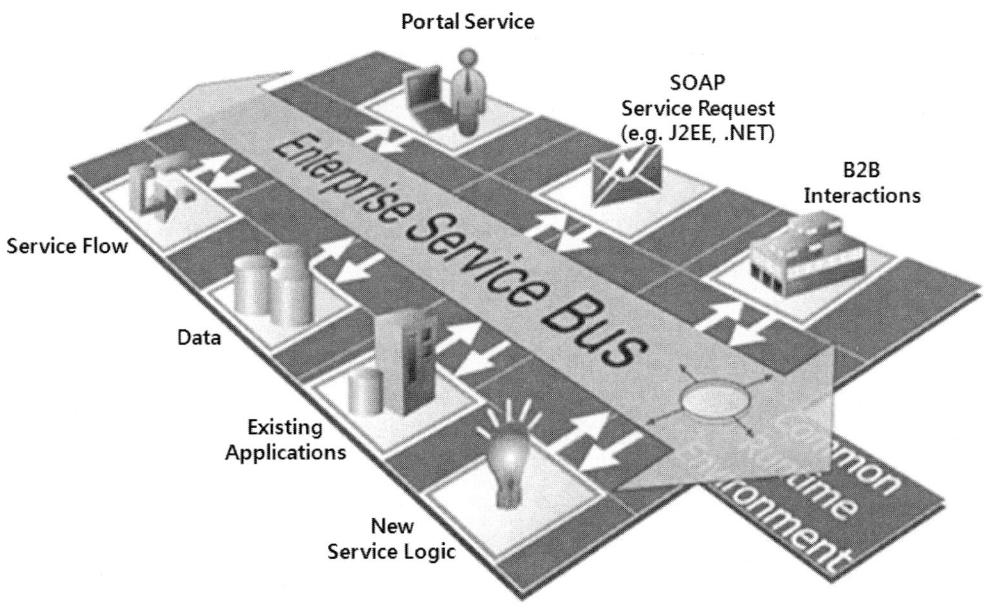

그림 229 ESB의 구조(source: IBM Redbook)

그림 230은 ESB 기반의 SOA(Service-Oriented Architecture)가 완성된 모습을 도식화한 것이다. 현재의 ERP, SCM, CRM과 같은 정보시스템은 처음에는 개별적인 형태로 구동되다가 점차 통합되고 연계되어 그들 간의 경계가 없어지며, 종국에는 하나의 시스템처럼 동작하게 되는 모습을 보여주고 있다. 이를 실현하기 위해서는 다음에 설명되는 SOA 기반의 정보시스템 환경이 필수적이다.

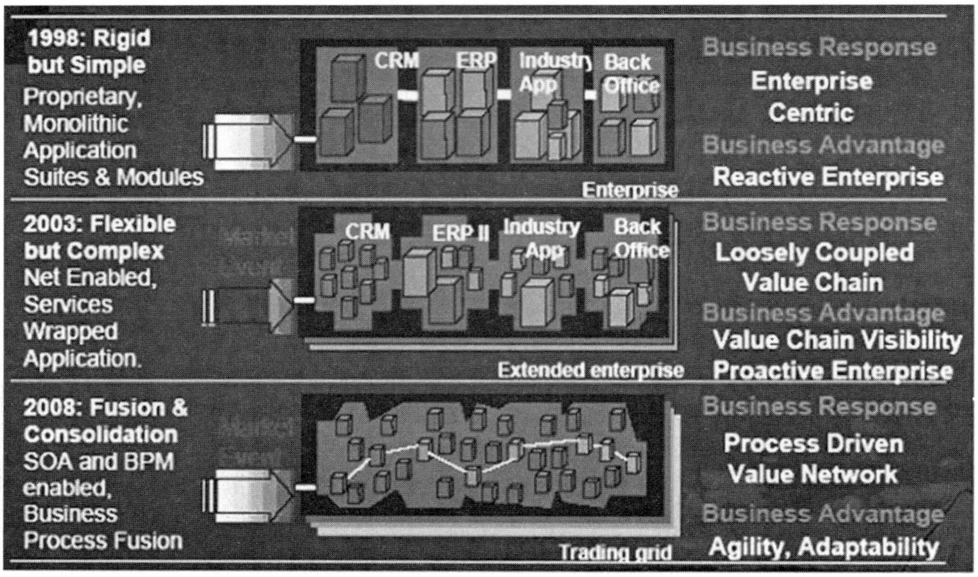

그림 230 ESB 기반의 SOA (source: Gartner Group)

표 35는 전통적인 EAI와 ESB를 비교한 것이다.

표 35 EAI와 ESB 비교

특 징	EAI	ESB
통합의 종류	어플리케이션 통합	서비스 통합, 서비스 호스팅
통합 방식	시스템별 어댑터의 사용으로 복잡성 증가	표준 기술을 사용한 단순 통합
표준	벤더 별 전송기술 상이	개방형 표준(웹서비스)
통합 형태	단단한 결합(Static, 1:1결합)	느슨한 결합(Dynamic, 1:N결합)
비용	통합 대상 시스템별 어댑터 구입 또는 개발로 인한 지속적인 비용 발생	동일 표준 기반임으로 추가 개발비용 절감, 비즈니스 로직 재사용을 통한 비용 절감
구현 아키텍처	집중형(Hub & Spoke)	분산형(Distributed)

7.3.3 SOA

1996년 Gartner Group이 처음으로 'SOA'라는 개념을 다음과 같이 정의해 발표하였다.

> "서비스 지향의 철학으로 시스템을 구축하고자 하는 노력을 총칭하여 SOA, 즉 서비스 지향 아키텍처(SOA, Service-Oriented Architecture)라고 한다"(Gartner Group)

SOA에서 S는 서비스를 말하며 그 서비스는 '특정한 기능을 하는 단위'를 의미한다. 예를 들어, '항공권 예약', '호텔 예약', 그리고 '예금' 같은 업무를 SOA에서의 서비스라고 할 수 있다. 즉, SOA라는 것은 이렇게 정의된 서비스를 배열하여 기업의 업무를 구현하는 방식을 말하는 것이다.

SOA는 그 자체로 특정 기술이나 제품을 의미하는 것은 아니며, 기업이나 조직의 IT 시스템을 구축하는 새로운 방법론이라고 할 수 있다. 그 방법론의 기본 개념으로 꼽히는 것이 '공유'와 '재사용'이다. 공유와 재사용이라는 기본 개념 아래 IT 시스템을 구축하자는 것이 SOA인 것이다.

다시 말해, 공유하고 재사용하자는 기본 단위가 바로 '서비스'이다. 결국 SOA는 공유할 수 있고, 재사용할 수 있는 '서비스'라는 콤포넌트를 기반으로 IT 시스템을 구축하자는 것이다. 마치 IT 시스템을 '레고 블럭'처럼 만들어 필요할 때 누구든 꺼내 조립할 수 있게(공유) 하자는 것이다. 한번 만든 레고 블럭을 버리는 것이 아니라, 또 다른 조립을 위해 누구든 다시 꺼내(재사용) 쓸 수 있게 하자는 것이다.

이 같은 개념은 전혀 새로운 것은 아니다. 콤포넌트나 객체, 웹서비스로 이어지며 진화해 온 분산 객체기술의 결정판이 SOA인 셈이다. 그렇다면 콤포넌트나 객체 기술이 이제와 '서비스'라는 이름으로 단순히 개명된 것은 아니다. 서비스라는 개명에는 IT를 바라보는 혁명적인 관점의 변화가 숨어있고, 또 인터넷으로 대표되는 네트워크 기술의 뒷받침을 받았다.

서비스는 쉽게 말해 특정 업무를 통칭해 부르는 개념이다. 특정 기능이 아니라는 점에 주목해야 한다. '화면을 어떻게 구성하고, 데이터를 어떤 식으로 처리하는가?'하는 기능적 관점이나 사용자 인터페이스 개발이나 데이터베이스 관리와 같은 솔루션 관점이 아니다. 이를테면 연말정산 서비스, 급여계산 서비스, 입출금 서비스 등 소프트웨어가 제공하는 궁극적인 목표에 초점을 둔 개념이다. 서비스라는 말 대신 업무라는 말로 바꾸어 보면 이해가 좀 더 쉽다. 즉, 서비스는 인사관리 서비스, 재무관리 서비스 등으로 확대될 수도 있다.

SOA를 기존의 콤포넌트 기술과 다르게 해석하고 바라봐야 하는 것은, 이처럼 소프트웨어를 기술이 아닌, 그 소프트웨어가 추구하는 목적(서비스)의 관점에서 바라보는 것으로부터 출발하기 때문이다. '어떻게 할 것인가'가 아니라, '무엇을 할 것인가'라는 측면에서 바라보자는 관점의 변화를 요구한다. 이는 다른 말로 개발자의 관점이 아니라, 소비자의 관점에서 IT를 바라보자는 얘기이기도 하다. 표 36은 SOA와 분산 콤포넌트 기술과의 차이를 비교한 것이다.

표 36 SOA와 분산 콤포넌트 기술과의 차이 (source: BEA코리아)

분산 콤포넌트	SOA
기능 중심적	프로세스 중심적
최종 시스템이 목표	지속적인 변환이 가능한 시스템이 목표
장기적인 개발 사이클	요구사항에 대한 즉각적인 개발 사이클
비용 중심	비즈니스 중심
어플리케이션 목록	서비스 조합
시스템 간 긴밀한 결합	시스템 통합의 기민성과 적용성
전체 시스템에 동일한 기술 적용	전체 시스템에 이기종의 기술 적용
객체 지향적	메시지 지향적
구현 중심	추상화 중심

표 37은 SOA의 기본적인 속성을 3가지로 나누고, 각각의 특징을 설명한 것이다.

표 37 SOA의 기본적인 속성 (source: 한국HP)

SOA 속성	상세 내역
서비스 인터페이스	- 서비스는 비즈니스 소프트웨어 컴포넌트들로 구성되고, 비즈니스 소프트웨어 컴포넌트는 프로그램에서 서비스에 접근하는 방법을 정의하는 인터페이스 부분과 컴포넌트의 기능을 채워주는 구현 부분으로 구분됨. - SOA 디자인에서 컴포넌트 기능 구현을 위한 설계는 부차적인 문제이고, 핵심적인 사항은 서비스 인터페이스 설계임. 즉, SOA는 근본적으로 서비스 인터페이스들의 흐름과 이들의 관계에 관한 것임.
블랙박스 접근방식	- 서비스 인터페이스는 제공 서비스에 대한 정의와 서비스 호출에 관한 약속이므로 서비스 내부의 디자인이나 구현 내용을 모르더라도 찾고 사용하는데 충분한 정보를 갖추어야 함. 즉, 블랙박스적인 속성을 갖추어야 한다는 것임.
느슨한 연계 (Loose coupling)	- SOA 환경에서는 서비스 제공자와 서비스 사용자가 느슨하게 연계됨. 여기서의 '느슨한 연계'는 서비스가 특정 서비스 사용자를 염두에 두고 디자인되지 않는 것을 말함.

그림 231은 SOA의 아키텍처를 도식화하여 나타낸 것이다.

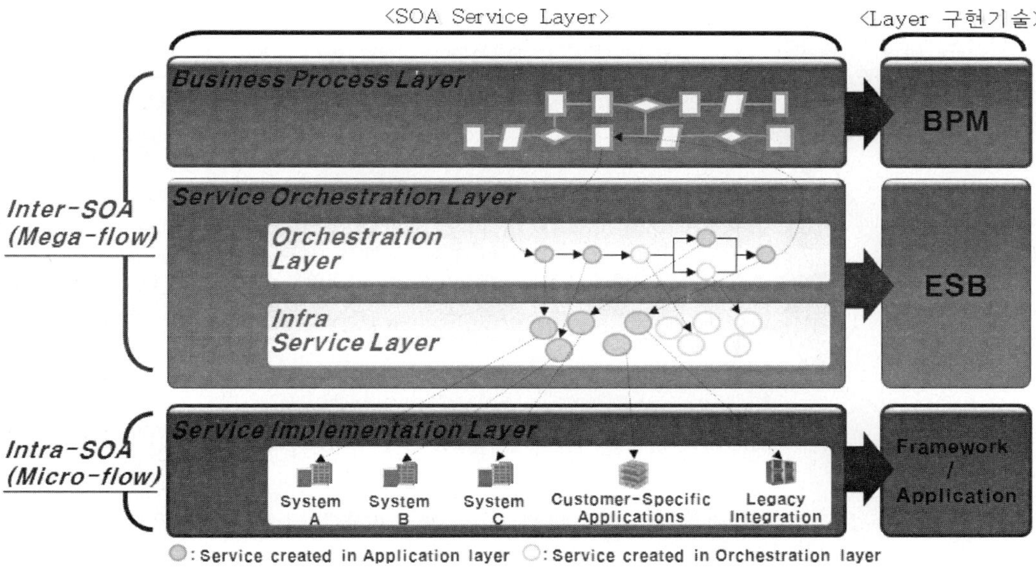

그림 231 SOA의 아키텍처

SOA의 이해를 돕기 위해, 한 은행에서 새로운 대출상품을 기획한다고 가정해 보자. 먼저, 상품기획팀에서는 새로운 대출상품의 조건과 이율 등을 계산해 만들어내고, 이 상품이 수익성이 있는 지도 검토한 후 최종 상품을 만들어낼 것이다. 그런데, 은행의 업무는 IT 시스템의 지원이 없으면 불가능하다. 그렇다면, 새롭게 만든 대출상품을 운영할 시스템을 개발해야만 한다. 그러나 만일, 이 은행이 SOA 기반의 IT 시스템이 갖춰져 있다면, 신상품 기획자는 회사 내의 IT 시스템에서 대출자격요건 심사 서비스를 꺼내와 거기에 새로운 조건만 추가하거나 변경한 후, 이를 기존의 다른 대출 서비스에 연결만 하면 된다. 간단하게 새로운 대출상품에 맞는 대출서비스가 완성된 것이다. 이제 새로운 대출상품을 홍보하고 고객을 맞으면 된다.

신상품 기획자가 꺼내온 대출자격요건 심사 서비스는 하나의 어플리케이션일 수도 있고, 몇 개의 어플리케이션이 연결된 경우일 수도 있다. 그것은 중요하지 않다. 이 기획자에게는 그냥 대출자격요건 심사를 하는 서비스 일 뿐이다.

그림 232는 위의 예를 도식화한 것이다.

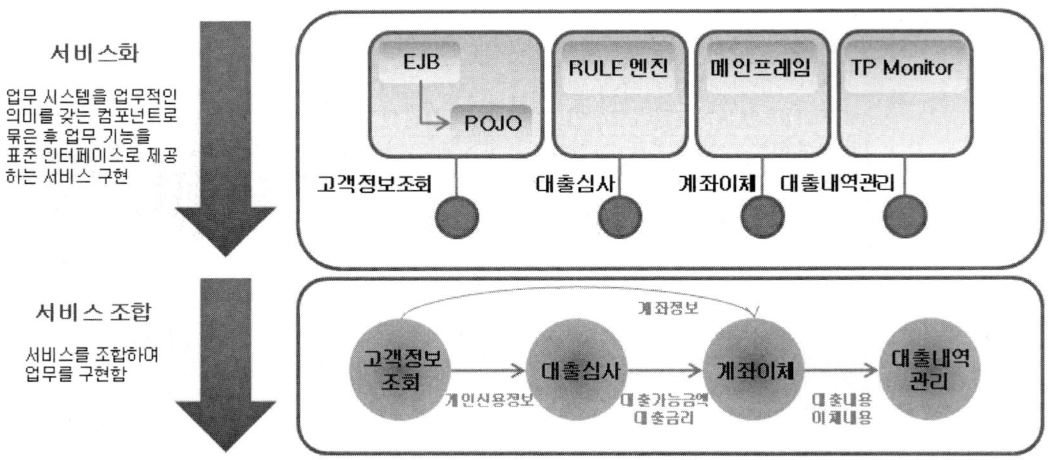

그림 232 SOA 기반 업무처리의 예

이는 최종 사용자에게 더 이상 IT를 기술적인 관점에서 바라보지 않아도 된다는 의미도 담고 있다. 전산실 담당자가 아니어도 일선 업무담당자가 직접 IT 서비스를 만들어낼 수 있다. 기존 전산 담당자들은 이제 소프트웨어 개발이 아니라, 서비스 개발자로 탈바꿈한다.

경쟁이 심해질수록 SOA의 필요성은 더욱 커진다. 만일 정부에서 새로운 세금정책을 다음 달부터 시행하겠다고 발표했고, 이에 따라 각 은행들이 새로운 대출상품을 만들어 고객을 확보하기 위한 경쟁에 돌입했다면, 누가 더 빨리 대출상품을 기획하고 이를 지원할 수 있는 IT 서비스까지를 갖추느냐가 시장경쟁에서 승리하는 발판이 될 것이다.

어플리케이션이 어떤 기술과 기법으로 만들어졌는가에 초점이 맞춰져 있던 것은 개발자의 사고와 관점이다. 그러나 궁극적으로 어플리케이션을 사용하는 사람은 현업 업무 담당자들이다. 이들에게는 어플리케이션으로 무엇을 할 수 있는가가 더 중요하다. 그 안에 어떤 기술이 적용됐는지는 중요하지도 않고 알기도 어렵다.

이상과 같이 최근 SOA가 RTE와 함께 주목을 받고 있다. SOA는 외부의 급변하는 비즈니스 환경에 즉각 대응할 수 있는 경쟁력을 갖춘 기업으로 가기 위한 인프라라고 할 수 있다. SOA를 통해 궁극적으로 추구하는 목표가 바로 실시간 기업이다. 따라서 RTE로 가기 위한 IT 솔루션의 새로운 구축 방법론이 SOA라고 할 수 있다.

7.4_ RTE 적용 사례

RTE는 기업 Value Chain 상의 거의 모든 업무 영역에 걸쳐 적용이 가능하며 RTE의 적용을 통해 프로세스별로 실시간 업무처리가 가능하게 되어 경영 Event에 신속히 대응할 수 있게 된다. 그림 233은 RTE의 적용 영역 및 효과를 기업의 Value Chain 상의 주요 활동과 연계하여 표현하였다.

그림 233 Value Chain 상의 RTE 적용 영역 및 효과

특정 기업의 전 업무 영역을 대상으로 RTE가 적용된 사례는 아직 없으며, 대부분의 선진기업들은 핵심 업무 영역을 중심으로 RTE를 적용하여 경쟁력을 강화하려는 노력을 하고 있다. 그림 234는 기업 Value Chain 상의 주요 활동과 관련하여 선진기업들이 RTE를 도입한 사례들이다.

다음은 성과 평가 및 보상 활동과 관련된 GE의 사례, 제품 생산을 위한 원재료/부품의 구매, 품질 및 공급업체 관리 활동과 관련된 WalMart의 사례, 그리고 국내 적용 사례들을 소개한다.

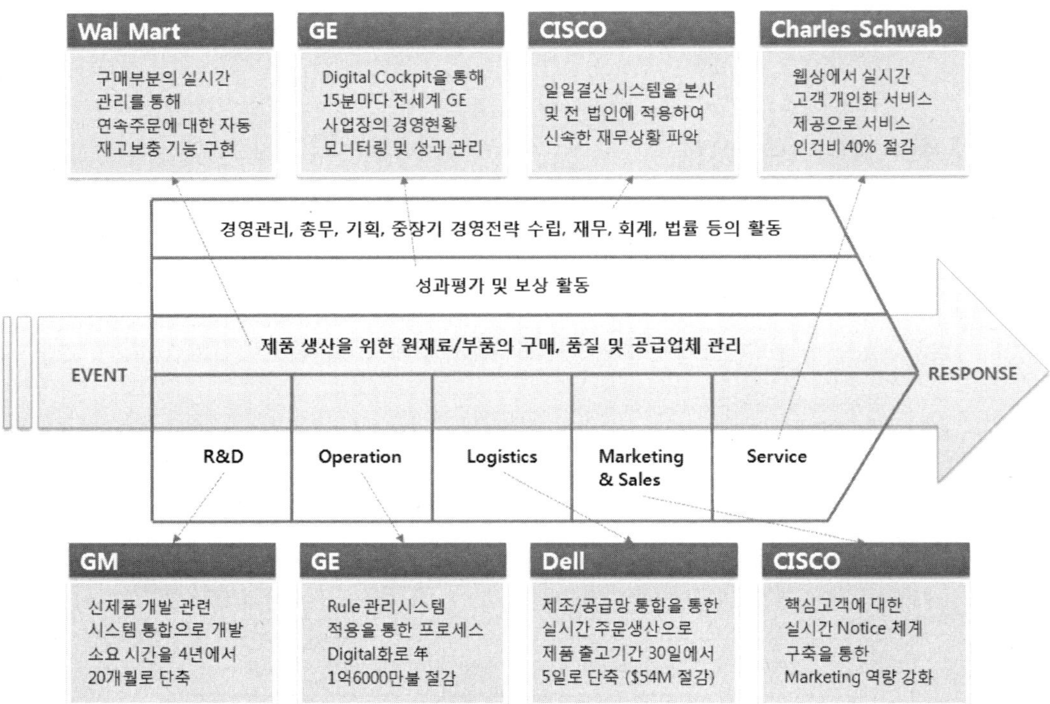

그림 234 Value Chain 상의 RTE 적용 사례

7.4.1 국외 적용 사례

(1) GE 사례

초일류 복합기업인 GE는 RTE를 추진한다는 구체적이고 명시적인 언급은 하지 않았지만, 비즈니스 경쟁력을 갖추기 위해 이미 실시간 기업에 필요한 프로세스 디지털화나 실시간 성과 모니터링, 그리고 지속적인 프로세스 개선을 위해 중요한 비즈니스 프로세

스를 대상으로 개선 활동을 추진하였다[7]. GE는 RTE 추진 전략의 중요한 요소들 중의 하나인 성과 및 프로세스 모니터링의 중요성을 인지하고, 2000년부터 2005년까지 6 Sigma, Globalization, Customer Centric Service를 기반으로 3단계 비즈니스 디지털화를 추진하였다. 비즈니스 디지털화의 1단계로 경쟁업체의 벤치마킹과 e-Business 효과 분석을 통하여 GE의 기존 비즈니스를 재인식하였다(Destroy Your Business). 2단계로 인터넷을 활용한 새로운 사업기회를 모색하고(Grow Your Business), 3단계로 비즈니스 디지털화의 대상을 크게 내부 프로세스 개선, 공급자 협업, 그리고 고객 서비스 강화 등으로 구분하여, 생산(e-Make) 부문의 내부 프로세스는 웹과 연결 가능하게 개선하였고 공급(e-Buy) 부문과 판매(e-Sell) 부문에서는 판매 트랜잭션 관리와 고객 정보 서비스를 개선하였다. 그림 235는 GE의 비즈니스 디지털화 추진 개념을 나타낸다.

GE는 3단계의 비즈니스 디지털화 실현을 위하여 프로세스 성과측정 및 손익분석을 통해 관련 프로세스의 개선을 지원할 수 있는 DC(Digital Cockpit) 및 BPM 등의 IT 시스템을 도입하였다. 그리고 디지털 신경망 시스템(Digital Nervous System: DNS)의 도입을 통해 고객 주문 확보로부터 생산 및 판매 후까지의 각종 정보를 반영한 생산(e-Make) · 공급(e-Buy) · 판매(e-Sell) 상황 및 성과를 실시간으로 파악하고 측정할 수 있게 되었다.

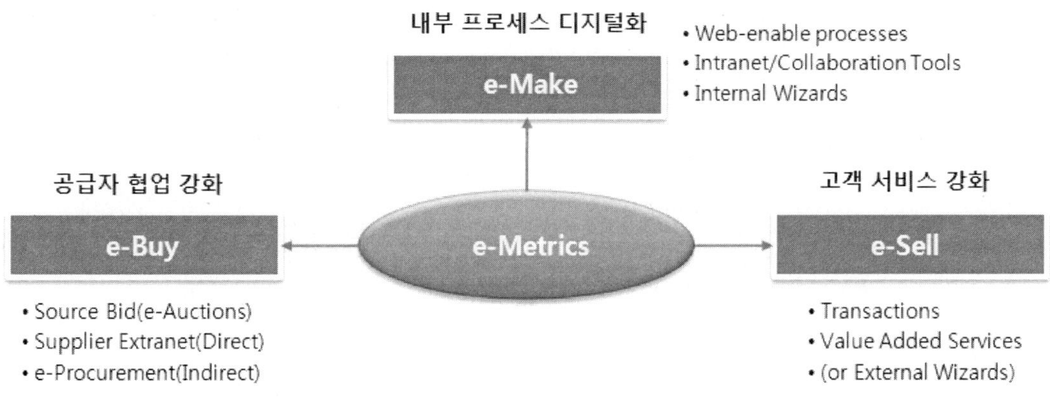

그림 235 GE의 비즈니스 디지털화 추진 개념

GE의 DNS는 임직원 · 공급자 · 고객 · 제품라인을 실시간으로 연결해서 비즈니스 각 개체의 실행 과정이나 결과를 실시간으로 확인할 수 있게 하여 비용 절감과 함께 불확실한 시장 변화에 빠르게 대응할 수 있도록 지원한다. 예를 들면 직원, CEO, 고객, 공급사 등 사용자의 특성에 부합하는 맞춤형 환경의 기업 포탈(Enterprise Portal)을 제공한다. 즉, 고객이 사용하는 제트 엔진의 성능을 센서를 통해 확인하거나, 고객과의 계약에 따른 비용 지불 여부를 직접 확인할 수 있는 구체적인 디지털화 업무 환경을 제공한다. 그림 236은 GE의 DNS 개념을 나타낸다.

GE는 3단계 비즈니스 디지털화 전략 중 e-Make 전략의 일환으로 구축한 DC(Digital Cockpit)를 통해 일정한 시간 주기(매 15분)에 맞추어 전 세계 사업장의 재고수준 · 주문상황 · 일일 생산량 등과 같은 주요 비즈니스 성과의 확인이 가능하고, 이를 실시간으로 사업 부분장 및 실무 담당자에게 자동 통보함으로써 전체 공급망 최적화를 추구한다. 그림 237은 GE의 DC 예시를 나타낸다. 또한 변화 관리 · 비즈니스 사이클 관리 · 리스크 관리를 향상시키는 조기 경보 시스템(Early Warning System)의 도입으로 경쟁사 대비 비즈니스 리스크에 대한 사전 대응력을 갖추게 되었다.

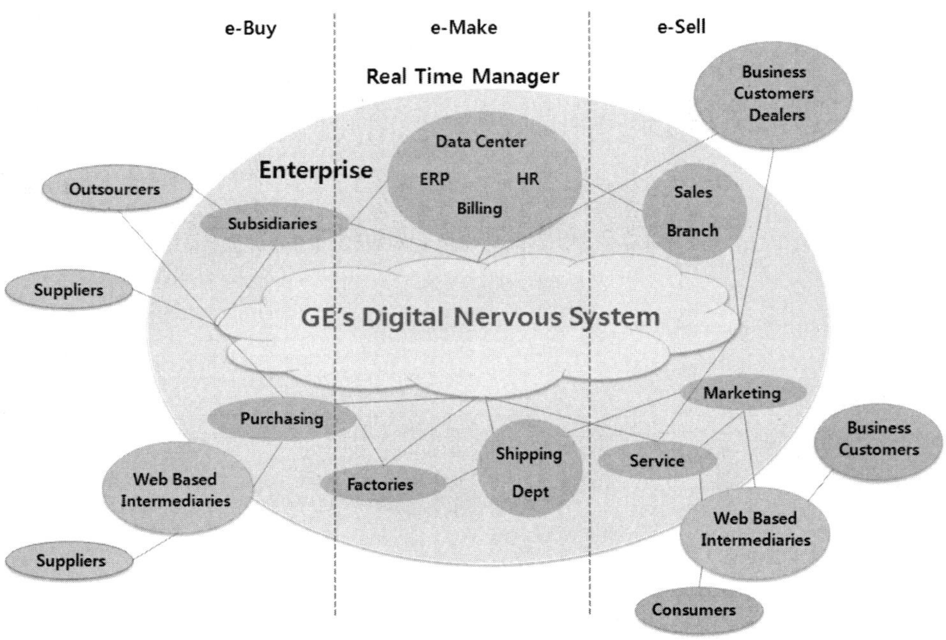

그림 236 GE의 Digital Nervous System

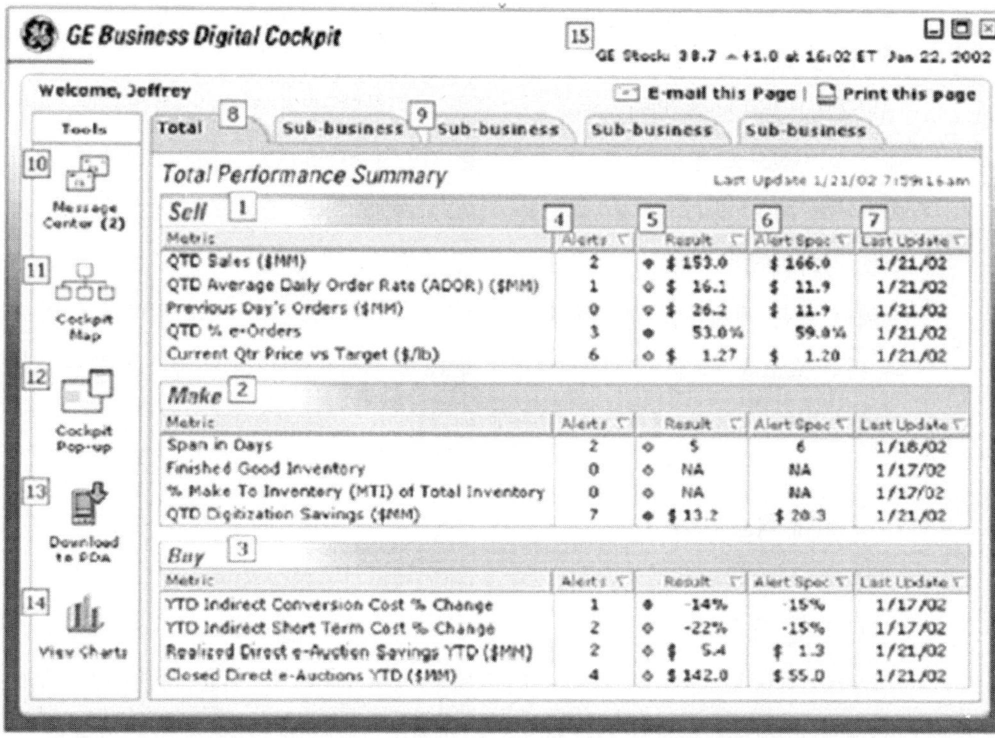

그림 237 GE의 Digital Cockpit

(2) 월마트 사례

월마트는 특히 구매 및 물류 부문에서의 경쟁력 강화를 위해 적극적으로 프로세스 개선 및 최신의 IT 기술 도입을 추진하였고, 이와 병행하여 상품 사이클 단축과 저가(low price) 정책의 추진을 통해 시장 지배력을 강화하고 있다. 월마트가 추진한 RTE 관련 내용들을 정리하면 다음과 같다.

먼저 WSN(Wal-Mart Satellite Network)를 구축하여 월마트 본사와 모든 유통센터 및 점포 간에 실시간으로 각종 정보를 공유할 수 있게 하였다. 더불어 판매 실적을 1시간마다 취합하여 제조업체로 온라인 전송하는 POS(Point of Sales) 시스템을 구축하여, 거래 업체의 효율적인 조달 및 생산계획 수립을 지원하여 전체적인 비용 절감과 서비스 향상을 도모하였다.

그리고 Cross-Docking 시스템을 구축하여, 획기적으로 물류비용을 절감하였고 운송과 분류과정을 실시간으로 모니터링하게 하였다. 또한 회사 직영 트럭을 이용하여 2일

이내 매장 운송을 가능하게 하였고(경쟁업체의 경우 5일 소요) 자사 직접 운송 비율을 85%(경쟁사의 경우 약 60%)로 높였다.

더불어 QR(Quick Response) 시스템을 구축하여 초기 발주 시점을 기존 4-6개월 전에서 20일전으로 줄이고, 초기 발주량을 기존의 50~80%로 하향 조정하여 실제 수요가 이루어질 때 추가 발주 가능하도록 하였다. 이를 통해 결품율을 최소화하여 고객 서비스를 강화하였다.

이와 같은 체계적인 개선 활동과 최신 IT 기술의 도입을 통해 월마트는 비즈니스 상의 지연 요소를 제거하고 외부 이벤트에 대한 실시간 모니터링 체계를 구축함으로써 경쟁사에 비해 월등한 경쟁력을 갖추게 되었다.

7.4.2 국내 적용 사례

(1) D사 사례

D사는 2003년 Gartner Group과 함께 차세대 IT의 청사진을 마련하였고 2004년부터 전 세계 80개 법인 사업장을 대상으로 새로운 경영전략인 '디지털 e 컴퍼니'를 실현하기 위한 전략적 툴로 실시간 기업을 상정하여, 글로벌 ERP와 BPM 등을 중심으로 RTE 체계를 수립하였다. 이를 실현하기 위하여, 대형 BPM인 SIMS를 구축하고 국내외 조직에 산재한 업무 프로세스를 자동화하여 핵심 업무에 대한 집중도를 극대화 하였다.

SIMS의 주요 기능은 그림 238과 같이 크게 Warning, To Do, To Check, 그리고 AD hoc 등으로 나누어진다. Warning 기능은 경영상 위험 상황 발생 시 이를 관리자 및 필요시 담당자에게 통보하며, To Do 기능은 담당자의 오늘 해야 할 일들을 일목요연하게 제공한다. To Check 기능은 수행 중인 업무의 전체 진행 현황에 대한 모니터링을 제공하며, AD hoc 기능을 통해 일종의 수명 업무를 지시하고 관리한다. 예를 들어 Warning 기능의 경우, 경영상의 주요 이벤트를 사전에 정의한 후, 이상이 발생하면 관리자의 업무 포탈 시스템에 발생한 이상의 주요 내용 및 수치를 그래프를 통해 보여준다. 이상 이벤트가 발생하면 관리자는 그 이상에 대한 내용 파악에 들어가고, 이를 해당 담당자에게 통보하고 상응한 작업을 지시하며 또한 담당자의 처리에 대한 모니터링이 가능하다.

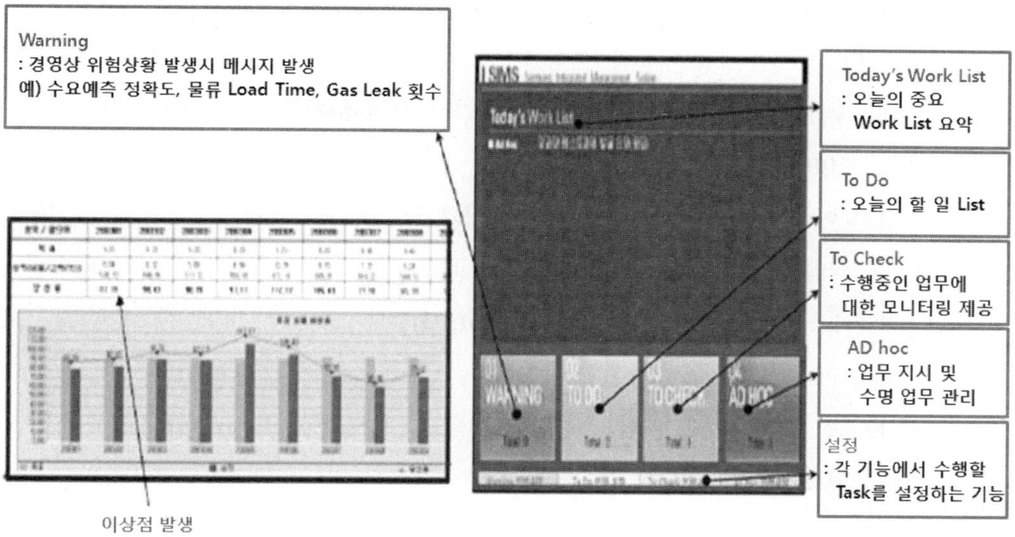

그림 238 D사 SIMS의 주요 기능

특히, D사는 다음 그림 239와 같이 DA-GMS(Dashboard-Global Monitoring System)를 구축하여 경영현황을 가시화하고, 프로세스별 핵심지표에 대해 미세 관리하며 부진 항목에 대한 원인분석 및 개선활동에 이를 활용하고 있다.

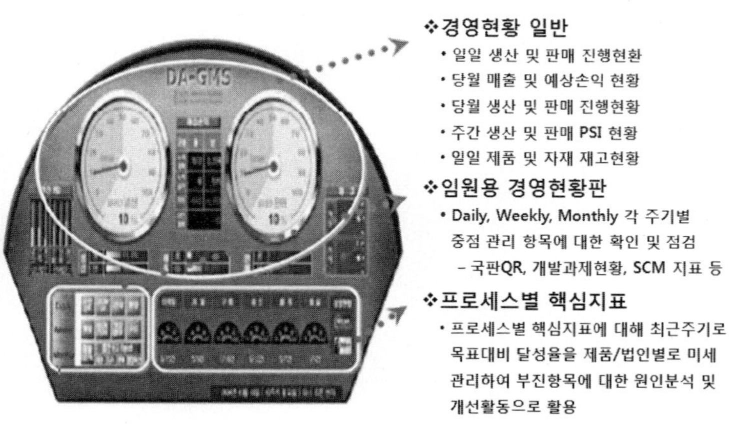

그림 239 DA-GMS의 모습

(2) E사 사례

E사는 글로벌 비즈니스에 대한 실시간 의사결정과 시장 대응을 위하여 2004년에 '전사 플랜토피아'라는 실시간 의사 결정 체계를 수립하였다. 이를 위하여 서비스, 구매,

물류, 재경, 인사, 영업, 마케팅, 생산, R&D 등의 11개 메가 프로세스에 BPM을 적용하여 프로세스 모델링을 통한 프로세스 가시화, 프로세스 모니터링 및 분석을 통한 성과관리, Rule 기반의 자동화를 통한 실시간 의사결정 지원 등을 실현하였다. 그림 240은 E사의 BPM 적용 범위를 나타낸다.

더불어 재무, 생산, 구매 부문의 국내외 법인과 협력업체간의 유기적인 업무 연계를 위해 공급자 협업 시스템(Supplier Collaboration System), 글로벌 공급자 협업 시스템(Global Supplier Collaboration System), 글로벌 공급망 계획 시스템(Global Supply Chain Planing System) 등을 구축하였다.

E사는 이러한 RTE 기반의 협업과 계획 시스템을 통하여 speed 경영과 업무성과 향상 등의 효과를 얻었다.

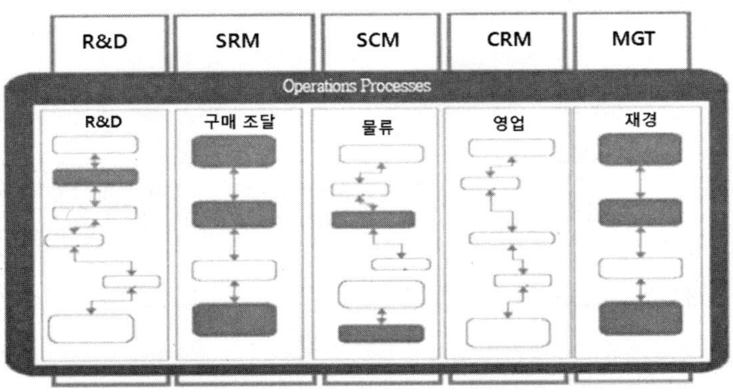

그림 240 E사의 BPM 적용 범위

참고 문헌

[1] 고희숙, "Tmax BizMaster를 활용한 진정한 BPM 구축방안", 티맥소프트, 2005

[2] 김광명, 민용기, 김선호, "BPM 및 적용사례 소개", U-KOREA를 위한 전자거래 종합학술대회, 2003

[3] 김광재, 육진범, 김광수, "BPM 기반의 6 시그마: 개념 및 절차 모델", 대한산업공학회지, Vol. 32, No. 4, pp. 314-322, 2006

[4] 김동수, "비즈니스 프로세스 관리 표준 도입 전략 및 지침 계발: 비즈니스 프로세스 실행 언어를 중심으로", 한국IT서비스학회지, 제5권 제2호, 2006

[5] 김민수, 임태수, 김동수, "BPM 표준의 도입 전략 및 활용 가이드라인의 개발", 한국전자거래학회지, 제12권 제2호, 2006

[6] 김완석, 이기백, 선지웅, 박종홍, "실시간 기업(RTE) 전략", 주간기술동향 통권 1280호, 2007

[7] 김완석, 이기백, 선지웅, 박종홍, "실시간 기업(RTE) 전략 적용 사례", 주간기술동향 통권 1295호, 2007

[8] 김유진, "프로세스 중심의 BPM과 KMS 통합모델", (주)날리지큐브, 2006

[9] 김호철, "BPM 벤더 리포트", (주)비투비인터넷, 2004

[10] 김훈태, 이용한, "비즈니스 프로세스 관리를 위한 질의 언어 및 모델링 표기법 표준화 연구", 한국전산원, 2005
[11] 김태철, "BPM 기반의 지식경영시스템 통합 구축 모형", 울산대학교 정보통신대학원, 2005
[12] 서용로, "BPM의 이해", 삼성SDS, 2004
[13] 선승한, "Toward BPM Suite", 핸디소프트, 2005
[14] 손승혜, 이슬, "정보화 전략 계획 수립 시 현황 분석 프레임워크 개선 방안", Entrue Journal of Information Technology, Vol. 3, No. 1, pp.1-12, 2004
[15] 안중호, 박찬구 역 "리엔지니어링 기업혁명", 김영사, 1994
[16] 오현목, 정현철, 윤정회 외, "비즈니스 프로세스 관리 기술 표준의 BPMS 적용에 관한 지침 연구", 한국전산원, 2005
[17] 이병태, "경영혁신을 위한 효과적인 BPM 도입전략", KAIST, 2004
[18] 이용한, 김훈태, "BPM 표준화", 정보처리학회지 제12권 제3호, 2005
[19] 임종현, "비즈니스 프로세스 관리를 이용한 경영 개선 사례연구", 호서대학교대학원, 2004
[20] 유현선, "경영혁신을 위한 BPM 도입전략과 효과", 한국과학기술원, 2004
[21] 윤희우, "BPM 기반 프로세스 성과관리", 정보처리학회지 제12권 제3호, 2005
[22] 이진미, 김지경, "BPM 기반의 Process Improvement ROI 방법론 개발 및 적용: 통신 기업 사례 중심으로", Entrue Journal of Information Technology, Vol. 5, No. 1, 2005
[23] 이진미, 이은정, "확장된 비즈니스 프로세스 관리 방안 연구: 프로세스 수준 진단 및 가치 평가 방안 중심으로", Entrue Journal of Information Technology, Vol. 6, No. 2, pp.7-22, 2007
[24] 이진미, 윤성철, "프로세스 관리를 위한 프로세스 가시화 방안 연구", Entrue Journal of Information Technology, Vol.6, No.1 pp.127-138, 2007
[25] 임주환, "업무 프로세스 표준화를 위한 모델링 지침 연구", 한국정보통신기술협회, 2003
[26] 임춘성, 유은정, 문형준, "KPI 기반의 정보화 수준진단 방법론 개발 및 적용", Entrue Journal of Information Technology Vol 5, No 2, 2006
[27] 임철홍, "SOA를 실현하는 ESB", 경영과 컴퓨터, 2005
[28] 정회창, 이헌중, 김훈태 외, "비즈니스 프로세스 관리 기술 표준 적용을 위한 지침 연구", 한국전산원, 2004
[29] 조지운, 조남욱, "BPR 기반의 ISP 적용 Framework 설계", 대한산업공학회 학술대회, 2004
[30] 최만, 김경식, 조장래, "6시그마를 통한 프로세스 혁신 방법론 개발", 삼성 SDS Consulting Review, Vol.4, 2005
[31] 최성 외, "BPM 기술시장 현황과 정의", 정보처리학회지 제12권 제3호, 2005
[32] 최진호, 이진미, "BPM 대상 프로세스 선정 방법론 개발 및 적용에 관한 연구", Information Systems Review Vol. 8 No.1, 2005
[33] 최진호, 이진미, 최희주, "BPM 대상 프로세스 선정 및 적용 방안에 대한 연구: 이동통신사 사례를 중심으로", 2005

[34] 핸디소프트, "중공업 분야 BPM 도입 성공 사례 분석", 정보처리학회지 제12권 제3호, pp.135-140, 2005
[35] 핸디소프트, "BizFlow/BPM 소개", 2005
[36] 핸디소프트, "BizFlow Design 가이드", 2005
[37] 핸디소프트, "www.handysoft.co.kr"
[38] 티맥스소프트, "Tmax BizMaster Version 4.5", 2005
[39] Aberdeen Group, "www.aberdeen.com"
[40] APICS, "www.apics.org"
[41] BPMI(Business Process Management Initiative), "www.bpmi.org"
[42] BPMI, "Business Process Modeling Notation(BPMN) Version 1.0", 2004
[43] "Business Process Trends: An Introduction to BPM Suites", The 2005 BPM Suites Report, 2005
[44] CSC(Computer Science Corporation), "www.csc.com"
[45] Cutter Consortium, "www.cutter.com"
[46] Davenport, T.H & J.E. Short, "The New Industrial Engineering: Information Technology and Business Process Redesign", Sloan Management Review, pp.11-27, 1990
[47] Delphi Group, "www.delphidroup.com"
[48] D. Jack Elzinga, Tomas Horak, Chung-Yee Lee, and Charles Brunner, "Business Process Management : Survey and Methodology", IEEE Transactions on Engineering Management, Vol.42, No.2, pp.119-128, 1995
[49] Electronic Business XML, "www.ebxml.org"
[50] Gartner Group, "www.gartner.org"
[51] Howard Smith, Peter Fingar 공저, 류명재 외 공역, "BPM 프로세스 경영과 정보기술의 미래", SigmaInsight, 2004
[52] Howard Smith, et. al., "The Emergence of Business Process Management(version 1.0)", Report by CSC Research Services, 2002
[53] LG CNS, "www.lgcns.com"
[54] M. Weske, W.M.P. van der Aalst, H.M.W. Verbeek, "Advances in business rocess management", Data & Knowledge Engineering, 2004
[55] National Institute for Standards and Technologies/MIT, "www.nist.gov"
[56] OASIS(Organization for the Advancement of Structured Information Standards), "www.oasis-open.org"
[57] OMG(Object Management Group), "www.omg.org"
[58] OVUM, "www.ovum.com"
[59] Peter Finger, "The Environmental Policy: Business Process Management", 2004
[60] The Weekly Economist, "www.economist.com"

[61] Tibco Software Inc, "www.tibco.com"

[62] Workflow Management Coalition, "www.wfmc.org"

[63] Zairi. M, "Business process management: a boundaryless approach to modern competitiveness", Business Process Re-engineering & MGMT J. Vol.3, No. 1, pp.64-80, 1997

[64] 허일규, "경영 패러다임으로서의 BPM의 이해", SDS Consulting Review, pp.1-11, 2004

부록

부록A (BMP Solution 소개) : HandySoft - BizFlow

부록B (BMP Solution 소개) : TmaxSoft - BizMaster

부록A

BMP Solution 소개

: HandySoft- BizFlow

1_ BizFlow 소개

1.1 BizFlow의 구성

BizFlow는 크게 업무 영역과 관리 영역으로 구성된다. 업무 영역에서는 사용자에게 할당된 업무의 목록을 보거나 실행할 수 있으며, 또한 실행 중이거나 완료된 프로세스에 대한 세부 정보를 볼 수 있다. 업무 목록은 테이블 형식 또는 BizCove로 볼 수 있다. BizCove는 BizFlow의 프로세스 구성요소를 용도에 맞게 보여 주기 위한 사용자 인터페이스로 사용자의 정의에 의해 생성되도록 설계되었다. BizCove의 유형은 프로세스 시작, 업무 목록, 모니터, 리포트, 외부 리포트, 리포트 목록 등을 포함한 여러 종류가 있다. 또한 BizCove는 어떠한 업무를 언제 누가 처리해야 하는지를 명확히 볼 수 있도록 업무목록과 해당 업무와 관련된 중요한 정보를 즉시 알 수 있도록 한다. 그림 1은 BizFlow의 아키텍쳐를 설명한 것이다.

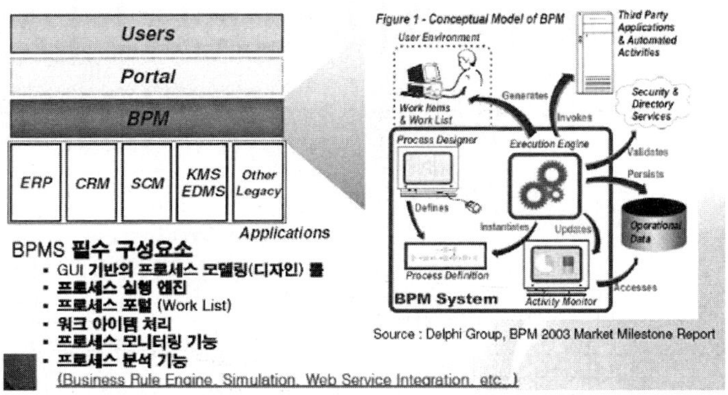

그림 1 BizFlow 아키텍쳐

관리 영역을 통하여 시스템 관리자 및 일반 관리자는 기업에 적용되는 서버, 사용자 라이센스, BizFlow의 시스템 규칙과 시스템 속성 등을 구성하고 제품 라이센스를 관리하는 등의 특정 업무를 수행한다. 관리 영역에서 관리자는 부서와 사용자를 상위 그룹, 하위 그룹, 상위 그룹에 속한 사용자 등과 같이 계층적으로 구성할 뿐만 아니라 BizFlow 내에서 정보를 처리하고 이동하는 데 사용되는 조직도를 구성한다. 업무를 정의하고 분배하기 전에 조직도 관리도구를 이용하여 조직의 구조를 정의하여야 한다.

BizFlow를 통해 업무를 수행하고 관리하기 위해서는 비즈니스 프로세스 정의도구를 통하여 수행하고자 하는 업무를 정의해야 한다. BizFlow의 프로세스 정의도구인 프로세스 디자이너(Process Designer)는 포인트-앤-클릭(Point and Click) 방식으로 쉽게 프로세스를 정의할 수 있다. 프로세스 디자이너는 BizFlow의 관리 영역을 통해 접근할 수 있다. 프로세스 디자이너는 또한 특정 프로세스에서 사용되는 어플리케이션들의 목록과 사용되는 방식에 대한 상세 정보를 관리하기도 한다. 또한, BizFlow의 양식 작성기인 폼 디자이너(Form Designer)를 사용하여 프로세스에서 사용할 수 있는 양식이나 어플리케이션을 생성할 수도 있다.

비즈니스 관리자의 경우에는 BizCove의 UI와 내용을 관리할 수 있을 뿐만 아니라 프로세스 내에서 특정 참여자(역할 및 사용자 그룹 등)에게 업무가 과부하되는 것과 같은 현상을 모니터링하고 관리할 수 있다.

1.2 사용자 인터페이스 형식

시스템 관리자를 제외한 모든 사용자가 BizFlow에 로그인하면 첫 페이지로 업무 영역 화면이 나타난다. BizFlow는 다음과 같은 두 가지의 업무 영역의 표현 형식을 지원한다.

(1) 테이블 형식 업무 영역
(2) BizCove 업무 페이지

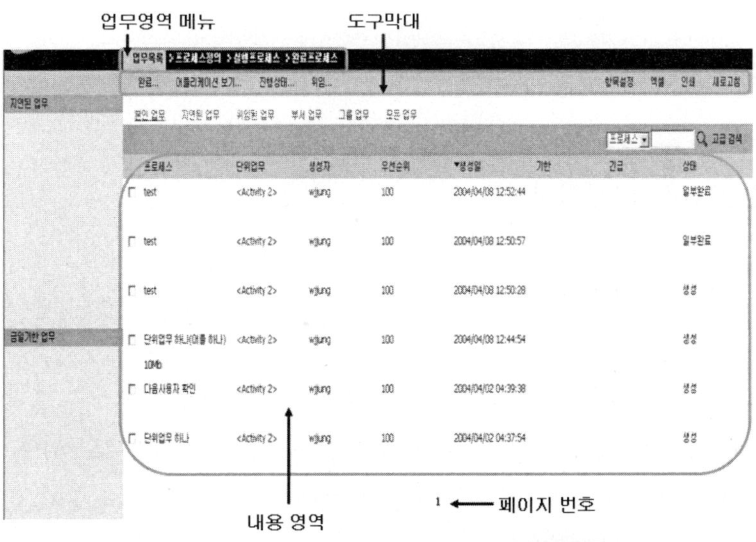

그림 2 BizFlow 테이블 형식 업무 영역

그림 2와 같이 BizFlow의 테이블 형식 업무 영역에서는 업무목록 탭 화면에서 보여지는 모든 업무를 선택할 수 있다. 이런 업무들을 세분화하여 본인업무, 지연된 업무, 위임된 업무, 부서 업무, 그룹 업무, 역할 업무로 분류하여 보여준다. BizCove 업무 영역에서는 사용자에게 할당된 업무목록 뿐만 아니라 리포트를 보여주기도 한다. 리포트는 프로세스, 단위업무, 업무 처리 현황, 업무 처리 기간별 현황으로 분류되어 표시된다. BizFlow 내에서 시스템을 설정하거나, 프로세스를 만들고 어플리케이션을 생성하는 것과 같은 작업은 관리 영역에서 수행할 수 있다. 그림 3은 BizFlow의 관리 영역을 나타낸다.

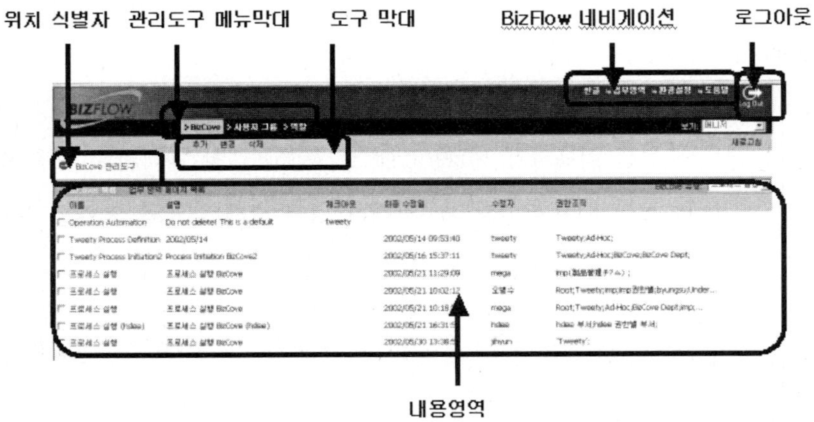

그림 3 BizFlow 관리 영역 예시

2_ 프로세스 디자이너

2.1 프로세스 디자이너란?

BizFlow 프로세스 디자이너는 다이어그램 형태로 각종 프로세스 정의를 보다 편리하게 설계하고 작성할 수 있도록 도움을 주는 워크플로우 개발 도구이다. 이러한 다이어그램은 비즈니스 프로세스의 모든 중요 단계에 대하여 텍스트 설명이 포함된 그래픽 맵으로 프로세스를 표현한다. 프로세스 맵은 현재의 비즈니스 프로세스를 더 잘 이해하고 복잡한 비즈니스 프로세스를 정형화하고 단순화하는데 사용된다. 프로세스 디자이너를 효과적인 워크플로우 도구와 결합시키면 프로세스 맵을 한 단계 발전시킬 수 있다.

BizFlow에는 고급 기능의 그래픽 워크플로우 프로세스 디자이너가 포함되어 있으며, 이는 상당히 효율적이며 사용하기 쉽다. 포인트 앤 클릭의 그래픽 유저 인터페이스(GUI)를 통해 프로세스 모델을 구축할 수 있다. 비즈니스 사용자와 IT 담당자는 BizFlow의 GUI를 이용하여 단위업무, 참여자, 기한, 트랜지션, 논리 경로 및 분기를 생성하여 비즈니스 프로세스를 만들 수 있다. 프로세스를 디자인하는 담당자는 BizFlow의 프로세스 디자이너로 프로그래밍 기술 없이도 효과적으로 프로세스를 디자인할 수 있다. 비즈니스 관리자는 BizFlow 프로세스 디자이너를 이용해 쉽게 비즈니스 프로세스를 모델링할 수 있으며, 이렇게 모델링 된 프로세스 정의를 IT 전문가들은 스크립트 기능을 사용하여 구축하고 보강할 수 있다. BizFlow 프로세스 디자이너는 MS 프로젝트나 Visio와 같은 다른 소스로부터 프로세스를 import 함으로써 워크플로우 프로세스 정의를 쉽게 생성할 수 있다. BizFlow는 이렇게 import 되어진 프로세스들을 BizFlow 프로세스 정의로 자동 변환시킨다.

2.2 프로세스 디자이너 핸들링

BizFlow 프로세스 디자이너의 사용법을 제대로 이해하려면 프로세스 디자이너 화면의 구성, 프로세스 디자이너의 메뉴, 체크인, 체크아웃 등을 포함한 몇 가지 개념을 이해하여야 한다. 사용자가 속해 있는 권한그룹에 따라 추가적인 단계를 거치지 않고 프로세스 디자이너에 접근할 수도 있다.

프로세스 디자이너에서 새로운 프로세스 정의를 작성하여 추가할 수 있다. 이 경우 새로운 프로세스 정의를 저장하려는 폴더에 대한 적절한 권한을 가지고 있어야 한다. 해당 폴더에 있는 프로세스 정의를 변경하도록 허가된 경우에는 프로세스 디자이너에서 기존의 프로세스 정의를 변경할 수 있다. 그림 4는 프로세스 디자이너의 초기화면을 나타낸 것이다.

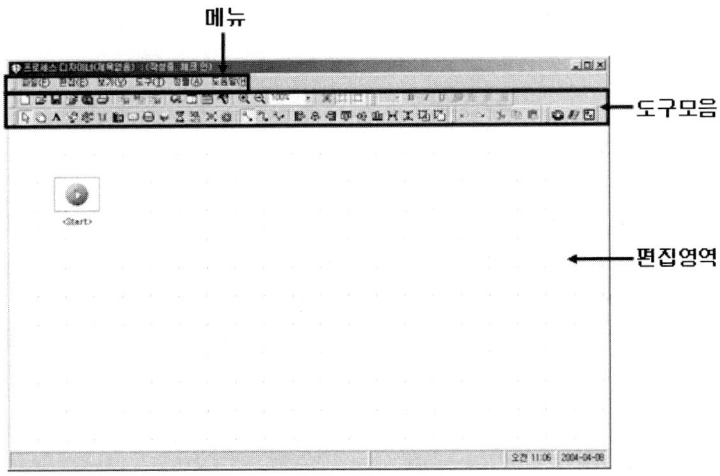

그림 4 프로세스 디자이너 초기화면

2.3 프로세스 속성 설정

프로세스 속성을 열려면 파일 메뉴에서 프로세스 속성을 선택하거나, 편집 영역의 빈 공간에서 마우스 오른쪽 단추로 클릭한다. 그림 5와 같이 프로세스 속성 대화 상자에는 일반/어플리케이션/기한/프로세스 변수/트랜지션 색의 탭 등이 있다.

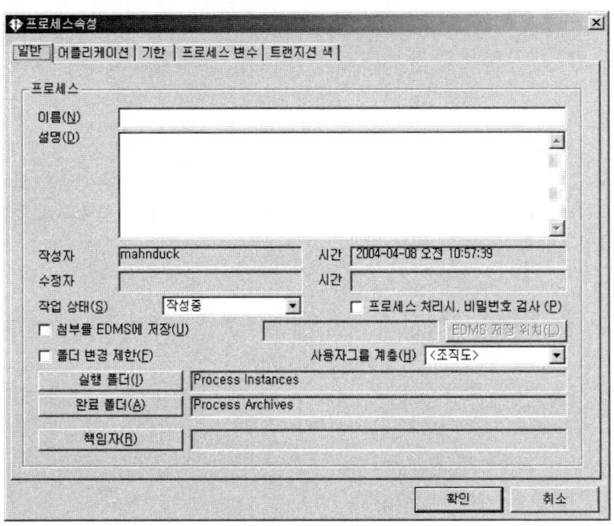

그림 5 프로세스 속성의 일반 탭

(1) 프로세스 일반 속성

표 1은 프로세스 일반 속성 항목에 대한 설명이다.

표 1 일반 속성 항목

속성	설명
이름	프로세스의 이름이다. BizFlow 예약어는 프로세스 이름으로 사용할 수 없다.
설명	프로세스에 대한 설명이다. 이것은 선택 사항이다.
작성자	프로세스 정의를 만든 사용자의 이름과 만든 시간 및 날짜들을 나타낸다.
변경자	프로세스를 변경한 사용자와 마지막 변경 날짜 및 시간들을 나타낸다.
작업 상태	프로세스의 상태를 나타내며 작성 중, 테스트 중, 보류 및 시작 가능이 있다.
프로세스 처리 시 비밀번호 검사	프로세스 처리 시에 비밀 번호를 검사한다.
첨부를 EDMS에 저장	첨부 문서가 EDMS(전자문서 관리 시스템)에 보관될 예정인 경우 이 체크 상자를 체크 한다.
EDMS 저장 위치	첨부 문서의 EDMS 위치를 EDMS 서버 상에서 선택한다.
폴더 변경 제한	체크를 하면, 이 프로세스를 시작시키는 사용자는 프로세스 디자인 시에 이 프로세스를 위해 지정한 완료 폴더와 실행 폴더를 변경할 수 없다.
실행 폴더	실행 프로세스를 저장하는 폴더를 선택한다.
완료 폴더	완료된 프로세스가 저장되는 폴더를 선택한다.
책임자	프로세스를 책임지는 사용자를 선택한다.

(2) 어플리케이션 속성

그림 6과 같은 어플리케이션 관리도구에서는 프로세스 정의에 사용할 수 있도록 프로세스 실행과 관련된 어플리케이션들을 등록할 수 있다. 단위업무에서 사용하고자 하는 어플리케이션은 그것을 단위업무에 할당하기 전에 프로세스 정의에 등록해야 한다.

그림 6 어플리케이션 탭 예시

(3) 기한 속성

그림 7과 같이 프로세스 속성 기한 탭에서는 프로세스 정의의 기한을 설정한다. 또한 기한과 관련된 경보가 통보되는 시간, 통보되는 사람 및 이 경보 메시지의 내용을 지정한다.

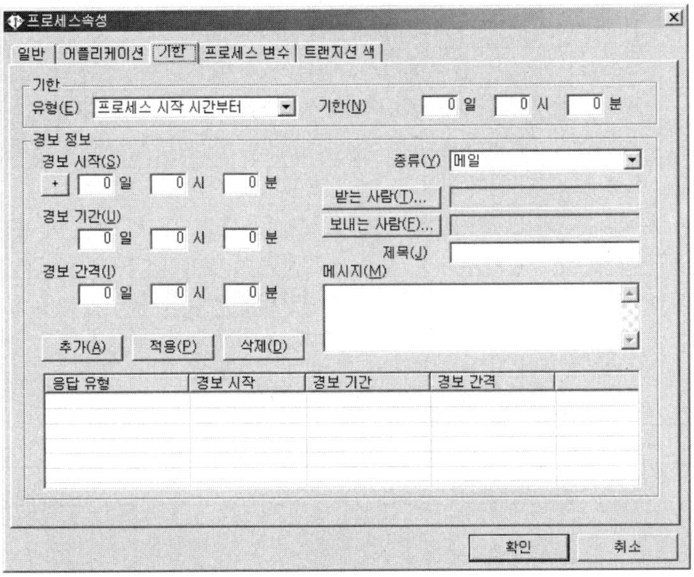

그림 7 기한 탭 예시

(4) 프로세스 변수

프로세스 변수를 사용하여 프로세스 정의의 조건부 상태 설정과 사용자 업무 규칙에 대한 조건부 경로설정을 할 수 있다. 그림 8은 프로세스 변수 탭의 예시이다.

프로세스 변수의 사용을 통해 다양한 경우의 업무 처리를 가능하게 한다. 예를 들어, 어느 구매요청이 특정 금액을 초과하는 경우, 일반적인 저가 구매 때보다 더 높은 수준의 검토가 필요하도록 설정할 수 있다. 이에 따라, 프로세스 경로도 변경 된다. 이러한 업무규칙을 만족하기 위해서는 다음과 같은 절차가 필요하다. 먼저, 프로세스 변수를 생성하고, 변수의 최대값을 입력한다. 구매요청 단위업무에서 요청자가 입력한 금액이 프로세스 변수의 값으로 사용되고, 만약 변수의 값이 사전에 정의된 최대값보다 크면, 검토 단위업무로 이동하며, 그 외의 경우에는 지불 단위업무로 이동하게 된다.

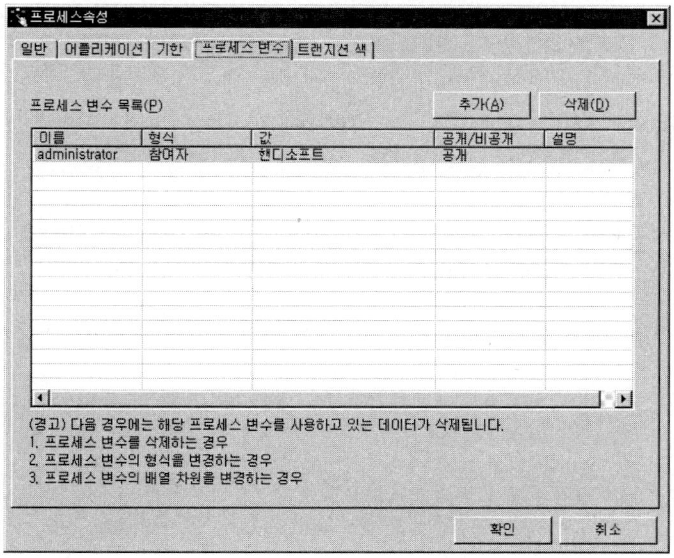

그림 8 프로세스 변수 탭

2.4 단위업무 설정

단위업무란 프로세스 정의를 구성하는 하나의 단위이다. 프로세스 디자이너를 사용하면 단위업무 간의 연결을 그래픽으로 표현하여 업무 흐름을 시각적으로 표현할 수 있다. 모든 프로세스 정의에는 반드시 시작 단위업무와 적어도 하나의 종료 단위업무가 있어야 하지만, 프로세스 중간에 들어가는 단위업무의 개수와 타입은 사용자 임의로 정의할 수 있다. 프로세스 디자이너에는 MS 프로젝트나 MS Visio 다이어그램을 가져올 수 있는 부가 기능이 있다. 더불어 시작과 종료 단위업무 이외에도 프로세스 디자이너에는 표 2와 같은 10가지 유형의 단위업무를 표현할 수 있다.

표 2 단위업무의 종류

아이콘	설 명	아이콘	설 명
	시작		에이전트 단위업무
	종료		대기 단위업무
	단위업무		SQL 단위업무
	서브 프로세스 단위업무		연결 단위업무
	메일 단위업무		Queue 단위업무
	컴포넌트 단위업무		BizTalk Action 단위업무

단위업무 속성은 해야 할 일과 수행 방법 및 시점을 단위업무에 알려주는 지침 역할을 한다. 속성에는 단위업무 참여자, 기한, 어플리케이션, 트랜지션, 완료조건, 일정 등이 포함된다. 단위업무 속성은 필요에 따라 조건부 라우팅 등을 위해 특별한 프로세스 변수를 사용하여 설정할 수도 있다. 예를 들어, 구매 요청이 지정된 액수보다 클 경우, 소규모 구매에 일반적으로 허용되는 것보다 더 높은 수준의 검토가 이루어지도록 지정할 수 있다. 또, 속성을 사용하여 단위업무에 폼을 첨부할 수 있다. 폼은 BizFlow Forms 디자이너에서 작성하거나 BizFlow가 지원하는 다른 어플리케이션 소스에서 가져올 수도 있다.

2.5 프로세스 시뮬레이터

그림 9와 같은 프로세스 시뮬레이터는 프로세스 정의를 실제 업무에 사용하기 전에 시뮬레이션을 통하여 프로세스의 동작과 유효성을 확인할 수 있는 기능을 제공한다. 뿐만 아니라, 프로세스의 최적화, 디자인의 효율성을 테스트하여 시간과 리소스를 절약하는 이점이 있다.

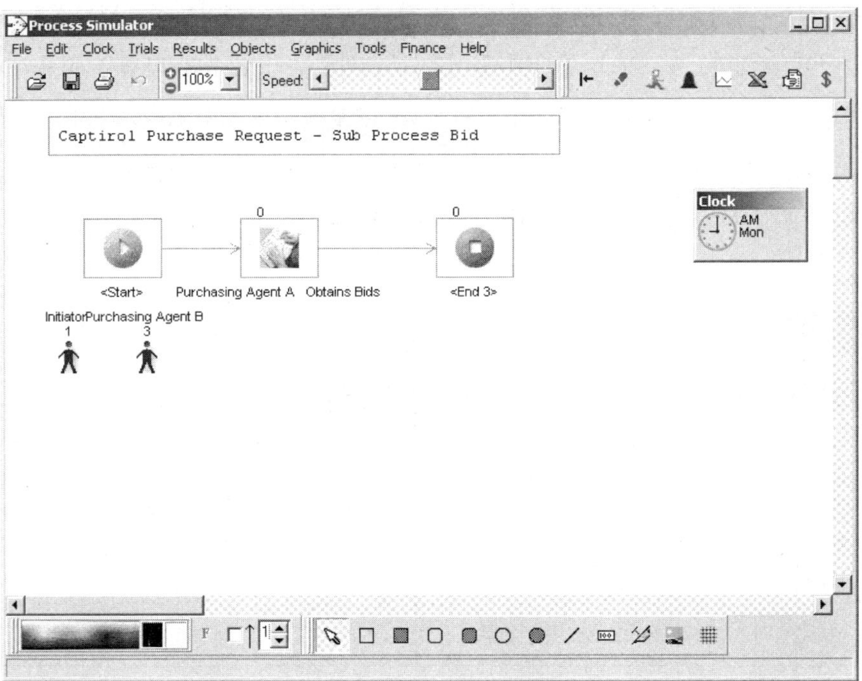

그림 9 프로세스 시뮬레이터

프로세스 시뮬레이터는 완벽한 시뮬레이션(모의실험)으로 실행 프로세스의 수행 과정과 변경 될 필요가 있는 병목(bottleneck) 지점을 확인할 수 있다. 전체 결과를 보여줌으로써, 프로세스의 효율성을 판단, 평가할 수 있다.

3_ Workplace - 사용자 기능

3.1 테이블 형식 업무 영역

BizFlow는 업무 영역에서 처리해야 할 업무에 즉시 접근할 수 있다. 사용자는 테이블 형식이나 매니저가 지정한 BizCove 형식으로 미처리 업무에 빠르게 접근할 수 있다. 업무목록으로 정리된 업무를 보려면 테이블 형식 업무 영역을 사용하고, 사용자가 임의로 정의한 블록으로 정리된 업무를 보려면 BizCove 형식 업무 영역을 사용한다. 이 두 가지의 주된 차이점은 테이블 형식의 경우 사용자에게 할당된 모든 업무에 접근할 수 있는 반면, BizCove는 비즈니스 관리자가 사용자에게 허가한 특정 업무에만 즉각적인 접근을 할 수 있도록 한다.

그림 10과 같은 테이블 형식 업무 영역에서 사용자는 사용자에게 할당된 모든 업무에 대하여 접근할 수 있다. 사용자 그룹에 속하거나 특정한 역할을 수행하는 경우에는 자신에게 직접 위임된 업무를 받거나 할당된 업무를 처리할 수 있다. 예를 들어, 자신의 직책이 마케팅 관리자이면서 동시에 '제안 검토 팀' 그룹에도 속하고, 전사적인 '편집인'의 역할을 수행하는 경우가 있을 수 있다. '제안 검토 팀'의 일원으로서 할당된 업무를 찾으려면 '제안 검토 팀' 그룹 항목만이 업무 목록에 표시되도록 BizFlow가 정렬을 실시하도록 할 수 있다. 만일 '편집인'의 역할로 할당 받은 업무를 찾으려면 역할그룹별로 정렬을 하여 업무 목록을 볼 수 있다.

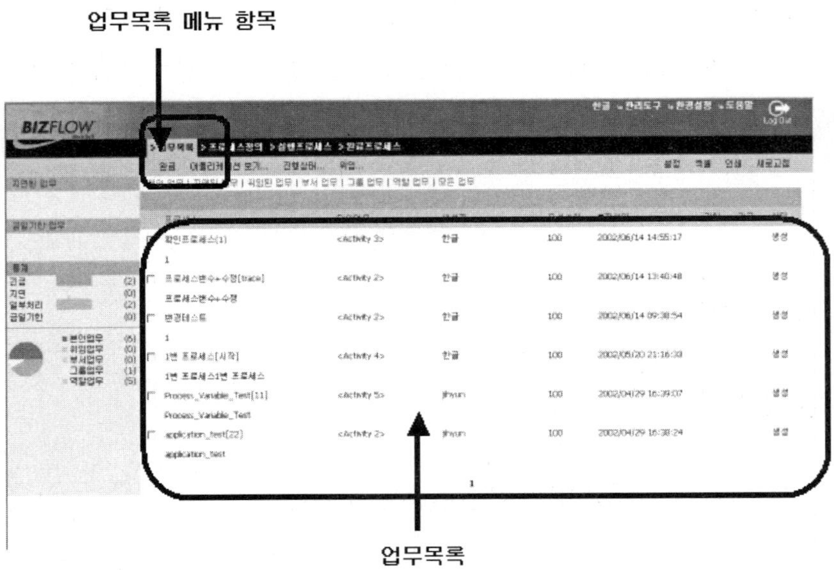

그림 10 테이블 형식의 업무 목록 탭

3.2 업무영역 프로세스 정의

자신에게 부여된 업무만 수행하는 대신에, 간혹 스스로 새로운 프로세스를 시작시켜 보고 싶을 수도 있다. 새로운 실행 프로세스는 서버에 등록된 프로세스 정의를 통해 생성된다. 사용자들은 누구나 적어도 한번은 프로세스의 생성자가 될 수 있다. 비용 리포트나 작업 시간 집계표 같은 개인적인 프로세스의 경우에서 특히 그럴 경우가 많다. 프로세스 정의를 생성할 수 있는 기능 외에도, 사용자는 프로세스 디자이너에서와 마찬가지로 프로세스 정의를 볼 수 있으며, 그러한 프로세스 정의의 실행 단계 또는 완료 단계의 목록을 볼 수 있다.

(1) 프로세스 정의란 무엇인가

WfMC에 따르면, 프로세스 정의란 비즈니스 프로세스가 전산화되고 자동화된 모습을 표현한 말이다. 허가가 된 사용자는 프로그래밍 기술이 없더라도 BizFlow의 프로세스 디자이너에서 단순하게 클릭하는 행위만으로도 프로세스 정의를 생성할 수 있다. 프로세스 정의에는 그 프로세스의 단계들을 나타내는 개별적인 단위업무들이 포함되어 있다.

(2) 테이블형식 업무영역의 프로세스 정의

테이블형식 업무영역에서 프로세스 정의에 접근하려면 프로세스 정의 탭을 클릭한다. 메인 프로세스 정의 폴더의 프로세스 정의목록이 화면의 내용 영역에 나타난다. 여기에 표시된 프로세스 정의들이 사용자가 작업을 시작하고 볼 수 있는 프로세스 정의들이다.

그림 11과 같은 프로세스 정의 탭에서는 메인 프로세스 정의 폴더 아래의 많은 하위 폴더들에 있는 프로세스 정의들을 서버에 저장할 수 있다.

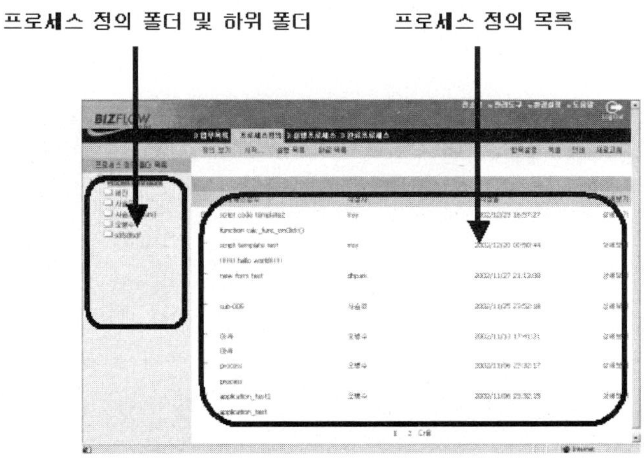

그림 11 프로세스 정의 탭

3.3 업무 처리기

그림 12와 같은 업무 처리기는 BizFlow 내에서 업무를 용이하게 처리할 수 있도록 하는 도구이다. BizFlow는 사용자가 BizFlow 내에서 업무를 처리할 수 있도록 업무 처리기를 제공한다. 업무 처리기는 대부분의 어플리케이션을 열 수 있기 때문에 여러 종류의 어플리케이션이 있는 업무를 처리하기 위해 별도의 어플리케이션 도구를 구동시키지 않아도 된다.

그림 12와 같이 응답 그룹 아이콘은 업무 처리기의 왼쪽 상단에 있으며, 그림 13과 같은 업무 처리 아이콘은 그 옆에 있다. 첨부된 파일이 있는 경우에는 내용 영역에 표시된다. 업무 처리기에는 여러 탭이 있으며, 각 탭은 서로 다른 클라이언트 어플리케이션을 표시한다. 클라이언트 어플리케이션이 첨부되어 있지 않은 경우에는 어플리케이션이 없다는 메시지가 표시된다.

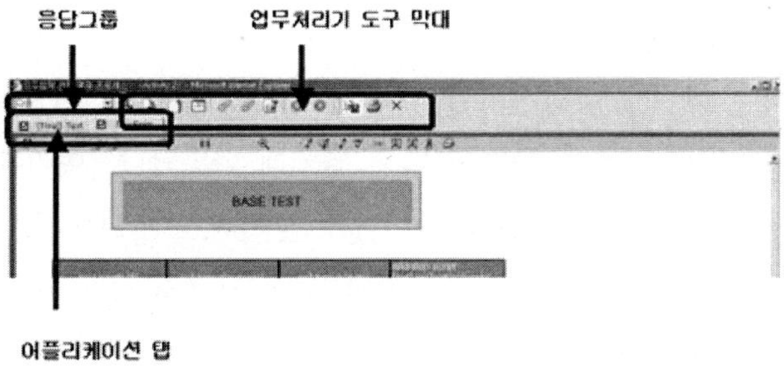

그림 12 업무 처리기의 도구 막대와 탭

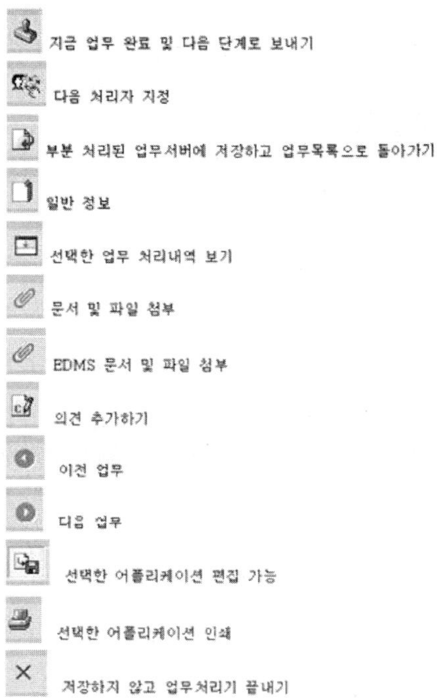

그림 13 업무 처리기 아이콘

3.4 실행 프로세스로 작업하기

사용자가 프로세스 정의를 시작하면 BizFlow는 실행 프로세스를 생성하는데, 이것은 무한한 프로세스 인스턴스를 생성시킬 수 있다. 프로세스가 실행 중인 동안 그것은 실행 프로세스이며 BizFlow의 실행 프로세스 탭에서 접근할 수 있다. 실행 프로세스는 실행 프로세스 폴더에 상주한다. 프로세스가 처리된 후에는 완료 프로세스가 되며, 완료 프로세스 폴더로 이동한다. 그림 14는 실행 프로세스 탭이다.

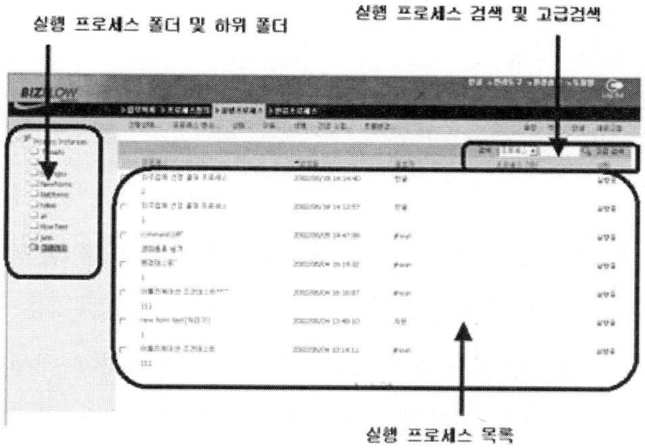

그림 14 실행 프로세스 탭

실행 프로세스 목록은 화면의 내용 영역에 표시된다. 이것은 메인 실행 프로세스 폴더에 있는 실행 프로세스들이다. 실행 프로세스는 메인 실행 프로세스 폴더 안에 있는 여러 하위 폴더에 저장할 수 있다.

그림 15와 같은 실행 프로세스 경로 맵은 실행 프로세스를 모니터링하여 관련된 자세한 정보를 제공한다. 프로세스를 시작한 후에 누가 업무를 가지고 있는지, 또는 실행 프로세스가 현재 전체 프로세스에서 어느 단계에 있는지 알 필요가 있을 때에 사용할 수 있다. 또한, 다른 사람이 시작한 프로세스의 상세정보를 모니터링 함으로써 실행 프로세스에 첨부가 있는지 해당 업무가 언제 다음 참여자의 워크스테이션에 도달할 지를 예측할 수 있다.

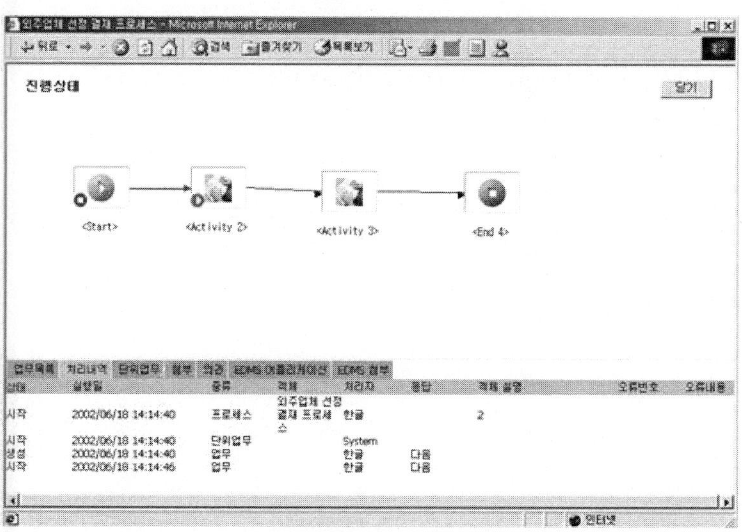

그림 15 실행 프로세스 경로 맵

4_ Workplace - 관리자 기능

4.1 프로세스 디자인 관리도구

WfMC 표준에 따르면 프로세스 정의란 전산화되고 자동화된 업무 프로세스의 표현이라고 정의하고 있다. 사용자가 별다른 프로그래밍 기술이 없다 할지라도 단순히 마우스를 움직여서 클릭하는 작업만으로도 BizFlow의 프로세스 디자이너 내에서 프로세스 정의를 작성할 수 있다. 프로세스 정의에는 프로세스의 각 단계를 나타내는 개별적인 단위 업무가 포함되어 있다. 각각의 단위 업무에는 완료해야 하는 참가자와 업무를 할당하고 있다.

BizFlow 서버에서 사용할 수 있는 모든 프로세스 정의는 메인 프로세스 정의 폴더 및 하위 폴더에 저장되어 있다. 프로세스 정의는 디렉터리와 유사한 구조로 저장되고 관리되며 최상위 디렉터리는 메인 프로세스 정의 폴더가 된다. 각 폴더에 대한 접근 권한을 설정하는 BizFlow 일반 관리자가 모든 폴더와 하위 폴더를 관리하기 때문에 사용자는 특정 폴더 내에 있는 프로세스 정의를 시작할 수도 있고 시작하지 못할 수도 있다. 그림 16은 프로세스 디자인 탭의 프로세스 정의 관리도구 예시이다.

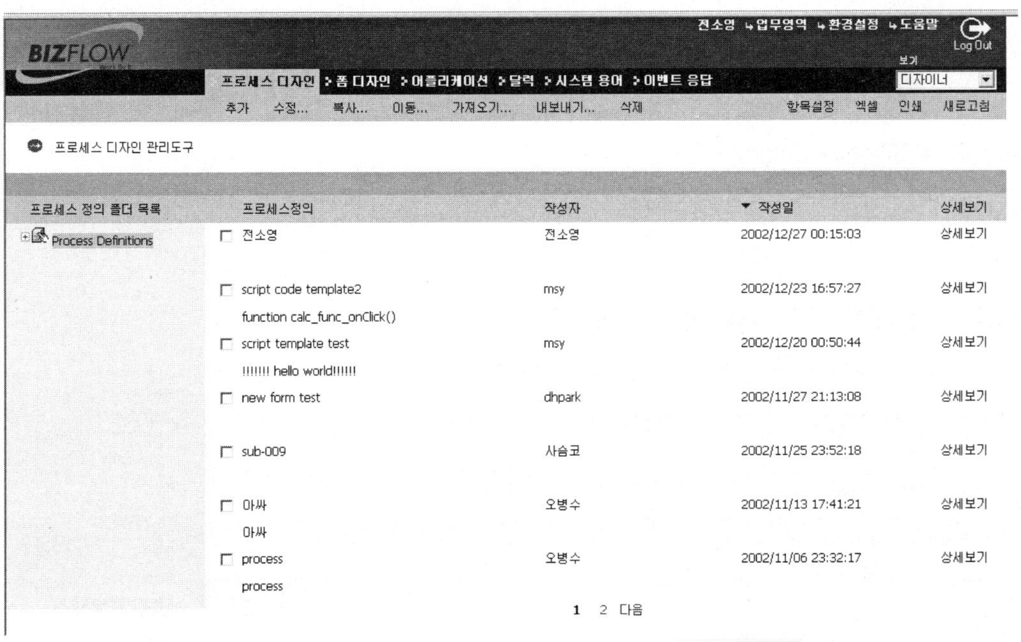

그림 16 프로세스 정의 관리도구 예시

4.2 어플리케이션 관리도구

어플리케이션이란 업무를 처리하는 동안 참여자의 화면에 표시되거나 서버에서 백그라운드로 실행되는 프로그램이나 파일을 말한다. 어플리케이션에는 BizFlow Form, BizEform, 워드 프로세스 문서, 스프레드시트, PDF Form, 프리젠테이션, 프로그램, 웹 서비스, 대화형 웹 콘텐트 또는 기타 형식의 폼 또는 문서가 포함된다.

업무에서 어플리케이션을 사용하려면 프로세스 정의를 디자인할 때에 어플리케이션을 사용 가능하도록 정의하여야 한다. 어플리케이션 목록에는 BizFlow에서 사용할 수 있는 모든 어플리케이션이 들어있다. 어플리케이션 목록에 있는 어플리케이션들은 메인 어플리케이션 폴더와 하위 폴더에 등록되어 있으며, 어플리케이션 관리도구에서 관리한다. BizFlow의 프로세스 정의에 있는 단위 업무에 어플리케이션을 사용할 수 있도록 하려면 어플리케이션 관리도구에 우선 등록시켜야 한다. 어플리케이션을 등록하면 어플리케이션 목록이 형성된다. 일단 목록이 만들어지면 나머지 절차는 프로세스 디자이너에서 처리한다. 프로세스 속성 대화상자에서는 특정 프로세스 정의에서 사용할 어플리케이션을 어플리케이션 목록에서 지정하도록 함으로써 프로세스 어플리케이션 목록을 형성한다. 마지막 단계는 단위 업무 속성 대화상자를 사용하여 이러한 어플리케이션들을 프로세스 정의 내의 특정한 단위업무 및 일반 단위 업무에 할당하는 것이다.

BizFlow가 지원하는 어플리케이션의 종류는 다음의 표 3과 같다.

표 3 BizFlow 어플리케이션 종류

어플리케이션 종류	설명
파일	클라이언트 측의 어플리케이션을 사용하여 볼 수 있는 파일이나 문서. 전형적인 예는 워드 프로세스 문서, 스프레드시트 및 일반 텍스트 파일 등이다.
스크립트	VBScript로 쓰여진 스크립트 파일.
클라이언트 어플리케이션	클라이언트 머신에서 실행할 수 있는 실행 파일.
서버 어플리케이션	서버 머신에서 실행할 수 있는 명령. 에이전트 단위 업무는 이런 종류의 어플리케이션을 실행할 수 있다.
URL	클라이언트 머신에서 접속한 웹 서버의 URL. 웹 페이지는 인터넷 브라우저를 이용하여 표시한다.
서버 URL	사람과 머신의 상호 작용이 없는 웹 서버의 URL로 서버 쪽에서 자동으로 실행된다.
EJB(Enterprise Java Bean)	ActiveX Control과 유사한 종류의 어플리케이션이다. EJB은 매우 복잡하지만 다양한 플랫폼에서 사용될 수 있으며, 서버에 존재.
웹 서비스	웹 서비스는 인터넷을 통해 공개적으로 사용되며, 웹서비스 제공자와 사용자간의 인터액션을 지원한다.

4.3 조직도 관리도구

BizFlow에서는 조직도 관리도구 내의 BizFlow 안에서 라이센스와 권한 그룹에 기반한 모든 사용자, 부서 및 직위를 관리할 수 있다. 조직도 관리도구는 사용자, 부서 및 사용자와 부서간의 관계에 관한 정보를 유지관리 한다. 그림 17은 조직도 관리도구에서 사용자가 수행 가능한 작업들을 나타낸다.

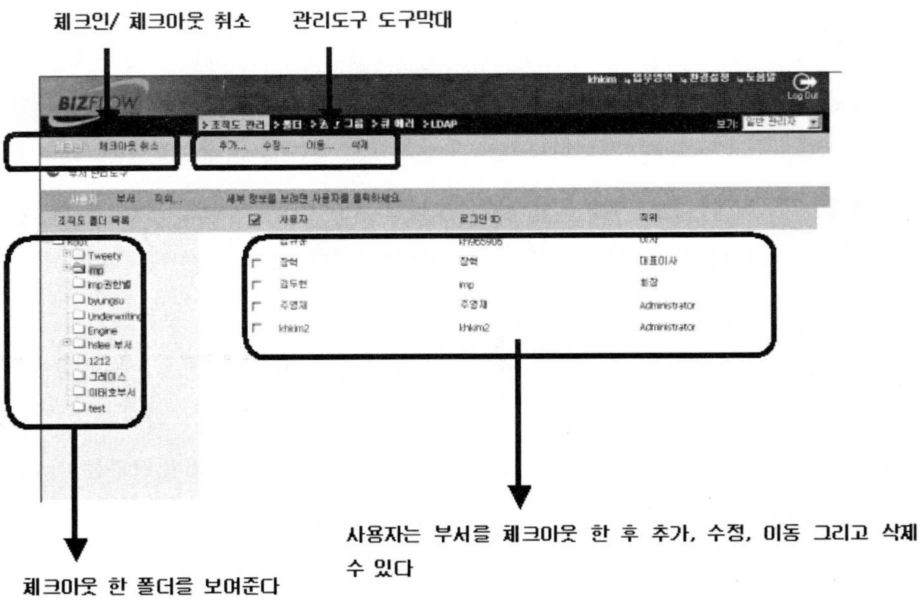

그림 17 조직도 관리도구에서 사용자가 수행 가능한 작업

(1) 사용자 관리

사용자에 대한 정보를 정의할 수 있다. 그림 18은 사용자 추가 대화상자의 사용자 상세 정보 탭이다.

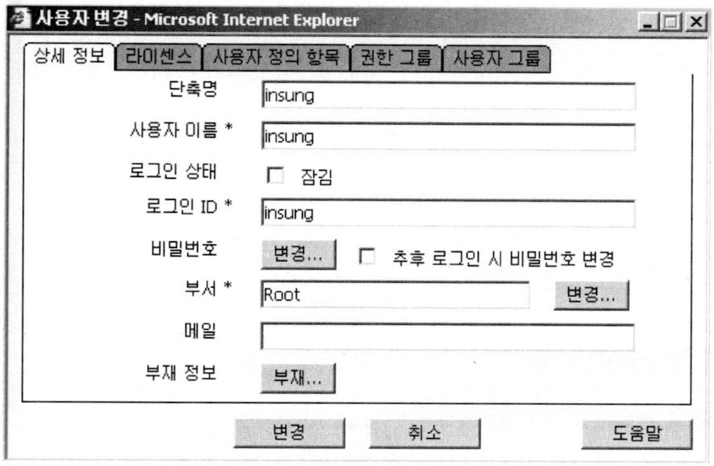

그림 18 사용자 상세 정보 탭

(2) 부서 정보 관리

BizFlow는 부서에 대한 상세 정보를 관리할 수 있도록 지원한다. 그림 19는 조직도 관리도구의 예시이다.

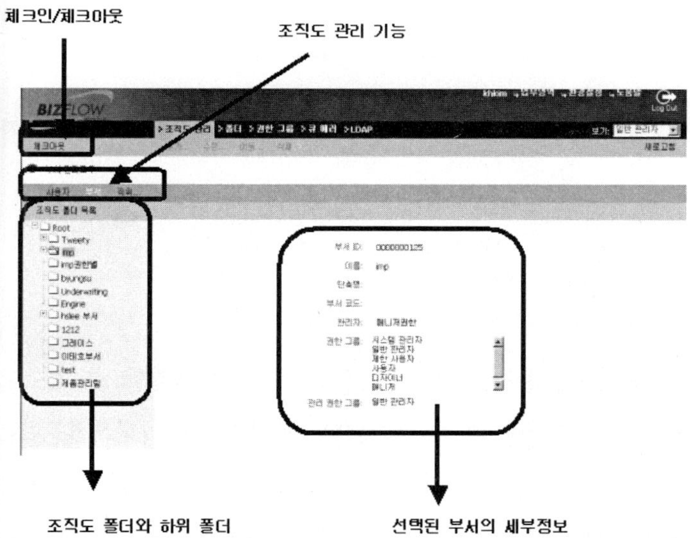

그림 19 조직도 관리도구 예시

(3) 직위 관리하기

그림 20과 같은 직위 대화 상자에서 BizFlow 내의 직위를 관리할 수 있다. 직위 대화 상자에서 수행한 추가 또는 변경 작업이 효과를 발휘하기 위해서 사용자는 반드시

확인 버튼을 눌러 대화 상자를 닫아야 한다. 새로운 직위를 추가하고 대화 상자를 닫으면 새로운 사용자를 추가할 때 직위 드롭 상자에서 사용할 수 있다. 직위를 변경하고 대화 상자를 닫으면 이전 직위를 가진 모든 사용자들은 새로운 직위로 변경된다.

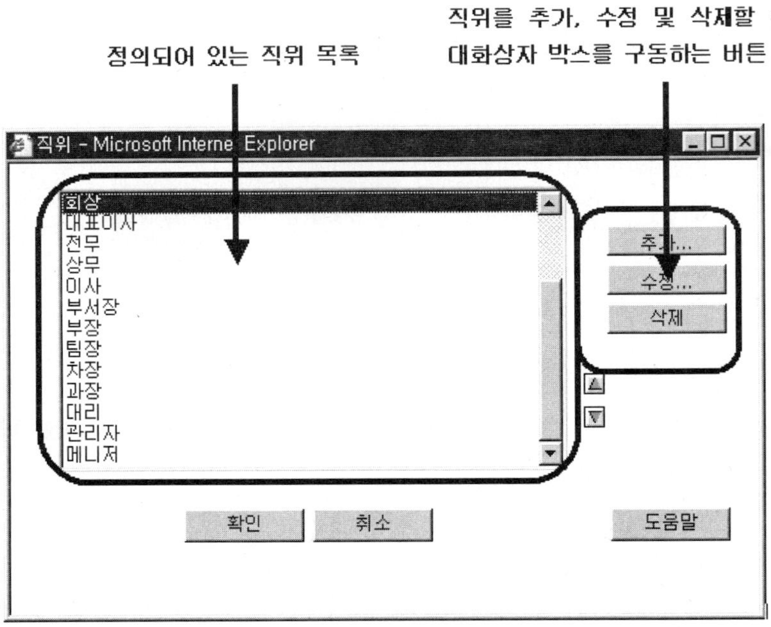

그림 20 직위 대화 상자

4.4 폴더 관리도구

그림 21과 같은 폴더 관리도구를 사용하여 폴더를 생성, 삭제 및 편집할 수 있으며 상이한 폴더에 대한 사용자의 사용 권한을 제어할 수 있다. 폴더는 어플리케이션, 프로세스 정의, 실행 프로세스 및 완료 프로세스를 관리하는데 사용한다. 메인 폴더는 이러한 모든 프로세스에 제공되며 일반 관리자 또는 일반 관리자 라이센스를 가진 사람은 각 프로세스 밑에 폴더와 하부폴더를 생성할 수 있다. 그림 22는 폴더 추가 대화상자에 대한 내용이다.

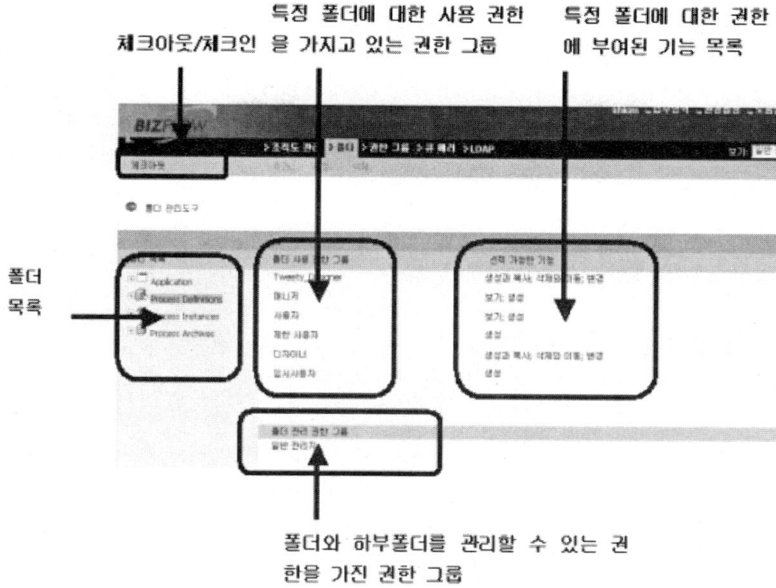

그림 21 폴더 관리도구 탭

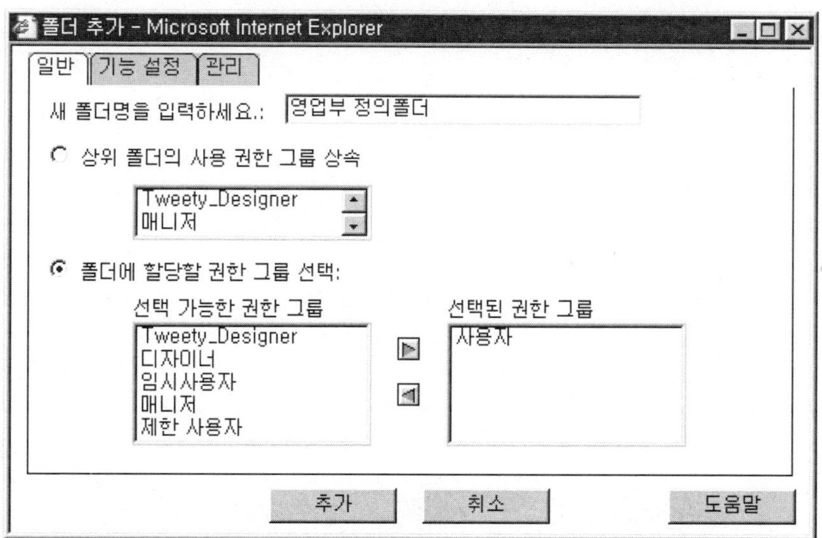

그림 22 폴더 추가 대화 상자의 일반 탭

부록B

BMP Solution 소개

: TmaxSoft - BizMaster

1_ BizMaster 소개

1.1 BizMaster의 구성

TmaxSoft사의 비즈마스터(Tmax BizMaster)는 업무 프로세스를 가시화하고 업무 수행에 관련된 규칙과 사람, 시스템을 프로세스에 자동 적용하며, 내외의 환경 변화에 신속하게 대응하여 최적화된 프로세스가 가능하도록 지원하는 BPM 솔루션으로, 프로세스, 조직, IT 인프라 전반에 걸쳐 유연성(Flexibility)과 민첩성(Agility)을 향상시킴으로써 RTE 구현의 초석을 마련할 수 있다. 또한 워크플로우에서 시스템 연계 기능인 EAI까지의 모든 기술요소를 하나의 ESB(Enterprise Service Bus) 아키텍처에서 지원하여 SOA(Service Oriented Architecture)를 구현하는 것은 물론 모든 기능을 비즈니스 룰에 의해 정의 및 구축하여 실시간으로 변경하여 관리할 수 있다.

BizMaster는 그림 1과 같은 아키텍쳐로 구성되어 있으며, ESB(Enterprise Service Bus) 기반의 통합된 아키텍처 상에서 워크플로우 엔진과 서비스 플로우 엔진, 비즈니스 룰 엔진을 제공한다.

- Service Flow Engine : 모든 업무 데이터 통합 관리 및 다양한 시스템 연동 환경 제공
- Workflow Engine : 사용자의 롤과 작업 목록을 제공하며, 프로세스 결과에 대한 분석 및 모니터링 기능을 통한 프로세스 개선방안 제공
- Rule Engine : 비즈니스 룰에 의한 core 시스템 구축을 가능하게 함

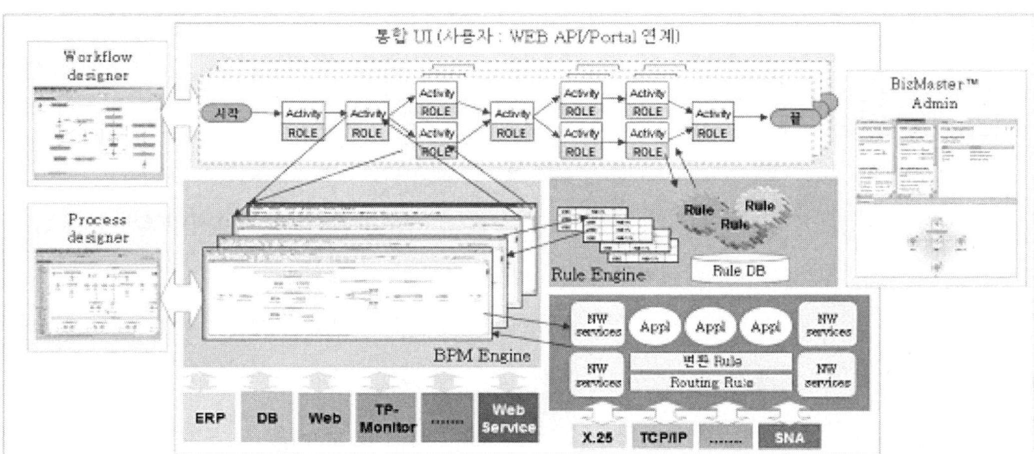

그림 1 BizMaster 아키텍쳐

BizMaster는 BPM의 WSBPEL, 워크플로우의 XPDL, 모델링의 BPMN 등 BPM 관련 세계 표준뿐만 아니라, 웹 서비스 핵심인 SOAP, WSDL, 웹 서비스 확장 규격 등을 지원한다. 그림 2는 BizMaster에 적용된 표준이다.

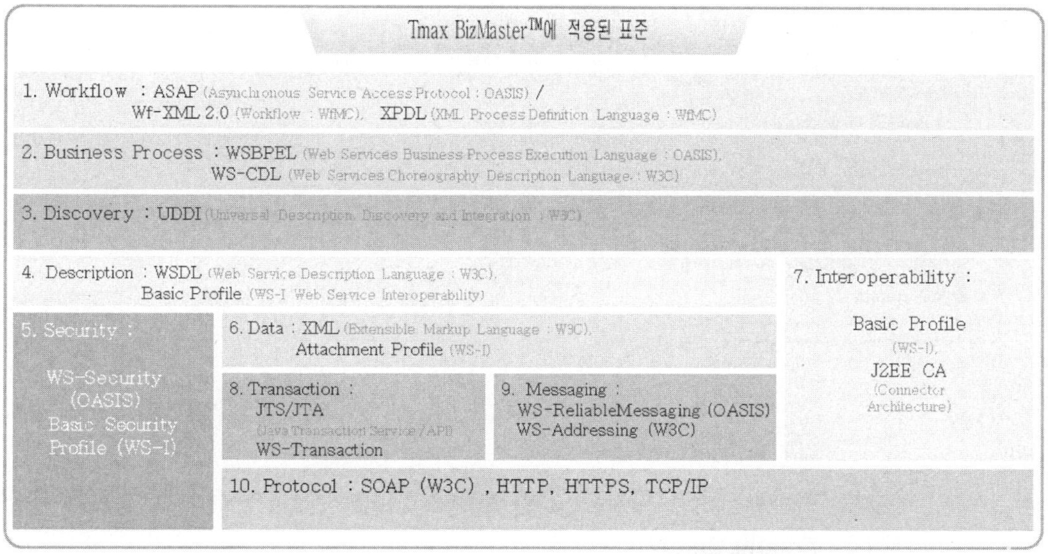

그림 2 BizMaster에 적용된 표준

1.2 사용자 인터페이스 형식

업무 담당자가 직접 사용하기 편리한 업무 프로세스 정의 기능을 제공한다. Drag & Drop 방식으로 업무 프로세스를 손쉽게 모델링 할 수 있다. 사용자의 웹 환경 UI 및 포털 연계 기능을 제공하여 편리한 프로세스 설계 및 적용 관리가 가능하며, 개인화 된 업무 목록 및 각 분석 화면을 제공하고, 프로세스의 진행 상태를 한눈에 확인 할 수 있다. 또한 프로세스를 분석하고 최적화할 수 있도록 통계 및 다양한 조건의 모니터링 정보를 대시보드 형태로 제공하고 있으며, 프로세스 별 KPI(Key Performance Indicator)를 통하여 개인별/조직별로 BSC(Balanced Score Card) 관리 및 통계 데이터 제공한다.

그림 3은 BizMaster의 통합된 프로세스 설계 기능을 설명한 것이다. 조건에 따라 다양한 프로세스 라우팅 기능의 활용이 가능(Serial, Parallel, Condition, Join,…)하고, 또한 계층적 프로세스 설계가 가능하다. 단위 업무처리 중에 프로세스 우선순위 조정이 가능하고, 체계화된 프로세스 모델링 및 프로세스 저장을 위한 레파지토리를 제공하여 프로세스 변경에 대한 이력관리, 버전관리가 가능하다. 또한 프로세스 디자인 팀 간의 협업 작업을 지원한다.

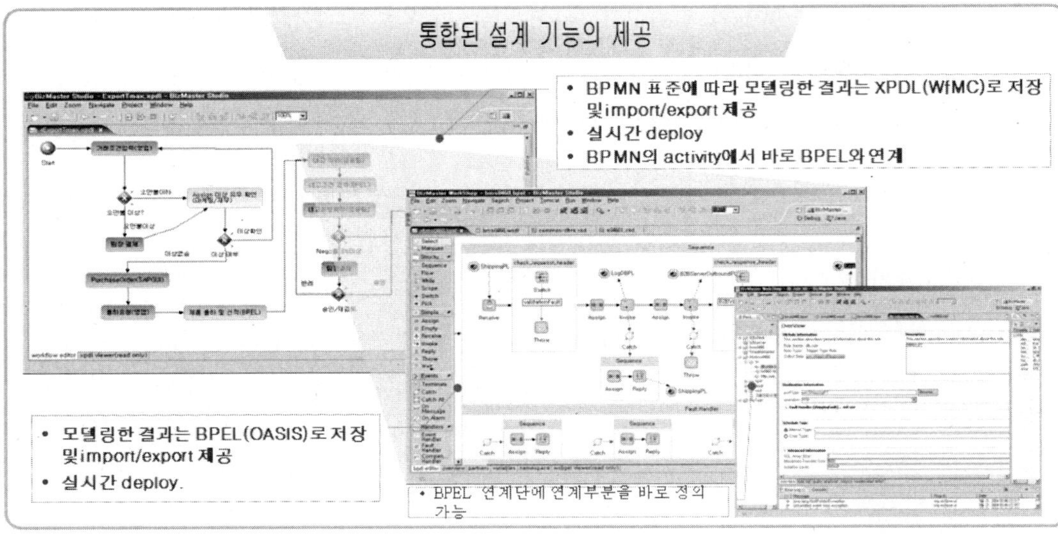

그림 3 통합된 프로세스 설계 기능

통합된 프로세스 설계 기능은 실제 업무의 흐름을 투영하면서 설계 가능한 직관적인 모델러를 제공한다. 비정형 프로세스 및 MI(Multiple Instance)를 모델러에서 지원한다. 또한 업무 처리와 관련된 다양한 기존의 KPI를 주요 비즈니스 관리 지표로 사용한다. 그림 4는 Rule 기반의 모델링 및 프로세스 상의 KPI 정의에 대한 내용이다.

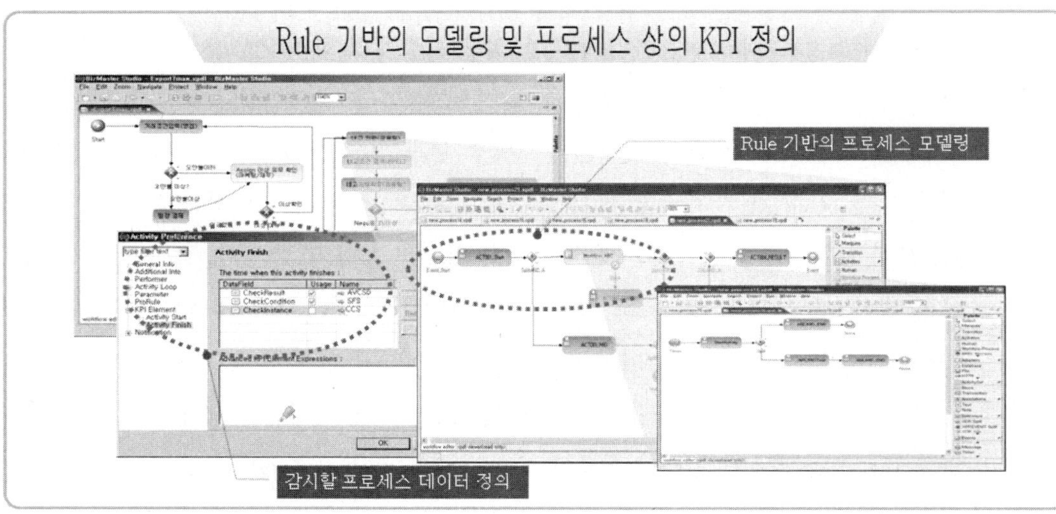

그림 4 Rule 기반의 모델링 및 프로세스 상의 KPI 정의

더불어 프로세스 별, 단위 액티비티 별, 조직 별로 기본적인 업무 통계를 제공한다. 또한 사용자 정의에 의한 통계 자료 제공을 통해 보다 다양한 관점에서의 업무 성과 분석이 가능하다. 이를 토대로 그림 5 & 6과 같은 실시간 성과지표의 측정도구로 사용한다.

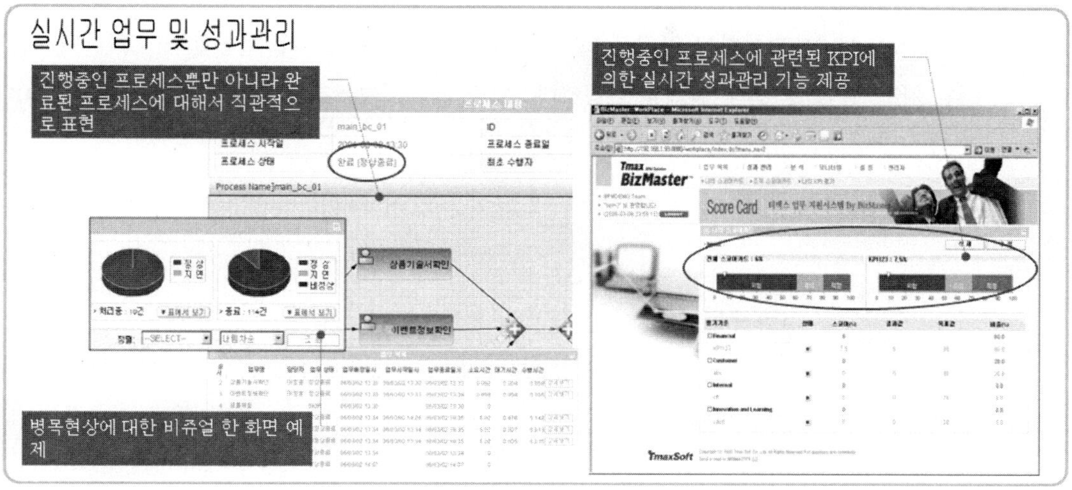

그림 5 실시간 업무 성과관리 예시(1/2)

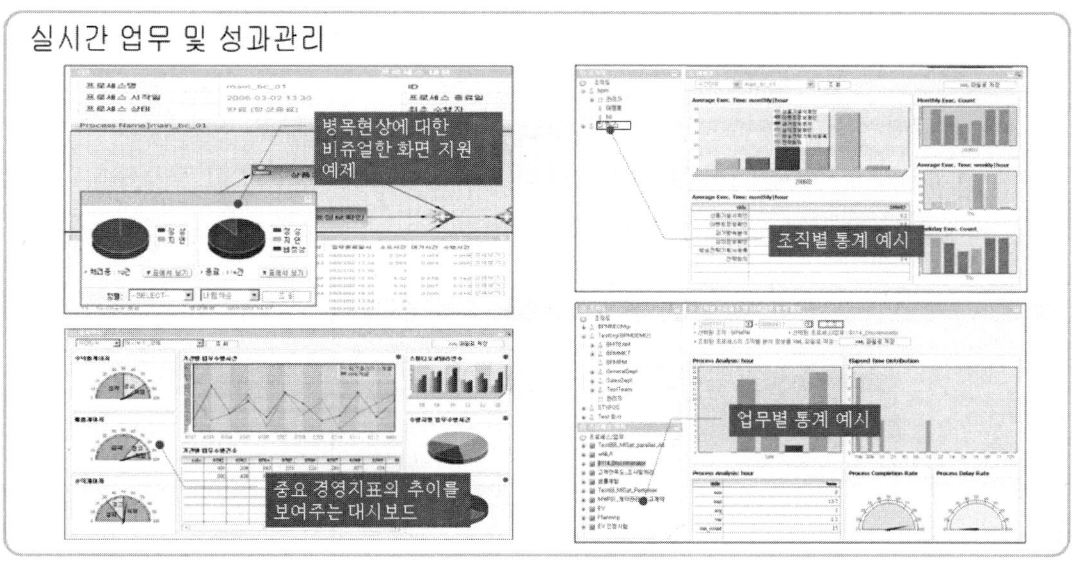

그림 6 실시간 업무 및 성과관리 예시(2/2)

2_ 워크플로우 모델러

2.1 워크플로우 소개

BizMaster는 자동화된 프로세스를 나타내는 BPEL과 손쉽게 연동할 수 있는 워크플로우 제작 도구 및 실행 환경을 제공한다. 그림 7은 워크플로우 다이어그램 화면의 예이다.

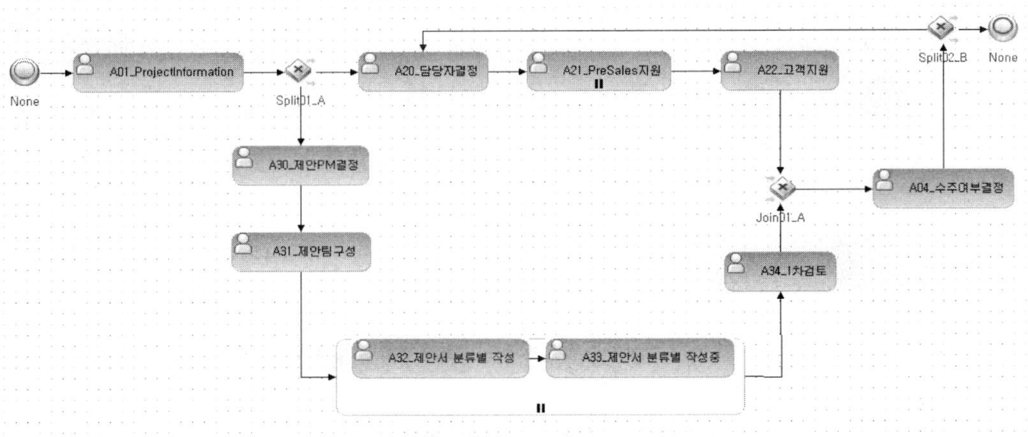

그림 7 워크플로우 다이어그램

그림 8과 같은 Workflow Editor는 워크플로우 프로세스를 모델링하는 Workflow editor와 Source를 보여주는 읽기 전용의 XPDL Viewer Tab 등으로 구성된다. 모든 설정을 Workflow editor Tab에서 수행한다.

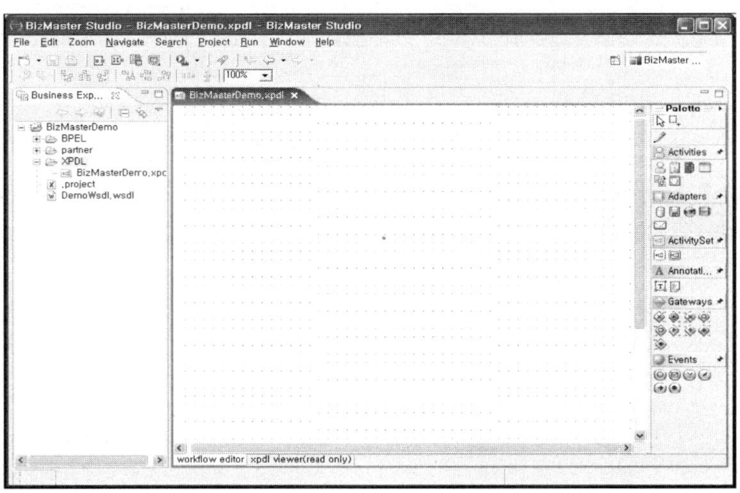

그림 8 Workflow Editor

2.2 Workflow Activities

워크플로우 다이어그램은 여러 형태의 Activity, Adapter Rule, Event, Gateway와 Transition의 조합으로 이루어진다. 다음은 각 Activity 들에 대한 설명이다.

(1) Human : 일반적 Human Interaction은 Human Activity로 표현한다. 이후에 Human Activity는 Human과 Interaction을 하기 위한 JSP 화면과 Servlet을 제공한다.

(2) Workflow Process : BizMaster는 워크플로우 프로세스를 재사용할 수 있도록, 워크플로우 프로세스를 하나의 Sub Process로 설정하여 사용하는 Workflow Process Activity를 제공한다.

(3) BPEL Process : 워크플로우 상에서 BizMaster Server에 deploy된 BPEL Process를 호출하여 자동화된 프로세스를 실행하도록 한다.

(4) Web Service : BizMaster Server에 deploy되어 WSDL이 참조 가능한 Web Service를 호출한다.

(5) Transform Data Value : 워크플로우 내에 정의된 모든 Process Data 또는 Activity Parameter를 가지고 파라미터 간 매핑이나 새로운 파라미터의 생성을 위해 사용한다.

(6) Java Script : Java Script를 호출하기 위해 사용한다.

2.3 Adapter Rules

BizMaster Server에 deploy되어서 호출 가능한 outbound rule들을 호출하는 Activity이다. 워크플로우 프로세스에서 외부로 호출하는 Activity이므로 inbound rule들은 대상에서 제외되고 outbound rule들만 대상이 된다. 워크플로우의 Adapter Rule에는 Database, File, HTTP, SAP, Send Mail 등이 있다.

2.4 Activity Set

Activity Set은 내부적으로 다른 Activity나 Gateway, Event등을 가질 수 있다. 여기에는 Block과 Transaction이 있다. Block과 Transaction은 호환 가능하며 Transaction

액티비티는 트랜잭션의 기능을 가진다.

2.5 Gateways

BizMaster에서는 조건에 따라 프로세스의 Routing을 정하는 여러 Gateway를 제공한다. 다음은 각 Gateway에 대한 설명이다.

(1) XOR Split & XOR Join : XOR Split은 여러 가지 중 하나의 경로로만 프로세스 인스턴스가 Routing되는 Gateway를 말한다. XOR Split으로 분기된 프로세스는 반드시 XOR Join으로 합쳐져야 한다. XOR Split의 각 Transition에는 Condition을 설정해야 하며 이 Condition들은 상호 배타적이어야 한다. 그림 9는 XOR Split으로 분기되는 프로세스를 보여주는 것이다.

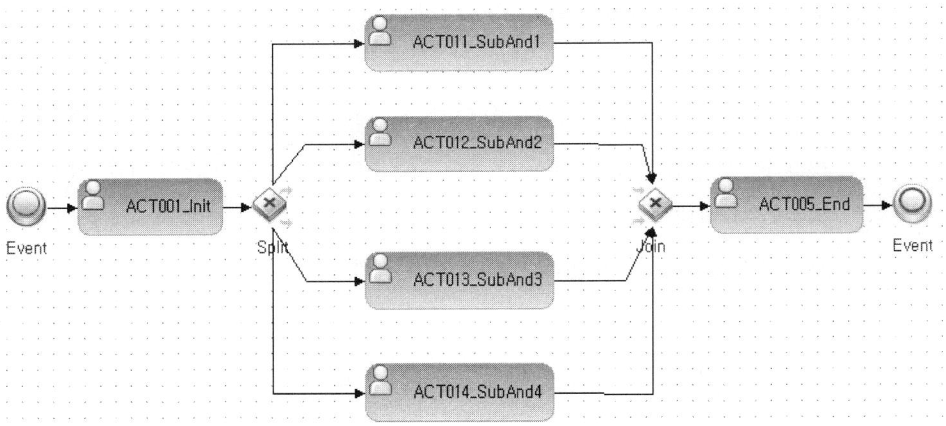

그림 9 XOR Gateway

(2) XOR Event Split : XOR Split과 유사하지만 다음 수행될 Activity를 Transition에 의해 결정하지 않고 다음 Activity들의 자체 발생 여부를 가지고 결정한다.

(3) Or Split & Or Join : Or Split은 Transition의 조건에 맞는 모든 경로로 프로세스 인스턴스가 Routing 되는 것이다. Or Split 또한 Or Join으로 다시 합쳐져야 하며 Transition의 Condition을 설정하는 부분은 XOR Split과 동일하다. 다만

여러 개의 Transition이 겹쳐지는 조건을 가지고 있더라도 조건에 맞는 Transition이면 모두 수행된다는 점만 다르다.

(4) And Split & And Join : And Split은 조건 없이 모든 경로로 프로세스 인스턴스가 Routing되는 Gateway이다. And Split도 마찬가지로 And Join으로 합쳐져야 하며, And Split으로 나눠진 모든 Activity가 수행되어 And Join에서 합쳐져야 다음 Activity가 수행된다. And Split은 모든 Transition으로 분기되기 때문에 각 Transition의 Condition은 설정하지 않아야 한다.

(5) Complex Split & Complex Join : 보다 복잡한 방식의 Routing 방식으로 BizMaster에서는 Transition의 개수를 입력할 수 있는 방식으로 지원한다. Split의 경우 추가로 Round Robin, Random, Last Selected, Recently Freed, Lowest Queue 등의 다섯 가지 라우팅 방식을 지원한다.

2.6 시뮬레이션

BizMaster 시뮬레이션 모듈은 대기행렬 네트워크의 시뮬레이션 기법을 이용하여 프로세스를 모의 실행한 후 그 결과를 분석하는 기능을 수행한다. 일반적으로 대기행렬 분석은 도착(Arrival), 대기(Queuing), 서비스(Service)의 과정을 거치는 시스템에 대한 분석을 위해 사용되는 방식으로, 워크플로우 모델은 전형적인 대기행렬 (네트워크) 시스템으로 볼 수 있다. BizMaster 시뮬레이션 모듈은 개별 대기행렬 모델과 네트워크 모델, 계층모델 등으로 구성되어 있다.

프로세스 시뮬레이션 결과는 수행된 프로세스 인스턴스에 대한 시뮬레이션 수행 통계를 계산하여 보여주는 화면으로 다음과 같은 항목이 계산되고 시뮬레이션 결과는 그림 10과 같이 나타난다.

(1) Total Count : 수행된 프로세스 인스턴스의 수
(2) Cancel Count : 수행 취소된 프로세스 인스턴스의 수
(3) Life Time : 프로세스 인스턴스의 총 처리 시간
(4) Life Cost : 주어진 시간 동안의 프로세스 총 처리 비용
(5) Average Time : 프로세스 인스턴스 평균 처리 시간
(6) Minimum Time : 프로세스 인스턴스 처리시간의 최소값
(7) Maximum Time : 프로세스 인스턴스 처리시간의 최대값

(8) Variance : 프로세스 인스턴스 처리시간의 분산

(9) Deviation : 프로세스 인스턴스 처리시간의 표준편차

(10) Life Cost Ratio(Cost/Time) : 프로세스의 시간당 평균 처리 비용

(11) Life Cost Ratio(Cost/Count) : 프로세스 인스턴스당 평균 처리 비용

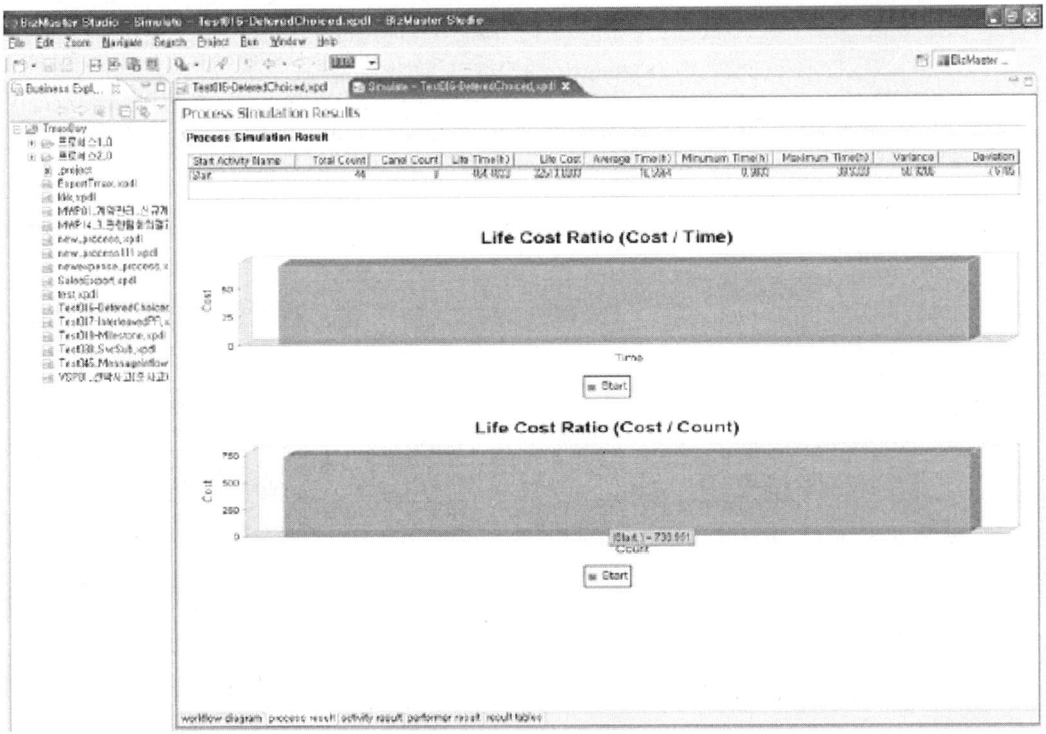

그림 10 프로세스 시뮬레이션 결과 예시

액티비티 시뮬레이션 결과는 액티비티 인스턴스에 대한 시뮬레이션의 수행 통계를 보여주는 화면으로 다음과 같은 항목들이 계산되고, 결과는 그림 11과 같이 나타난다.

(1) Execution Time Ratio : 액티비티 수행시간의 비율

(2) Average Execution Time : 평균 액티비티 수행시간

(3) Activity Execution Count : 액티비티 수행 건수

(4) Activity Performed By User : 액티비티별 각 수행자의 수행 건수

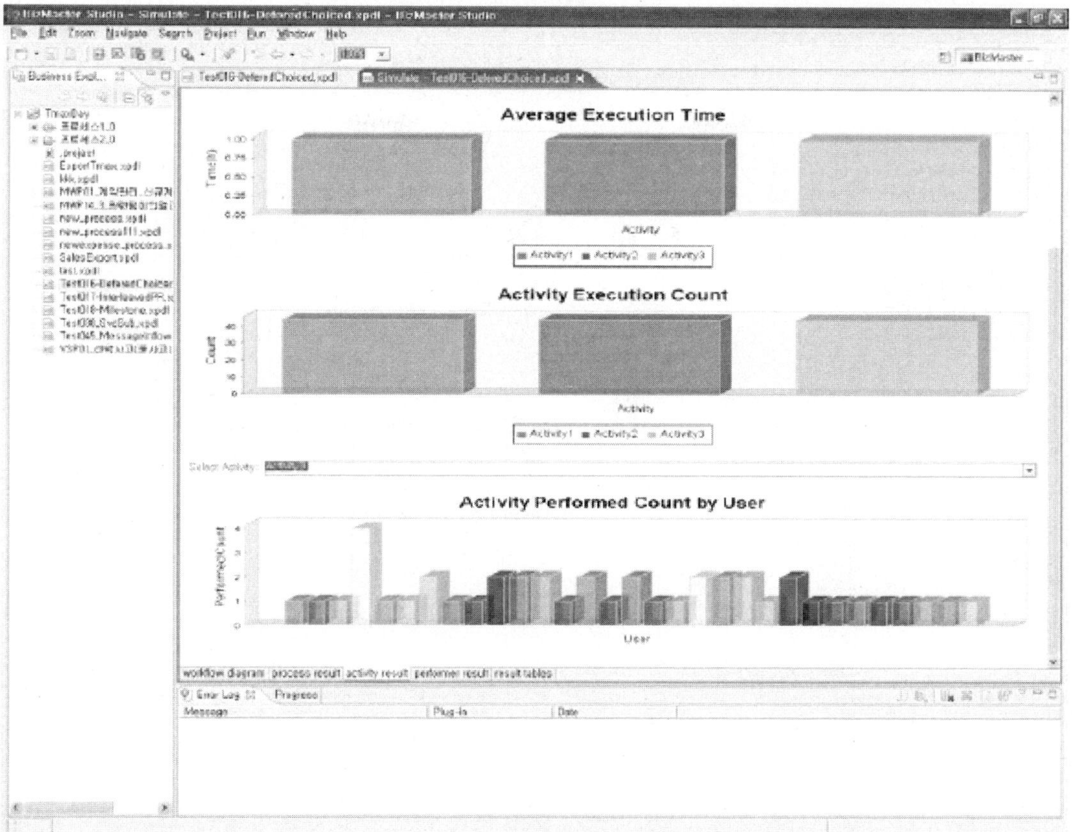

그림 11 액티비티 시뮬레이션 결과 예시

수행자 시뮬레이션 결과는 수행자별 시뮬레이션의 수행 통계를 보여주는 화면으로 다음과 같은 항목들이 계산되고, 그 결과는 그림 12와 같다.

(1) Utilization : 수행자별 가용도

(2) Performed Activity Count : 수행자별 수행 건수

(3) Performed Activity Count by User : 수행자별 각 액티비티 당 수행 건수

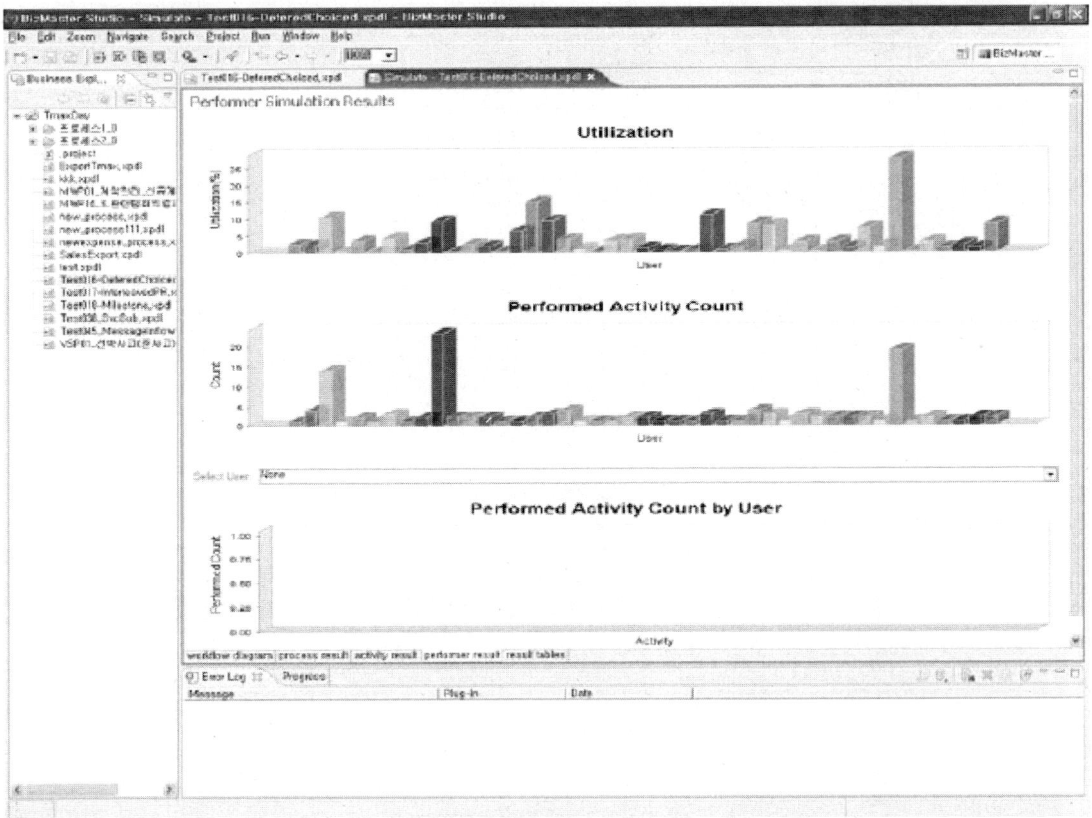

그림 12 수행자 시뮬레이션 결과 예시

3_ Workplace

3.1 BizMaster Workplace 소개

BizMaster Workplace는 웹 클라이언트 툴로서 프로세스의 수행과 제어 뿐만 아니라 성과관리와 프로세스 통계 및 모니터링을 가능하게 해주는 관리 툴이기도 하다. BizMaster에서 제공하는 기본적인 Workplace는 그림 13과 같고 다음과 같은 메뉴들로 구성되어 있다.

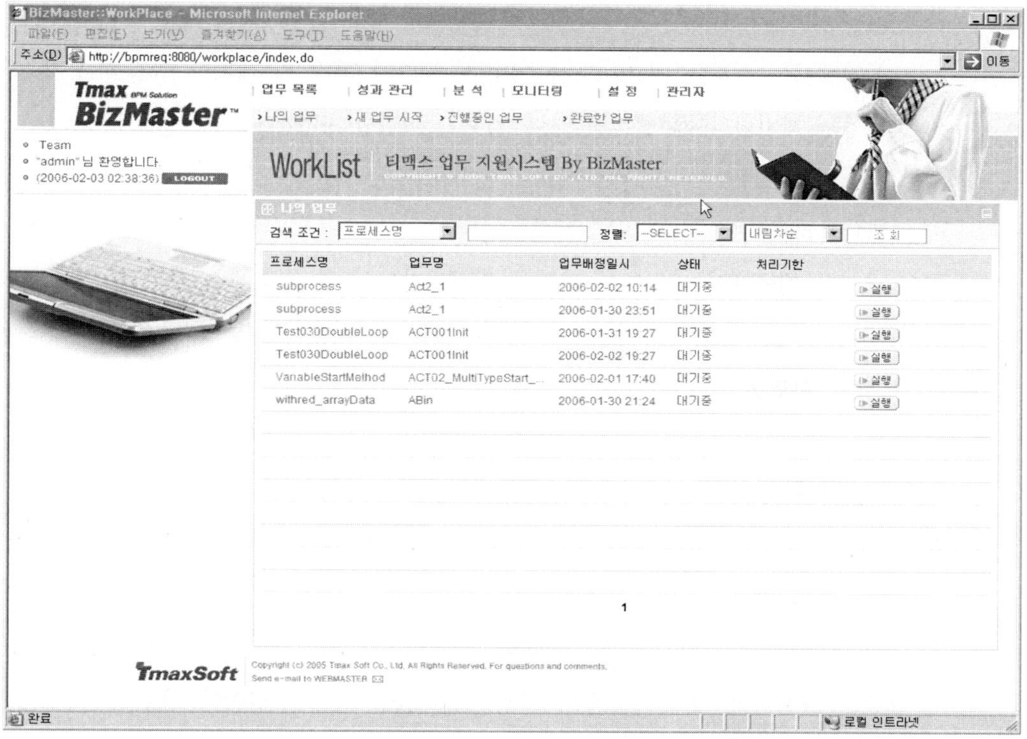

그림 13 Workplace 전체 화면

(1) 업무 목록

나의 업무, 새 업무 시작, 진행 중인 업무, 완료한 업무로 이루어진 업무 목록은 로그인한 사용자에게 현재 본인에게 할당된 업무, 새로 시작할 수 있는 업무, 현재 진행 중인 업무, 그리고 완료한 업무들에 대한 정보를 제공하고, 업무를 긴급하게 설정하거나 철회, 위임할 수 있는 기능들을 제공한다.

(2) 성과 관리

나의 스코어카드와 조직의 스코어카드 메뉴로 구성된 성과 관리에서는 조직 구성원과 조직을 대상으로 스코어 카드를 만들고 관리함으로써 성과 관리를 효율적으로 할 수 있다.

(3) 모니터링

모니터링은 사용자가 정의하여 모니터링 가능한 나의 통계, 프로세스별 통계, 그리고 조직별 통계 등을 제공하고 대시보드에서는 실시간 데이터를 모니터링 할 수 있다.

(4) 설정

설정에서는 성과 관리 및 모니터링에서 필요한 환경 및 데이터 설정을 하며, 개인 설정에서는 개인의 부재 설정을 하여 업무를 위임할 수 있다.

(5) 관리자

관리자 메뉴에서는 업무를 관리하는 관리자를 위한 프로세스 관리 및 업무 현황, 지연 업무 등을 확인하는 기능과 스코어 카드 승인이나 부재중인 구성원들의 목록을 볼 수 있는 화면을 제공한다.

3.2 업무 목록

(1) 나의 업무

나의 업무는 로그인한 사용자에게 할당된 업무를 확인, 실행, 취소, 위임할 수 있는 기능을 제공하며 업무의 상태와 프로세스, 업무 내역을 한눈에 확인할 수 있다. 또한 검색 기능을 제공하며, 선택된 내역에 관한 정렬기능도 제공한다. 그림 14는 나의 업무 목록 화면 예시이다.

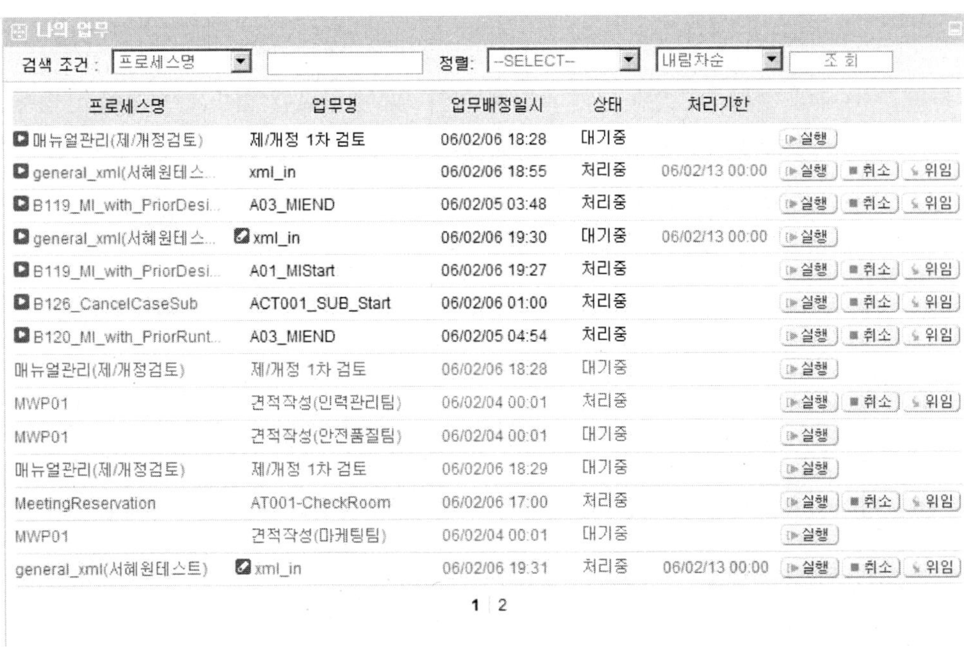

그림 14 나의 업무 목록 화면 예시

(2) 새 업무 시작

새 업무 시작 목록에는 그림 15와 같이 업무를 시작할 수 있는 목록이 나타난다. 이때, 사용자가 업무를 시작할 수 있는 권한이 있는 프로세스만 목록에 나타난다. 워크플로우 프로세스 모델링 시 프로세스 시작 권한을 설정하지 않으면 모든 사람이 시작할 수 있는 업무로 모든 사람의 새 업무 시작 목록에 보인다.

그림 15 새 업무 시작 화면 예시

(3) 진행 중인 업무

진행 중인 업무 목록에서는 그림 16과 같이 진행 중인 모든 업무의 내역을 볼 수 있으며, 철회 가능 업무 내역과 긴급 관리의 설정을 변경할 수 있다. 그리고 진행 중인 업무 가운데, 담당자가 지정되어 있지 않거나 다음 업무로 진행이 되지 않은 업무를 철회할 수 있는 기능이 있는데, 철회 가능 업무 목록에서 가능 여부를 확인할 수 있다.

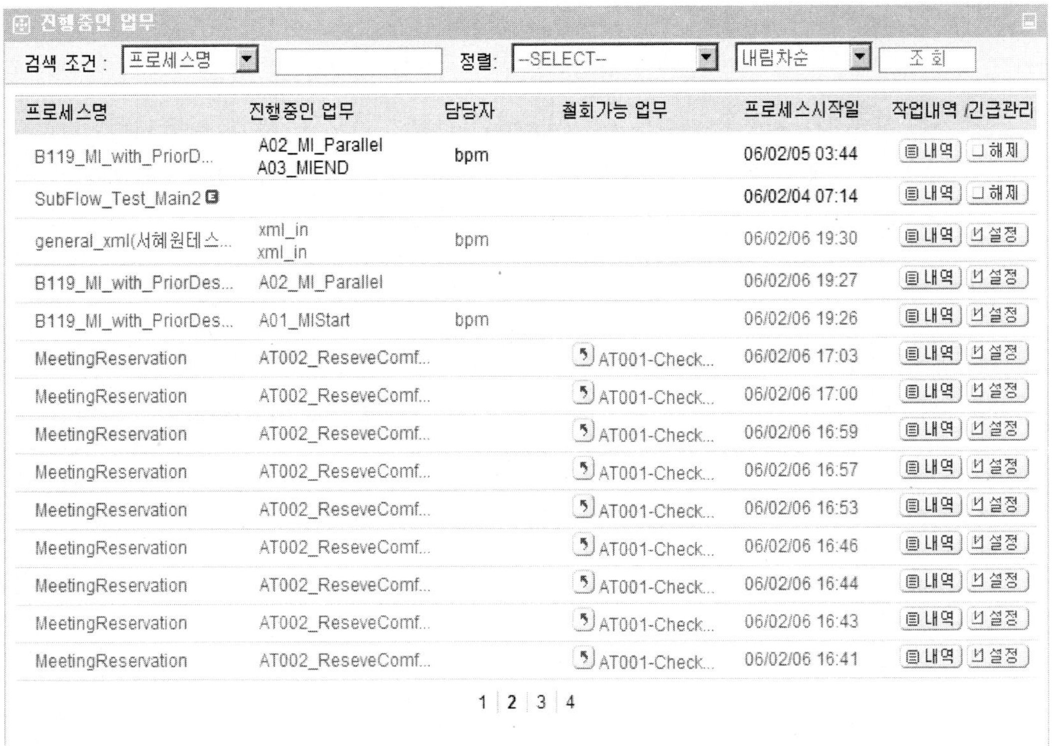

그림 16 진행 중인 업무 목록 화면 예시

또한 필요시 업무에 긴급 업무 설정이나, 긴급으로 설정된 업무의 해제를 실행할 수 있다. 긴급으로 설정된 업무는 프로세스명이 붉은 글씨로 표현되며 프로세스 이름 앞에 긴급 아이콘이 설정되어 있다. 긴급으로 수행 중인 업무는 해제 버튼을 눌러, 긴급 업무에서 해제할 수 있으며 설정 버튼을 누르면 긴급 업무로 설정할 수 있다. 더불어 그림 17과 같이 수행되고 있는 작업의 내역을 볼 수 있다.

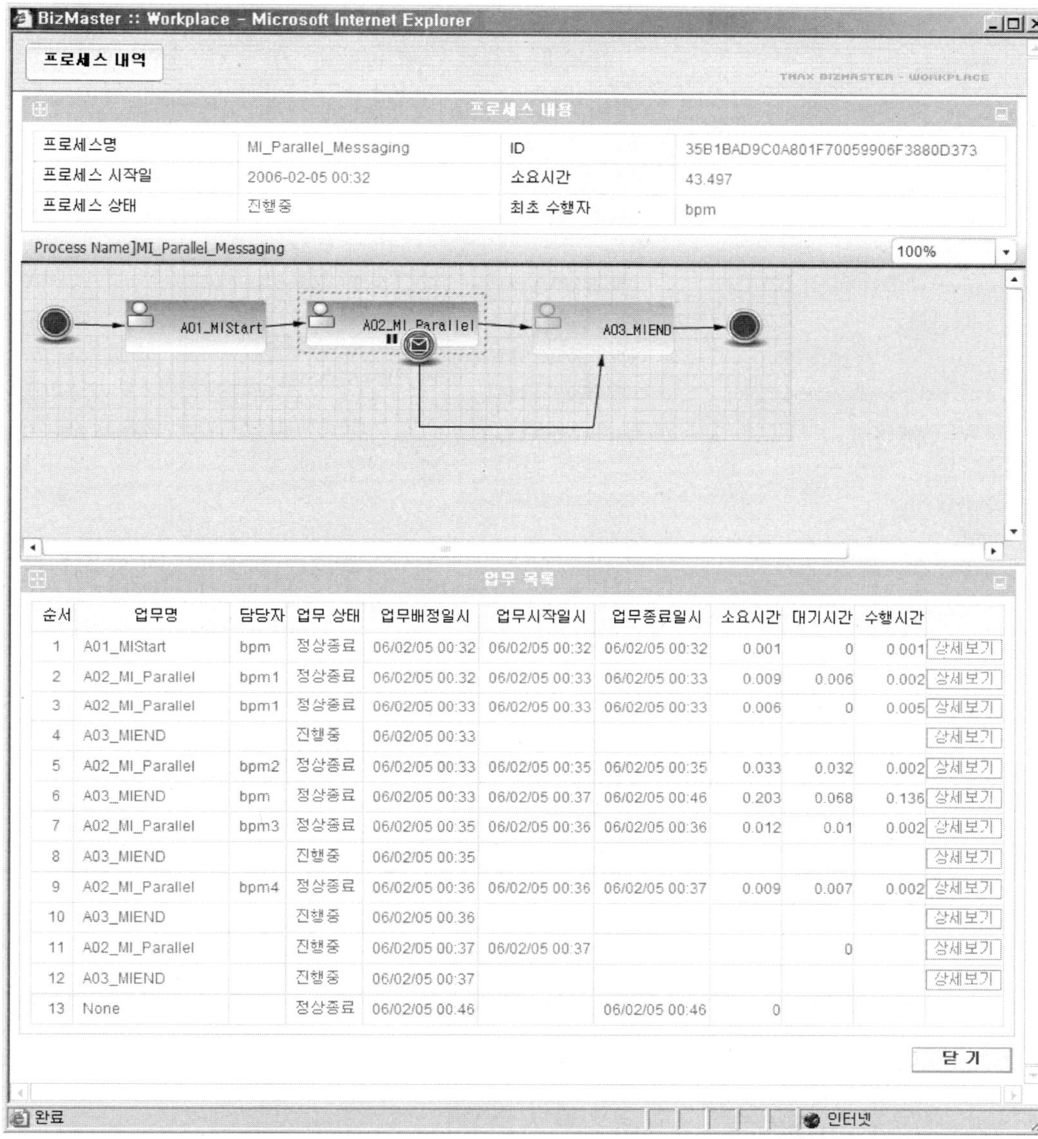

그림 17 작업 내역 보기 화면

(4) 완료한 업무

완료한 업무 목록 화면을 통해 완료한 업무의 목록, 작업의 내역, 그리고 프로세스의 시작일과 종료일 정보를 알 수 있다. 작업 내역 보기는 그림 18과 같이 각 업무의 내역에 대한 자세한 정보를 볼 수 있다.

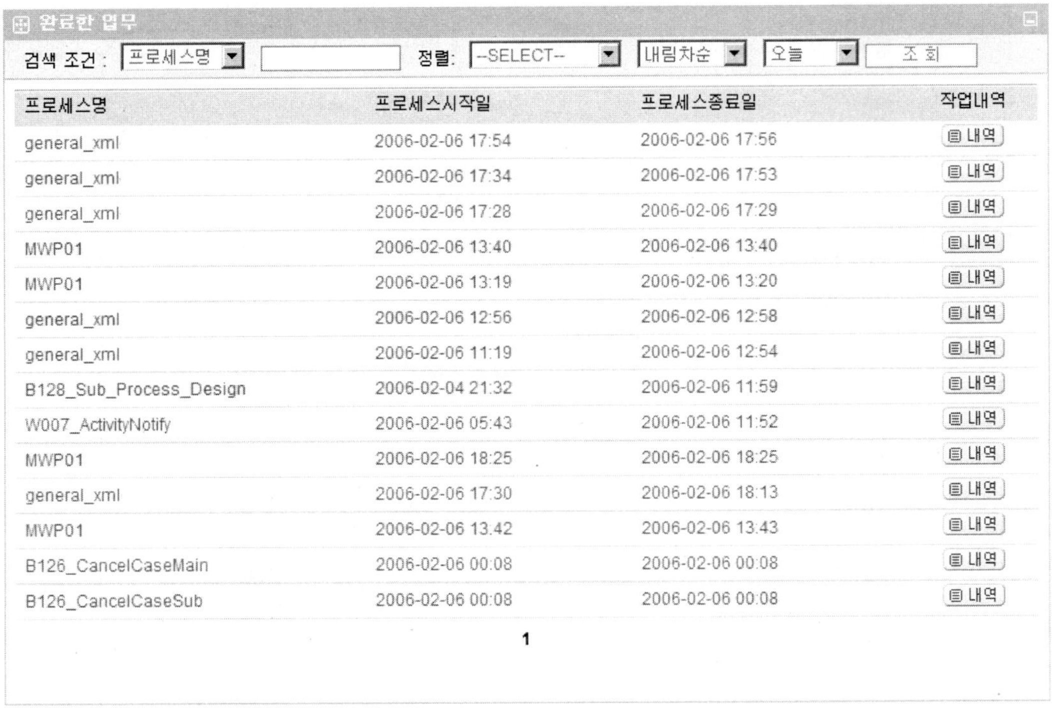

완료한 업무

검색 조건 : 프로세스명 ▼ | 정렬: --SELECT-- ▼ | 내림차순 ▼ | 오늘 ▼ | 조 회

프로세스명	프로세스시작일	프로세스종료일	작업내역
general_xml	2006-02-06 17:54	2006-02-06 17:56	내역
general_xml	2006-02-06 17:34	2006-02-06 17:53	내역
general_xml	2006-02-06 17:28	2006-02-06 17:29	내역
MWP01	2006-02-06 13:40	2006-02-06 13:40	내역
MWP01	2006-02-06 13:19	2006-02-06 13:20	내역
general_xml	2006-02-06 12:56	2006-02-06 12:58	내역
general_xml	2006-02-06 11:19	2006-02-06 12:54	내역
B128_Sub_Process_Design	2006-02-04 21:32	2006-02-06 11:59	내역
W007_ActivityNotify	2006-02-06 05:43	2006-02-06 11:52	내역
MWP01	2006-02-06 18:25	2006-02-06 18:25	내역
general_xml	2006-02-06 17:30	2006-02-06 18:13	내역
MWP01	2006-02-06 13:42	2006-02-06 13:43	내역
B126_CancelCaseMain	2006-02-06 00:08	2006-02-06 00:08	내역
B126_CancelCaseSub	2006-02-06 00:08	2006-02-06 00:08	내역

1

그림 18 완료한 업무 목록 화면 예시

3.3 성과 관리

개인과 조직을 대상으로 스코어카드를 만들어서 성과 관리를 체계적으로 진행할 수 있다. 개인과 조직은 자신의 성과를 계산할 수 있는 지표를 선택하고 목표치를 설정함으로써 실시간으로 계산된 성과 관리 점수를 확인할 수 있다.

(1) 나의 스코어 카드

자신에게 설정된 스코어카드를 보기 위해서는 성과관리/나의 스코어카드를 선택하면 된다. 설정된 스코어 카드가 없을 때에는 그림 19와 같이 스코어카드를 설정할 수 있는 화면이 나타난다.

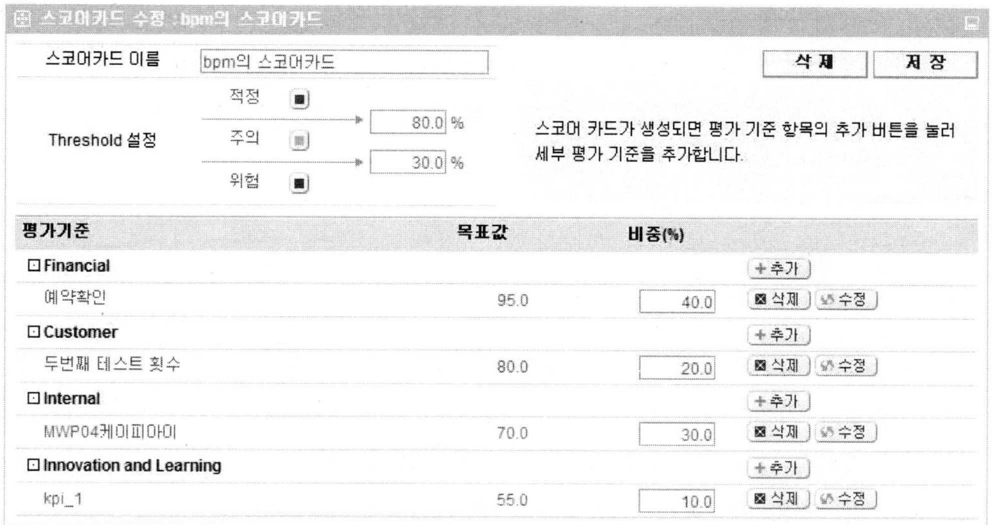

그림 19 스코어카드 평가기준 설정 화면

(2) 조직 스코어카드 설정 및 보기

조직 스코어카드를 만들고, 승인 요청하여 승인을 받는 과정은 개인 스코어카드와 동일하다. 다만 권한에 따라 약간 다른 과정을 진행하게 된다. 설정된 조직의 스코어 카드는 그림 20과 같이 나타난다.

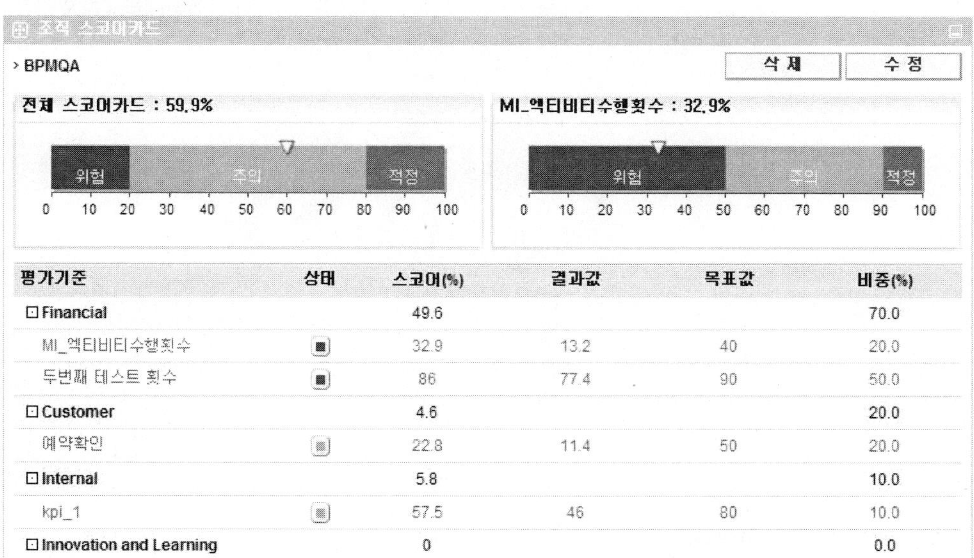

그림 20 승인 완료된 조직의 스코어카드

승인이 완료된 조직의 스코어카드는 수정이 가능한데, 비중 및 성과지표 등의 값들이 수정되면 반드시 승인을 다시 받아야 한다. 설정이 완료된 조직의 스코어카드는 하위 모든 조직의 구성원들이 볼 수 있으며 타 조직의 스코어 카드는 보기 권한이 주어진 구성원이나 조직에만 허용이 된다.

3.4 모니터링

프로세스의 진행 결과 데이터는 시스템에서 제공하는 표준 통계를 이용하거나 KPI 요소를 이용하여 다양한 형태의 통계화면으로 설정하여 모니터링 할 수 있다. 모니터링 메뉴에는 시스템의 표준 통계를 이용한 프로세스별 통계나 조직별 통계가 있으며 또한 사용자별로 제공되는 나의 통계와 대시보드 메뉴가 있다.

(1) 나의 통계

나의 통계는 그림 21과 같이 통계 설정에서 미리 설정한 통계 화면들을 만들어 놓고, 사용자에 따라 원하는 통계 화면을 선택하여 통계 데이터를 볼 수 있다.

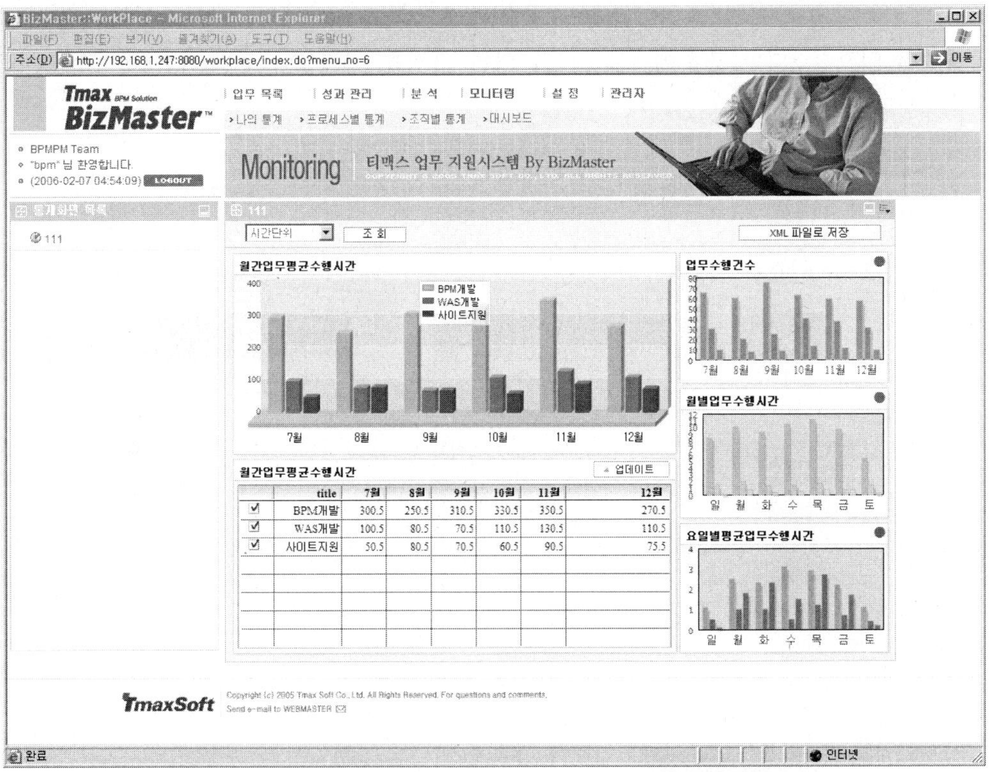

그림 21 나의 통계 조회 화면

(2) 프로세스별 통계

프로세스별 통계는 나의 통계와는 달리 별도의 설정을 하지 않아도 시스템에서 자동으로 보여주는 표준통계로서 선택된 프로세스나 업무에 조직과 기간만을 설정하여 볼 수 있다. 프로세스별 통계에서는 각 프로세스의 수행 내역에 대한 통계를 제공한다. 프로세스 목록의 선택에 따라 프로세스를 선택했을 때와 업무를 선택했을 때 통계의 기본이 되는 항목이 달라져서 차트가 다르게 나타난다.

(3) 조직별 통계

조직별 통계 역시 프로세스별 통계와 마찬가지로 선택된 조직별 프로세스 수행 내역에 대한 통계를 제공한다. 조직별 통계는 조직도의 어떤 구성원을 선택했느냐에 따라, 통계의 기본이 되는 항목이 달라짐으로 차트가 다르게 나타난다.

3.5 대시보드

통계 화면이 특정 기간 동안의 데이터의 통계에 대한 정보를 제공한다면 대시보드는 그림 22와 같이 어떤 시점부터 현재까지의 실시간 데이터를 보여준다. 현재 프로세스나 시스템 개인 성과관리의 데이터를 실시간으로 보여주기 때문에 관리자가 프로세스의 현황이나 조직의 효율성을 파악하기 위한 수단으로 사용한다.

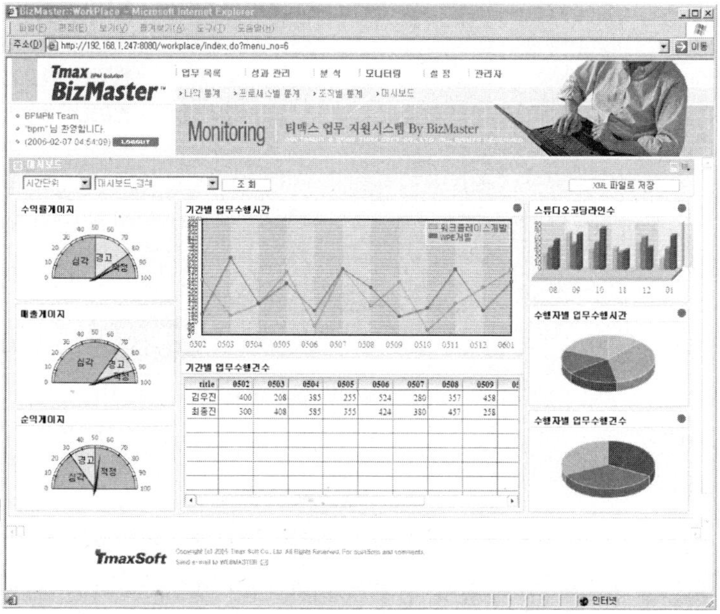

그림 22 대시보드 화면

3.6 관리자

프로세스의 관리나 업무 현황의 관리, 지연 업무 관리, 스코어카드 승인 등 관리자에게 필요한 업무를 모아 놓은 메뉴이다.

(1) 프로세스 관리

프로세스 관리는 현재 수행중인 프로세스의 상태를 파악하고 중지하거나 프로세스 자체를 삭제하는 기능으로 관리자의 고유 업무이다. 프로세스 관리 목록화면에는 그림 23과 같이 프로세스의 생성일, 프로세스의 기한, 현재 상태가 나타나고 프로세스의 중지와 삭제를 수행할 수 있다.

그림 23 프로세스 관리

(2) 업무 현황 관리

업무 현황 관리에서는 그림 24와 같이 설정한 기간 동안에 발생한 지연 및 정상, 비정상 종료 업무의 목록을 볼 수 있다. 또한 설정된 기간 내의 총 요청 처리 건수, 처리

중인 건수, 그리고 종료한 건수 등을 볼 수 있다.

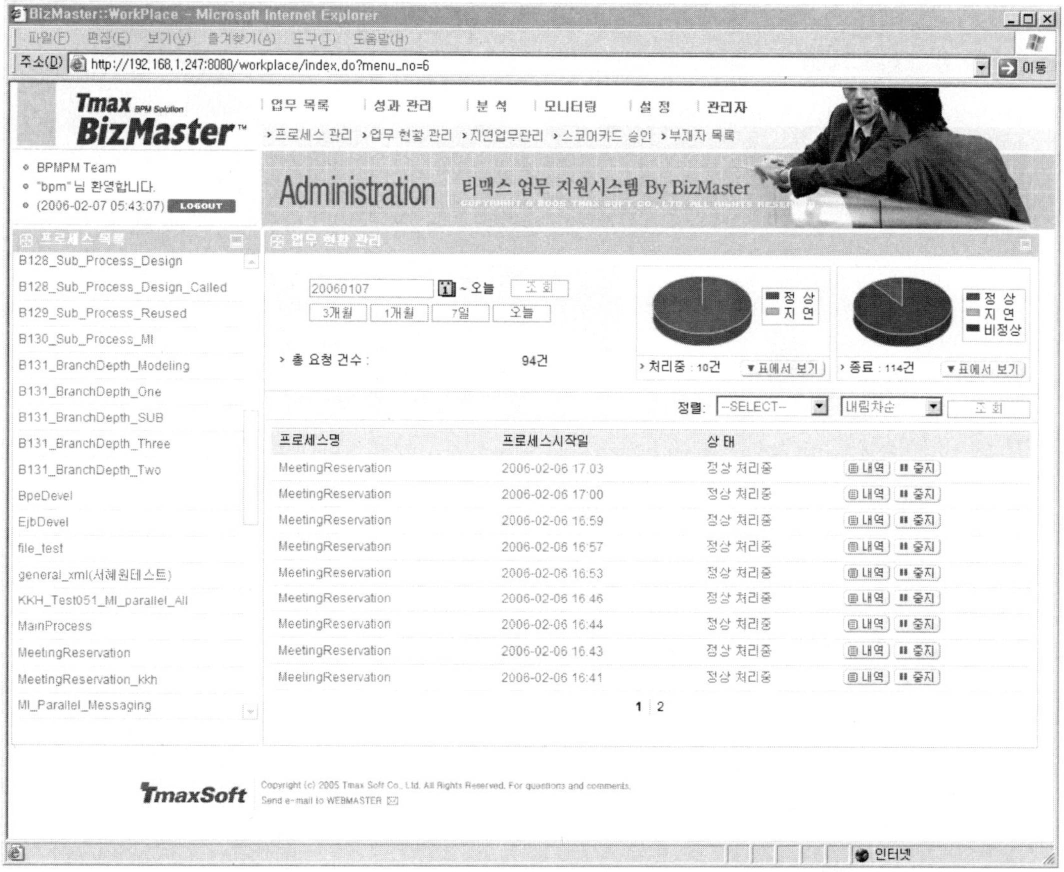

그림 24 업무 현황 관리 화면

(3) 지연 업무 관리

지연된 업무에 대한 정보를 볼 수 있다. 그림 25와 같이 지연된 업무에 대한 세부 내역과 수행자, 업무 배정 일시, 처리기한 등을 알려준다.

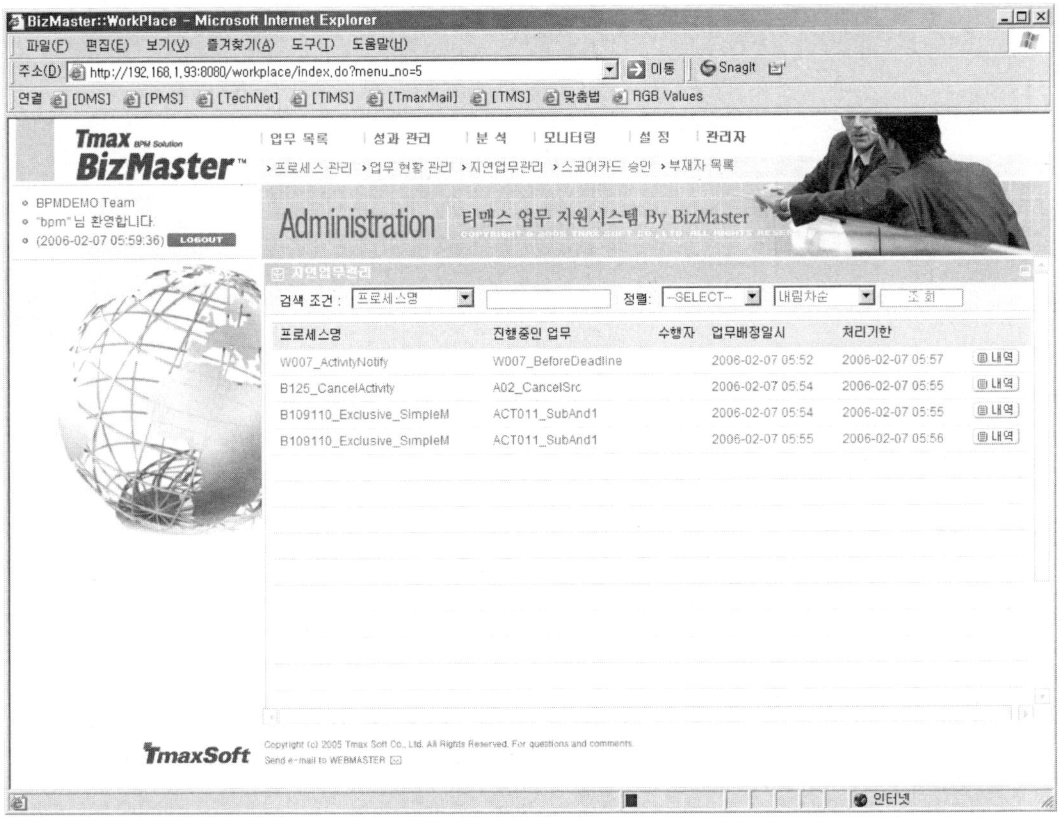

그림 25 지연 업무 관리

4_ Web Admin

BizMaster Web Admin은 기존의 Bizmaster 관리자 기능을 웹 환경에서 구현한 웹 클라이언트 프로그램이다. Web Admin은 BizMaster 서버가 설치된 노드들의 설정 조회를 비롯하여 BizMaster 서버의 정보 조회, 세부 구성 요소별 상세정보 조회, 로그 조회, 사용자/조직/role 관리, policy와 Resource 관리, 프로세스 관리, 프로세스 인스턴스 관리 등 다양한 작업을 수행할 수 있다. 그림 26은 Web Admin의 메인 화면이다.

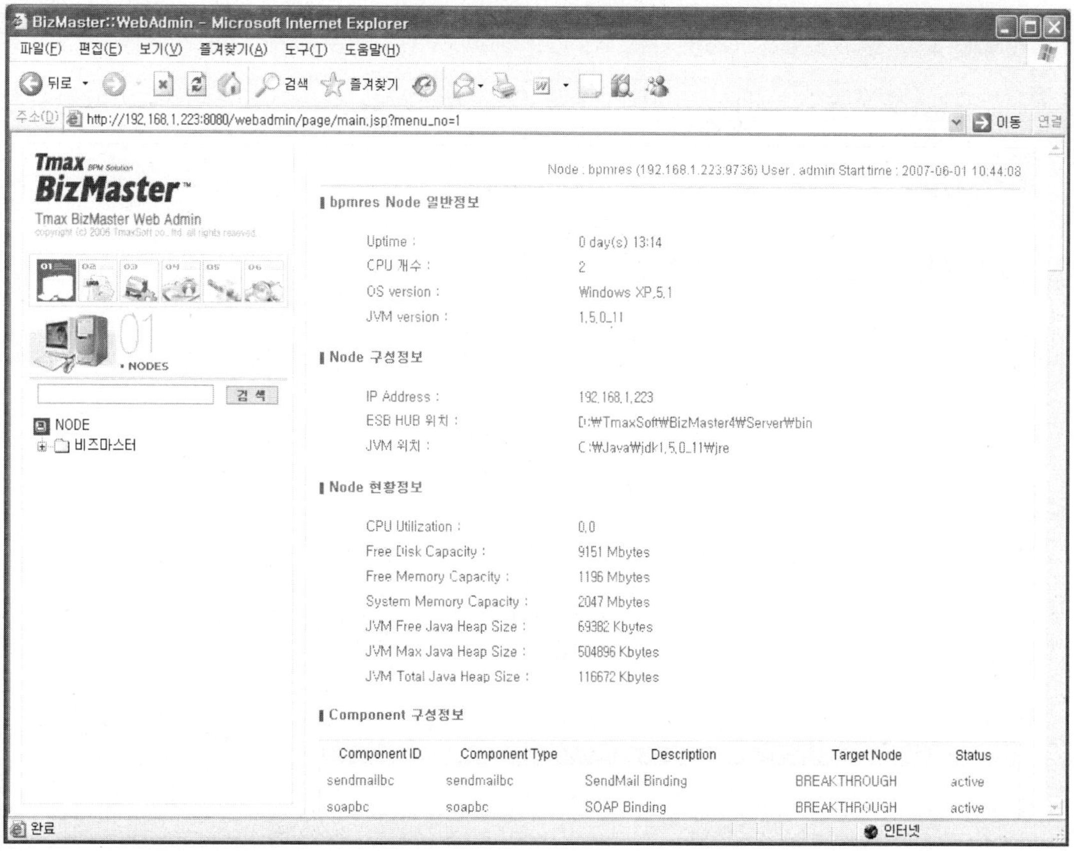

그림 26 Web Admin 메인 화면 구성

4.1 조직 관리

Web Admin 메인 화면의 조직 관리 페이지를 선택하면, 그림 27과 같이 전체 조직에 대한 tree가 나와 있고 아래쪽에는 tree에서 선택한 노드에 대한 정보를 나타낸다.

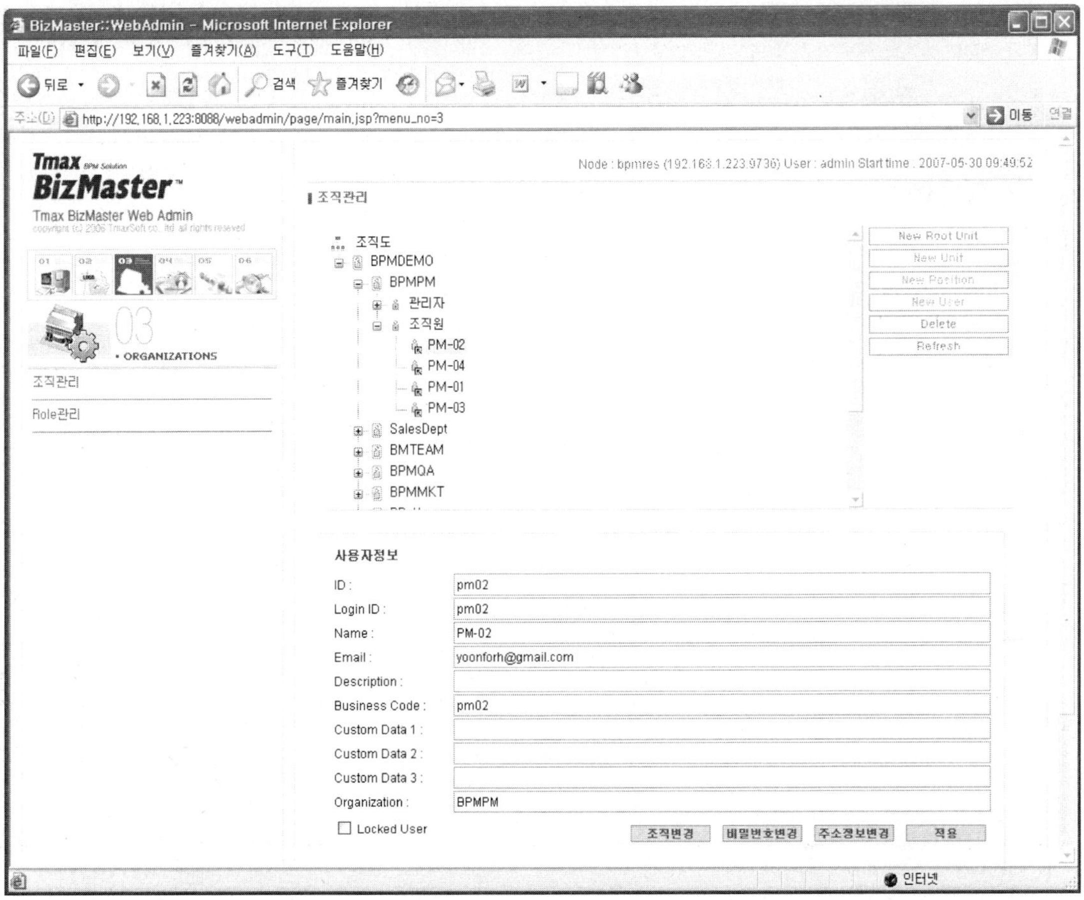

그림 27 조직관리 화면

4.2 프로세스 관리

프로세스 관리는 현재 수행중인 전체 프로세스의 상태를 파악하고 필요시 프로세스를 중지하거나 프로세스 자체를 삭제하는 기능으로 관리자의 고유 업무이다. 그림 28의 프로세스 관리 목록화면에는 프로세스의 생성일, 프로세스의 기한, 현재 상태가 나타나고 프로세스의 중지와 삭제를 수행할 수 있다.

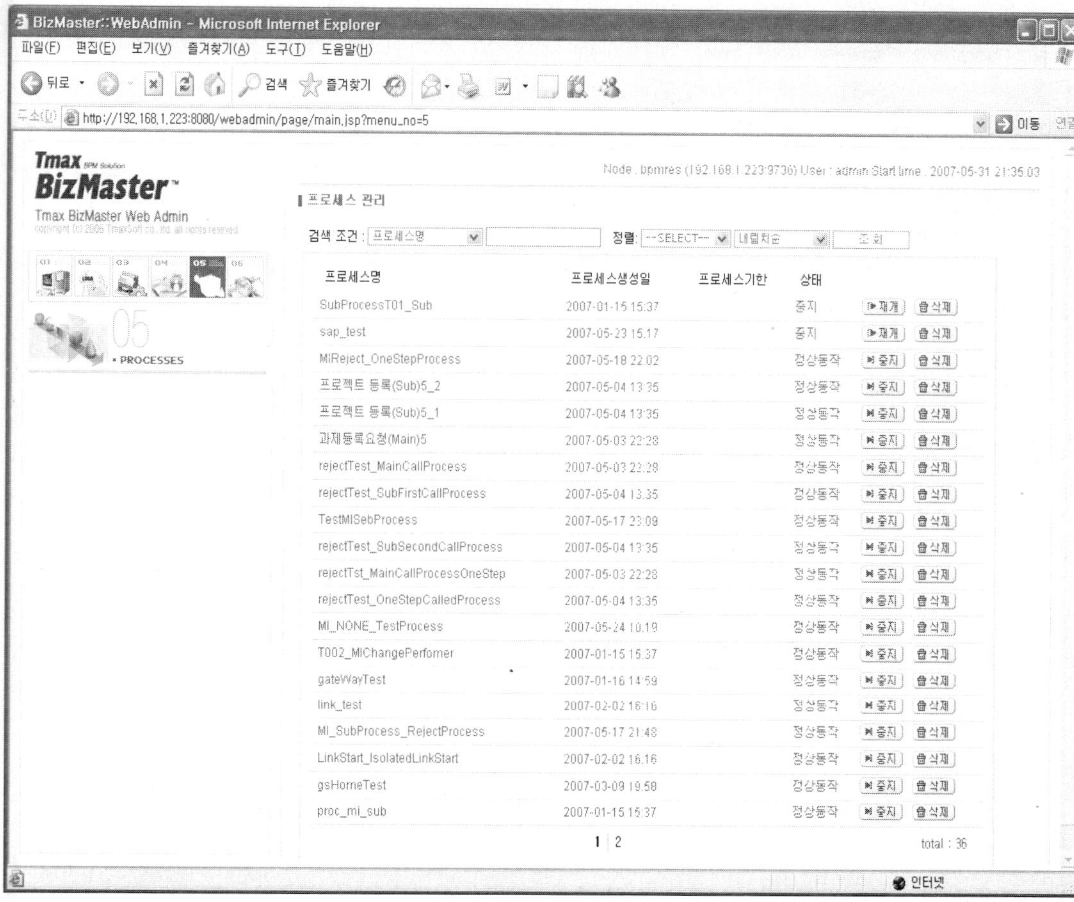

그림 28 프로세스 관리 화면

4.3 프로세스 인스턴스 관리

(1) 지연 업무 관리

지연 업무 관리화면은 그림 29와 같이 지연된 업무에 대한 정보를 제공한다. 지연된 업무에 대한 세부 내역과 수행자, 업무 배정 일시, 처리기한 등을 알려준다. 지연 업무 관리 화면에는 프로세스에 속한 액티비티 중 지정한 처리 기한을 초과하게 되는 경우 조회된다. 내역 버튼을 통해 지연에 관한 자세한 내역을 알 수 있다.

그림 29 지연 업무 관리 화면

(2) 업무 현황 관리

업무 현황 관리 화면은 그림 30과 같이 설정한 기간 동안의 지연 및 정상, 비정상 종료에 해당되는 업무목록을 보여준다.

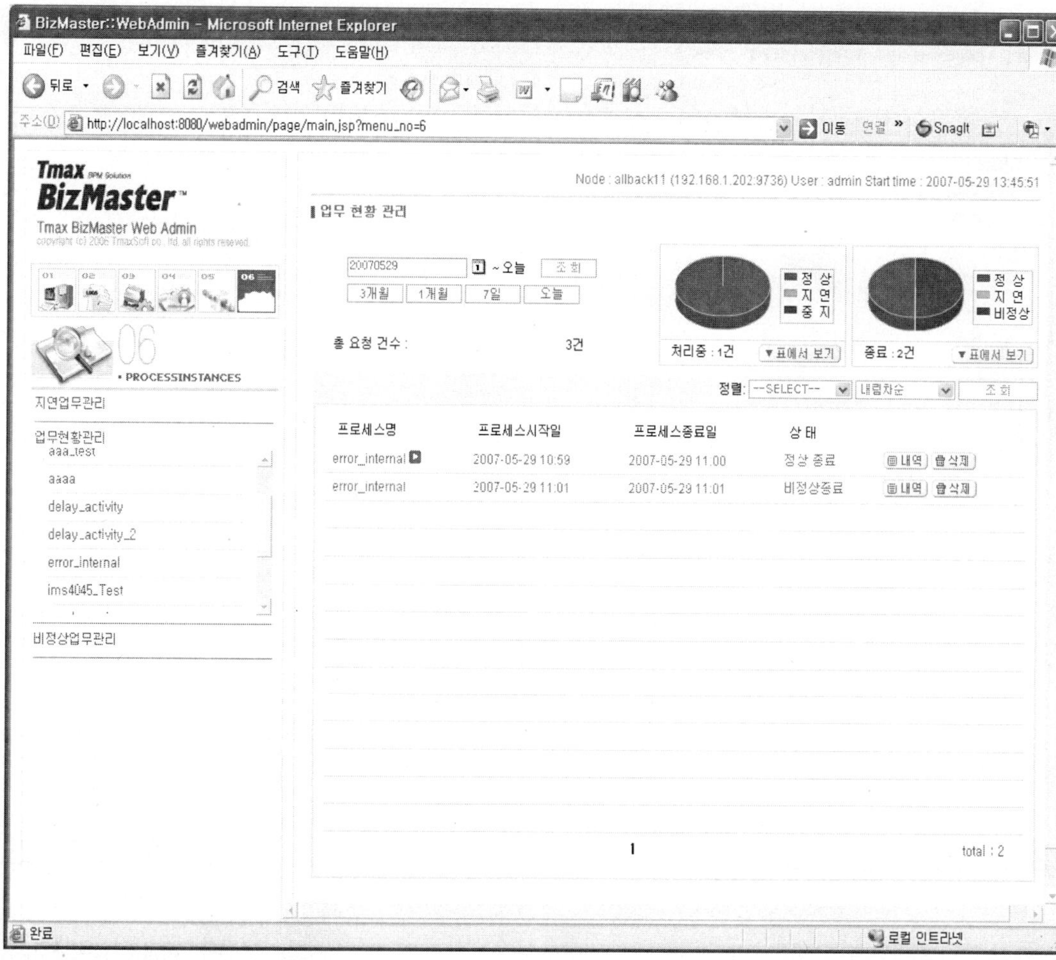

그림 30 업무 현황 관리화면

(3) 비정상 업무 관리

비정상 업무 관리 화면은 그림 31과 같이 특정 프로세스의 비정상 종료에 대한 업무의 목록과 그 정보들을 보여준다.

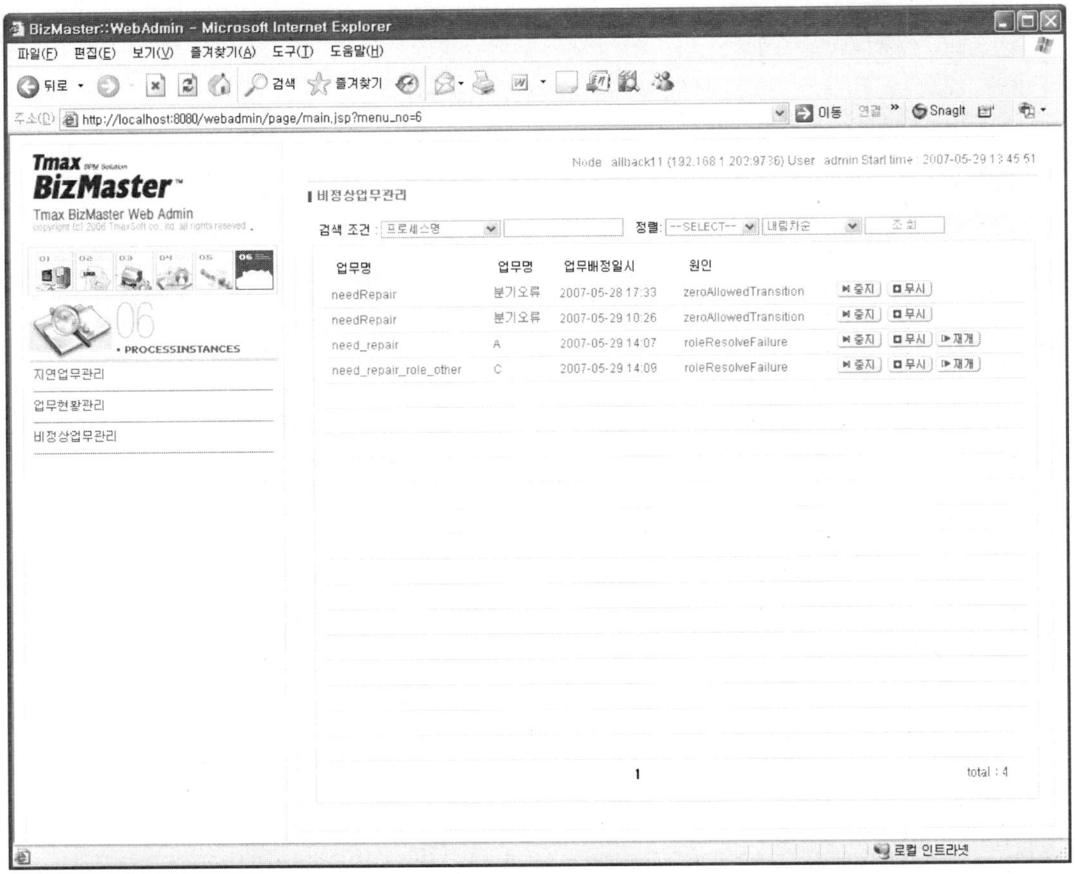

그림 31 비정상 업무 관리화면

색인